U0862056

BEIJINGSHI DIER ZHONGJI RENMIN FAYUAN

北京市第二中级人民法院

典型案例

精选与解析

DIAN XING AN LI
JING XUAN YU JIE XI

鲁桂华 主编

法律出版社
LAW PRESS·CHINA
北京

图书在版编目(CIP)数据

北京市第二中级人民法院典型案例精选与解析 / 鲁桂华主编. -- 北京 : 法律出版社, 2023
ISBN 978-7-5197-7484-4

Ⅰ. ①北… Ⅱ. ①鲁… Ⅲ. ①审判-案例-中国 Ⅳ. ①D925.05

中国国家版本馆 CIP 数据核字(2023)第 005872 号

北京市第二中级人民法院典型案例精选与解析
BEIJINGSHI DI-ER ZHONGJI RENMIN FAYUAN DIANXING ANLI JINGXUAN YU JIEXI

鲁桂华 主编

责任编辑 朱海波
装帧设计 汪奇峰

出版发行 法律出版社
编辑统筹 法律应用出版分社
责任校对 王 丰 李景美
责任印制 刘晓伟
经 销 新华书店

开本 710 毫米×1000 毫米 1/16
印张 31.5 **字数** 522 千
版本 2023 年 2 月第 1 版
印次 2023 年 2 月第 1 次印刷
印刷 唐山玺诚印务有限公司

地址:北京市丰台区莲花池西里 7 号(100073)
网址:www.lawpress.com.cn
投稿邮箱:info@lawpress.com.cn
举报盗版邮箱:jbwq@lawpress.com.cn

销售电话:010-83938349
客服电话:010-83938350
咨询电话:010-63939796

版权所有·侵权必究

书号:ISBN 978-7-5197-7484-4
定价:118.00 元

凡购买本社图书,如有印装错误,我社负责退换。电话:010-83938349

编辑委员会

主　　任　鲁桂华

副主任　董建中　毕东丽　廖春迎　管小丽

委　　员　（按姓氏笔画排列）

马　锐　王　平　王国才　王金龙　王　宣
王树强　王　楠　田海雁　刘　杰　刘春岐
刘　琨　严　勇　李　雪　杨世军　杨费新
杨　靖　肖大明　肖荣远　吴宝生　邱　波
邹　治　张昆仑　张素莲　陈胜涛　赵银豪
祝兴栋　高志海　高福勇　唐季怡　葛　红
裴　烨

执行编辑　马　巍　龙　立　王继玉

序　言

司法案例既是人民法院适用和解释法律的鲜活载体，也是法官司法智慧与审判经验的结晶，其已成为回应群众关切、助力法治前行、推动社会进步的不竭动力。习近平总书记在谈论司法工作时多次提到了案例的重要性，以案例来认识、推动、评判法治成为习近平法治思想最直接、最生动的表达。作为观察法治的窗口，司法案例不是刻板的逻辑推理结果，而是遵从法律、契合道义、体恤民情的论法说理产物。“努力让人民群众在每一个司法案件中感受到公平正义”不仅是习近平法治思想以人民为中心的集中表达，也是司法案例的根本目标和终极评价标准。聚焦人民群众关心最多、感受最强、反应最大的问题，借助司法案例充分阐明事理、释明法理、讲明情理，才能真正以人民群众“看得见”“信得过”“等得起”的方式实现公平正义。

北京市第二中级人民法院身处北京司法前沿，管辖范围涵盖承担国家政治文化中心、国际交往中心的首都功能核心区和国家级经济技术开发区，案件呈现大要案多、首例案件多、敏感案件多的显著特征。近年来，在北京市委、市委政法委的坚强领导和上级法院的有力指导下，北京市第二中级人民法院秉持“首善标准”，牢固践行“铁案意识”，先后圆满审结铁道部原部长刘志军受贿案、安监总局原局长杨栋梁受贿案、“4·13”特大跨国电信诈骗案、“狼牙山五壮士”名誉权案、全国首例因劳动者改变性别而引发的劳动争议案等一大批新类型案件和重大敏感案件，既为全国法院同类案件的审理树立了良好的示范引领，也为司法案例研究培育了丰沃土壤。

北京市第二中级人民法院认真遵循“一个案例胜过一沓文件”的指示要求，依托得天独厚的案件优势、精耕细作的研究传统、薪火相传的人才队伍，积极开创司法案例工作新局面。坚持将司法案例作为一项基础性、全局性、常态性工作予以谋划推进，注重审判实践经验总结提炼，积极搭建司法案例研究平台，形成了独具特色的案例发掘、培育、研究、宣传和应用机制，司法案例工作实现了跨越式发展，一大批案件成为群众高度认可、社会影响深远的经典案例。“狼牙山五壮士”名誉权案获评最高人民法院指导性案例，有效推动英烈保护法的制定出台；“冰面遛狗溺亡案”入选全国法院年度影响案例，大力弘扬了社会主义核心价值观；在最具权威性的全国法院案例分析评选活动中先后有53篇案例获奖，获奖数量和层次位居全国法院前列；11篇案例入选北京法院参阅案例，对全市法院同类案件审理发挥了重要指导、参考和借鉴作用。对于人民法院来说，司法案例是工作的“试金石”，在解决个案纠纷的基础上充分延伸司法职能，积极确立行为规范、引领社会价值；对于法官群体来说，司法案例则凝结了专业素养、价值取向和裁判准则。本书的案例作者大多数都是奋战在司法一线的法官和法官助理，他们在公正高效办理大量司法案件的同时，始终不忘司法为民的宗旨，紧紧围绕人民群众最关心的问题、围绕服务首都中心工作中亟待解决的“真问题”“大问题”积极开展研究，切实把司法案例研究与履职尽责紧密结合起来，把案例成果转化为推动首都高质量发展的对策举措，转化为为人民群众提供质量更高、效率更快、成本更省的司法产品的具体行动。

随着中国特色社会主义法治建设的不断深入，人民法院的司法裁判越来越受到社会关注，如何通过一个个司法案例，明确司法裁量尺度与价值判断标准，进而为国家治理提供依据、为社会运行提供规范、为群众言行提供指引，成为新时代赋予每一名法官的任务，也成为每名法官必须面对的考验。司法案例研究既是更高层次的司法办案，也是法官专业素养、逻辑思维、文字水平的集中体现，学会创造对社会具有重要价值的典型案例是成为一名素质过硬、业务精湛、业界认可、群众信任的法官必不可少的基本要求，更是培养革命化、正规化、专业化、职业化的新时代法官不可或缺的重要标准。只有始终坚持将司法案例研究作为提升能力素质、培养审判专家的重要抓手，才能真正推进实现司法案例研究的全员参与，也才能为法治中国建设培养出一批高素质的司法专业人才。

在中国法治发展波澜壮阔的大时代，面对前所未有的历史发展新机遇，北京市第二中级人民法院将牢牢把握时代脉搏，继续深入学习贯彻落实习近平新时代中国特色社会主义思想和习近平法治思想，紧紧围绕“让人民群众在每一个司法案件中感受到公平正义”的工作目标，牢牢把握“公正司法、司法为民”的主线，奋发有为、担当尽责，推出更多有理有据、令人信服的司法裁判，创造更多言之有物、鞭辟入里的典型案例，充分发挥司法案例“释法”“明法”的重要价值，为“推动法治中国首善之区建设”贡献更大力量。

鲁桂华

北京市第二中级人民法院党组书记、院长

目　录
CONTENTS

北京法院参阅案例

张某诉北京合力华通汽车服务有限公司买卖合同纠纷案

编写人：北京市第二中级人民法院　周瑞生　胡建勇　马　骁 ………… 003

孙某诉洪某损害公司利益责任纠纷案

编写人：北京市第二中级人民法院　胡　君 ………………………… 008

周某某诉北京华联精品超市有限公司、北京华联精品超市有限公司安贞桥店买卖合同纠纷案

编写人：北京市第二中级人民法院　唐旭超 ………………………… 013

葛某某与洪某某名誉权、荣誉权纠纷案

编写人：北京市第二中级人民法院　何江恒 ………………………… 019

北京市两高律师事务所诉白某某诉讼代理合同纠纷案

编写人：北京市第二中级人民法院　韩耀斌

北京市高级人民法院　阚道祥 ………………………… 030

莫某诉张某及北京链家房地产经纪有限公司房屋买卖合同纠纷案

编写人：北京市第二中级人民法院　蒋春燕

北京市高级人民法院　张濡元 ………………………… 036

北京隆昌伟业贸易有限公司诉北京城建重工有限公司合同纠纷案
编写人:北京市第二中级人民法院　王国才　林文彪
北京市高级人民法院　刘书星 …………………………… 042
陈某某等人黑社会性质组织案
编写人:北京市第二中级人民法院　金昌伟
北京市高级人民法院扫黑办　魏　炜 ……………………… 051
石某1等人组织、领导、参加黑社会性质组织案
编写人:北京市第二中级人民法院　王　璇 ……………………… 057
孙某某诉中盐国际贸易有限公司、中油中盐(北京)石油销售有限公司劳动争议案
编写人:北京市第二中级人民法院　管元梓
北京市高级人民法院　何　琴 …………………………… 063
中国移动通信集团北京有限公司诉北京久年物业管理有限公司、北京清南物业管理有限公司房屋租赁合同纠纷案
编写人:北京市第二中级人民法院　刘慧慧 ……………………… 069

全国法院系统年度优秀案例

【刑事案例】

甄某某故意杀人案
——毒品所致精神障碍者刑事责任能力的审查与认定
编写人:北京市第二中级人民法院　金昌伟 ……………………… 077
王某贩卖毒品案
——上诉不加刑原则在发回重审案件中的适用
编写人:北京市第二中级人民法院　李　凯 ……………………… 093

吴某某贩卖毒品、非法持有枪支案
——技侦证据在庭审中的直接运用与审查标准
编写人:北京市第二中级人民法院　龙　立　张旭城 ………………… 105
陈某、王某某等人违法运用资金案
——违法运用资金罪的情节认定
编写人:北京市第二中级人民法院　陈胜涛　王钰楠 ………………… 120
北京捷适中坤铁道技术有限公司、郭某侵犯商业秘密宣告无罪案
——侵犯商业秘密罪中对在先民事裁判认定事实的采信规则
编写人:北京市第二中级人民法院　谭劲松　何　朕　龙　立 ………… 133
合慧伟业商贸(北京)有限公司、刘某等非法购买、出售增值税专用发票罪案
——虚开增值税专用发票用于抵扣无真实交易销项税额的行为认定
编写人:北京市第二中级人民法院　何　朕　龙　立 ………………… 146
【民事案例】
张某某诉刘某1、曹某某确认合同无效案
——恶意串通的事实认定司法技术与证明标准
编写人:北京市第二中级人民法院　李俊晔 ……………………………… 161
王某某、董某1诉首都医科大学附属复兴医院医疗损害责任案
——缺陷出生侵权损害赔偿责任的认定
编写人:北京市第二中级人民法院　肖荣远 ……………………………… 174
李某诉中国铁路哈尔滨局集团有限公司铁路旅客运输合同纠纷案
——乘客请求普速列车禁烟的价值判断与裁判方法
编写人:北京市第二中级人民法院　杨　光　祝兴栋
北京市东城区人民法院　王　丹 ……………………………… 186

高某诉马某离婚后财产纠纷案
——通谋虚假离婚中离婚协议的效力认定
编写人:北京市第二中级人民法院　李　政　陈广辉 …………………… 199
苏某某诉北京市地铁运营有限公司生命权、健康权、身体权纠纷案
——地铁运行致害侵权责任的法律适用
编写人:北京市第二中级人民法院　陈广辉 ………………………………… 213
倪某、王某诉李某某、吴某房屋买卖合同案
——物权变动二阶模式与房屋买卖合同效力
编写人:北京市第二中级人民法院　李俊晔 ………………………………… 231
王某1等诉王某2、王某3确认合同无效案
——代理人与第三人恶意串通签订合同效力的认定
编写人:北京市第二中级人民法院　李俊晔 ………………………………… 250
徐某某诉平安银行财产损害赔偿纠纷案
——金融机构违反适当性义务侵权案裁判路径探析
编写人:北京市第二中级人民法院　陈广辉　杨　超 …………………… 263
贾某4诉贾某3返还原物案
——骨灰安葬权裁判规则探析
编写人:北京市第二中级人民法院　张　科　陈广辉 …………………… 276
支某1、马某某等诉北京市永定河管理处、北京市水务局等生命权、
健康权、身体权纠纷案
——自甘风险者在非公共场所受害的侵权责任认定
编写人:北京市第二中级人民法院　龙　立　邢述华 …………………… 289
刘某诉北京佳安颐园物业管理有限责任公司物业服务合同纠纷案
——由居民委员会依法定程序代行业主委员会职责的认定
编写人:北京市第二中级人民法院　王　磊 ………………………………… 303

张某诉北京公共交通控股(集团)有限公司第四客运分公司生命权、健康权、身体权纠纷案
——事实真伪不明的证明责任由信息成本低者承担
编写人:北京市第二中级人民法院　李俊晔　郝琪琪 …………………… 316
龙某某诉中国华融资产管理股份有限公司北京市分公司、安徽益力置业有限公司等第三人撤销之诉案
——不动产买受人以否定他人抵押权为由提起第三人撤销之诉的原告资格审视
编写人:北京市第二中级人民法院　葛　红　任永军 …………………… 335
郭某诉中信富通融资租赁有限公司等案外人执行异议之诉案
——不动产“连环买卖”次买受人请求排除执行的要件审查
编写人:北京市第二中级人民法院　王继玉 ……………………………… 349
陈某某、金某某诉北京同城必应科技有限公司等生命权、健康权、身体权纠纷案
——新业态下共享经营平台用人者责任的裁判路径与价值衡量
编写人:北京市第二中级人民法院　刘　洋　石　婕
北京市高级人民法院　刘靖靖 ……………………………………… 363

【商事案例】

殷某某诉中水集团远洋股份有限公司证券虚假陈述责任纠纷案
——证券虚假陈述揭露日的认定
编写人:北京市第二中级人民法院　葛　红　石　婕　马　巍 ………… 380
何某诉北汽蓝谷新能源科技股份有限公司证券虚假陈述责任纠纷案
——多个虚假陈述行为的法律适用
编写人:北京金融法院　余周祺
北京市第二中级人民法院　葛　红 ………………………………… 398

耿某诉李某1等股东损害公司债权人利益责任案
——认缴制下公司减资违反通知义务时的股东赔偿责任
编写人:北京市大兴区人民法院　张洁云
北京市第二中级人民法院　孙　盈 …………………………… 417
长城国兴金融租赁有限公司诉贵州鑫悦煤炭有限公司等企业借贷合同纠纷案
——穿透式审判思维在融资租赁合同纠纷中的应用
编写人:北京市第二中级人民法院　葛　红　马　巍　石　婕 ………… 432
中国平安财产保险股份有限公司诉王某某保险人代位求偿权案
——融资性保证保险合同中违约金条款的限缩与规范
编写人:北京市第二中级人民法院　马　巍　刘　镜 ………………… 447
【行政案例】
上海海基业高科技有限公司与安徽省工商局、国家市场监督管理总局行政处罚及复议案
——协同行为的证明路径与规则
编写人:北京市第二中级人民法院　李　丹 …………………………… 461
沈某诉国家税务总局北京市西城区税务局、国家税务总局北京市税务局不予退税通知、行政复议案
——纳税法律原因嗣后消失情形下的退税规则
编写人:北京市第二中级人民法院　朱彬彬 …………………………… 479

北京法院参阅案例

张某诉北京合力华通汽车服务有限公司买卖合同纠纷案

编写人：北京市第二中级人民法院　周瑞生　胡建勇　马　骁

【关键词】民事　买卖合同　欺诈　家用汽车

【参阅要点】

1. 为家庭生活消费需要购买汽车，发生欺诈纠纷的，可以按照《中华人民共和国消费者权益保护法》处理。

2. 汽车销售者承诺向消费者出售没有使用或维修过的新车，消费者购买后发现系使用或维修过的汽车，销售者不能证明已履行告知义务且得到消费者认可的，构成销售欺诈，消费者要求销售者按照《中华人民共和国消费者权益保护法》赔偿损失的，人民法院应予支持。

【相关法条】

《中华人民共和国消费者权益保护法》第二条、第五十五条第一款

【当事人】

原告(被上诉人)：张某

被告(上诉人)：北京合力华通汽车服务有限公司

【基本案情】

2007年2月28日，原告张某从被告北京合力华通汽车服务有限公司

(以下简称合力华通公司)购买上海通用雪佛兰景程轿车一辆,价格138,000元,双方签有《汽车销售合同》。该合同第七条约定:“……卖方保证买方所购车辆为新车,在交付之前已作了必要的检验和清洁,车辆路程表的公里数为18公里且符合卖方提供给买方的随车交付文件中所列的各项规格和指标……”合同签订当日,张某向合力华通公司交付了购车款138,000元,同时支付了车辆购置税12,400元、“一条龙”服务费500元、保险费6060元。同日,合力华通公司将雪佛兰景程轿车一辆交付张某。同日,张某为所购车辆办理了机动车登记手续。2007年5月13日,张某在将车辆送合力华通公司保养时,发现该车曾于2007年1月17日进行过维修。

审理中,合力华通公司表示张某所购车辆确曾在运输途中造成划伤,于2007年1月17日进行过维修,维修项目包括右前叶子板喷漆、右前门喷漆、右后叶子板喷漆、右前门钣金、右后叶子板钣金、右前叶子板钣金,维修中更换底大边卡扣、油箱门及前叶子板灯总成。送修人系该公司业务员。合力华通公司称对于车辆曾进行维修之事已在销售时明确告知张某,并据此予以较大幅度优惠,该车销售定价应为151,900元,经协商后该车实际销售价格为138,000元,还赠送了部分装饰。为证明上述事实,合力华通公司提供了车辆维修记录及有张某签字的日期为2007年2月28日的车辆交接验收单一份,在车辆交接验收单备注一栏中注有“加1/4油,此车右侧有钣喷修复,按约定价格销售”。合力华通公司表示该验收单系该公司保存,张某手中并无此单。对于合力华通公司提供的上述两份证据,张某表示对于车辆维修记录没有异议,车辆交接验收单中的签字确系其所签,但合力华通公司在销售时并未告知车辆曾有维修,其在签字时备注一栏中没有“此车右侧有钣喷修复,按约定价格销售”字样。

【审理结果】

北京市朝阳区人民法院于2007年10月作出(2007)朝民初字第18230号民事判决:(1)撤销张某与合力华通公司于2007年2月28日签订的《汽

车销售合同》;(2)张某于判决生效后7日内将其所购的雪佛兰景程轿车退还合力华通公司;(3)合力华通公司于判决生效后7日内退还张某购车款124,200元;(4)合力华通公司于判决生效后7日内赔偿张某购置税12,400元、服务费500元、保险费6060元;(5)合力华通公司于判决生效后7日内加倍赔偿张某购车款138,000元;(6)驳回张某其他诉讼请求。宣判后,合力华通公司提出上诉。北京市第二中级人民法院于2008年3月13日作出(2008)二中民终字第00453号民事判决:驳回上诉,维持原判。

【裁判理由】

法院生效裁判认为:原告张某购买汽车系因生活需要自用,被告合力华通公司没有证据证明张某购买该车用于经营或其他非生活消费,故张某购买汽车的行为属于生活消费需要,应当适用《中华人民共和国消费者权益保护法》。

根据双方签订的《汽车销售合同》约定,合力华通公司交付张某的车辆应为无维修记录的新车,现所售车辆在交付前实际上经过维修,这是双方共同认可的事实,故本案争议的焦点为合力华通公司是否事先履行了告知义务。

车辆销售价格的降低或优惠以及赠送车饰是销售商常用的销售策略,也是双方当事人协商的结果,不能由此推断出合力华通公司在告知张某汽车存在瑕疵的基础上对其进行了降价和优惠。合力华通公司提交的有张某签名的车辆交接验收单,因系合力华通公司单方保存,且备注一栏内容由该公司不同人员书写,加之张某对此不予认可,该验收单不足以证明张某对车辆以前维修过有所了解。故对合力华通公司抗辩称其向张某履行了瑕疵告知义务,不予采信,应认定合力华通公司在售车时隐瞒了车辆存在的瑕疵,有欺诈行为,应退车还款并赔偿张某的损失。

【解说】

近年来随着汽车逐步进入寻常百姓家,汽车数量大幅增长,汽车消费引发的问题也层出不穷,成为法院审判实践中消费者权益保护案件的难点。从本案中,双方当事人争议焦点主要有两个:第一,个人购买汽车能否纳入《中华人民共和国消费者权益保护法》的调整范围,即汽车消费是否属于生活消费的问题。第二,汽车消费欺诈应如何认定。

一、关于汽车消费能否受《中华人民共和国消费者权益保护法》调整的问题

我们认为,随着社会经济的不断发展和民众生活水平的不断提高,汽车这一“旧时王谢堂前燕”早已“飞入寻常百姓家”。汽车的消费已经日益成为人们社会生活的常态,购买汽车已经成为司空见惯的“日常生活型”消费,汽车的消费交易本质上属于生活消费关系,汽车消费是生活消费的重要内容,人们购买消费汽车的行为是典型的生活消费行为。所谓购买汽车行为是“奢侈消费”、并非生活必需消费行为,其权益不受《中华人民共和国消费者权益保护法》保护、不受《中华人民共和国消费者权益保护法》调整的说法,缺乏法律依据。提供汽车的经销商们是以盈利为目的的市场经营者,是真正意义上的市场主体,是汽车销售利润的获得者,且全面掌握了所售汽车的信息,而消费者在购买汽车时,无论是对专业汽车知识的了解,还是对汽车信息的拥有,都弱于经销商,故保护购车消费者的合法权益符合《中华人民共和国消费者权益保护法》的价值取向。汽车消费适用《中华人民共和国消费者权益保护法》调整应毫无疑问。

二、关于如何认定汽车消费欺诈的问题

经营者提供商品或者服务的行为构成欺诈是适用2013年修正前的《中华人民共和国消费者权益保护法》第四十九条双倍返还的关键。欺诈在法律上分为积极欺诈与消极欺诈两种情形。积极欺诈,是指欺诈者以积极的言辞,提供虚假情况,陷对方于错误的意思表示之中。例如,故意夸大商品的性能等。消极欺诈,是指行为人具有告知的义务,但其故意不告知或隐瞒,致使对方作出错误的意思表示。例如,商品所有人故意隐瞒商品的缺陷或瑕疵等。欺诈的具体表现形式很多:如以假充真、以次充好、虚构产地、虚构成份、夸大功能等。在消费者维权领域,为了缓解消费者相对于经营者在现实中处于弱势地位的情况,法律规章对消费者权利有一定倾斜性保护,国家工商行政管理局于1996年3月15日颁布并实施了《欺诈消费者行为处罚办法》(已废止),该办法第二条规定:"本办法所称欺诈消费者行为,是指经营者在提供商品(以下所称商品包括服务)或者服务中,采取虚假或者其他不正当手段欺骗、误导消费者,使消费者的合法权益受到损害的行为。"该办法第三条规定:"经营者在向消费者提供商品中,有下列情形之一的,属于欺诈消费者行为:(一)销售掺杂、掺假,以假充真,以次充好的商品的……(三)销售'处理品'、'残次品'、'等外品'等商品而谎称是正品的……"因此,本案中,根据双方的买卖合同约定,合力华通公司销售给张某的车辆应为新车,质量应完好无瑕疵,但现有证据表明其所售车辆存在瑕疵,即以事故车充当新车销售,合力华通公司亦不能证明其在售车时告知了车辆存在的瑕疵,而且张某因该汽车瑕疵已受到了事实上的损害,即新车与事故车之间的价值差距。由此,合力华通公司的汽车销售符合欺诈消费者行为,已构成对张某的欺诈。

综上,一审、二审法院认定合力华通公司存在欺诈行为,最终判令合力华通公司双倍赔偿消费者张某。

(本案例为北京法院参阅案例第8号)

孙某诉洪某损害公司利益责任纠纷案

编写人:北京市第二中级人民法院　胡　君

【关键词】公司组织诉讼　股东代表诉讼　管辖权异议

【参阅要点】

董事、监事、高级管理人员或他人损害公司利益,公司股东依法提起诉讼,要求侵权人对公司承担赔偿责任的,由公司住所地人民法院管辖。

【相关法条】

《中华人民共和国公司法》第一百五十一条

《中华人民共和国民事诉讼法》(2012 年修正)第二十六条①

《最高人民法院关于适用〈中华人民共和国民事诉讼法〉的解释》(2015 年)第二十二条

【当事人】

原告:孙某

被告:洪某

第三人:北京网天飞虹科技有限公司

① 现《中华人民共和国民事诉讼法》第二十七条。

【基本案情】

孙某向法院起诉称：孙某与洪某是北京网天飞虹科技有限公司（以下简称飞虹公司）股东，洪某为飞虹公司的总经理。孙某发现洪某利用伪造的飞虹公司公章，通过中国电信北京分公司，把飞虹公司名下近 8000 张无线上网卡转移至洪某实际控制的北京网天易通科技有限公司（以下简称易通公司）名下，给飞虹公司的利益造成损害。因飞虹公司不追究洪某的责任，孙某作为飞虹公司的股东以自己的名义向北京市西城区人民法院提起诉讼，请求判令：追回被洪某转移至易通公司的近 8000 张无线上网卡并由易通公司返还非法所得。法院向洪某送达起诉状后，洪某在法定答辩期内向北京市西城区人民法院提出了管辖权异议，认为洪某的住所地是北京市大兴区，飞虹公司的实际办公地址在北京市大兴区。因此，本案应移送有管辖权的北京市大兴区人民法院审理。

经法院审查，飞虹公司在工商行政管理部门登记注册的地址为北京市西城区××街 2 号 1002 室、1003 室。飞虹公司法定代表人洪某，其身份证登记的住址为北京市大兴区黄村镇。2013 年 7 月 16 日，飞虹公司与案外人北京电信发展有限公司签订《合同解除协议》，约定：双方签订的关于北京市西城区××街 2 号 1002 室、1003 室的房屋租赁合同于 2013 年 8 月 7 日解除。现飞虹公司的主要办事机构所在地不明确。

【审理结果】

北京市西城区人民法院于 2014 年 2 月 21 日作出（2014）西民初字第 513 号民事裁定书，裁定驳回洪某对管辖权提出的异议。裁定送达后，洪某向北京市第二中级人民法院提起上诉。北京市第二中级人民法院于 2014 年 5 月 30 日作出（2014）二中民终字第 5499 号民事裁定书，裁定：驳回上诉，维持原裁定。

【裁判理由】

法院生效裁判认为：孙某主张洪某作为飞虹公司股东及高级管理人员违反法定义务，损害公司利益，因飞虹公司不追究责任，孙某作为飞虹公司的股东以自己的名义，向人民法院提起诉讼，请求追回被洪某转移至易通公司的无线上网卡并由易通公司返还非法所得，据此，本案系因损害公司利益责任纠纷提起的股东代表诉讼，属于公司诉讼，应依据《中华人民共和国民事诉讼法》（2012 年修正）第二十六条有关“因公司设立、确认股东资格、分配利润、解散等纠纷提起的诉讼，由公司住所地人民法院管辖”的规定确定管辖。

本案中，飞虹公司在工商行政管理部门登记注册的地址为北京市西城区××街 2 号 1002 室、1003 室。2013 年 8 月 7 日，飞虹公司与北京电信发展有限公司解除了上述房屋的租赁合同。洪某主张飞虹公司于 2013 年 8 月搬至北京市大兴区办公，因其提交的证据不足以证明飞虹公司的主要办事机构已搬至上述地址，因此，洪某的该项上诉理由缺乏事实依据，法院不予支持。鉴于飞虹公司的主要办事机构所在地不明确，本案应由飞虹公司的注册地人民法院管辖。飞虹公司注册地在北京市西城区，属于一审法院辖区范围，故一审法院依法对本案有管辖权。洪某关于本案应由北京市大兴区人民法院管辖的上诉理由不成立，其上诉请求应予驳回。

【解说】

本案涉及的法律问题为，股东代表诉讼是否应参照《中华人民共和国民事诉讼法》（2012 年修正）第二十六条确定管辖？《中华人民共和国民事诉讼法》（2012 年修正）第二十六条规定：“因公司设立、确认股东资格、分配利润、解散等纠纷提起的诉讼，由公司住所地人民法院管辖。”同时，《最高人民法院关于适用〈中华人民共和国民事诉讼法〉的解释》第二十二条规定：“因股东名册记载、请求变更公司登记、股东知情权、公司决议、公司合并、公司分立、公司减资、公司增资等纠纷提起的诉讼，依照民事诉讼法第二十六条的规定确定管辖。”该两条规定采取了列举加兜底的方式,对公司组织诉讼的管辖做了特别规定。对于股东代表诉讼是否适用《中华人民共和国民事诉讼法》第二十六条的规定确定管辖?有两种不同观点。一种观点认为,《中华人民共和国民事诉讼法》第二十六条规定的公司诉讼类型为公司组织诉讼,股东代表诉讼为股东代表公司提起的侵权诉讼,不属于公司组织诉讼,应按照侵权诉讼的管辖规则,由侵权行为地或者被告住所地法院管辖。另一种观点认为,股东代表诉讼涉及公司组织关系,应当适用公司组织诉讼的管辖规则,由公司住所地人民法院管辖。法院最终采纳了第二种观点。主要理由为:

首先,根据《中华人民共和国民事诉讼法》(2012年修正)第二十六条、《最高人民法院关于适用〈中华人民共和国民事诉讼法〉的解释》第二十二条规定所列举的公司组织诉讼的案件类型来看,公司组织诉讼具有以下特点:(1)是对公司组织性质的诉讼,即在公司的责任形式,董事会、监事会、股东大会等组织机构以及运行程序等方面产生纠纷形成的诉讼;(2)大多具备形成之诉的性质,是依据判决使权利关系及法律关系发生变动的诉讼;(3)涉及公司利益,许多情况公司为被告;(4)经常出现需进行诉的合并的情形;(5)判决效力具有特殊性,即公司诉讼的生效判决对当事人之外的大部分第三人也发生法律效力。本案系股东代表诉讼,是由股东在公司怠于提起诉讼时,代表公司起诉侵害公司利益的股东。股东代表诉讼中,虽然公司并非原、被告,但具有以下公司组织诉讼的特点:一是公司一般列为第三人参加诉讼;二是股东代表诉讼起因于公司没有及时提起诉讼维护公司利益,属于公司运行产生的纠纷;三是股东代表诉讼涉及公司的实体权益,与公司及其成员、控股股东均有关联;四是判决结果对公司及其全体股东具有既判力和拘束力。因此,股东代表诉讼具有公司组织诉讼的特点。

其次,股东代表诉讼由公司住所地法院管辖,便于公司和利害关系人参加诉讼,便于公司提供证据或人民法院调查取证,亦便于此后可能发生的强制执行。

综上,该类案件应适用《中华人民共和国民事诉讼法》(2012 年修正)第二十六条的规定,由公司住所地人民法院管辖。

(本案例为北京法院参阅案例第 21 号)

周某某诉北京华联精品超市有限公司、北京华联精品超市有限公司安贞桥店买卖合同纠纷案

编写人：北京市第二中级人民法院　唐旭超

【关键词】进口食品　中文标签　明知　惩罚性赔偿

【参阅要点】

进口食品经营者销售的食品已取得检验检疫机构的行政许可，但仍不符合食品安全标准，进口食品经营者未提交证据证明其已履行法定的进货查验、如实记录义务的，应认定其实施了销售明知是不符合食品安全标准的食品的行为。消费者以此为由依据《中华人民共和国食品安全法》的规定向进口食品经营者主张惩罚性赔偿金的，人民法院应予支持。

【相关法条】

《中华人民共和国食品安全法》（2009 年）第三十九条第一款、第二

款,第六十二条,第九十六条第二款①

《中华人民共和国行政许可法》第十二条

【当事人】

原告(被上诉人):周某某

被告(上诉人):北京华联精品超市有限公司

被告(上诉人):北京华联精品超市有限公司安贞桥店

【基本案情】

"坚果庄园什锦早餐麦片"由健益食品(北京)有限公司(以下简称健益公司)进口并经销,该食品外包装的中文标签在配料部分标示了"调味料"。2014 年 8 月 31 日,周某某在北京华联精品超市有限公司安贞桥店(以下简称华联安贞桥店)购买该食品 8 袋,单价 99 元,共计 792 元。后周某某以该食品外包装的中文标签在配料部分标示"调味料"不符合食品安全标准为由,向北京市东城区食品药品监督管理局(以下简称东城食药局)举报。东城食药局在 2015 年 4 月 24 日作出的行政处罚中认定该食品外包装标签上的配料表中标示了"调味料"字样,但未标示具体名称,不符合《食品安全国家标准预包装食品标签通则》第四条的强制性规定,对华联安贞

① 本案所适用的为 2009 年 2 月 28 日通过、2009 年 6 月 1 日起施行的《中华人民共和国食品安全法》,现行《中华人民共和国食品安全法》已于 2021 年 4 月 29 日起施行,本案所涉的第二十条目前已被修改为第二十六条:"食品安全标准应当包括下列内容:(一)食品、食品添加剂、食品相关产品中的致病性微生物,农药残留、兽药残留、生物毒素、重金属等污染物质以及其他危害人体健康物质的限量规定;(二)食品添加剂的品种、使用范围、用量;(三)专供婴幼儿和其他特定人群的主辅食品的营养成分要求;(四)对与卫生、营养等食品安全要求有关的标签、标志、说明书的要求;(五)食品生产经营过程的卫生要求;(六)与食品安全有关的质量要求;(七)与食品安全有关的食品检验方法与规程;(八)其他需要制定为食品安全标准的内容。"第四十条第一款目前已被修改为第五十四条第一款:"食品经营者应当按照保证食品安全的要求贮存食品,定期检查库存食品,及时清理变质或者超过保质期的食品。"第九十六条第二款目前已被修改为第一百四十八条第二款:"生产不符合食品安全标准的食品或者经营明知是不符合食品安全标准的食品,消费者除要求赔偿损失外,还可以向生产者或者经营者要求支付价款十倍或者损失三倍的赔偿金;增加赔偿的金额不足一千元的,为一千元。但是,食品的标签、说明书存在不影响食品安全且不会对消费者造成误导的瑕疵的除外。"

桥店处以没收违法所得、罚款。2015 年 5 月 8 日,周某某向北京市东城区人民法院起诉,请求北京华联精品超市有限公司(以下简称华联公司)、华联安贞桥店返还货款 792 元,并支付价款十倍赔偿金 7920 元。

华联公司、华联安贞桥店答辩称,健益公司在进口该食品时已取得北京市朝阳区进出口检验检疫局关于标签的行政许可,其对该行政许可享有信赖利益,应受保护,其也不具备《中华人民共和国食品安全法》(2009 年)第九十六条第二款规定的"明知"的主观要件,因此不同意周某某的诉讼请求。

【审理结果】

北京市东城区人民法院于 2015 年 8 月 10 日作出(2015)东民(商)初字第 06876 号民事判决:(1)自判决生效之日起 7 日内,华联公司、华联安贞桥店向周某某返还货款 792 元;(2)自判决生效之日起 7 日内,华联公司、华联安贞桥店向周某某赔偿十倍货款 7920 元。宣判后,华联公司、华联安贞桥店不服,向北京市第二中级人民法院提起上诉。北京市第二中级人民法院于 2015 年 12 月 21 日作出(2015)二中民(商)终字第 12880 号民事判决:驳回上诉,维持原判。

【裁判理由】

法院生效裁判认为:进口的食品应当符合我国食品安全国家标准,进口的预包装食品应当有中文标签、中文说明书,标签、说明书应当符合《中华人民共和国食品安全法》以及其他有关法律、行政法规的规定和食品安全国家标准的要求。根据法律规定,预包装食品的包装上应当有标签,标签应当标明成分或者配料表,涉诉食品外包装的中文标签在配料部分标示"调味料"字样,但未标示具体名称,鉴于调味料与食品安全、营养有关,食品标签上未标明"调味料"的具体成分可能会对消费者造成误导进而影响消费者对食品安全的判断,故涉诉食品标签上未标示调味料具体名称的行为违反了食品安全国家标准的要求，应属不符合食品安全标准的食品。该食品在健益公司进口时虽已经过检验检疫，但华联公司、华联安贞桥店并不享有信赖利益，且其依《中华人民共和国食品安全法》规定所负有的建立并执行食品进货查验、记录制度的义务并不因检验检疫机构实施的行政许可行为而免除。因此，对于华联安贞桥店销售不符合食品安全标准的食品，华联公司、华联安贞桥店应当依照《中华人民共和国食品安全法》的规定承担惩罚性赔偿责任。

【解说】

本案的核心争议焦点为食品经营者销售食品时须负担的法定义务是否因检验检疫机构签发卫生证书[①]而免除，这直接关系食品经营者是否构成销售明知是不符合食品安全标准的食品。对此，司法实践中主要有两种观点：

第一种观点认为，检验检疫机构对健益公司所进口食品出具卫生证书的行为系行政许可，作为食品经营者，华联安贞桥店亦对该行政许可享有信赖利益。在华联安贞桥店已审查健益公司所取得卫生证书的情况下，即使其所售食品不符合食品安全标准，亦不能推定其在销售时的主观状态为"明知"，不能判令其承担向消费者支付十倍价款的赔偿责任。

第二种观点认为，进口商取得的卫生证书仅表明行政机关按照技术标准、技术规范依法进行检验、检测、检疫后，根据检验、检测、检疫结果核准其进口食品。食品经营者从进口商处购进食品时，仍负有如实记录食品信息和全面审查食品是否符合食品安全标准的义务，如其未完全履行该项义务，导致销售不符合食品安全标准的食品，即应承担赔偿责任。

---

① 根据《质检总局关于进一步规范进口食品、化妆品检验检疫证单签发工作的公告》的规定，对进口食品经检验检疫合格的，或检验检疫不合格但已进行有效处理合格的，自 2015 年 7 月 28 日起签发"入境货物检验检疫证明"，不再签发"卫生证书"。签发"入境货物检验检疫证明"时，除按质检总局规定填写相关内容外，证明栏中证书文字统一为"上述货物业经检验检疫监督管理，准予进口"。

法院最终采纳了第二种观点,主要理由在于:

1. 从卫生证书的效力看,检验检疫机构实施的是审定进口食品从正常途径进口,且已经检验检疫的行政许可行为。

进口食品直接关系公共安全、人身健康、生命、财产安全,需要专门机构按照特定的技术标准、技术规范,以检验、检测、检疫等方式进行审定。检验检疫机构签发卫生证书表明其对进口商所进口食品是否符合法律要求作出了肯定的认定,准许食品进口商从事进口该批次食品的活动,因此属于行政许可行为。在2015年7月28日入境货物检验检疫证明取代卫生证书后,国家质检总局亦明确入境货物检验检疫证明的效力仅为“证明该批次食品从正常途径进口,依照我国法律法规规定经检验检疫”①,且在针对周某某信息公开申请作出的答复中,北京市朝阳区进出口检验检疫局亦明确指出,涉案食品外包装中文标签配料部分标示“调味料”,不符合食品安全标准,其已责令进口商对标签进行整改。因此,从卫生证书的效力上看,检验检疫机构签发卫生证书或者入境货物检验检疫证明仅表明其已依特定的技术标准、技术规范对进口食品进行了检验检疫,对进口食品是否符合法律法规和食品安全国家标准要求以及与质量有关内容的真实性、准确性进行了审查和认定,但并非确保进口食品在销售流通环节完全符合食品安全标准。

2. 从食品经营者的法定义务看,其采购和销售食品时须负担的法定义务不因检验检疫机构签发卫生证书而免除。

检验检疫机构签发卫生证书的行政许可行为对进口食品是否符合食品安全国家标准,以及食品进口商、食品经营者是否承担民事责任没有预决效力。食品经营者销售食品时须负担的法定义务不因检验检疫机构签发卫生证书的行政许可行为而免除。消费者提交证据足以证明进口食品

① 参见国家质检总局进出口食品安全局2016年3月1日发布的《关于“进口食品的卫生证书”有关咨询的回复》。

不符合食品安全标准的,食品进口商、食品经营者仍应依法承担惩罚性赔偿责任。健益公司进口食品外包装的中文标签在配料部分标示“调味料”,但未标示具体名称,违反了强制性的食品安全国家标准的要求,且配料与食品安全、营养有关,食品标签上未标明“调味料”的具体成分可能会对消费者造成误导进而影响消费者对食品安全的判断,故该进口食品应属于不符合食品安全标准的食品。而作为食品经营者的华联安贞桥店,在采购食品时应查验供货者的许可证和食品合格的证明文件,并建立食品进货查验记录制度,如实记录食品的名称、规格、数量、生产批号、保质期、供货者名称及联系方式、进货日期等内容,上述法定义务不因检验检疫机构签发卫生证书而免除。本案中,华联安贞桥店在采购涉案食品时仅查验了检验检疫机构签发的卫生证书,并未全面查验“食品合格的证明文件”,亦未如实记录食品的名称、规格、数量、生产批号、保质期、供货者名称及联系方式、进货日期等内容,致使周某某购买了中文标签不符合食品安全标准的进口食品。因此,法院认定华联安贞桥店未提交证据证明其完全履行了《中华人民共和国食品安全法》规定的进货查验、如实记录义务,其行为构成“销售明知是不符合食品安全标准的食品”,判令其承担支付十倍价款的赔偿责任,具有事实和法律依据。

综上所述,法院的判决是正确的。

(本案例为北京法院参阅案例第 31 号)

葛某某与洪某某名誉权、荣誉权纠纷案

编写人：北京市第二中级人民法院　何江恒

【关键词】英雄烈士　名誉权　荣誉权　社会公共利益　言论自由　学术自由

【参阅要点】

1. 对侵害英雄烈士名誉、荣誉的行为，英雄烈士的近亲属可以依法向人民法院提起诉讼。

2. 人民法院根据英雄烈士获得个人名誉及荣誉的历史事实、英雄烈士在历史上发挥的作用，可以将其事迹和精神认定为民族精神和社会主义核心价值观的重要体现，因而构成社会公共利益的一部分。歪曲、丑化、亵渎、否定英雄烈士的事迹和精神，不仅侵害英雄烈士个人的名誉及荣誉，也损害了社会公共利益，应当承担法律责任。

3. 行为人在没有充分依据的情况下，通过撰写文章、细节考据、观点争鸣等形式对英雄烈士英勇抗敌的事实和舍生取义的精神进行质疑和否定，该行为符合以贬损、丑化的方式损害他人名誉、荣誉的特征，应当认定其侵害了英雄烈士的名誉和荣誉。行为人以言论自由作为其侵权责任之抗辩理由，人民法院不予支持。

【相关法条】

《中华人民共和国民法通则》(已废止)第一百零一条、第一百零六条第二款

《中华人民共和国侵权责任法》(已废止)第二条、第十五条

《中华人民共和国民事诉讼法》(2012 年)第一百一十九条

《最高人民法院关于贯彻执行〈中华人民共和国民法通则〉若干问题的意见(试行)》(已废止)第一百四十条第一款

《最高人民法院关于确定民事侵权精神损害赔偿责任若干问题的解释》(2001 年)第三条

《最高人民法院关于审理名誉权案件若干问题的解答》七、八

《最高人民法院关于适用〈中华人民共和国民事诉讼法〉的解释》(2015 年)第六十九条

【当事人】

原告:葛某某

被告:洪某某

【基本案情】

1941 年 9 月 25 日,在易县狼牙山发生了著名的狼牙山战斗。在这场战斗中,狼牙山五壮士英勇抗敌的基本事实和舍生取义的伟大精神,赢得了全中国人民的高度认同和广泛赞扬。新中国成立后,五壮士的事迹被编入义务教育教科书,五壮士被人民视为当代中华民族抗击外敌入侵的民族英雄。

2013 年 9 月 9 日,时任《炎黄春秋》杂志社执行主编的洪某某在财经网发表《小学课本〈狼牙山五壮士〉有多处不实》(以下简称《不实》)一文。文中写道:据《南方都市报》2013 年 8 月 31 日报道,广州越秀警方于 8 月 29 日晚间将一位在新浪微博上"污蔑狼牙山五壮士"的网民抓获,以虚构信

息、散布谣言的罪名予以行政拘留7日。据媒体报道,该网友实际上是传播了2011年12月14日百度贴吧里一篇名为《狼牙山五壮士真相原来是这样!》的帖子的内容,该帖子写道:“5个人中有3个是当场被打死的,后来清理战场把尸体丢下悬崖。另两个当场被活捉,只是后来不知道什么原因又从日本人手上逃了出来。”

2013年第11期《炎黄春秋》杂志刊发洪某某撰写的《“狼牙山五壮士”的细节分歧》(以下简称《细节》)一文,该文亦发表于《炎黄春秋》杂志网站。该文分为“在何处跳崖”“跳崖是怎么跳的”“敌我双方战斗伤亡”“‘五壮士’是否拔了群众的萝卜”等部分。文章通过援引不同来源、不同内容、不同时期的报刊资料等,对狼牙山五壮士事迹中的细节提出怀疑。

2015年8月,“狼牙山五壮士”中的葛振林之子葛某某起诉至北京市西城区人民法院,认为《不实》《细节》以历史细节考据、学术研究为幌子,以细节否定英雄,企图达到抹黑“狼牙山五壮士”英雄形象和名誉的目的,请求判令洪某某停止侵权、公开道歉、消除影响。

洪某某辩称,案涉文章是学术文章,没有侮辱性的言词,关于事实的表述有相应的根据,不是凭空捏造或者歪曲,不构成侮辱和诽谤,不构成名誉权的侵害。进行历史研究的目的是探求历史真相,行使的是《中华人民共和国宪法》赋予公民的思想自由、学术自由、言论自由权利。不同意葛某某的全部诉讼请求。

【裁判结果】

北京市西城区人民法院于2016年6月27日作出(2015)西民初字第27841号民事判决:洪某某立即停止侵害葛振林名誉、荣誉的行为;判决生效后3日内,洪某某公开发布赔礼道歉公告,向葛某某赔礼道歉,消除影响。该公告须连续刊登5日,公告刊登媒体及内容需经法院审核,逾期不执行,法院将在相关媒体上刊登判决书的主要内容,所需费用由洪某某承担。

宣判后,洪某某向北京市第二中级人民法院提起上诉,北京市第二中级人民法院于2016年8月15日作出(2016)京02民终6272号民事判决:驳回上诉,维持原判。

【裁判理由】

法院生效裁判认为:1941年9月25日,在易县狼牙山发生的狼牙山战斗,是被大量事实证明的著名战斗。在这场战斗中,“狼牙山五壮士”英勇抗敌的基本事实和舍生取义的伟大精神,赢得了全国人民高度认同和广泛赞扬,是五壮士获得“狼牙山五壮士”崇高名誉和荣誉的基础。葛振林是“狼牙山五壮士”这一系列英雄烈士的代表人物,“狼牙山五壮士”这一称号在全军、全国人民中已经赢得了普遍的公众认同,这一称号,既是国家及公众对他们作为中华民族的优秀儿女在反抗侵略、保家卫国中作出巨大牺牲的褒奖,也是他们应当获得的个人名誉和个人荣誉。“狼牙山五壮士”是中国共产党领导的八路军在抵抗日本帝国主义侵略伟大斗争中涌现出来的英雄群体,是中国共产党领导的全民抗战并取得最终胜利的重要事件载体。

这一系列英雄烈士及其事迹,经由广泛传播,在抗日战争、解放战争、抗美援朝战争等为民族独立、人民解放和保卫国家安全战斗的时期,成为激励无数中华儿女反抗侵略、英勇抗敌的精神动力之一;成为人民军队誓死捍卫国家利益、保障国家安全的军魂来源之一。在和平年代,狼牙山五壮士的精神,仍然是我国民众不畏艰辛、不怕困难、为国为民奋斗终身的精神指引。这些英雄烈士及其精神,已经获得全民族的广泛认同,既是中华民族共同记忆的一部分,也是中华民族精神的内核之一,更是社会主义核心价值观的重要内容。而民族的共同记忆、民族精神乃至社会主义核心价值观,无论是从我国的历史看,还是从现行法上看,都已经是社会公共利益的一部分。诉讼中,洪某某关于“狼牙山五壮士”精神不是公共利益的主张不能成立。

关于案涉文章是否构成侵权的问题。法院认为,案涉文章对于“狼牙山五壮士”在战斗中所表现出的英勇抗敌的事迹和舍生取义的精神这一基本事实,自始至终未作出正面评价。而是以考证“在何处跳崖”“跳崖是怎么跳的”“敌我双方战斗伤亡”“‘五壮士’是否拔了群众的萝卜”等细节为主要线索,通过援引不同时期的材料、相关当事者不同时期的言论,甚至“文化大革命”时期红卫兵迫害宋学义的言论为主要证据,全然不考虑历史的变迁、各个材料所形成的时代背景以及各个材料的语境。在无充分证据的情况下,案涉文章多处作出似是而非的推测、质疑乃至评价。因此,尽管案涉文章无明显侮辱性的语言,但通过强调与基本事实无关或者关联不大的细节,引导读者对“狼牙山五壮士”这一英雄烈士群体英勇抗敌事迹和舍生取义精神产生质疑,从而否定基本事实的真实性,进而降低他们的英勇形象和精神价值。洪某某的行为方式符合以贬损、丑化的方式损害他人名誉和荣誉权益的特征。

案涉文章通过刊物发行和网络传播,在全国范围内产生了重大影响,不仅损害了葛振林的个人名誉和荣誉,损害了葛某某的个人感情,在一定范围和程度上也伤害了社会公众的民族和历史情感,同时,在我国,由于“狼牙山五壮士”的精神价值已经内化为民族精神和社会公共利益的一部分,因此,还损害了社会公共利益。洪某某作为具有一定研究能力和熟练使用互联网工具的人,应该认识且有能力控制前述后果的发生,仍然发表案涉文章,显然具有过错。

对于洪某某在诉讼中以言论自由作为抗辩,并提出言论自由、学术自由及与人格权利冲突的平衡问题。法院认为,我国现行法律保护公民言论的自由和进行科学研究的自由,同样也保护公民的人格尊严不受侵犯,保护公民享有的名誉、荣誉等权益。学术自由、言论自由以不侵害他人合法权益、社会公共利益和国家利益为前提。任何公民在行使言论自由、学术自由及其他自由时,都负有不得超过自由界限的法定义务。本案中,“狼牙山五壮士”及其事迹所凝聚的民族感情和历史记忆以及所展现的民族精神,是当代中国社会主义核心价值观的重要来源和组成部分,具有巨大的精神价值,也是我国作为一个民族国家所不可或缺的精神内核。对“狼牙山五壮士”名誉的损害,既是对葛某某之父葛振林的名誉、荣誉的损害,也是对中华民族的精神价值的损害。因此,洪某某以侵害他人合法权益和社会公共利益的言论自由,作为其侵权责任的抗辩理由,不予支持。

【解说】

近年来社会上通过各种形式诋毁、侮辱、诽谤英雄人物,丑化英雄人物形象,贬损英雄人物名誉,削弱其精神价值的现象时有发生,葛某某诉洪某某名誉权、荣誉权纠纷案是这种现象的集中反映。依法审理好该案,涉及英雄人物个人名誉、荣誉等民事权益的保护问题,更涉及以法治手段、法治思维弘扬社会主义核心价值观,维护社会公共利益的重大问题。

该案的审理中存在以下难点:一是通过诉讼维护英雄人物包括已经不在世的英雄人物的名誉、荣誉,需要确定原告的范围,这应以现行法及司法解释为依归。二是此类侵权行为所侵害法益的复杂性,英雄人物的个人名誉、荣誉,往往与一定的英雄事件、历史背景、社会共识以及主流价值观相关,并由此与公共利益发生关联。人民法院审理此类案件,应从更为广阔的视野出发,更为全面、准确把握社会公共利益及其表现形态。三是此类侵权行为的表现形态更为多样化,经常表现为学术文章、观点争论等,人民法院应依据现行法更为实质性地把握名誉权侵权行为的表现方式。四是此类案件涉及的利益类型更为复杂,涉及言论自由、学术自由和个人权益的关系,人民法院应在个案中审慎把握,既要保护个人权益,也要防止司法对学术问题、言论自由作出不当干预,要在多个利益之间合理界分。

该案的审判,妥当地处理了上述问题,保护了英雄人物的名誉和荣誉,维护了社会公共利益,被最高人民法院确定为“依法保护英雄人物名誉等人格权益,弘扬社会主义核心价值观典型案例”,被评为“2016 年度十大民事行政案件”，推动了《中华人民共和国民法总则》（已废止）关于英雄烈士等人格权益保护及《中华人民共和国英雄烈士保护法》的立法进程。

一、在确定权利人及原告资格问题上，认定英雄人物的近亲属享有程序法上的原告主体资格和实体法上的请求权

《中华人民共和国民事诉讼法》（2012 年）第一百一十九条第（一）项规定，原告是与本案有利害关系的公民、法人和其他组织。《最高人民法院关于确定民事侵权精神损害赔偿责任若干问题的解释》（2001 年）第三条规定，自然人死亡后，其近亲属因侵权行为遭受精神痛苦，如以侮辱、诽谤、贬损、丑化或者违反社会公共利益、社会公德的其他方式侵害死者姓名、肖像、名誉、荣誉的，有权向人民法院提起诉讼。《最高人民法院关于适用〈中华人民共和国民事诉讼法〉的解释》（2015 年）第六十九条规定，对侵害死者遗体、遗骨以及姓名、肖像、名誉、荣誉、隐私等行为提起诉讼的，死者的近亲属为当事人。由此可知，死者的近亲属有权就侵害死者名誉、荣誉等行为提起民事诉讼，死者的近亲属是正当当事人。具体到本案，根据在案证据可以认定，葛振林与葛某某系父子关系，葛振林系狼牙山五壮士之一，其已去世，葛某某作为近亲属有权就侵害葛振林名誉、荣誉的行为提起民事诉讼，葛某某作为本案原告适格。

值得注意的是，《中华人民共和国英雄烈士保护法》对此予以了明确，该法第二十五条第一款规定：“对侵害英雄烈士的姓名、肖像、名誉、荣誉的行为，英雄烈士的近亲属可以依法向人民法院提起诉讼。”

此外，需要说明的是，《中华人民共和国民事诉讼法》（2012 年）第五十五条规定，“对污染环境、侵害众多消费者合法权益等损害社会公共利益的行为，法律规定的机关和有关组织可以向人民法院提起诉讼”。英雄烈士的事迹和精神构成社会公共利益的一部分，因此，对于侵犯英雄烈士事迹和精神、损害社会公共利益的行为，有关机关可以依法提起公益诉讼。《中华人民共和国英雄烈士保护法》对此予以了明确，该法第二十五条第二款规定："英雄烈士没有近亲属或者近亲属不提起诉讼的，检察机关依法对侵害英雄烈士的姓名、肖像、名誉、荣誉，损害社会公共利益的行为向人民法院提起诉讼。"第三款规定："负责英雄烈士保护工作的部门和其他有关部门在履行职责过程中发现第一款规定的行为，需要检察机关提起诉讼的，应当向检察机关报告。"

二、在侵权行为侵害的法益识别上，分析了"狼牙山五壮士"获得个人名誉及荣誉的历史事实，并以这一英雄群体在我国当代史上发挥的作用作为依据，将其精神归纳为民族的共同记忆、民族精神和社会主义核心价值观的一部分，因而构成了社会公共利益的一部分，法益识别准确

公共利益是一个价值判断问题，是相互冲突的利益加总后的选择。英雄人物的人格权益成为社会公共利益的一部分，是价值判断和选择的结果。英雄烈士的人格利益作为英雄烈士依法享有的法律上利益，首先表现为英雄烈士的个人利益。但英雄烈士的人格利益及建立在其人格利益基础之上的英雄烈士的形象、事迹和精神，在战争年代，是表征中华儿女不畏强敌、不怕牺牲、英勇奋争精神的具体载体；在和平年代，是体现中华儿女不惧艰难、勇于开拓、敢于创新的形象空间。英雄烈士的人格利益及建立在其人格利益基础之上的英雄烈士的形象、事迹和精神，已经成为中华民族的共同的历史记忆，是中华儿女共同的宝贵的精神财富，已经衍生为社会公众的民族情感和历史情感，从而构成了社会公共利益的重要组成部分，因此它具有浓厚的社会公共利益的属性色彩，对它的保护，究其实质，是对社会公共利益的保护。可以说，英雄人物的人格权益，在一定意义上是私益属性和公益属性的复合。

关于英雄烈士人格利益与社会公共利益之间的关系问题，《中华人民共和国民法总则》（已废止）、《中华人民共和国英雄烈士保护法》相继作出规定。《中华人民共和国民法总则》（已废止）第一百八十五条规定："侵害英雄烈士等的姓名、肖像、名誉、荣誉，损害社会公共利益的，应当承担民事责任。”《中华人民共和国英雄烈士保护法》第二十六条规定：“以侮辱、诽谤或者其他方式侵害英雄烈士的姓名、肖像、名誉、荣誉，损害社会公共利益的，依法承担民事责任……”在案件审理中，判断英雄烈士的人格权益是否构成社会公共利益的一部分，要以事实为依据，特别要以历史事实和社会现实为依据，审查这些英雄烈士之所以被认定为英雄烈士的英雄事件、历史背景。审判实践中，如何认定英雄烈士人格利益与社会公共利益之间的关系，本案确立的裁判规则可以提供参考。

三、在侵权责任的构成上，强调侵权行为类型不以法律规定列举为限，分析了文章的写作方法、资料运用、主观目的以及所形成的损害后果，准确运用了侵权责任的构成要件

有的观点认为，如果行为方式不是侮辱或诽谤，就不构成名誉侵权。这种观点是不成立的。首先，保护民事主体的合法权益，是侵权法律规范的首要目的。名誉、名誉权受法律保护，所有侵犯民事主体包括名誉权益在内的合法权益的行为都属于侵权法规制的范畴。其次，社会处于不断发展和变化之中，立法者受制于当时的客观条件，难以穷尽所有的侵权行为类型，且从立法可行性角度考虑，也无法在法律条文中列举所有的侵权行为类型。法律关于行为类型的规定，是列举式的而非穷尽式的。这从“侮辱、诽谤等方式”中的“等”字，可以说明。最后，司法解释所规定的侵权行为类型的具体表现形态，就是根据侵权行为方式的变化而不断丰富和完善的。只有这样，才能让法律更好地保护民事主体的人格权益不受非法侵害。

本案强调侵害名誉的行为类型不以法律规定列举为限，是要提醒我们，要准确领会侵权法律规范的立法精神，从个案中认定涉案行为是否构成侵权，而不是机械地去寻找、套用法律规定所列举的侵权行为类型，应该具体分析涉案行为的特征，按照侵权行为的四个要件进行分析，判断其是否侵害他人的人格权益。

值得注意的是,《中华人民共和国英雄烈士保护法》通过“其他方式”的兜底规定对此予以明确。该法第二十二条第二款规定:“……任何组织和个人不得在公共场所、互联网或者利用广播电视、电影、出版物等,以侮辱、诽谤或者其他方式侵害英雄烈士的姓名、肖像、名誉、荣誉……”第二十六条规定:“以侮辱、诽谤或者其他方式侵害英雄烈士的姓名、肖像、名誉、荣誉,损害社会公共利益的,依法承担民事责任……”

四、在利益衡量上,结合个案分析了学术自由、言论自由与权益保护的关系,利益平衡得当,把握的总的原则是,公民的言论自由、学术自由应在宪法和法律的框架内行使,在不侵害他人权益和危害公共利益的范围内行使,人民法院既不对学术问题作出司法裁判,也要对以学术研究为名侵害他人合法权益的行为作出制裁

公民享有的人格尊严的权利,言论的自由和进行科学研究的自由,都是《中华人民共和国宪法》确立的公民的基本人权,民事案件中如何平衡保护人格权益与言论自由,应具体分析。在处理二者冲突时,应当遵循《中华人民共和国宪法》第五十一条所规定的原则,即“中华人民共和国公民在行使自由和权利的时候,不得损害国家的、社会的、集体的利益和其他公民的合法的自由和权利”。这也是宪法和法律赋予公民的义务,《中华人民共和国宪法》第三十三条第四款规定:“任何公民享有宪法和法律规定的权利,同时必须履行宪法和法律规定的义务。”这个义务包括,公民在行使自由和权利的时候,不得损害其他公民的合法的自由和权利,不得损害社会公共利益。

进行学术研究、行使言论自由的权利,不能侵犯他人合法人格权益。进行历史研究,要遵守学术研究的基本规范,对英雄烈士进行评价、推测、质疑,要建立在充分的事实依据的基础之上,否则,在无充分证据的情况下,对英雄烈士进行似是而非的推测、质疑乃至评价,通过强调与基本事实无关或者关联不大的细节,引导公众对英雄烈士英勇事迹和舍生取义精神产生质疑，从而否定基本事实的真实性，进而降低他们的英勇形象和精神价值，贬损、丑化英雄烈士的名誉和荣誉，损害社会公共利益，这就超越了边界，不再受法律保护，构成侵权行为。

（本案例为北京法院参阅案例第38号）

北京市两高律师事务所诉白某某诉讼代理合同纠纷案

编写人:北京市第二中级人民法院　韩耀斌

北京市高级人民法院　阚道祥

【关键词】违约金过高　违约金调整　释明　改判

【参阅要点】

合同违约方在一审中主张不构成违约,但未提出违约金过高抗辩的,法院应当依法进行释明。若一审法院未释明但判决被告依合同约定承担违约金,二审法院可以根据案件具体情况直接释明并改判。

【相关法条】

《中华人民共和国合同法》(已废止)第一百一十四条①

《最高人民法院关于适用〈中华人民共和国合同法〉若干问题的解释(二)》(已废止)第二十九条

《最高人民法院关于审理买卖合同纠纷案件适用法律问题的解释》(2012年)第二十七条②

---

① 现《中华人民共和国民法典》第五百八十五条。

② 现《最高人民法院关于审理买卖合同纠纷案件适用法律问题的解释》第二十一条。

【当事人】

原告(被上诉人):北京市两高律师事务所

被告(上诉人):白某某

【基本案情】

2011年8月10日,甲方(白某某)与乙方(北京市两高律师事务所,以下简称两高律师所)签订《委托代理合同》,约定:"第一条、委托代理事项:甲方因与鄂尔多斯市东胜区拆迁办不服行政裁决纠纷一案,聘请乙方律师作为委托代理人……第三条、委托代理期限:合同代理期限自本合同签订之日起至一审终止(包括和解、调解、撤诉、判决、裁定、裁决)……第六条、律师代理费和办案费用:1.甲方应按下列第(2)种方式向乙方支付律师代理费:(2)结案后,以一审终止为准,甲方应支付乙方律师代理费二十万元。2.乙方律师在代理过程中发生的办案费用,由甲方承担……第八条、违约责任:……3.甲方逾期支付乙方律师代理费或者办案费用的,每日按照未付金额的千分之五向乙方支付违约金。"

2011年8月11日,两高律师所王某某代白某某将东胜区房屋征收拆迁管理局起诉至鄂尔多斯市东胜区人民法院,要求法院依法撤销鄂东拆裁字(2011)第0286号行政裁决、责令东胜区房屋征收拆迁管理局重新作出相关具体行政行为。

2011年9月14日,白某某以与鄂尔多斯市东胜区房屋拆迁管理办公室协商为由向内蒙古鄂尔多斯市东胜区人民法院申请撤回起诉。同日,内蒙古鄂尔多斯市东胜区人民法院出具(2011)东法行初字第15号行政裁定书,裁定准许白某某撤诉。

2011年9月15日,被拆迁人白某某、白某1与拆迁人鄂尔多斯市东胜城市建设开发投资集团有限责任公司签订《房屋拆迁补偿安置协议书》。

因白某某未支付律师费,两高律师所诉至法院,要求:(1)判令白某某支付律师费200,000元;(2)白某某支付上述费用的违约金(以200,000元为本金,从2011年9月15日起至实际给付之日止,按照日千分之五为标准计算);(3)诉讼费由白某某负担。

【审理结果】

2012年4月25日,北京市朝阳区人民法院作出(2011)朝民初字第33847民事判决:(1)白某某于判决生效后10日内给付两高律师所代理费200,000元;(2)白某某于判决生效后10日内给付两高律师所上述款项的违约金(以200,000元为本金,自2011年9月15日起至实际给付之日止,按照日千分之五的标准计算)。

白某某不服一审判决,提出上诉。2012年9月3日,北京市第二中级人民法院作出(2012)二中民终字第10572号民事判决:(1)维持北京市朝阳区人民法院(2011)朝民初字第33847号民事判决第一项;(2)撤销北京市朝阳区人民法院(2011)朝民初字第33847号民事判决第二项;(3)白某某于本判决生效后10日内给付两高律师所违约金(以代理费200,000元为本金,自2011年9月15日起至实际给付之日止,按照中国人民银行规定的同期人民币贷款基准利率上浮30%计算);(4)驳回两高律师所的其他诉讼请求。

【裁判理由】

法院生效裁判认为:依据《委托代理合同》的约定,白某某向两高律师所支付200,000元代理费的条件已经成就。依据《委托代理合同》的约定,白某某逾期支付两高律师所代理费或者办案费用的,每日按照未付金额的千分之五向两高律师所支付违约金。经本院释明,白某某主张违约金计算标准过高,请求法院依法予以调整。《委托代理合同》中关于违约金的计算标准明显过高,本院予以调整。考虑到实际损失、合同的履行情况、当事人的过错程度等因素,根据公平原则和诚实信用原则,本院认为本案中违约金的计算标准应当调整为按中国人民银行规定的同期人民币贷款基准利率上浮30%。

据此,二审法院判决撤销原审判决第二项,判令白某某按照中国人民银行规定的同期人民币贷款基准利率上浮30%标准向两高律师所支付违约金。

【解说】

司法实践中,一审法院未按照《最高人民法院关于适用〈中华人民共和国合同法〉若干问题的解释(二)》(已废止)第二十九条就违约金调整规则进行释明但判决被告承担违约金时,二审法院能否根据案件具体情况直接释明并改判,从全国法院的裁判情况看,[①]存在以下几种不同的认识:

第一种观点认为,一审法院未向违约方释明调整违约金,并不属于程序违法的问题,二审可以不予考虑。[②] 第二种观点认为,原审未释明致使上诉人未能主张对违约金予以调整,属适用法律不当,如果违约方在二审过程中提出调整违约金的,二审法院可以根据案件实际情况直接改判。[③] 第三种观点认为,二审应当直接释明并改判,否则会增加诉累和司法成本。[④]

可见,目前实践中对于一审法院应当释明但未释明违约金调整规则的后果存在不同理解,有必要进一步统一认识。

一、一审法院应当对违约金调整问题进行释明

合同纠纷当事人的诉讼焦点往往集中在是否构成违约,并通常以合同未成立、未生效、无效等抗辩理由主张免责。在很多案例中,当事人基于诉讼策略等考虑,在一审中不会就违约金数额过高提出抗辩。为避免出现此种情形,《最高人民法院关于审理买卖合同纠纷案件适用法律问题的解释》

---

① 此处的相关裁判观点来自中国裁判文书网发布的最高人民法院、全国各高级人民法院、北京市各中级人民法院的相关裁判文书。

② 参见云南省昆明市中级人民法院民事判决书,(2015)昆民一终字第594号。

③ 参见湖北省宜昌市中级人民法院民事判决书,(2016)鄂05民终523号。

④ 参见云南省丽江市中级人民法院民事判决书,(2018)云07民终95号;辽宁省大连市中级人民法院民事判决书,(2015)大民三终字第01123号等。

(2012年)第二十七条第一款规定:"买卖合同当事人一方以对方违约为由主张支付违约金,对方以合同不成立、合同未生效、合同无效或者不构成违约等为由进行免责抗辩而未主张调整过高的违约金的,人民法院应当就法院若不支持免责抗辩,当事人是否需要主张调整违约金进行释明。"可见,司法解释已经考虑到了当事人提出免责抗辩后,难以再自行提起减责抗辩的实际情况,因此,司法解释加大了法院对违约金调整规则的释明责任,希望借助法院的释明促使当事人在一审中对违约金是否过高的问题提出抗辩。

本案中,白某某在一审中称由于代理未达到预期结果,不同意支付代理费,是一种免责抗辩。人民法院应当就法院若不支持该免责抗辩,当事人是否需要主张调整违约金进行释明。

二、在一审法院未释明但判决被告承担违约金的情况下,二审法院可以直接释明并改判

根据《最高人民法院关于审理买卖合同纠纷案件适用法律问题的解释》(2012年)第二十七条第二款的规定:"一审法院认为免责抗辩成立且未予以释明,二审法院认为应当判决支付违约金的,可以直接释明并改判。"可见,司法解释已经明确,一审法院认为免责抗辩成立,二审法院认为应当判决支付违约金导致当事人在一审期间未能提出违约金抗辩的,可以直接释明并改判。结合本条第一款的规定,可以推知,如果由于一审法院未尽释明义务,一定程度上导致当事人未能在一审阶段提出违约金过高抗辩的,其可以在二审中提出。

本案中,双方当事人在合同中约定,逾期支付律师代理费或者办案费用的,每日按照未付金额的千分之五向乙方支付违约金。作为保障金钱给付义务的履行而设置的违约金计算方法,该标准已经远远超过了同期银行贷款利率,并且随着时间的推移,累积计算的违约金存在明显过高的可能性。考虑到白某某在一审中表示不同意支付律师费和违约金,按照"举重以明轻”的思路,可以推知其具备提出违约金减少请求的主观倾向。一审法院未对其进行是否请求违约金调整的释明,其在二审中提出违约金调整的减责抗辩具有正当性。二审法院出于减少当事人诉累、一次性解决纠纷等因素的考虑,可以参照《最高人民法院关于审理买卖合同纠纷案件适用法律问题的解释》(2012 年)第二十七条的规定对违约金调整问题直接释明并改判。

(本案例为北京法院参阅案例第 39 号)

莫某诉张某及北京链家房地产经纪有限公司房屋买卖合同纠纷案

编写人:北京市第二中级人民法院　蒋春燕

北京市高级人民法院　张潆元

【关键词】申请减少违约金　举证证明责任转移　守约方证明责任

【参阅要点】

违约方主张约定的违约金过高请求予以减少的,应当承担违约金过分高于损失的举证证明责任。当违约方履行了相应的证明义务,法院认定其减少违约金的请求具有一定合理性时,若守约方主张违约金合理,应当承担相应的举证证明责任。

【相关法条】

《中华人民共和国合同法》(已废止)第一百一十四条第二款①

《最高人民法院关于适用〈中华人民共和国合同法〉若干问题的解释(二)》(已废止)第二十九条

《最高人民法院关于当前形势下审理民商事合同纠纷案件若干问题的指导意见》第八条、第十一条

---

① 现《中华人民共和国民法典》第五百八十五条第二款。

《最高人民法院关于民事诉讼证据的若干规定》(2001年)第二条①

【当事人】

原告(被上诉人):莫某

被告(上诉人):张某

第三人:北京链家房地产经纪有限公司(以下简称链家公司)

【基本案情】

2016年1月31日,经链家公司(丙方)居间,莫某(买受人、乙方)与张某(出卖人、甲方)就位于北京市西城区(原宣武区)马连道南街×号院房屋签订买卖合同,合同约定张某以总价5,165,000元的价格将涉案房屋出卖给莫某。三方签定补充协议约定:"……第二条　关于房屋交易具体事宜的约定1. 定金:乙方于2016年1月31日将第一笔定金人民币(大写)壹拾万元整以自行支付的方式支付甲方……第四条　违约责任……2. 甲方若出现下列情形之一的,甲方构成根本违约,且乙方有权以书面通知的方式解除房屋买卖合同;……(4)拒绝将该房屋出售的。甲方出现上述根本违约情形之一的,甲方应在违约行为发生之日起十五日内,以相当于该房屋总价款的20%向乙方支付违约金;丙方收取乙方的所有费用不予退还,由甲方直接赔付乙方。合同签订后,莫某按约支付了张某10万元定金。后张某以链家公司经纪人不具备经纪资格因而补充协议未成立为由拒绝签订网签合同,导致双方签订的买卖合同无法继续履行。莫某起诉请求:(1)解除房屋买卖合同及补充协议;(2)张某返还已支付定金10万元;(3)张某赔偿违约金103.3万元;(4)张某承担本案诉讼费用。

【审理结果】

北京市西城区人民法院作出(2016)京0102民初15100号民事判决。

① 现《最高人民法院关于适用〈中华人民共和国民事诉讼法〉的解释》第九十条。

判决:(1)莫某与张某就北京市西城区(原宣武区)马连道南街×号院房屋签订的《北京市存量房买卖合同》及《补充协议》解除;(2)自判决生效之日起10日内,张某返还莫某定金10万元;(3)自判决生效之日起10日内,张某给付莫某违约金103.3万元。

一审判决后,张某不服提起上诉,请求撤销一审判决第三项,依法改判。

二审庭审中,张某主张合同约定的违约金过高并提出在合同履行期间房屋差价损失远低于合同约定的违约金数额。莫某主张因张某违约,造成的损失为10万元定金利息损失、家具保存的租金损失、房屋差价损失,但就其损失未向法院提供证据证明。

北京市第二中级人民法院作出(2017)京02民终2814号民事判决:(1)维持北京市西城区人民法院(2016)京0102民初15100号民事判决第一、二项;(2)变更北京市西城区人民法院(2016)京0102民初15100号民事判决第三项为自本判决生效之日起10日内,张某给付莫某违约金50万元;(3)驳回莫某的其他诉讼请求。

【裁判理由】

法院生效裁判认为:《最高人民法院关于适用〈中华人民共和国合同法〉若干问题的解释(二)》(已废止)第二十九条规定,当事人主张约定的违约金过高请求予以适当减少的,人民法院应当以实际损失为基础,兼顾合同的履行情况、当事人过错程度以及预期利益等综合因素,根据公平原则和诚实信用原则予以衡量,并作出裁决。当事人约定的违约金超过造成损失的30%的,一般可以认定为《中华人民共和国合同法》(已废止)第114条第2款规定的"过分高于造成的损失"。本院在衡量是否应当减少违约金时,以莫某的实际损失为基础予以审查判断。经询,莫某主张因张某违约,造成的损失为10万元定金利息损失、家具保存的租金损失、房屋差价损失,但莫某就其损失未向本院提供证据证实。因双方于2016年1月31

日签订买卖合同，莫某于同年5月30日起诉要求解除合同，故本院兼顾合同的履行情况、当事人的过错程度、预期利益，根据公平原则和诚实信用原则，并结合本案实际情况，对张某应支付给莫某的违约金数额酌情调整为50万元。据此，二审法院对一审法院判决依法予以改判。

【解说】

关于合同约定的违约金是否过高的举证证明责任承担问题，通过在中国裁判文书网检索，在审判实践中存在三种不同的观点[①]：第一种观点认为，由违约方承担违约金过分高于损失的举证证明责任；[②]第二种观点认为，由守约方承担违约金合理的举证证明责任；[③]第三种观点认为，违约方主张约定的违约金过高请求予以减少的，应当承担违约金过分高于损失的举证证明责任。当违约方履行了相应的证明义务，法院认定其减少违约金的请求具有一定合理性时，若守约方主张违约金合理，应当承担相应的举证证明责任。[④]

本案生效裁判采用了第三种观点，具体理由如下：《中华人民共和国合同法》（已废止）第一百一十四条第二款规定，约定的违约金过分高于造成的损失的，当事人可以请求人民法院予以适当减少。根据该条规定，若当事人主张减少违约金，应当承担约定的违约金过分高于损失的证明责任。由于违约金过高的认定是以因违约所造成的损失数额为基础，因此，违约金过高的举证证明责任最终落脚于对违约损失的举证证明。《最高人民法院关于当前形势下审理民商事合同纠纷案件若干问题的指导意见》第八条

---

① 裁判观点来自中国裁判文书网相关裁判文书。

② 参见北京市第一中级人民法院民事判决书，（2017）京01民终4507号；内蒙古自治区呼和浩特市中级人民法院民事判决书，（2017）内01民终4095号等。

③ 参见山东省济南市中级人民法院民事判决书，（2016）鲁01民终1159号；江西省景德镇市中级人民法院民事判决书，（2017）赣02民终692号等。

④ 参见四川省高级人民法院民事判决书，（2018）川民再640号；辽宁省沈阳市中级人民法院民事判决书，（2017）辽01民终10843号等。

规定:"……人民法院要正确确定举证责任,违约方对于违约金过高的主张承担举证责任,非违约方主张违约金约定合理的,亦应提供相应的证据……"该意见第十一条进一步对双方举证责任和举证范围进行了明确"人民法院认定可得利益损失时应当合理分配举证责任。违约方一般应当承担非违约方没有采取合理减损措施而导致损失扩大、非违约方因违约而获得利益以及非违约方亦有过失的举证责任;非违约方应当承担其遭受的可得利益损失总额、必要的交易成本的举证责任。对于可以预见的损失,既可以由非违约方举证,也可以由人民法院根据具体情况予以裁量。"可见,对于违约方要求减少违约金的,不仅违约方要承担举证证明责任,非违约方也应当承担一定的举证义务。

对于违约方来说,其主张违约金过高请求减少违约金的,需证明约定的违约金过分高于违约所造成的损失。具体而言,其应当提供证明合同约定的违约金存在不公平、不合理的证据,该部分证据应当足以让法官形成约定违约金过分高于实际损失的的内心确信。

对于守约方来说,虽然违约金过高的证明责任由违约方承担,但实践中可以证明违约实际损失的证据一般都由守约方掌握,若在审判过程中机械地要求违约方举证证明非违约方所产生的损失存在一定的难度,不利于法院查清案件事实,容易造成客观上的不公平。因此,有必要在违约方履行完其举证证明责任后,根据法官的心证情况,将证明违约金合理的责任转移给守约方承担。具体而言,守约方应当对损失的总额、范围、大小等作出陈述并进行适当的证明,法院根据守约方所证明的损失数额及范围来确定违约方在订立合同时应当预见到的因其违约而造成的损失范围及数额,再以此为基础兼顾合同的履行情况、当事人过错程度以及预期利益等综合因素,根据公平原则和诚实信用原则予以衡量,进而判定约定的违约金是否过高。

本案中,二审法院在衡量是否应当减少违约金时,以莫某的实际损失为基础予以审查，合理分配了举证证明责任。张某主张约定的违约金过高，法官形成违约金过高的内心确信之后，要求莫某证明违约金合理，莫某陈述了损失范围及数额，但未能就其陈述的损失提供证据。法院最终根据双方举证情况，结合违约期限、过错程度、房地产市场行情、预期利益，并根据公平原则及诚实信用原则认定合同约定的违约金数额过高并予以调整是公平合理的。

（本案例为北京法院参阅案例第 43 号）

北京隆昌伟业贸易有限公司诉北京城建重工有限公司合同纠纷案

编写人：北京市第二中级人民法院　王国才　林文彪

北京市高级人民法院　刘书星

【关键词】恶意违约　申请减少违约金　诚实信用原则

【参阅要点】

违约方为解除对己方财产的保全措施，在诉讼中签订和解协议并承诺高额违约金，在己方财产被解除保全措施后违约方不履行和解协议约定的义务，严重违反诚实信用原则的，违约方在和解协议违约金纠纷诉讼中申请减少违约金，法院可以不予支持。

【相关法条】

《中华人民共和国合同法》（已废止）第六条、第一百一十四条①

《最高人民法院关于适用〈中华人民共和国合同法〉若干问题的解释（二）》（已废止）第二十九条

【当事人】

原告（被上诉人）：北京隆昌伟业贸易有限公司（以下简称隆昌贸易公司）

① 现《中华人民共和国民法典》第七条、第一百一十四条。

被告(上诉人):北京城建重工有限公司(以下简称城建重工公司)

【基本案情】

2016年3月,隆昌贸易公司因与城建重工公司买卖合同纠纷向法院提起民事诉讼,法院于2016年8月作出(2016)京0106民初6385号民事判决,判决城建重工公司给付隆昌贸易公司货款5,284,648.68元及相应利息。城建重工公司对此判决提起上诉,在上诉期间,2016年10月11日,城建重工公司与隆昌贸易公司签订协议书,协议书约定:(1)城建重工公司承诺于2016年10月14日前向隆昌贸易公司支付人民币300万元,剩余的本金2,284,648.68元、利息462,406.72元及诉讼费25,802元(共计2,772,857.4元)于2016年12月31日前向支付完毕;城建重工公司未按照协议约定的时间支付首期给付款300万元或未能在2016年12月31日前足额支付完毕全部款项的,应向隆昌贸易公司支付违约金80万元;如果城建重工公司未能在2016年12月31日前足额支付完毕全部款项的,隆昌贸易公司可以自2017年1月1日起随时以(2016)京0106民初6385号民事判决为依据向人民法院申请强制执行,同时有权向城建重工公司追索本协议确定的违约金80万元。(2)隆昌贸易公司申请解除在他案中对城建重工公司名下财产的保全措施。双方达成协议后城建重工公司向二审法院申请撤回上诉并按约定于2016年10月14日给付隆昌贸易公司首期款项300万元,隆昌贸易公司按协议约定申请解除了对城建重工公司财产的保全。后续城建重工公司未按照协议书的约定支付剩余款项,2017年1月隆昌贸易公司申请执行(2016)京0106民初6385号民事判决书所确定的债权,并于2017年6月起诉城建重工公司支付违约金80万元。

一审中,城建重工公司答辩称:隆昌贸易公司要求给付的请求不合理,违约金数额过高。根据生效判决,城建重工公司应给付隆昌贸易公司的款项为5,284,648.68元及利息。隆昌贸易公司诉求城建重工公司因未完全履行和解协议承担违约金的数额为80万元,此违约金数额过高,有关请求不合理。一审宣判后，城建重工公司不服一审判决，上诉称：一审判决在错误认定城建重工公司恶意违约的基础上，适用惩罚性违约金，不考虑隆昌贸易公司的损失情况等综合因素而全部支持其诉讼请求，显失公平，请求适当减少违约金。

【审理结果】

2017年6月30日，北京市丰台区人民法院(2017)京0106民初15563号民事判决：北京城建重工有限公司于判决生效之日起10日内支付北京隆昌伟业贸易有限公司违约金80万元。2017年10月31日，北京市第二中级人民法院作出(2017)京02民终8676号民事判决：驳回上诉，维持原判。

【裁判理由】

法院生效裁判认为：隆昌贸易公司与城建重工公司在诉讼期间签订了协议书，该协议书均系双方的真实意思表示，不违反法律法规强制性规定，合法有效，双方诚信履行。本案涉及诉讼中和解协议的违约金调整问题，本案审查焦点有：一是涉案的80万元违约金性质之认定，惩罚性违约金抑或补偿性违约金；二是违约金酌减的考察因素。

涉案的80万元违约金性质之认定，惩罚性违约金抑或补偿性违约金。惩罚性违约金抑或补偿性违约金之区分应以损失填补为主要标准。《中华人民共和国合同法》(已废止)第一百一十四条规定了违约金制度，分析该条之立法精神，我国合同法领域，以损失弥补为标准，区分了补偿性违约金与惩罚性违约金，前者系以损失填补为目的，后者除了填补损失外亦具有惩罚违约方之违约行为功能。本案中，隆昌贸易公司与城建重工公司签订协议书约定城建重工公司未能于2016年10月14日前向隆昌贸易公司支付人民币300万元，剩余的本金2,284,648.68元、利息462,406.72元及诉讼费25,802元(共计2,772,857.4元)于2016年12月31日支付，则隆昌贸易公司有权申请执行原一审判决并要求城建重工公司承担80万元违约金。现城建重工公司于2016年12月31日前未依约向隆昌贸易公司支付剩余的2,772,857.4元,隆昌贸易公司的损失主要为剩余的2,772,857.4元的财务成本,双方所约定的80万元违约金除填补损失外亦具有惩罚作用,一审法院认定涉案80万元违约金系惩罚性违约金,并无不当。

违约金酌减的考察因素。本案中,城建重工公司在诉讼期间与隆昌伟业公司达成和解协议并撤回上诉,隆昌贸易公司按协议约定申请解除了对城建重工公司账户的冻结。而城建重工公司作为商事主体自愿给隆昌贸易公司出具和解协议并承诺高额违约金,但在账户解除冻结后城建重工公司并未依约履行后续给付义务,具有主观恶意,有悖诚实信用。一审法院判令城建重工公司依约支付80万元违约金,并无不当。判决:驳回上诉,维持原判。

【解说】

根据《中华人民共和国合同法》第一百一十四条的规定,约定的违约金过分高于实际损失时,当事人可以申请人民法院予以酌减。但实践中对该条如何适用争议颇大。本案系当事人在二审诉讼期间达成和解并撤诉后,当事人未履行和解协议而产生的违约金争议案件,争议的焦点在于如何把握调整过高违约金时各考量因素的关系,特别是当事人恶意违约,具有重大过错情形下,如何处理违约金调整问题。

从全国法院案件审理情况看①,对于恶意违约的处理大致有三种不同的方式:一是经审查认定构成恶意违约,对违约方调整违约金的请求不予

① 相关裁判观点来自中国裁判文书网发布的最高法院、全国各高级法院、北京市各中级法院的相关裁判文书。

支持。[①] 二是经审查认定构成恶意违约,对违约方调整违约金的请求酌情予以支持。[②] 三是经审查认定不构成恶意违约,法院对违约方调整违约金的请求予以支持。[③] 本案生效裁判认为,违约方的恶意违约行为严重违反诚信原则,主观过错严重,对其减少违约金的请求不予支持。

一、恶意违约的认定标准

违约金作为合同履行的保障方式之一,是当事人意思自治的结果,即使约定的违约金高于实际损失,如果综合考量其他因素后,法院认为不调整违约金符合公平原则和诚实信用原则的,也可以不予调整违约金。从当前的司法实践来看,针对当事人恶意违约的情形,法院需要根据其主观恶意的程度进行综合判断,作出是否调整违约金的裁判,这就涉及如何认定恶意违约。

恶意违约不同于普通违约行为,前者需要考虑违约方的主观状态,后者则无须考虑。同时恶意违约也不同于一般侵权案件中侵权人的主观过错,恶意违约的违约方主观上有一定的恶性,而非单纯的疏忽大意,相比较于侵权过错程度更重一些。司法实践中,与违约金调整相关的恶意违约是通过一些客观情形进行界定的,主要有四种情形:一是违反纠纷解决协

---

① 最高人民法院民事判决书,(2018)最高法民再 303 号;最高人民法院民事裁定书,(2018)最高法民申 3444 号;最高人民法院民事裁定书,(2009)民申字第 1068 号;陕西省高级人民法院民事裁定书,(2019)陕民终 9 号;江苏省高级人民法院民事裁定书,(2017)苏民申 2808 号;湖南省高级人民法院民事裁定书,(2016)鄂民申 256 号;江苏省高级人民法院民事裁定书,(2017)苏民申 2808 号;广西自治区高级人民法院民事裁定书,(2015)桂民申字第 1212 号;北京市第三中级人民法院民事判决书,(2018)京 03 民终 13702 号;北京市第二中级人民法院民事判决书,(2017)京 02 民终 8676 号;支持违约金条件的少数观点参见最高人民法院民事判决书,(2015)民二终字第 310 号;广东省高级人民法院民事判决书,(2017)粤民再 63 号。

② 参见最高人民法院民事判决书,(2015)民二终字第 310 号;广东省高级人民法院民事判决书,(2017)粤民再 63 号。

③ 参见北京市第三中级人民法院民事判决书,(2018)京 03 民终 6771 号;北京市第三中级人民法院民事判决书,(2018)京 03 民终 15682 号;北京市第三中级人民法院民事判决书,(2015)三中民终字第 05334 号;北京市西城区人民法院民事判决书,(2018)京 0102 民初 4359 号;北京市海淀区人民法院民事判决书,(2015)海民初字第 30196 号。

议，在出现纠纷后，双方进行协商达成清算或补充协议等纠纷解决协议，后其中一方不履行该纠纷解决协议，在诉讼中违约方主张纠纷解决协议中的违约金过高，请求减少，认为构成恶意违约；[①]二是违约谋利，违约方具备履约能力的情况下，故意违约并从中获得利益，在诉讼中又请求减少违约金，认定为恶意违约；[②]三是拒不停止违约行为，守约方多次要求违约方停止违约行为，违约方在具备停止违约行为条件的前提下，拒不停止违约行为，后在诉讼中又请求减少违约金的，认定为恶意违约；[③]四是违反诉讼中达成的为解除强制措施的和解协议，违约方为解除诉讼中的强制措施，与守约方达成和解协议，在强制措施解除后，不履行和解协议确定的义务，且又请求减少违约金的，认定为恶意违约行为。[④] 上述四种情况中，违约方均具有明显的主观过错，违约的主观恶性、违约情节、违约后果严重，可以认定为恶意违约。

二、恶意违约情形下调整过高违约金的逻辑起点及其考量因素

法定的考量因素。《最高人民法院关于适用〈中华人民共和国合同法〉若干问题的解释（二）》（已废止）第二十九条规定："当事人主张约定的违约金过高请求予以适当减少的，人民法院应当以实际损失为基础，兼顾合同的履行情况、当事人的过错程度以及预期利益等综合因素，根据公平原则和诚实信用原则予以衡量，并作出裁决。当事人约定的违约金超过造成损失的百分之三十的，一般可以认定为合同法第一百一十四条第二款规定的'过分高于造成的损失'。"《最高人民法院关于当前形势下审理民商事合

---

① 参见最高人民法院民事判决书，（2018）最高法民再 303 号；最高人民法院民事裁定书，（2018）最高法民申 3444 号；陕西省高级人民法院民事裁定书，（2019）陕民终 9 号。

② 参见江苏省高级人民法院民事裁定书，（2017）苏民申 2808 号；湖南省高级人民法院民事裁定书，（2016）鄂民申 256 号；最高人民法院民事裁定书，（2009）民申字第 1068 号；江苏省高级人民法院民事裁定书，（2017）苏民申 2808 号。

③ 参见北京市第三中级人民法院民事判决书，（2018）京 03 民终 13702 号。

④ 参见广西自治区高级人民法院民事裁定书，（2015）桂民申字第 1212 号；北京市第二中级人民法院民事判决书，（2017）京 02 民终 8676 号。

同纠纷案件若干问题的指导意见》第七条规定:“人民法院根据合同法第一百一十四条第二款调整过高违约金时,应当根据案件的具体情形,以违约造成的损失为基准,综合衡量合同履行程度、当事人的过错、预期利益、当事人缔约地位强弱、是否适用格式合同或条款等多项因素,根据公平原则和诚实信用原则予以综合权衡,避免简单地采用固定比例等‘一刀切’的做法,防止机械司法而可能造成的实质不公平。”可见,最高人民法院将违约金调整的逻辑起点限定于当事人不能通过违约金获得超额利润,只有在达到这个逻辑起点时,才可能启动违约金调整程序。根据上述司法解释与司法政策,影响违约金调整的考量因素主要有:违约造成的实际损失、合同履行程度、当事人的过错、预期利益、当事人缔约地位强弱、是否适用格式合同或条款等。

恶意违约方对诉讼秩序的破坏也可以成为调整违约金的参考因素。当前的法律和司法解释没有明确规定法院在调减违约金时,是否应当考虑违约方对诉讼秩序的破坏等因素,但根据《中华人民共和国民法总则》第一百三十二条的规定,民事主体权利不得滥用民事权利损害国家利益、社会公共利益,实际上是禁止滥用权利破坏诉讼秩序,损害公共利益。违约方为解除对己方财产的保全措施,签订和解协议并承诺高额违约金,在解除对己方的财产保全后又不履行和解协议约定的义务,破坏了诉讼秩序,损害了社会公共利益,对其在情形下减少违约金的请求可以做负面评价。

可见针对恶意违约方减少违约金的请求,违约造成的守约方的损失、违约方的过错程度、对诉讼秩序等公共利益的破坏等也可以成为调整违约金的考量因素。

三、恶意违约方请求减少违约金法院应当如何处理

从上述司法实践的情况来看,大多数裁判观点在认定恶意违约后,对恶意违约方减少违约金的请求不予支持;也有少数裁判虽然认定构成恶意违约但基于违约的恶性程度尚不大,或者违约金数额特别高,对于违约方申请减少违约金的请求酌情予以支持。

《最高人民法院关于适用〈中华人民共和国合同法〉若干问题的解释（二）》起草中，对当事人故意违约情形下的违约金调整进行过讨论，但未就严重恶意违约的情形进行讨论。司法解释起草中，当事人故意违约情形下，当事人又请求减少违约金的是否可以不予支持的问题，曾经有赞成的观点，但最终认为违约金的调整要根据《中华人民共和国合同法》第一百一十四条的精神，以约定的违约金过分高于造成的损失为基础，进行适当调整，不宜单纯以违约方故意违约而不予调整违约金，否则可能出现不公正的情况。[①] 但恶意违约情况下，如果恶意程度很重，损害了合同相对方的利益，则不属于单纯的故意违约情形，司法起草时并未涉及。根据一般的民法原则，对于严重违反诚信原则法律行为，可以否定该行为的效力、不支持相关权利。[②] 一般情况下，恶意违约可以认定为严重违反诚信原则，对减少违约金的请求不予支持，特殊情况下考虑到利益衡量的问题，认为违约金的数额与恶意违约的主观过错程度相比，尚有需要进一步衡量的余地，则可不认定为恶意违反诚信原则，对违约金予以适当调整。违约方为解除对己方财产的保全措施，签订和解协议并承诺高额违约金，在解除对己方的财产保全后又不履行和解协议约定的义务，显然属于严重违反诚信原则的情形，可以对减少和解协议违约金的请求不予支持。

本案中，当事人双方在诉讼中达成了和解协议并约定了高额违约金，一方当事人违约后，如果全额支持该违约金，确实很可能出现违约金过分高于损失的情形。但在综合考量其他因素时，法院发现隆昌伟业公司依约在其他案件中撤回了对城建重工公司名下财产的保全措施，而城建重工公司违反和解协议的约定在其银行账户解除冻结后并未依约履行后续给

---

① 参见最高人民法院研究室编著：《最高人民法院关于合同法司法解释（二）理解与适用》，人民法院出版社 2009 年版，第 259~262 页。

② 参见王利明：《论公序良俗原则与诚实信用原则的界分》，载《江汉论坛》2019 年第 3 期。

付义务。可见,城建重工公司的行为存在规避执行,有“假和解、真逃债”的嫌疑,具有极强的主观恶意,严重违反诚实信用原则,扰乱诉讼秩序。而且,在对其银行账户解除冻结后,守约方在后续的胜诉执行中是否能够执行到位尚不可知。此时若依据实际损失情况对和解协议中违约金进行酌减,则可能助长这种不诚信做法,损害守约方的利益,也不利于司法权威的树立以及诚信社会建设。因此,该恶意违约已经足够严重,可以构成对减少违约金的请求不予支持的理由。

综上,本案中,双方当事人在二审中达成的和解协议合法有效,城建重工公司作为商事主体在诉讼中自愿达成和解协议并约定高额违约金,其违约行为具有较强的主观恶意,严重违反诚实信用原则。此种情形下,法院应侧重考虑违约金惩罚性功能,对恶意违约方减少违约金的请求,可以不予支持。

(本案例为北京法院参阅案例第 46 号)

陈某某等人黑社会性质组织案

编写人：北京市第二中级人民法院　金昌伟

北京市高级人民法院扫黑办　魏　炜

【关键词】黑社会性质组织　成立时间　组织规模

【参阅要点】

1. 对涉黑组织成立时间的判断，应遵循涉黑组织由弱到强的客观发展规律，不以完全具备四个特征作为其证成条件，一般以初步形成强势地位的重大事件，或首次实施有组织犯罪活动发生时间作为黑社会性质组织成立的时间起点。

2. 对涉恶组织规模的判断，应以组织者、领导者、骨干成员是否稳定为核心，同时结合有充分证据证明但未归案、因法定原因未被起诉或因具体情节不作为犯罪处理的组织成员人数进行整体判断，不应因组织成员具有流动性、交替性而未能持续保持10人以上规模来简单否认组织特征。

【相关法条】

《中华人民共和国刑法》第二百九十四条第一款、第四款、第五款

【当事人】

公诉机关：北京市检察院第二分院

被告人：陈某某、崔某某、李某某、曲某某、陈某、许某某、郜某某

【基本案情】

2004~2017 年,被告人陈某某纠集无业人员崔某某等 10 余人,多次实施聚众赌博、组织中国公民赴境外赌博、聚众斗殴、寻衅滋事、串通投标、虚开发票、非法占用农用地、强迫交易等 20 余起违法犯罪活动,逐渐形成以陈某某为组织者、领导者,崔某某、曲某某、李某某、陈某等为积极参加者的黑社会性质组织。该组织利用组织影响力,通过实施聚众赌博、组织中国公民赴境外赌博、串通投标承揽农村惠民工程、占地建设违章建筑出租等违法犯罪活动,聚敛巨额财富,其中部分资金用于违法犯罪活动、收买国家工作人员、为组织成员购买作案工具、提供住房和财物等。为确立强势地位,树立非法权威,该组织在当地多次实施聚众斗殴、寻衅滋事等违法犯罪活动,对妨碍其利益、违背其意愿的群众随意殴打,致使部分群众不敢举报、控告,造成恶劣的社会影响。陈某某还隐瞒违法犯罪前科劣迹,骗取党员身份,采取拉拢、利诱选民等方式,获得村民委员会主任、村党支部书记、村经济合作社社长等职务,损害基层政权基础,严重破坏当地经济和社会生活秩序。

【审理结果】

2019 年 5 月,北京市第二中级人民法院一审以组织、领导黑社会性质组织罪等 14 项罪名判处陈某某有期徒刑 25 年,剥夺政治权利 3 年,并处没收个人全部财产;以参加黑社会性质组织罪、寻衅滋事罪等判处崔某某、陈某等人有期徒刑 10 年到 6 年 6 个月的刑罚,并处没收个人全部财产或罚金。

一审宣判后,被告人陈某某等人均未提出上诉,公诉机关亦未抗诉,判决发生法律效力。

【裁判理由】

法院生效裁判认为:被告人陈某某组织、领导骨干成员基本固定,组织结构较为稳定的犯罪组织,通过有组织地进行违法犯罪活动或其他方式获取巨额经济利益,以暴力、胁迫等手段有组织地多次进行违法犯罪活动,为非作恶,欺压、残害群众,在当地形成重大影响,严重破坏当地经济和社会生活秩序,其行为已构成组织、领导黑社会性质组织罪。陈某某作为黑社会性质组织的组织者、领导者,持械聚众斗殴;伙同组织成员,多次随意殴打他人;指使他人购买并非法运输毒品;以营利为目的,聚众赌博及组织中国公民赴境外赌博;违反边境管理法规,持冒用他人身份申领的港澳通行证多次偷越边境,情节严重;串通投标,情节严重;虚开发票,情节严重;利用他人职务上的便利,伙同他人,挪用单位资金用于非法活动,数额巨大;为谋取不正当利益,给予国家机关工作人员财物,数额较大;违反土地管理法规,非法占用农用地,改变土地用途,数量较大,造成农用地大量毁坏;以威胁等手段强行租赁土地,情节严重,其行为分别构成聚众斗殴罪、寻衅滋事罪、运输毒品罪、赌博罪、偷越边境罪、串通投标罪、虚开发票罪、挪用资金罪、行贿罪、非法占用农用地罪、强迫交易罪。陈某某有配偶而重婚;伪造机动车驾驶证,其行为分别构成重婚罪、伪造身份证件罪,对上述犯罪依法均应予惩处,并数罪并罚。陈某某对其所犯偷越边境罪、伪造身份证件罪,认罪态度较好,依法对该二罪从轻处罚。陈某某系累犯,依法对其所犯组织、领导黑社会性质组织罪、聚众斗殴罪、寻衅滋事罪、赌博罪、偷越边境罪从重处罚。故依法作出上述判决。

【解说】

陈某某案系近年来北京市涉黑首案。该案争议焦点在于:以陈某某为首的犯罪团伙是否符合黑社会性质组织的组织特征,尤其是在组织成员未能不间断地达到法律政策文件要求的 10 人以上规模时,如何判断成立时间及人数规模判断是否符合组织特征。依照《中华人民共和国刑法》第二百九十四条第五款的规定,黑社会性质的组织应同时具备组织特征、经济特征、行为特征和危害性特征。黑社会性质组织在其发展演变过程中,存在一个由弱到强的发展过程,而陈某某案作为首都近年来首起涉黑案件,在组织特征方面具有一定特殊性。对于黑社会性质组织的组织特征的认定,应重点围绕组织成立时间、成员人数规模进行动态化、整体性、综合性判断。

一、黑社会性质组织存在时间的判断标准

黑社会性质组织是特殊的犯罪集团,其形成并非一朝一夕之事,有一个渐进的萌芽、发展、壮大过程,其间可能会经历由犯罪团伙向犯罪集团再到黑社会性质组织的转变,但转变的时间节点并非清晰明确,因而,对黑社会性质组织的认定应坚持以动态的、点面结合的方式予以考察。同时,注意区分黑社会性质组织的成立与黑社会性质组织的证成,两者并非同一概念。黑社会性质组织往往以举行成立仪式或者以反映其初步形成核心利益或强势地位的重大事件作为其成立标志,而黑社会性质组织的证成是指该组织经演变,已发展成熟,完全具备黑社会性质组织的特征。对黑社会性质组织的刑事责任追究始于成立之时,而非始于证成之时。黑社会性质组织成立初期可能尚不完全具备四个特征,其通过实施违法犯罪行为逐步显现黑社会性质组织的特征,使其得以证成。黑社会性质组织之所以能够证成,单独构罪,正是因为其实施了演变过程中的违法犯罪行为,不能认为黑社会性质组织仅对其证成后的违法犯罪行为承担刑事责任。

黑社会性质组织刑事责任的追究始于成立之时,确定黑社会性质组织的成立时间,具有重要的理论和实践意义。追诉时间节点影响定罪量刑,该时间节点是组织行为与个人行为的分水岭,节点前的违法犯罪行为系个人行为,不能归责于组织;节点后的行为系组织行为,属于黑社会性质组织的违法犯罪行为。两种行为在追诉时受诉讼时效、刑事责任年龄等因素的影响,不同的归类可能导致罪与非罪的问题。追诉时间节点对累犯的认定、缓刑的撤销、新旧法律的适用等也具有重大影响,直接关乎量刑。

《全国部分法院审理黑社会性质组织犯罪案件工作座谈会纪要》(法

〔2015〕291 号)指出,黑社会性质组织存续时间的起点,可以根据涉案犯罪组织举行成立仪式或者进行类似活动的时间来认定。没有前述活动的,可以根据足以反映其初步形成核心利益或强势地位的重大事件发生时间进行审查判断。没有明显标志性事件的,也可以根据涉案犯罪组织为维护、扩大组织势力、实力、影响、经济基础或者按照组织惯例、纪律、活动规约而首次实施有组织的犯罪活动的时间进行审查判断。从近期的审判实践来看,已很少有黑社会性质组织举行成立仪式,对黑社会性质组织刑事责任的追究起点,大多以后两种标准来进行界定,也即以初步显现黑社会性质组织特征的重大事件或首次有组织的犯罪活动为界。

陈某某案生效判决认定,2004~2017 年,以陈某某为首的犯罪团伙逐渐形成黑社会性质组织,一方面确定该黑社会性质组织的形成是一个渐进的发展过程,是一个动态的演变,对其考察坚持“面”的广度和韧度;另一方面确定对该黑社会性质组织刑事责任追究时间起点为 2004 年,以该黑社会性质组织为维护、扩大组织势力、利益,而首次实施有组织的运输毒品的犯罪活动为节点,对其考察坚持“点”的准度和精度,点面结合,互为印证,综合认定。

二、黑社会性质组织成员人数的认定标准

黑社会性质组织是一种特殊的犯罪集团,从刑法规定及其危害性来看,其成立条件应高于犯罪团伙和普通的犯罪集团。为形成一定的影响或非法控制,其成员人数至少应多于 3 人,但具体是 3 人、5 人还是 10 人存在一定争议。黑社会性质组织的发展壮大,是一个渐变的演进过程,如果犯罪组织规模较小,人数较少,量变不突出,实际上难以达到黑社会性质组织非法控制的本质特征要求,也仅能停留在恶势力的范畴,难以上升为黑社会性质组织。

2015 年《全国部分法院审理黑社会性质组织犯罪案件工作座谈会纪要》指出,黑社会性质组织应当具有一定规模,人数较多,组织成员一般在

10人以上。根据该规定,黑社会性质组织在人数上应该达到一定的规模,但需要注意的是,对黑社会性质组织成员的认定,总体上应坚持主客观相统一的判断原则,主观上要求行为人知道或者应当知道该组织具有一定规模,且是以实施违法犯罪为主要活动;客观上要求行为人参与该黑社会性质组织组织实施的违法犯罪行为。其中,既包括已有充分证据证明但尚未归案的组织成员,也包括虽有参加黑社会性质组织的行为但尚未达到刑事责任年龄或因其他法定情形而未被起诉,或者根据具体情节不作为犯罪处理的组织成员。

陈某某案中,该黑社会性质组织先期靠聚众赌博牟利,长期跟随陈某某为其赌博站脚助威的成员就有汪某某、崔某某、李某某、曲某某、刘某某、田某某、孙某等人,其间,该组织还多次实施寻衅滋事的违法犯罪行为,又有董某某、杨某某、纪某某等人加入,其组织成员至少10人,既包括崔某某、李某某等本案中被追究刑事责任的人员,也包括汪某某、刘某某等因法定情形未被起诉或作为犯罪处理的人员。因此,以陈某某为首的违法犯罪组织虽然在某个特定时间段未能达到10人以上规模,但应以组织者、领导者、骨干成员是否固定为核心,同时结合其他成员人数进行整体性、长期性判断,不应因部分成员的流动性、交替性而简单否认组织规模,充分考虑有充分证据证明但未归案的、因法定原因未被起诉的、或者根据具体情节不作为犯罪处理的组织成员,依法认定组织特征,做到不枉不纵,坚决依法从严惩处黑社会性质组织犯罪。

(本案例为北京法院参阅案例第50号)

石某1等人组织、领导、参加黑社会性质组织案

编写人：北京市第二中级人民法院　王　璇

【关键词】黑社会性质组织　四个特征　基层自治组织

【参阅要点】

关于村党支部委员会、村民委员会的领导干部和工作人员结成犯罪组织实施犯罪，能否认定为黑社会性质组织，应坚持实质判断原则，即犯罪组织控制基层政权后假借村"两委"名义实施的，或者个人决定的利用村"两委"职能实施的违法犯罪活动，应视为犯罪组织的行为。把持基层政权的犯罪组织符合黑社会性质组织的组织、经济、行为、危害性四个特征的，应当认定为黑社会性质组织。

【相关法条】

《中华人民共和国刑法》第二百九十四条

《最高人民法院、最高人民检察院、公安部、司法部关于办理黑恶势力犯罪案件若干问题的指导意见》第二条、第十一条

【当事人】

公诉机关：北京市人民检察院第二分院

被告人：石某1、石某2、于某1、赵某某、于某2、王某1、张某1、张某2、冯某、庞某某、曹某、刘某某、罗某某、张某3

【基本案情】

被告人石某1自2010年至2013年,通过拉票、指使他人包办入党材料并违规取得党员身份、控制选举等方式当选北京市丰台区长辛店镇辛庄村党总支委员会(以下简称辛庄村党总支)书记、村民委员会(以下简称村委会)主任、辛庄农工商联合公司(后更名为北京鑫盛泰投资管理公司)法定代表人,逐渐把持对辛庄村的控制权。此后,石某1陆续安插其子被告人石某2及被告人于某1、于某2、王某1、冯某等人进入辛庄村党总支、村委会(以下简称两委会)工作,最终形成了以石某1、石某2为组织者、领导者,以被告人于某1、赵某某、于某2、王某1、张某1为骨干成员,以被告人张某2、冯某、庞某某、曹某、刘某某、罗某某为积极参加者,以洪某某、韩某1、程某某、王某2、张某4、王某3、韩某2(以上七人均另案处理)为一般参加者,人数较多、结构稳定、分工明确的犯罪组织,实施了一系列违法犯罪活动。

被告人石某1、石某2及其组织成员多次在辛庄村内有组织地实施贪污、索要及收受贿赂、职务侵占、强迫交易、敲诈勒索、串通投标等违法犯罪活动,并在有关国家机关工作人员的纵容下,大肆毁林占地,垄断农村资源,攫取巨额经济利益,将部分财产用于组织的违法犯罪活动、组织成员前往我国澳门特区等地赌博娱乐、奖励组织成员,并为组织成员及特定关系人在拆迁中谋取私利、介绍工程、提供住处等,维系组织的生存、发展。

被告人石某1、石某2及其组织成员,为形成强势地位、树立非法权威、逞强争霸,以暴力、威胁等手段有组织地多次对群众实施寻衅滋事、敲诈勒索、强迫交易、故意毁坏财物等违法犯罪活动,为非作恶、欺压群众;对相关执法人员或拉拢腐蚀或打击报复,并公然实施聚众冲击国家机关、阻碍军人执行职务等犯罪行为。被告人石某1、石某2及其组织成员通过上述违法犯罪活动及在国家机关工作人员纵容下,垄断当地相关资源,干扰、破坏当地公司及个人的正常生产、经营、生活,利用组织势力,违规发展组织成员入党，违法获取人大代表政治地位，在辛庄村称霸一方，形成非法控制和造成重大影响，致使当地群众在合法权益被侵害后，不敢通过正常途径控告、举报，严重破坏了当地政治、经济、社会生活秩序及生态环境，严重干扰国家机关、人民军队在当地的正常工作秩序，破坏基层政权基础、危害国防利益。

【审理结果】

2020 年 9 月 14 日，北京市第二中级人民法院作出一审判决：被告人石某 1 犯组织、领导黑社会性质组织罪，判处有期徒刑 10 年，剥夺政治权利 3 年，并处没收个人全部财产，犯寻衅滋事罪、强迫交易罪等 13 个罪，决定执行无期徒刑，剥夺政治权利终身，并处没收个人全部财产。被告人石某 2、于某 1、赵某某、于某 2、王某 1、张某 1、张某 2、冯某、庞某某、曹某、刘某某、罗某某等人犯组织、领导黑社会性质组织罪、参加黑社会性质组织罪等 14 个罪，决定执行有期徒刑 25 年至 4 年，并处没收个人全部财产或罚金。被告人张某 3 犯纵容黑社会性质组织罪、贪污罪，决定执行有期徒刑 14 年，并处罚金人民币 144 万元。

一审宣判后，被告人石某 1、石某 2、赵某某、于某 2、张某 1、张某 3、刘某某以事实不清、量刑过重为由提出上诉。北京市高级人民法院于 2020 年 10 月 30 日作出（2020）京刑终 129 号刑事裁定书：驳回上诉，维持原判。

【裁判理由】

法院生效裁判认为：以石某 1、石某 2 为首的犯罪组织具备黑社会性质组织的组织特征、经济特征、行为特征和危害性特征。被告人石某 1、石某 2 的行为构成组织、领导黑社会性质组织罪，被告人于某 1、赵某某、于某 2、王某 1、张某 1、张某 2、冯某、庞某某、曹某、刘某某、罗某某的行为构成参加黑社会性质组织罪，相关不构成组织、领导、参加黑社会性质组织罪的辩解和辩护意见不能成立。故依法作出上述判决。

【解说】

本案中，控辩双方争议焦点是被告人石某1等二十人是否构成黑社会性质组织。多名被告人及其辩护人认为，石某1等人系辛庄村村“两委”的书记、主任、委员或工作人员，被告人的行为均是依托于职务身份进行的职务行为，因此石某1等人不构成黑社会性质组织。法院经审理认为，虽然被告人石某1等人具有村干部身份，其客观上亦借助两委会的职能和村领导的职权进行违法犯罪活动，但综合全案证据，应当将石某1犯罪组织从村“两委”中剥离开来进行独立定性。石某1犯罪组织属于《最高人民法院、最高人民检察院、公安部、司法部关于办理黑恶势力犯罪案件若干问题的指导意见》中的“把持基层政权、操纵破坏基层换届选举、垄断农村资源、侵吞集体资产的黑恶势力”，在判断其黑社会性质组织属性时，还是应当依据《全国人民代表大会常务委员会关于〈中华人民共和国刑法〉第二百九十四条第一款的解释》规定的黑社会性质的四个特征进行判断。

1. 石某1犯罪组织具有黑社会性质组织的组织特征。本案中，石某1犯罪组织明显区别于村“两委”。一是多数辛庄村“两委”成员和村干部没有加入石某1犯罪组织。两委会成员中专职副书记、主管建设、经济合同的委员等人没有加入石某1犯罪组织，有人还对石某1在两委会独断专行提出意见，甚至有人主动离职。二是犯罪组织成员并不都是两委会工作人员。被告人赵某某作为石某1的妻子，在村内没有职务，但一直插手村内人事安排、经济管理等工作，被告人刘某某作为赵某某的亲戚，并不是辛庄村村民。三是犯罪组织内的成员地位与其村“两委”内职务并不完全对应。被告人石某2是两委会委员，在两委会中地位低于村委副书记被告人于某2、村副主任被告人王某1，但其作为石某1的儿子，在犯罪组织中是仅次于石某1的领导者，地位高于其他人。四是石某1犯罪组织贯彻石某1等个人的意志。石某1等人的行为没有贯彻村民和两委会的集体意志，而是落实犯罪组织成员，尤其是组织、领导者的意志，如判决认定的行贿、受贿、寻衅滋事、故意伤害等犯罪行为均是被告人石某2等人基于个人经济利益或私人恩怨而为，与辛庄村集体没有关系。此外，被告人石某1作为两委会书记、主任大搞“一言堂”，严重破坏基层民主，在石某1等被告人力主推动的组织群众聚众冲击镇政府等违法犯罪事项上，两委会已经失去制约和决策机能，相关行为不是两委会真实意志的体现。一些行为虽以两委会名义作出，但实质上不体现两委会的意志，而是石某1黑社会性质组织所为。总之，石某1犯罪组织系依托其家庭成员和亲朋私交关系，在石某1控制基层政权过程中或把持基层政权后，通过强权安插组织成员于某1等人进入两委会、违规发展组织成员石某2等人入党等方式，形成稳定的犯罪组织，人数较多，有明确的组织者、领导者，骨干成员稳定。

2. 石某1犯罪组织具有黑社会性质组织的经济特征。根据相关规定，两委会及其工作人员的行为后果、经济利益应归属村集体，而犯罪组织所获利益大部分则被犯罪组织成员占有。本案中，强迫交易犯罪产生的土地大部分由石某1、石某2等黑社会性质组织成员承租，相关土地后来被用于贪污拆迁款5.8亿余元；敲诈勒索的车辆罚款虽然交到村财务人员被告人罗某某处，但石某1、石某2等人可随意支配钱款，并用于购买汽油卡、送礼等；串通投标罪、职务侵占罪、非国家工作人员受贿罪的犯罪所得均由主犯石氏父子占有。总之，石某1犯罪组织通过实施系列违法犯罪行为，大肆垄断农村资源，意图攫取拆迁补偿款等资金5.8亿余元，违法所得中部分用于组织成员生活、娱乐，维系组织生存发展。

3. 石某1犯罪组织具有黑社会性质组织的行为特征。村“两委”履行集体自治、协助基层政府管理职责，依据的是法律法规和政府机关行政命令，具有正当法律根据。但石某1犯罪组织的行为没有合法依据，其向当地企业收取高额综合卫生管理费、敲诈过往车辆、胁迫土地承租人退租、非法占用农用地等行为均是违法犯罪行为，其辩称行为得到上级机关同意，但当地镇政府及相关行政主管部门均证明其没有授权辛庄村行政管理权限。本案中,石某1等人有组织地实施违法占用农用地、职务侵占、强迫交易、贪污拆迁款等64起违法犯罪活动,行为方式多样,既有故意伤害、寻衅滋事等暴力手段,也有断水断电、堵门、滋扰等软暴力手段,涉及强迫交易罪、敲诈勒索罪等17个罪名,为非作恶,欺压、残害百姓,在辛庄村称霸一方,形成非法控制和造成重大影响,致使当地群众在合法权益被侵害后,不敢通过正常途径控告、举报。因此,石某1犯罪组织具备黑社会性质组织的行为特征。

4. 石某1犯罪组织具有黑社会性质组织的危害性特征。两委会对村集体事务的决策贯彻依法依规、公开公正原则,管理方式有规可循;而犯罪组织,尤其是黑社会组织对一定区域或行业的控制性则具有明显的非法性。本案中,石某1犯罪组织对辛庄村的非法控制性体现在:通过拉票、指使他人监视投票、强制代填选票等方式非法操控村基层组织选举,违法违规当选并控制基层政权;通过"黑保安"逞强耍横、威胁辞退村民工作、打击报复检举揭发的村民等方式,实现对辛庄村民的非法控制;对政府工作人员,或通过拉拢腐蚀寻求"保护伞",或通过暴力伤害打击报复,达到摆脱政府监管的目的;通过提供住处、许诺利益、提供娱乐赌博服务资金等方式拉拢、控制组织成员;公然实施聚众冲击国家机关、阻碍军人执行职务等犯罪行为。

(本案例为北京法院参阅案例第60号)

孙某某诉中盐国际贸易有限公司、中油中盐（北京）石油销售有限公司劳动争议案

编写人：北京市第二中级人民法院　管元梓

北京市高级人民法院　何　琴

【关键词】劳动争议　委派用工　劳动关系　违法解除

【参阅要点】

1. 用人单位指派劳动者到另一用人单位工作，各方对劳动者的劳动关系归属、委派性质及期限均无约定，劳动者为接收单位提供劳动，由接收单位进行管理、发放工资并缴纳社会保险的，在不存在对劳动者不利的情形下，可以认定劳动者与接收单位存在劳动关系。

2. 认定劳动者与接收单位存在劳动关系的，接收单位将劳动者退回原派出单位、停发工资、停缴社会保险，该行为可认定为接收单位解除与劳动者之间的劳动关系。

【相关法条】

《中华人民共和国劳动合同法》第七条、第四十八条、第八十七条

《劳动和社会保障部关于确立劳动关系有关事项的通知》一

《最高人民法院关于审理劳动争议案件适用法律若干问题的解释

(四)》第五条

【当事人】

原告(上诉人):孙某某

被告(上诉人):中盐国际贸易有限公司

被告(被上诉人):中油中盐(北京)石油销售有限公司

【基本案情】

2011 年,孙某某通过招聘方式入职中盐国际贸易有限公司(以下简称中盐国贸公司),岗位为综合部部长。2013 年 3 月 11 日,中盐国贸公司出具《关于人事调动的函》,委派孙某某自 2013 年 3 月 12 日起至中油中盐(北京)石油销售有限公司(以下简称中油中盐公司)工作,并载明孙某某的工作关系转移。2013 年 3 月 12 日起,孙某某至中油中盐公司工作,工作岗位仍为综合部部长,中油中盐公司为孙某某支付工资并缴纳社会保险。2017 年 6 月 23 日,中油中盐公司向中盐国贸公司发送《关于退回孙某某的函》,载明因孙某某组织纪律差、责任心不强,不能胜任目前岗位,不适合继续在中油中盐公司工作,经总经理办公会研究通过,决定将孙某某退回中盐国贸公司。2017 年 6 月 30 日,中油中盐公司向孙某某发送通知,载明:公司决定将你退回派出单位中盐国贸公司,经公司与中盐国贸公司沟通后,7 月 21 日按时到原派出单位中盐国贸公司报到。2017 年 7 月 6 日孙某某收到该通知,并表示对内容有异议。2017 年 7 月,中油中盐公司停止为孙某某缴纳社会保险,工资支付至该月。2017 年 7 月 21 日,中盐国贸公司复函中油中盐公司,表示不同意接收孙某某回其公司工作,要求中油中盐公司根据孙某某工作表现按照相关规章制度办理。后中盐国贸公司、中油中盐公司均未安排孙某某工作。

孙某某提起劳动仲裁,要求中盐国贸公司、中油中盐公司支付其工资、违法解除劳动关系赔偿金等。仲裁委员会作出京丰劳人仲字(2017)第

4678 号裁决书,对孙某某要求中油中盐公司支付违法解除劳动关系赔偿金等请求不予支持。

孙某某不服仲裁裁决,起诉至法院,请求判令中盐国贸公司、中油中盐公司支付孙某某违法解除劳动关系的赔偿金 236,802.3 元。

【审理结果】

北京市丰台区人民法院于 2019 年 4 月 8 日作出(2018)京 0106 民初 14528 号民事判决,判决中盐国贸公司于判决生效之日起 10 日内支付孙某某解除劳动合同经济补偿 108,584.5 元。判决后,孙某某、中盐国贸公司均不服,分别提起上诉。北京市第二中级人民法院于 2019 年 7 月 29 日作出(2019)京 02 民终 7942 号民事判决,判决中油中盐公司于判决生效之日起 10 日内支付孙某某违法解除劳动关系赔偿金 201,656.91 元。

【裁判理由】

法院生效判决认为:本案主要争议在于孙某某与中盐国贸公司、中油中盐公司劳动关系的认定,以及孙某某是否系被违法解除及相应责任主体的确定。

1. 关于有关联关系的两家用人单位在委派劳动者时劳动关系的认定问题。孙某某与两公司劳动关系的认定需结合用人单位发放工资、缴纳社会保险、工作内容等作为具体的判断依据。中盐国贸公司通过《关于人事调动的函》委派孙某某自 2013 年 3 月 12 日起至中油中盐公司工作,该委派并未明确孙某某的劳动关系保留在中盐国贸公司,亦未明确委派的具体期限和是否可以退回孙某某,同时,该函件的名称为人事调动,内容显示"以上同志的工作关系转移"。孙某某到中油中盐公司任综合部部长后,由中油中盐公司发放工资并缴纳社会保险,孙某某为中油中盐公司提供劳动,并受中油中盐公司管理,故综合考虑孙某某被委派时的实际情况和被委派后的工作情况,一审法院认定孙某某 2013 年 3 月 12 日起仍与中盐国贸公司存在劳动关系不妥，应认定2013年3月12日起至争议发生时孙某某与中油中盐公司存在劳动关系。

2. 劳动者被退回后是否可认定为被解除劳动关系及相应责任主体的确定。孙某某与中油中盐公司自2013年3月12日起存在劳动关系，中油中盐公司于2017年6月23日向中盐国贸公司发函退回孙某某，并告知孙某某于2017年7月21日至原派出单位即中盐国贸公司报到。中油中盐公司退回孙某某、停发其工资、停缴其社会保险的行为，可认定中油中盐公司作出了解除与孙某某劳动关系的意思表示。鉴于中油中盐公司未能就其公司退回孙某某的具体事实及其公司所依据的规章制度提供充分且有力的证据予以证明，故中油中盐公司应支付孙某某违法解除劳动关系赔偿金。

【解说】

司法实践中涉及有关联关系的用人单位用工而引发的劳动争议案件逐年增加，混同用工、交叉轮换用工、内部委派用工、借调用工等现象屡见不鲜。各方当事人的争议焦点往往集中于劳动关系的认定及解除。有关联关系的用人单位用工情况复杂，无法一概而论，须针对不同情况予以分析处理。本案系较为典型的关联企业间委派用工而引发的劳动争议案件。委派用工，顾名思义，乃用人单位委派劳动者到另一单位工作的情况。具体到本案中，二审法院对一审判决进行改判，即主要涉及委派用工中的两个基本问题：一是委派发生后劳动者劳动关系的归属；二是解除劳动关系的认定。

一、委派用工中劳动关系的认定

本案中，一审法院认为委派用工系企业自主用工行为，故劳动者与派出单位存在劳动关系，与接收单位不存在劳动关系。然而，二审法院认为涉及委派用工的劳动关系认定不能一概而论，应具体考察委派时各方当事人之间的约定及委派后劳动者的实际工作状况。本案中的派出单位系通过《关于人事调动的函》将劳动者委派至接收单位工作，各方对劳动者劳动关系的归属、福利待遇、委派性质（如委派期限、退回流程）等具体问题均未有明确约定，即未明确委派含义的同时表明劳动者的工作关系转移。在此情况下，劳动者到接收单位任职后即由该单位发放工资并缴纳社会保险。长达4年多的时间里，劳动者为接收单位提供劳动，并受接收单位的完全管理，故可认定自委派发生至产生争议时劳动者与接收单位存在劳动关系，而非与派出单位存在劳动关系。故二审法院对劳动者劳动关系的认定进行了改判。

从本案的处理来看，对于涉及委派用工的劳动关系认定，首先，应明确劳动者与用人单位是否签订有劳动合同及各方是否针对劳动关系的归属作出了约定，在不违反法律法规强制性规定的情况下，可根据当事人的约定进行处理；其次，在各方无明确约定的情况下，应着重审查用人单位在作出委派行为时是否对委派性质及期限作出说明，如果用人单位曾出具相关委派函、调动函等书面文件，则应重点审查其函件内容；最后，应综合考虑劳动者被委派后的具体工作情况以明确劳动关系归属，即劳动者在日常劳动中受谁管理、从事何种工作、工资由谁发放、社会保险由谁缴纳等具体问题。

二、委派用工中解除劳动关系的认定

本案中，一审法院认为接收单位退回劳动者后，派出单位与劳动者就重新安排工作一事未能达成一致，劳动者亦未回到派出单位工作，故视为派出单位与劳动者协商一致解除劳动关系。对此，二审法院认为在争议发生之时无论是派出单位还是劳动者均未作出过解除劳动关系的意思表示，即便认定派出单位与劳动者存在劳动关系，亦不能作出双方协商一致解除的结论。诚然，根据本案的情况，劳动者系与接收单位存在劳动关系，该单位将劳动者退回原派出单位，这种退回的意思表示明确，且接收单位停发劳动者工资、停缴其社会保险的行为具有不与劳动者继续履行劳动关系的性质,故可将接收单位退回劳动者的行为视为接收单位解除与劳动者劳动关系的意思表示。

从本案的处理来看,对于委派用工中解除劳动关系的认定,应明确劳动者劳动关系归属,在此基础上审查用人单位和劳动者是否作出解除劳动关系的意思表示,这里的意思表示不应仅限于明确表示解除劳动关系,基于委派而衍生出的退回等行为,亦应予以综合判定。

综上,有关联关系的用人单位采取委派劳动者的用工方式,劳动关系的确认应综合考虑各方约定、劳动者被委派时的实际情况和被委派后的工作情况,即从委派形式、工资发放、工作内容等方面进行综合判断;并在明确劳动关系的基础上,综合判断用人单位或劳动者是否有解除劳动关系的意思表示。

(本案例为北京法院参阅案例第66号)

中国移动通信集团北京有限公司诉北京久年物业管理有限公司、北京清南物业管理有限公司房屋租赁合同纠纷案

编写人：北京市第二中级人民法院　刘慧慧

【关键词】债务加入　债务转移　由第三人履行债务

【参阅要点】

第三人与债权人、债务人通过签订三方协议的方式，约定第三人代债务人履行债务，且综合案件事实不能证明债权人同意免除债务人债务或作出相应意思表示的，债权人请求第三人在其自愿承担的债务范围内和债务人承担连带责任，人民法院应予支持。

【相关法条】

《中华人民共和国民法典》第五百二十三条、第五百五十一条、第五百五十二条

【当事人】

原告（被上诉人）：中国移动通信集团北京有限公司

被告（上诉人）：北京久年物业管理有限公司

被告：北京清南物业管理有限公司

【基本案情】

2005年,北京清南物业管理有限公司(以下简称清南公司)与中国移动通信集团北京有限公司(以下简称移动公司)签订协议,约定移动公司租用清南公司的房屋用于建立通信基站。2015年3月15日,双方签订续租协议。2019年6月26日,清南公司、移动公司和北京久年物业管理有限公司(以下简称久年公司)签署《终止协议》,约定:清南公司、移动公司协商一致签订此终止协议,原协议于2016年10月31日终止,清南公司退还移动公司2016年11月1日至2020年3月14日已支付但未履行的租金1,346,787.36元;本协议约定的退款由久年公司向移动公司支付,久年公司同意代清南公司履行该协议约定的退款义务;久年公司需自本协议生效之日起15日内向移动公司付清退款,移动公司收到久年公司支付的款项,清南公司即履行完毕本协议约定的退款义务,移动公司收款后需要向清南公司出具收款凭证。该协议签订后,清南公司、久年公司均未按照协议约定期限履行付款义务。

移动公司诉至法院,请求久年公司、清南公司连带退还租金1,346,787.36元及逾期退还租金的利息损失。庭审中,清南公司对应退还租金金额无异议,但以无支付能力为由不同意履行退款义务。一审判决后,久年公司以其仅构成由第三人履行债务为由,不服一审判决,提出上诉。

【审理结果】

北京市东城区人民法院于2021年9月23日作出(2021)京0101民初6034号民事判决,判决久年公司、清南公司连带向移动公司退还租金1,346,787.36元,并支付逾期退还租金的利息损失。北京市第二中级人民法院于2021年12月27日作出(2021)京02民终16556号民事判决,判决驳回上诉,维持原判。

【裁判理由】

法院生效裁判认为:久年公司与移动公司、清南公司签订的《终止协议》合法有效,各方均应依约履行。该《终止协议》没有约定清南公司脱离债权债务关系,移动公司亦没有明确表示免除清南公司的退款义务,也没有其他证据表明移动公司同意由久年公司独立承担债务,且清南公司对应退还租金金额无异议,故该约定不属于债务转移,清南公司依然负有退款义务。该协议明确约定久年公司对清南公司应退的租金 1,346,787.36 元向移动公司承担给付义务,久年公司作为该协议当事人,明确向移动公司作出了负担债务的意思表示,符合《中华人民共和国民法典》第五百五十二条规定的债务加入制度,久年公司应当依约履行还款义务。关于久年公司提出的其系第三人代为履行债务的上诉意见,根据法律规定,由第三人履行债务系当事人约定由第三人向债权人履行债务,该约定系存在于债权人和债务人之间。本案中三方签订的《终止协议》约定的债务承担方式不符合由第三人履行债务的构成要件,久年公司据此不承担给付义务的抗辩理由不能成立。

【解说】

在司法实践中,法律关系的认定是确定各方主体权利义务的基础。《中华人民共和国民法典》施行之前,并存的债务承担虽为实践中客观存在的债务承担方式,但债务加入制度未能纳入法律体系内,造成司法实践中涉及第三人履行的债务,在法律关系性质的认定上究竟为由第三人履行债务还是构成债务加入,常常成为案件争议的焦点和审理难点。《中华人民共和国民法典》第五百五十二条在法律上规定了债务加入制度,弥补了《中华人民共和国合同法》规定的不足,也为司法实践中是否构成债务加入提供了认定标准。本案系债务加入、债务转移、由第三人履行债务辨别适用的典型案例。

一、债务加入、债务转移、由第三人履行债务的概念厘清

债务加入，又称并存的债务承担，系第三人自愿加入到原债权债务关系中，与债务人共同承担债务，原债务人没有脱离原债之关系。

债务转移，是指债务人将债务全部或部分转移给第三人。第三人作为新债务人完全或部分取代原债务人的地位，原债务人则全部或部分脱离原债之关系。

由第三人履行债务，是涉他合同的一种，是指第三人根据债务人与债权人的约定辅助或代替债务人履行债务，第三人不履行或不完全履行债务，应由债务人向债权人履行承担违约责任。该第三人并不取代债务人的地位，亦未成为所涉债权债务关系的一方主体，与债权人之间并不存在直接的法律关系。

二、债务加入、债务转移、由第三人履行债务的辨别适用

虽然债务加入、债务转移、由第三人履行债务均涉及原债权债务关系之外的第三人，三者在适用上存在以下区别：

1. 第三人是否直接向债权人作出负担债务的意思表示，是债务加入、债务转移与由第三人履行债务的本质区别。由第三人履行债务根据的是债务人与债权人之间的约定，第三人与债权人之间不存在直接的合同关系，第三人并未直接向债权人作出自愿负担债务的意思表示，债务人所承担的债务亦未发生债务转移。如第三人未履行，则履行义务及未履行的责任均仍由债务人承担。而债务加入、债务转移系第三人以明确的意思表示加入或继受承担债务，成为债务履行的承担主体，与债权人之间形成债权债务关系。

本案中，久年公司与移动公司、清南公司签订三方协议，久年公司明确向移动公司（债权人）表示同意承担退款义务，虽然三方协议字面表述为久年公司“同意代清南公司履行该协议约定的退款义务”，但因久年公司已作出了承担债务的意思表示，其基于协议负有履行债务的义务，故该约定不

构成由第三人履行债务。

2. 债务加入、债务转移与由第三人履行债务中债权人行权对象和法律责任承担主体不同。由第三人履行债务,因债权人和第三人之间不存在直接的法律关系,即债务人与债权人之间的约定并不约束第三人,故债权人无权直接向第三人请求履行,如第三人未履行或履行不当,债权人只能向债务人主张履行或要求债务人承担不当履行的法律责任。债务加入、债务转移,因第三人成为并存或独立的债务人,债权人有权直接向第三人请求履行,如第三人未履行或履行不当,债权人可以向该第三人主张履行或要求第三人承担不当履行的法律责任。

本案中,移动公司(债权人)与久年公司(第三人)签订三方协议,就此直接成立法律关系,移动公司(债权人)就协议所涉债务的行权对象包括第三人久年公司,故移动公司有权依照约定直接向久年公司请求承担退还租金义务。

3. 债务加入、债务转移的法律责任承担方式不同。债务加入中原债务人不脱离原债权债务关系,第三人与原债务人在其自愿承担的范围内承担连带责任;债务转移需债权人同意,第三人以其意思表示成为新的债务人,第三人取代原债务人的地位,原债务人的债务按照约定全部或部分免除。债务加入与债务转移发生效力时,第三人均享有债务人对债权人所享有的抗辩权。

本案中,《终止协议》约定"移动公司收到久年公司支付的款项,清南公司即履行完毕本协议约定的退款义务",即第三人久年公司清偿行为完成后,债务人清南公司的债务才消灭,而不是签订协议生效后发生债的转移,协议也没有明确约定清南公司不再承担租金退还义务,从本案其他事实亦不能表明移动公司免除清南公司债务,清南公司庭审中对应退还租金金额亦无异议,故本案相关约定不构成债务转移。按照合同约定,久年公司向移动公司承诺承担租金退还的义务,其成为移动公司与清南公司关于租金退还的债权债务关系的一方主体，系久年公司以其意思表示加入债务，其法律行为构成债务加入。

综上，久年公司“同意代清南公司履行该协议约定的退款义务”的意思表示构成债务加入，移动公司作为债权人可以向久年公司、清南公司请求承担连带责任。

（本案例为北京法院参阅案例第69号）

全国法院系统年度优秀案例

【刑事案例】

甄某某故意杀人案

——毒品所致精神障碍者刑事责任能力的审查与认定

编写人:北京市第二中级人民法院　金昌伟

【内容摘要】

目前,我国法律对毒品所致精神障碍者的刑事责任能力问题尚无明确规定。司法实践中,主要存在评定为完全刑事责任能力与限制刑事责任能力两种情形。通过考察域外的立法例和司法实践,结合我国的审判实际,在原因自由行为理论的基础上,建议完善立法,规定自愿摄入毒品所致精神障碍的人犯罪,应当负刑事责任。

精神疾病司法鉴定意见兼具科学性与非科学性、客观性与主观性的特点。法官作为司法裁判者,应注重从形式和实质两个方面加强对精神疾病司法鉴定意见的审查,既要遵从司法最终裁判的原则,又要充分尊重精神疾病司法鉴定意见的专业性和科学性,确立以法官为主导的精神障碍者刑事责任能力审查机制。

【关键词】毒品所致精神障碍　原因自由行为　刑事责任能力

【裁判要旨】

自愿摄入毒品所致精神障碍的人犯罪,应当负刑事责任。

法官应注重从形式和实质两个方面加强对精神疾病司法鉴定意见的审查,确立以法官为主导的精神障碍者刑事责任能力审查机制。

【相关法条】

《中华人民共和国刑法》第十八条

【案件索引】

一审:北京市第二中级人民法院(2016)京 02 刑初 117 号(2017 年 7 月 19 日)

死刑复核程序:北京市高级人民法院(2017)京刑核 25235740 号(2017 年 12 月 27 日)

【基本案情】

北京市第二中级人民法院审理查明:被告人甄某某于 2015 年 1 月 13 日凌晨,在北京市东城区北河胡同吉祥服务站内,因琐事与该服务站的工作人员王某某(女,殁年 57 岁)发生争执,遂持木质条形钝器猛击其头部、躯干部等部位,后持菜刀砍切其颈部,造成王某某颅脑损伤及创伤失血性休克,最终致头颈部离断死亡。被告人甄某某于作案当日向北京市公安局东城分局投案。

针对被告人甄某某作案时的精神状态,在案有三份鉴定意见,分别为:(1)北京回龙观医院精神疾病司法鉴定科出具的精神疾病司法鉴定意见书:被鉴定人甄某某在作案时处于妄想状态,评定为限制刑事责任能力。(2)北京市公安局强制治疗管理处司法鉴定中心出具的精神疾病司法鉴定意见书:被鉴定人甄某某诊断为精神活性物质所致的精神障碍,实施违法行为时处于精神活性物质导致的精神与行为异常状态,但由于吸食毒品系自陷性行为,为法律所禁止,评定为完全刑事责任能力。(3)法大法庭科学技术鉴定研究所出具的司法鉴定意见:被鉴定人甄某某 2015 年 1 月 13 日作案时处于妄想状态。从精神障碍分类学上,有理由推断被鉴定人的上述以妄想、幻觉为主要表现的精神障碍系由精神活性物质所致。按照《中国精神障碍分类与诊断标准(第三版)》(CCMD-3)的规定,被鉴定人诊断为精神活性物质所致的精神障碍。

【裁判结果】

北京市第二中级人民法院于2017年7月19日作出(2016)京02刑初117号刑事判决,认定被告人甄某某作案时受精神病理因素的影响,控制能力受损,判决:(1)被告人甄某某犯故意杀人罪,判处死刑,缓期二年执行,剥夺政治权利终身。(2)在案扣押物品木方条四根、菜刀一把、双肩背包一个予以没收。宣判后,被告人甄某某未提起上诉,检察院未提起抗诉,一审法院报请北京市高级人民法院核准死刑。北京市高级人民法院于2017年12月27日作出(2017)京刑核25235740号刑事裁定,核准死刑,缓期二年执行。

【裁判理由】

法院生效判决认为:根据司法部发布的《司法鉴定程序通则》第二十三条"司法鉴定人进行鉴定,应当依下列顺序遵守和采用该专业领域的技术标准、技术规范和技术方法:(一)国家标准;(二)行业标准和技术规范;(三)该专业领域多数专家认可的技术方法"之规定,北京回龙观医院精神疾病司法鉴定科出具的鉴定意见,全文未见对相关标准和技术规范的引用;北京市公安局强制治疗管理处司法鉴定中心出具的鉴定意见,在对甄某某作案时的精神状态进行分析诊断时,所引用的《中国精神障碍分类与诊断标准(第三版)》系行业标准和技术规范,但在对甄某某作案时的刑事责任能力进行判断时,未引用明确的标准和技术规范;法大法庭科学技术鉴定研究所在对甄某某作案时的精神状态进行分析诊断时,引用了《中国精神障碍分类与诊断标准(第三版)》,在对甄某某作案时的刑事责任能力进行判断时,所引用的《精神障碍者刑事责任能力评定指南》系国家标准。

据此,对法大法庭科学技术鉴定研究所出具的上述鉴定意见予以采信,该鉴定意见依照上述国家标准虽认为对甄某某作案时的刑事责任能力不作评定,但亦证实被告人甄某某作案时受精神病理因素的影响,控制能力受损。被告人甄某某故意非法剥夺他人生命,致人死亡,其行为已构成故意杀人罪,且所犯罪行特别严重,依法应予惩处。鉴于被告人甄某某犯罪后自动投案,如实供述自己罪行,构成自首,以及其作案时控制能力受损等情节,依法对其判处死刑,可不予立即执行。

【案例注解】

本案争议的焦点是被告人甄某某的刑事责任能力问题。被告人甄某某有长期吸毒史,针对其刑事责任能力,在案有三份鉴定意见,出现三种不同的鉴定结果,法官应如何进行审查与认定成为本案审理的焦点。

目前,我国法律对毒品所致精神障碍者的刑事责任能力问题尚无明确规定,致使司法实践中存在不同的认识。2016 年司法部颁布的《精神障碍者刑事责任能力评定指南》(SF/Z JD104002-2016)5. 2. 5 条款规定:"对毒品所致精神障碍者,如为非自愿摄入者按 5. 1 条款评定其刑事责任能力;对自愿摄入者,如果精神症状影响其辨认或控制能力时,不宜评定其刑事责任能力,可进行医学诊断并说明其作案时精神状态。"此评定指南对自愿摄入毒品所致精神障碍者的刑事责任能力问题暂不评定,采取了回避的态度。

一、毒品所致精神障碍者刑事责任能力评定现状

法官是司法的最终裁判者,"法律明确时,法官遵守法律;法律不明确时,法官则探求法律的精神"。针对毒品所致精神障碍者刑事责任能力问题,法官不能无所适从,而应结合精神疾病司法鉴定意见作出裁判。司法实践中,对非自愿摄入毒品所致精神障碍者的刑事责任能力问题几无争议,而对于自愿摄入毒品所致精神障碍者刑事责任能力问题则不无争议,主要存在完全刑事责任能力与限制刑事责任能力两种不同观点。据调查统计,在自愿摄入毒品所致精神障碍者刑事责任能力认定意见中,有72.1%的法官认定为完全刑事责任能力,有25.6%的法官认定为限定刑事责任能力。①

(一)完全刑事责任能力

持此观点者认为,吸毒本身为法律所禁止,因吸毒行为所致的违法犯罪行为当然应该受到严惩,且吸毒成瘾本身属于自陷性行为,行为人明知吸食毒品后会出现精神异常,却不吸取教训,继续主动吸食毒品,虽然作案时丧失辨认能力和控制能力,但该状态系其主动吸食毒品所致,在选择吸食毒品时具有完整的辨认能力和控制能力,应当能预见其行为后果,因此主张评定为完全责任能力。② 更有论者提出,对吸毒者刑事责任能力的评定应参照《中华人民共和国刑法》对醉酒者的规定来评定,对《中华人民共和国刑法》第十八条第四款进行修改,将"醉酒的人犯罪,应当负刑事责任"修改为"因故意或过失行为自行招致辨认和控制能力减弱或丧失的,不适用第一款和第四款之规定"。③

(二)限制刑事责任能力

持此观点者认为,对自愿吸毒者,在评定刑事责任能力时应结合行为人对毒品的心理态度与辨认和控制能力受损程度两者来考虑,如果说发生危害行为当时确实陷于辨认或控制能力丧失状态,可评为限定责任能力。④

---

① 参见张盛宇等:《毒品所致精神障碍者刑事责任能力审判认定调查研究》,载《中国司法鉴定》2016年第4期。

② 参见林红:《我所2011年–2015年毒品所致精神障碍刑事责任能力评定结果分析》,载《基层医学论坛》2016年第25期。

③ 参见吴真:《再议毒品所致精神障碍者的刑事责任能力评定》,载《中国司法鉴定》2010年第1期。

④ 参见蔡伟雄:《毒品所致精神障碍者刑事责任能力评定问题探析》,载《中国司法鉴定》2006年第5期。

该观点一度成为全国司法精神疾病鉴定界的主流认识。①

二、毒品所致精神障碍者刑事责任能力的域外考察

"他山之石,可以攻玉",毒品所致精神障碍者刑事责任能力问题是普遍性的法律问题,考察域外立法例和司法实践,将有利于完善我国的法律规定。

(一)英美法系国家

英美法系国家注意区分自愿醉态与非自愿醉态。此处重点介绍自愿醉态情况。自愿醉态是行为人知道或应当知道其所饮用的酒或服用的毒品、药物可能会引起醉态仍主动饮用或服用之而引起的醉态。② 对自愿醉态下犯罪者的刑事责任问题,英美法系国家注意区分"特定故意犯罪"与"一般故意犯罪"。当被告人面临特定故意犯罪指控时,醉态可以作为辩护理由;而在一般故意犯罪指控中,醉态不是辩护理由。一般故意犯罪最好的解释是 recklessness(轻率),特定故意犯罪意味着 intention(蓄意)。③《美国模范刑法典》规定,在自我招致的醉态否定犯罪构成要素的情况下,被告人可以出示醉态证据。醉态证据只有在要求证明构成犯罪存在蓄意、目的、明知等的情况下才会被采用。但是如果某种犯罪主观上要求的是轻率,而被告人在醉态之下没有意识到其在清醒状态下能够意识到的危险时,排除醉态证据作为辩护理由。可见,英美法系国家在处理醉态者刑事责任时,体现了较强的刑法谦抑性。

英美法系国家通过判例确立了特定犯罪中醉态证据可以作为辩护理由的醉态理论。一方面,醉态理论强调自愿摄入毒品所致的醉态具有有责

---

① 参见张钦廷等:《毒品所致精神障碍者刑事责任能力评定存在问题及对策》,载《中国司法鉴定》2018 年第 3 期。

② [美]Richard G. Singer、John Q. La Fond:《刑法学》(注释本),王秀梅注,中国方正出版社 2003 年版,第 462 页。

③ 参见[英]乔纳森·赫林:《刑法学》(第 3 版),法律出版社 2003 年版,第 369 页。

性,因为行为人明知摄入毒品所致的醉态会对其行为能力产生影响,“人们现在已经知道酒精饮料以及其他致人醉态物能给人的行为造成影响。在这种明知的情况下,饮酒、服用毒品之类的醉态物的行为从道德上就等同于对危害行为具有轻率、疏忽”①。另一方面,在处罚醉态下的犯罪行为时,又必须考虑行为人处于醉态的客观事实,于是允许在特定故意犯罪中出示醉态证据,以否定犯罪构成所必须具备的特定故意要素,如蓄意、故意等。实际上,英美法系国家对毒品所致精神障碍者刑事责任能力问题采取了折中的态度,即当犯罪主观要件为 intentionally(蓄意地)或 purposely(蓄意地)、knowingly(故意地)时,自愿醉态是辩护理由;当主观要件为 recklessly(轻率地)、negligently(疏忽地)时,不是辩护理由。②

(二)大陆法系国家

大陆法系国家对毒品所致精神障碍者的刑事责任能力评定大多建立在“原因自由行为”理论基础之上,认为行为人对故意或过失使自己陷入无责任能力状态所实施的违法犯罪行为,应当承担刑事责任,但各个国家对毒品所致精神障碍者刑事责任能力的规定亦存在差异。

以德国、西班牙为代表,对毒品所致精神障碍者刑事责任能力的规定相对宽松,如《德国刑法典》第三百二十三条 a 中的第一款规定:“故意或过失饮酒或使用其他麻醉品,使自己处于无责任能力或不能排除其无责任能力的醉酒状态下实施犯罪行为的,处五年以下自由刑或罚金刑,如果他在该状态中实施违法的行为却因为他由于昏醉已是责任无能力或者因为没有排除责任无能力而因此不能处罚他的话。”《西班牙刑法典》第二十条第二项规定:“以下情况免除刑事责任:实施违法行为时因吸食酒精性饮料、毒品、麻醉品、扰乱精神物质或者能产生类似效力的物质而处于其药性发

① 参见[英]乔纳森·赫林:《刑法学》(第 3 版),法律出版社 2003 年版,第 465 页。

② 参见[美]史蒂文·L. 伊曼纽尔:《刑法学》(影印本),中信出版社 2003 年版,第 84~88 页。

作期间,阻碍当事人理解其行为的违法性或者按照其理解实施的行为。但亦须符合以下条件:非故意实施犯罪,或者未曾预见或者无法预见其行为,或者已产生对某物质的依赖性虽未吸食但造成症状的影响之下。"第二十一条第二项规定:"以下情况减轻刑事责任:严重过量地吸食前条第二项规定的物质而造成的违法行为。"

以意大利、俄罗斯为代表,肯定毒品所致精神障碍者具有刑事责任能力,拒绝减免刑罚。如《意大利刑法典》第九十一条、第九十二条、第九十三条规定,因意外事件或者不可抗力而处于完全的醉酒状态,从而在实施行为时不具有理解或意思能力的,不是可归罪的。如果醉酒状态是不完全的,但仍能大大降低理解或意思能力,却不能排除该能力,刑罚予以减轻。如果醉酒状态不是产生于意外事件或者不可抗力,即不排除,也不降低可归罪性。如果醉酒状态是为了实施犯罪或者准备借口的目的而预先安排的,刑法予以增加。当行为是在麻醉品作用下实施时,也适用前两条规定。《俄罗斯刑法典》第二十三条规定:"在使用酒精饮料、麻醉品或其他迷幻药物而导致的不清醒状态中实施犯罪的人,应当承担刑事责任。"

原因自由行为,是指具有责任能力的行为人,故意或者过失使自己一时陷入丧失或者尚未完全丧失责任能力的状态,并在该状态下实施了符合构成要件的违法行为。使自己陷入丧失或者尚未完全丧失责任能力状态的行为,称为原因行为;在该状态下实施的客观构成要件的违法行为,称为结果行为。由于行为人可以自由决定自己是否陷入上述状态,故称为原因自由行为。[①] 自愿摄入毒品的行为属于原因行为,因摄入毒品陷入精神障碍状态下实施的违法犯罪行为属于结果行为。原因自由行为理论认为,虽然行为人在实施不法行为时,处于责任能力障碍状态,是不自主的,但是行为人具有决定是否陷入责任能力障碍的自由,因此,处罚自愿摄入毒品的

---

① 参见张明楷:《刑法学》(第4版),法律出版社2011年版,第284页。

人犯罪，并不违背责任原则。

三、毒品所致精神障碍者刑事责任能力的立法完善

目前，我国《刑法》对醉酒的人犯罪作出了规定，而对于具有比较意义的毒品所致精神障碍的人犯罪尚无明确规定。为统一司法，笔者建议将《刑法》第十八条第四款的规定，修改为："醉酒的人犯罪，或因毒品所致精神障碍的人犯罪，应当负刑事责任。"我国是传统的大陆法系国家，此规定的理论基础依旧是原因自由行为理论。基于刑法法益保护的原则和刑罚目的的要求，以及刑事政策的考虑，原因自由行为具有可罚性。

（一）法益保护原则的要求

法益是指法所保护的利益。刑法的机能是法益保护，犯罪的本质是法益侵害或者法益侵害的危险性。法益保护原则要求刑事立法必须以保护法益为目的。毒品所致精神障碍者实施的犯罪行为，多表现为暴力性犯罪，如故意杀人、故意伤害等，具有严重的法益侵害性。从一般人的法感情考虑，因毒品而使自己陷入丧失辨认控制能力状态，其所实施的法益侵害行为为社会所不能容忍，有追究责任的必要。此外，毒品本身具有严重的危害性，追究毒品所致精神障碍者犯罪的刑事责任，不会导致禁止对社会有利的行为，也不会导致对国民的自由进行不合理的限制。

（二）刑罚目的的要求

刑罚目的是刑法任务正当化的依据，《中华人民共和国刑法》第二条规定，刑法的任务是用刑罚同一切犯罪行为作斗争，以保护国家、社会和公民利益。刑罚的目的包括报应目的和预防目的两部分。无论基于何种目的，惩罚毒品所致精神障碍者犯罪都符合刑罚目的的要求。一方面，毒品所致精神障碍者犯罪具有严重的法益侵害性，为民众所不容，从刑罚报应目的出发，刑法应对其作出否定性评价，对其施以刑罚，以安抚民众的内心情感，维护社会正义观念。"如果把正义观念的实现也视作一种追求，那么报应刑的目的就在于平衡犯罪人的罪责，满足民众对犯罪人的憎恨，赢得

被害人和社会公众对刑法的认同。”①另一方面，刑罚具有特殊预防和一般预防的目的，对毒品所致精神障碍的人犯罪适用刑罚，使之永久地或一定期间内丧失再犯的能力，以达到防卫社会的目的。同时，对其他社会公民也起到警示和威慑的功能，让人们知道因毒品所致精神障碍者实施犯罪行为同样会受到刑事惩罚，会遭受痛苦，从而达到引领、规范人们的行为和吓阻潜在的犯罪人的目的。

（三）刑事政策的要求

毒品是人类社会的公害，是涉及公共安全的重要问题，不仅严重侵害人的身体健康、销蚀人的意志、破坏家庭幸福，而且严重消耗社会财富、毒化社会风气、污染社会环境，同时极易诱发一系列犯罪活动。当前我国禁毒形势依旧严峻，截至 2017 年年底全国现有吸毒人员 255. 3 万名（不含戒断三年未发现复吸人数、死亡人数和离境人数），同比增长 1. 9%；全年破获毒品刑事案件 14 万起，打掉制贩毒团伙 5534 个，抓获毒品犯罪嫌疑人 16.9 万名，缴获各类毒品 89. 2 吨；查获有吸毒行为人员 87 万人次，其中，登记新发现吸毒人员 34 万人；依法强制隔离戒毒 32. 1 万人，责令社区戒毒社区康复 26 万人次。②

厉行禁毒，严惩毒品犯罪，是我国一贯的刑事政策立场和主张。近年来，新型毒品不断涌现，较传统毒品，新型毒品多具有强致幻性，在吸食后会出现诸如幻觉、妄想等精神症状，从而导致认识和控制能力丧失，极易造成暴力犯罪，严重危害社会。因毒品所致精神障碍者犯罪，因毒品而起，基于对毒品“零容忍”的刑事政策要求，对自愿摄入毒品所致精神障碍者犯罪应予以严惩。

---

① 周光权：《刑法总论》，中国人民大学出版社 2007 年版，第 365 页。

② 参见国家禁毒委员会办公室《2017 年中国毒品形势报告》。

四、毒品所致精神障碍者刑事责任能力的司法审查

毒品所致精神障碍者刑事责任能力问题,既是法学问题,也是精神病学问题。“在评定此类案件中被鉴定人的刑事责任能力时,必须把医学要件和法学要件紧密结合起来,才能作出更加完整的解释。”[①]前述部分主要论证了毒品所致精神障碍者刑事责任能力的应然状态,司法实践中,法官应如何结合精神疾病司法鉴定意见,对毒品所致精神障碍者刑事责任能力进行实然审查是值得关注的问题。

精神疾病司法鉴定意见,是指在诉讼活动中,具有鉴定资质的精神疾病鉴定专家运用科学技术或依据专业知识,对行为人作案时的精神状态及刑事责任能力问题,进行鉴别和判断,并提供鉴定意见的活动。精神疾病司法鉴定意见属于法定的证据种类,经庭审举证质证,可以作为定案的根据。但精神疾病司法鉴定意见具有双重属性,兼具科学性与非科学性、客观性与主观性的特征,因此,作为定案根据的精神疾病司法鉴定意见应当接受法官的司法审查与最终评判。

(一)精神疾病司法鉴定意见的双重属性

1. 科学性与非科学性。精神疾病司法鉴定意见的科学性来自其知识性和程序性。知识性体现在,其是具有鉴定资质的专业人士,依据精神病学的专业知识,遵循和采用精神病学的技术标准、技术规范和技术方法所作出,是知识性权利的外在表现形式,能够为人所信服。程序性体现在,其是严格依照鉴定程序所作出,2016 年司法部发布了《司法鉴定程序通则》,对司法鉴定的委托与受理、司法鉴定的实施、司法鉴定意见的出具等程序性事项做了明确的规定,程序的规范与公正保证了其结果的科学性。同时,精神疾病司法鉴定意见具有非科学性,不同于 DNA 等鉴定科学,精神疾病鉴定并非完全依赖物理手段,不具有可验证性,“精神疾病由于它本

① 郑瞻培:《司法精神病学鉴定实践》,知识产权出版社 2017 年版,第 173 页。

身的复杂性,迄今对某些主要精神病的病因、精神病理表现与大脑结构、生理、生化机理之间的确切关系究竟如何,还难以确切说明;对精神疾病的本质,还缺乏全面的了解。因此,当今的精神疾病的鉴定或诊断,主要是通过对疑似精神病人的精神病史、精神病临床表现来进行的。这样,精神疾病鉴定或诊断在客观性、精确性(这主要体现在精神病诊断/鉴定的理化检查方式上)方面就存在一定的不足"①。

2. 客观性与主观性。精神疾病司法鉴定意见是建立在相关精神病学的客观知识及规律的基础之上的描述与诠释,其客观性毋庸置疑。然而,除少部分器质性病变引起的精神疾病是可以通过仪器设备进行鉴定外,大部分精神疾病鉴定并非依赖专门的物理性方法,而是由精神疾病鉴定专家凭借专业知识和经验,进行分析判断。"由于人类对精神系统还不能充分地认知,加之精神疾病的诊断与其他科学鉴定相比在相应仪器设备上的应用受到限制,故司法精神疾病鉴定的过程贯穿了鉴定人的主观因素,这些因素当然地受到鉴定人的技术水平、理解能力、判断能力等诸多因素的影响。因此,司法精神疾病鉴定所要解决的问题是一个具有主观内容的客观事实。"②

(二)精神疾病司法鉴定意见的实然审查

正是基于精神疾病司法鉴定意见的双重属性,法官应从形式与实质两个方面,加强审查,确保其具有合法性和客观性。法官作为司法的裁决者,不能简单机械地采信鉴定意见,唯鉴定意见论,更不能面对多种鉴定意见或鉴定意见不对刑事责任能力做评价时不知所措,无所适从。

1. 形式审查。精神疾病司法鉴定意见首先应符合法定证据形式,具有证据能力。依据刑事诉讼法的司法解释,法官应从以下几个方面加强对精

---

① 李从培:《司法精神病学鉴定的实践和理论——附各类鉴定案例 97 例分析讨论》,北京医科大学出版社 2000 年版,第 13 页。

② 姚澜:《司法精神病鉴定证据价值论》,载《行政与法》2009 年第 6 期。

神疾病司法鉴定意见的形式审查:(1)鉴定机构是否具备法定资质,或者鉴定事项是否超出该鉴定机构业务范围、技术条件;(2)鉴定人是否具备法定资质,是否具有相关专业技术或者职称,以及是否违反回避的规定;(3)送检材料、样本来源是否明确,或者是否受到污染;(4)鉴定对象与送检材料、样本是否一致;(5)鉴定程序是否违反规定;(6)鉴定过程和方法是否符合相关专业的规范要求;(7)鉴定文书是否有签名、盖章。本案中,在案的三份鉴定意见中的两份鉴定意见的鉴定过程和方法不符合相关专业的规范要求,北京回龙观医院精神疾病司法鉴定科出具的鉴定意见,全文未见对相关标准和技术规范的引用,依据不明确;北京市公安局强制治疗管理处司法鉴定中心出具的鉴定意见,在对甄某某作案时的精神状态进行分析诊断时,所引用的《中国精神障碍分类与诊断标准(第三版)》系行业标准和技术规范,但在对甄某某作案时的刑事责任能力进行判断时,未引用明确的标准和技术规范。上述两份鉴定意见存在重大的形式缺陷,其合法性存疑,不能作为定案的根据。而法大法庭科学技术鉴定研究所在对甄某某作案时的精神状态进行分析诊断时,引用了《中国精神障碍分类与诊断标准(第三版)》;在对甄某某作案时的刑事责任能力进行判断时,引用了《精神障碍者刑事责任能力评定指南》,该标准系国家标准,故法大法庭科学技术鉴定研究所出具的鉴定意见,依据明确,鉴定过程和方法符合相应的规范要求,具有合法性。

2. 实质审查。在确定了在案的精神疾病司法鉴定意见可以作为证据使用的前提下,应加强对精神疾病司法鉴定意见实质内容的审查,主要包括“定病”和“定责”两个方面。

(1)“定病”,也即确定行为人是否患有精神性疾病,患有何种精神性疾病。此问题属于医学或病理学范畴,对此判断应坚持以精神疾病鉴定专家的意见为主,法官审查为辅的原则,因为精神疾病鉴定专家具有超越法官的精神病学知识和专业权威。同时,法官应努力提升自身综合素养,加强对精神疾病学方面知识的认知。在审查存疑的情况下,可以借助专家辅助人的专门知识,来实现对"定病"异议的支持和侧面印证。"专家辅助人参与诉讼的作用主要是辅助裁判者通过了解专门的技术问题来审查判断鉴定意见。专家辅助人提供了关于专门知识的意见是法官获取案件信息的一个渠道,其为法官形成内心确信提供了足够的正当化资源。"①

具体到本案,涉及毒品所致精神障碍的问题。毒品作为一种强大的精神活性物质,由于医生处方不当或个人长期使用,会导致依赖综合征和其他精神障碍,如中毒、戒断综合征、精神病性症状(如幻觉、妄想和病理性观念)、情感障碍及残留性或迟发性精神障碍等。近年来,由毒品所致的精神障碍者涉刑事案件率呈增加趋势。司法实践中,有关毒品引发的精神障碍,鉴定意见一般表述为精神活性物质所致精神障碍,而非毒品所致精神障碍。有关毒品所致精神障碍的临床状态多表现为精神病性障碍和残留性、迟发性精神病性障碍两种形式。前者精神病性障碍是在使用毒品期间或之后立即出现的一类精神现象,其临床多表现为生动的幻觉(典型者为听幻觉,常涉及一种以上的感官)、人物定向障碍、妄想或援引观念(常带有偏执或被害色彩)、精神运动性障碍(兴奋或木僵)以及异常情感表现等。此类精神病性障碍,在停止使用毒品后,会在较短时间内消除。后者残留性、迟发性精神病性障碍是指精神活性物质所致的认知、情感、人格或行为改变,其持续时间超过了与精神活性物质有关的直接效应所能达到的合理期限。对此类精神病的诊断应考虑毒品加重或诱发另一种精神障碍的可能,除了相对简单的器质性损伤或精神发育迟滞的共病认定外,还应考虑被毒品使用所遮盖,药物作用消退后又重新显露的原本就存在的精神障

① 郭华:《刑事诉讼专家辅助人出庭的观点争议及其解决思路》,载《证据科学》2013年第4期。

碍。[1] 因此,法官进行"定病"审查时,应着重审查行为人在摄入毒品前是否存在精神异常表现(是否属原发性精神障碍或混杂性精神障碍);精神疾病诊断的证据,不能因行为人有吸毒史,就简单地把精神障碍与吸毒联系起来。本案被告人甄某某自愿长期吸毒,无证据证明其吸毒前有精神异常表现,依据在案精神疾病司法鉴定意见,可以认定其系因毒品所致精神障碍。

(2)"定责",也即确定行为人是否具有刑事责任能力,承担何种刑事责任的问题。此问题属于法律问题,故其判断应采取以法官司法判断权为主,精神疾病专家知识性权利为辅的方式,因为"定责"的核心是判断行为人作案时的认识能力和控制能力是否受损,是否具有可责性,更多的是一种规范的或法学上的判断,而法官在法律领域的智识和经验显然要超过精神疾病鉴定专家。司法实践中,精神疾病司法鉴定意见一般会对行为人的刑事责任能力作出评判,评定行为人为完全刑事责任能力人、限制刑事责任能力人或无刑事责任能力人。对此,法官在进行"定责"审查时,应当予以充分尊重,但此评定结果并非最终的司法裁判,司法裁判权的独立性和终局性,以及现代司法精神疾病鉴定制度的内在逻辑,要求确立法官的主导地位,由法官在精神疾病司法鉴定意见的基础上,依据自己的法律知识和审判经验,对行为人的刑事责任能力作出最终的司法评判。

具体到本案,在未来立法确立"自愿摄入毒品所致精神障碍的人犯罪,应当负刑事责任"的原则后,被告人甄某某的刑事责任能力问题或许不再是争议问题。被告人甄某某有长时间的吸毒史,案发前曾饮酒,长期存在妄想、幻觉症状,可以确定甄某某作案时处于妄想状态,其将被害人杀害的行为与妄想症状之间在整体上存在关联性。被告人甄某某作案时,虽然受精神病理因素的影响,其认识能力和控制能力受损,但其精神障碍系其

① 参见张钦廷等:《毒品所致精神障碍者刑事责任能力评定存在问题及对策》,载《中国司法鉴定》2018 年第 3 期。

自愿长期吸食毒品所致,应承担完全刑事责任能力。

总之,毒品所致精神障碍者刑事责任能力问题应尽快通过立法予以明确,为司法实践“定分止争”。同时,法官应注重从形式和实质两个方面加强对精神疾病司法鉴定意见的审查,既要遵从司法最终裁判的原则,又要充分尊重精神疾病鉴定意见的专业性和科学性,确立以法官为主导的精神障碍者刑事责任能力审查机制。

(本案例分析荣获全国法院系统 2017 年度优秀案例分析评选活动一等奖)

王某贩卖毒品案

——上诉不加刑原则在发回重审案件中的适用

编写人：北京市第二中级人民法院　李　凯

【内容摘要】

仅有被告人提出上诉的案件，第二审人民法院以事实不清为由发回重新审判后，原审人民法院满足什么条件才能加重对被告人的刑罚？从现行法律来看，加重刑罚符合实体正义的要求，但必须同时具备“新的犯罪事实”和“人民检察院补充起诉”两项法定条件，否则应严格受上诉不加刑原则的限制。笔者认为，犯罪事实已经过侦诉审程序，即使没有被原审人民法院采纳或全部采纳，第二审人民法院发回重新审判后，在主要证据亦不存在变化的情况下，该事实不属于新的犯罪事实。同时，人民检察院补充起诉的范围应限定在人民法院作出终审裁决前有新犯罪事实的情形（如遗漏罪行或又犯新罪）。人民检察院对既有犯罪事实的明确或细化，只能视为变更起诉，而不是补充起诉。

【关键词】刑事诉讼　发回重审　上诉不加刑　新的犯罪事实　补充起诉

【裁判要旨】

发回重审的案件，原审人民法院如果对被告人加重刑罚必须同时具备

“新的犯罪事实”和“人民检察院补充起诉”两项法定条件。

【相关法条】

《中华人民共和国刑事诉讼法》(2012年)第二百二十六条

《最高人民法院〈关于适用中华人民共和国刑事诉讼法〉的解释》(2012年)第三百二十七条

最高人民法院研究室《关于上诉发回重审案件重审判决后确需改判的应当通过何种程序进行的答复》

【案件索引】

一审:北京市西城区人民法院(2014)西刑初字第1002号(2015年2月11日)

二审:北京市第二中级人民法院(2015)二中刑终字第534号(2015年6月2日)

一审:北京市西城区人民法院(2015)西刑初字第427号(2015年12月14日)

二审:北京市第二中级人民法院(2016)京02刑终150号(2016年4月26日)

【基本案情】

王某涉毒品犯罪一案历经两次一审普通程序、两次二审上诉审程序,王某均辩解公诉机关指控的事实与其无关,不构成犯罪,而且王某在第二审人民法院第二次审理期间另提出原审人民法院违反上诉不加刑原则的上诉理由。纵览整个诉讼过程,王某涉案罪名和涉案毒品数量确实出现变化:第一,王某所犯贩卖、运输毒品罪在发回重审后变更为贩卖毒品罪。第二,王某第一起涉案毒品数量在发回重审后由1包变更为2.66克。

法院经审理查明:2014年3月21日15时许,王某通过冯某某在河北省燕郊经济开发区某1603号,以人民币1100元的价格向牛某某贩卖毒品甲基苯丙胺2.66克。当日19时许,王某授意冯某某携带毒品甲基苯丙胺7.76克乘坐出租车从河北省三河市赶至北京市通州区永顺镇某宾馆门前,欲以人民币1100元的价格向牛某某贩卖,冯某某被民警当场抓获。王某作案后逃逸,后被上网追逃,于2014年7月4日在河北省三河市被公安机关抓获归案。

【裁判结果】

北京市西城区人民法院于2015年2月11日作出(2014)西刑初字第1002号刑事判决,以王某犯贩卖、运输毒品罪,判处有期徒刑6年6个月,并处罚金人民币7000元。一审宣判后,王某不服,提出上诉。北京市第二中级人民法院于2015年6月2日作出(2015)二中刑终字第534号刑事裁定,认为原审判决认定的部分事实不清,将此案发回北京市西城区人民法院重新审判。北京市西城区人民法院依法另行组成合议庭,于2015年12月14日作出(2015)西刑初字第427号刑事判决,以王某犯贩卖毒品罪,判处有期徒刑7年6个月,剥夺政治权利1年,并处罚金人民币8000元。一审宣判后,王某不服,提出上诉。北京市第二中级人民法院于2016年4月26日作出(2016)京02刑终150号刑事判决,认为原审判决违反了上诉不加刑原则,改判王某犯贩卖毒品罪,判处有期徒刑6年6个月,并处罚金人民币7000元。

【裁判理由】

法院生效裁判认为:王某无视国家法律,伙同他人贩卖毒品甲基苯丙胺,其行为已构成贩卖毒品罪,且贩卖毒品数量较大,依法应予惩处。根据《中华人民共和国刑事诉讼法》(2012年)第二百二十六条、《最高人民法院〈关于适用中华人民共和国刑事诉讼法〉的解释》(2012年)第三百二十七条的规定,对被告人上诉、人民检察院未提出抗诉的案件,第二审人民法院发回原审人民法院重新审判的,只要人民检察院没有补充起诉新的犯罪事实,原审人民法院不得加重被告人的刑罚。本案中,北京市西城区人民法院在重新审判的过程中,北京市西城区人民检察院变更指控王某第一起贩卖毒品甲基苯丙胺 2.66 克与原指控王某第一起贩卖毒品甲基苯丙胺 1 包属于同一事实,北京市西城区人民法院在此情形下对王某判处的刑罚重于重新审判前的刑罚,虽与《中华人民共和国刑法》规定相符,但违反了上诉不加刑原则,属量刑有误。故北京市第二中级人民法院对北京市西城区人民法院的判决予以改判。

【案例注解】

该案例涉及案件宣判后人民检察院没有提起抗诉,仅有被告人提出上诉,第二审人民法院以事实不清为由发回重新审判后,原审人民法院需要满足什么条件才能加重对被告人刑罚的问题,因为"任何变相加刑的做法,不仅会破坏上诉不加刑原则,而且必然导致被告人上诉权的不敢行使和二审终审制的落空,结果不是有弊无利,至少也是弊大于利"。[①]

根据《中华人民共和国刑事诉讼法》(2012 年)第二百二十六条、《最高人民法院关于适用〈中华人民共和国刑事诉讼法〉的解释》(2012 年)第三百二十七条的规定,除有新的犯罪事实,人民检察院补充起诉的以外,原审人民法院不得加重被告人的刑罚。

《最高人民法院研究室关于上诉发回重审案件重审判决后确需改判的应当通过何种程序进行的答复》也显示,对被告人上诉的案件,第二审人民法院发回原审人民法院重新审判的,只要人民检察院没有补充起诉新的犯罪事实,原审人民法院不得加重被告人的刑罚。上述法律、解释及答复划定了一个规则,即案件被第二审人民法院发回重审,原审人民法院重新审理后只有在特定条件下才可以加重被告人刑罚,充分肯定了"不加刑为原

---

① 参见樊崇义主编:《刑事诉讼法学研究综述与评价》,中国政法大学出版社 1991 年版,第 511~513 页。

则,加刑为例外”的做法,符合实体公正、程序正义的价值要求。只是规则中没有对什么是“新的犯罪事实”和“人民检察院补充起诉”作出进一步解释或明确界定,导致司法实践中存在不同理解。

目前大多数观点认为,根据立法精神,犯罪事实已经过侦诉审程序,即使没有被原审人民法院采纳或全部采纳,第二审人民法院以事实不清为由发回重新审判后,在主要证据亦不存在变化的情况下,该事实不属于新的犯罪事实。同时,人民检察院补充起诉的范围应限定在人民法院作出终审裁决前有新犯罪事实的情形(如遗漏罪行或又犯新罪)。人民检察院对既有犯罪事实的明确或细化,只能视为变更起诉,而不是补充起诉。综上所述,原审人民法院重新审判后只有同时满足“新的犯罪事实”和“人民检察院补充起诉”两个法定条件,才能加重对被告人的刑罚,否则应严格受上诉不加刑原则的规制。

结合本案而言,王某的第一起犯罪事实在北京市第二中级人民法院发回重审之前,已经历过系列的侦诉审程序。发回重审后,北京市公安局西城分局开展了证据的补强工作(并非对新的犯罪事实补充侦查),北京市西城区人民检察院对王某涉嫌罪名和第一起犯罪的毒品数量作出了变更起诉(而不是补充起诉新的犯罪事实),北京市西城区人民法院在此情况下对王某加重刑罚违反了上诉不加刑原则。具体来说,北京市西城区人民法院第一次审理期间,以王某第二起犯罪涉及毒品甲基苯丙胺 7.76 克确定量刑档(第一起犯罪毒品甲基苯丙胺 1 包仅作为酌予从重处罚量刑情节考量,人民法院经审理查明的范围也囿于人民检察院指控的范围),根据《中华人民共和国刑法》第三百四十七条第四款的规定,贩卖甲基苯丙胺不满 10 克,情节严重的,处 3 年以上 7 年以下有期徒刑,并处罚金,故判决王某犯贩卖、运输毒品罪,判处有期徒刑 6 年 6 个月,并处罚金人民币 7000 元。北京市西城区人民法院第二次审理期间,北京市西城区人民检察院基于犯罪构成层面,将王某涉嫌犯贩卖、运输毒品罪变更为贩卖毒品罪;基于毒品数量是毒品犯罪量刑的关键证据层面，变更起诉王某第一起犯罪涉及甲基苯丙胺2.66克，即将原1包的表述明确为2.66克。故北京市西城区人民法院以王某两起犯罪涉及甲基苯丙胺之和超过10克为由提升量刑档，根据《中华人民共和国刑法》第三百四十七条第三款的规定，贩卖甲基苯丙胺10克以上不满50克的，处7年以上有期徒刑，并处罚金，判决王某犯贩卖毒品罪，判处有期徒刑7年6个月，剥夺政治权利1年，并处罚金人民币8000元。综合分析，北京市西城区人民检察院变更指控王某第一起犯罪涉及毒品甲基苯丙胺2.66克与原指控1包理应属于同一事实，或可以理解为涵盖在一个事实之内，北京市西城区人民法院在此情形下对王某判处的刑罚重于重新审判前的刑罚，虽的确与刑法规定相符，但却违反了上诉不加刑原则，属量刑有误，北京市第二中级人民法院依法对王某予以改判原刑期是正确的。

该案例从立法本意出发，对法律没有明文界定的“新的犯罪事实”和“人民检察院补充起诉”进行解释，通过在发回重审案件中严格贯彻上诉不加刑原则，充分保障被告人的上诉权，对于保障人权，促进司法公正的意义则更加重大。

一、发回重审制度与上诉不加刑原则

发回重审制度具有丰富的价值内涵，根据法律规定缘由限定在事实不清、证据不足或违反法定诉讼程序两个方面，以此来对被告人实体或程序权利提供充分保障，让“阳光审判”“真理越辩越明”的司法初衷得以实现。通俗来说，第二审人民法院将案件发回重审是实现刑事上诉程序救济功能的一种基本方式。因为撤销原判、发回重审意味着第二审人民法院对原审人民法院履行的审判职责给予了否定评价，基于上下级法院之间的监督与被监督关系，这种否定性评价可以促使第一审人民法院在重新审理过程中将裁判建立在事实清楚、证据确实充分的基础之上，以免出现冤假错案，或者尽量避免出现程序性错误，以便消除程序错误对裁判结果的负面影响,从而更好地保护当事人的合法权益。正是在这个意义上,发回重审制度的救济性质不容忽视,第二审人民法院通过发回重审的方式,不仅为合法权益受到侵犯的当事人获得重新审判或寻求权利救济提供了机会,而且有助于纠正原审错误的裁判。这也是在《中华人民共和国刑事诉讼法》(1996年)第一次出现有关发回重审的规定后,多年来虽饱受学者诟病,但仍然未能取消的重要原因。

上诉不加刑原则是我国刑事诉讼法中的一项基础性原则,是民主、自由、人道主义精神在刑事诉讼领域的体现,是保障被告人上诉权的基石。上诉不加刑的立法最早见于1808年《法国刑事诉讼法典》,随后德国、日本等大陆法系国家也相继规定了上诉不加刑原则。英国由于实行判例法,采用上诉不加刑原则较晚,随着资产阶级地位的提高,资产阶级人权原则、法制原则的确立和判例法向成文法的转化,1968年《英国刑事上诉法》终于确立了上诉不加刑原则。[①] 总体而言,因两大法系各自以判例法和成文法为主,在上诉不加刑原则上,两大法系稍显不同:大陆法系国家较为明确,适用范围较广;而英美法系有所保留,附设了一些限制条件。[②] 我国在《中华人民共和国刑事诉讼法》(1996年)中明确规定了上诉不加刑原则,《中华人民共和国刑事诉讼法》(2012年)仍保留了这一原则,只是新增了特殊例外规定,这也体现出经过一个时期的司法实践,利益权衡导致价值取向的一种升华。一方面,通过列举例外规定客观上减少了发回重审谋求加刑的"借口",即不能以发回重审的方式刻意寻求给被告人加重刑罚。比如,"对于原判事实清楚,证据确实、充分,只是量刑偏轻的案件,二审法院不能发回重审"[③]。也有学者说,"仅仅是为达到加重被告人刑罚采用的一种策略

---

① 参见金钟:《上诉不加刑原则的历史发展及现代意义》,载《南京社会科学》1994年第10期。

② 参见金钟:《上诉不加刑原则的历史发展及现代意义》,载《南京社会科学》1994年第10期。

③ 参见陈光中、徐静村主编:《刑事诉讼法学》,中国政法大学出版社1999年版,第387页。

手段,也不可取。因为这样做,同样没有法律根据,并会带来不良后果”①。另一方面,也促进了实体正义的实现,毕竟依法惩治犯罪也是刑罚的要务之一。有学者言,“如果因事实不清、证据不足发回重审时,发现了新的犯罪事实可以加刑”②。“上诉不加刑的效力不仅适用于只有被告人一方上诉后的第二审程序,还适用于此类案件发回重新审判的一审程序。这是因为此处的一审重新审判是二审派生来的,若重新审判不能发现新的证据或事实,就不能加重原判刑罚”③,反观之,有新的证据或事实,加重刑罚也是符合价值本意的。

我们需要考虑,上诉不加刑原则是刑事诉讼的特殊原则,不能脱离刑事诉讼总的原则和价值观念的指导。虽然发回重审处理的案件,对实体真实的追求不言而喻,但笔者更赞同“不加刑为原则,加刑为例外”的规则,办案过程中应当严格立足于上诉不加刑原则的价值含义,以重新审判后是否出现新的犯罪事实来决定可否对被告人加重刑罚。当前来说,第二审人民法院发回重新审判的案件,较之一审终局的裁判的确更为复杂,所以理念上应融会贯通上诉不加刑原则,真正使刑事审判在“两审制”的格局源头就能体现出正义价值,同时也让上诉程序救济功能能够充分得以实现。

二、新的犯罪事实的理解

新的犯罪事实,是指原审人民法院在发回重审前的判决中没有认定的事实,包括之前的漏罪和所犯的新罪,此时“确属原判事实不清或证据不足以及真的发现了犯罪事实,在重审时加刑不属于违背上诉不加刑原则”④。除去本案的情况,实践中还存在以下几种情况,不少人会把既有事实当作

---

① 参见王国枢等编著:《刑事诉讼法概论》,北京大学出版社 1981 年版,第 251 页。

② 参见张子培主编:《刑事诉讼法教程》,群众出版社 1987 年版,第 355 页。

③ 参见高憬宏主编:《刑法刑事诉讼法适用问题研究》,中国政法大学出版社 1999 年版,第 340 页。

④ 参见王国枢等编著:《刑事诉讼法学》,北京大学出版社 1998 年版,第 347 页。

新的犯罪事实来处理。第一种是人民检察院指控两种或两种以上罪行事实，但原审法院只认定其中部分罪行事实，重审时在人民检察院指控范围内，法院认定了比原审更多的罪行事实；第二种是人民检察院指控同一种类的数个罪行事实，原审法院只认定其中部分罪行事实，重审时在检察机关指控范围内，法院认定了比原审更多的罪行事实；第三种是人民检察院指控一种较重的罪行事实，原审法院认定较轻的罪行事实，重审时法院认定了检察院指控的较重罪行事实。①

笔者认为，无论上述哪一种情况，均不能否认既有犯罪事实已经客观存在，且已经过公安机关侦查取证、人民检察院提起公诉、人民法院评判的一系列程序。虽然案件在重新审理后，人民法院在采纳人民检察院指控事实的层面出现了不同理解（或因案件本身原因；或因发回重审后，第一审人民法院另行组成合议庭，法官的思维方式不同），但仍然限于原指控的范围内，并非对新事实给予评判。

实践中，对新的犯罪事实的从严掌握，也让发回重审制度更能体现出程序的价值意义。目前来说，第二审人民法院在作出裁判前，发现遗漏同案犯罪嫌疑人、第二审期间在逃的共同犯罪人归案，而并案审理更有利于量刑均衡的；或发现被告人遗漏罪行、又犯新罪，并案审理更有利于贯彻罪责刑相适应原则的，第二审人民法院应当将案件发回重审，原审人民法院应当建议人民检察院追加起诉或补充起诉。如果人民检察院不同意或者在7日内未回复意见，人民法院也可以根据《中华人民共和国刑事诉讼法》（2012年）第二百四十二条的规定，就现有起诉指控的犯罪事实依法作出判决、裁定。

三、补充起诉、追加起诉、变更起诉的关系

补充起诉、追加起诉、变更起诉都属于变更公诉权的范畴，放在发回重

① 参见陈光中主编：《刑事诉讼法实施问题研究》，中国法制出版社2000年版。

审案件中考量,它是指公诉机关为了对指控的犯罪人、犯罪事实、证据、犯罪的性质、罪名以及刑事责任等事项的完善,而依法予以改变、追加的职权。

笔者经查阅《中华人民共和国刑事诉讼法》(2012 年)实施后的法律法规,发现各司法机关对人民检察院提起补充起诉、追加起诉、变更起诉的条件规定不尽一致,虽原则趋同,但三者的适用范围存在一定模糊。《最高人民法院、最高人民检察院、公安部、国家安全部、司法部、全国人大常委会法制工作委员会关于实施刑事诉讼法若干问题的规定》、《最高人民法院关于适用〈中华人民共和国刑事诉讼法〉的解释》(2012 年)仅规定,人民法院在审判期间发现新的事实,可能影响定罪的,可以建议人民检察院补充起诉或者变更起诉。《人民检察院刑事诉讼规则(试行)》(2012 年)保留了《人民检察院刑事诉讼规则》(1999 年)关于追加起诉的规定,即公诉人在法庭审判过程中,发现遗漏罪行或者遗漏同案犯罪人,虽不需要补充侦查和补充提供证据,但需要补充、追加或者变更起诉的,可以建议法庭延期审理。

通过上述文件的立法原义及词语的文意解释,不难看出,"在人民法院宣告判决前,人民检察院发现被告人的真实身份或者犯罪事实与起诉书中叙述的身份或者指控犯罪事实不符的,或者事实、证据没有变化,但罪名、适用法律与起诉书不一致的",人民检察院采用的是变更起诉。这与本案的情况具有较高的契合度,王某的第一起犯罪事实早已被关注,只不过北京市第二中级人民法院将此案发回重审后,北京市西城区人民检察院在事实、证据没有原则性变化的情况下,对涉嫌罪名予以变更,同时对关键量刑事实予以明确,理应属于变更起诉的范围。补充起诉一般是指"在人民法院宣告判决前,人民检察院发现遗漏罪行"。追加起诉一般指的是"在人民法院宣告判决前,人民检察院发现遗漏的同案犯罪人",故本案均不存在上述两类情形。

值得一提的是,人民检察院变更起诉在一定程度上还要"难于"补充起诉或追加起诉,所以更应该将三者的性质给予明确界定。如《最高人民检察院办公厅关于在审查起诉部门全面推行主诉检察官办案责任制的工作方案》第四条规定,主诉检察官承办案件时,对于法律明确规定应当由检察长、检察委员会行使的职权,以及检察长、检查委员会认为应由其行使的职权,应当提出意见,报请检察长决定,而具体事项中仅包含变更起诉。

四、参照适用本案例需要注意的问题

1. 北京市西城区人民法院宣判后,北京市西城区人民检察院未提起抗诉,表明其已认可人民法院的判决。而案件被发回重审后,北京市西城区人民检察院变更王某第一起犯罪涉及毒品甲基苯丙胺数量为2.66克,该变更起诉是否符合法律规定?究其原因,该事实早在已查清的范围之内,只不过“当初未诉”,从一定程度来说,似有违反“一事不再理”的司法原则之嫌,不过恰巧更能印证此类案件不能加重被告人刑罚的合理性。对于“一事不再理”原则,理论界一直存在狭义说和广义说两种观点。狭义说认为“一事不再理”就是指“不论是有罪判决还是无罪判决,作出产生法律效力的判决后不允许对同一行为再启动新的程序”。广义说认为“当事人不得就已起诉之案件,于诉讼系属中,更行起诉”。两者的区别在于:狭义说认为“一事不再理”仅指判决的既判力,即判决确定后不得就同一案件再次起诉;广义说则认为一事不再理涵括了判决的既判力与诉讼系属的效力两个层面,不仅判决确定后不得就同一案件再次起诉,而且诉讼一经提起就不得以同一案件再次起诉。诉讼系属自诉的提起时发生,至裁判确定时或撤回起诉时消灭。笔者更赞同广义说的观点,检察机关依法履行职责,证据补强后完全有理由明确诉讼的关键事实,而这对正确指控犯罪也是至关重要的。

2. 北京市西城区人民检察院在案件被北京市第二中级人民法院发回重审后决定变更选择性罪名是否合适?一方面,在单一罪名的情况下将轻罪名变更为重罪名并不恰当,因为无论是主刑、附加刑还是刑罚方式、罪名都在“不加刑”所限制的范围内，不得随意改变。我国刑法规定的刑有两种：主刑和附加刑。上诉不加刑主要是为了被告人利益，其所意指的加刑不仅限于主刑和附加刑，还包括刑罚适用方式和罪名选择。刑罚适用方式虽然表面上没有加重刑期，但不可否认会对被告人造成影响。罪名是对某种犯罪的本质特征或者主要特征的高度概括。[①] 另一方面，在选择性罪名的情况下（虽客观上对刑期不会造成影响），北京市西城区人民检察院放弃一个指控罪名，实质上是否意味着撤回对该罪名的起诉？根据《人民检察院刑事诉讼规则》（1999 年）第三百五十一条的规定，发现不存在犯罪事实、犯罪事实并非被告人所为或者不应当追究被告人刑事责任的，可以要求撤回起诉。根据《最高人民法院〈关于适用中华人民共和国刑事诉讼法〉的解释》（2012 年）第二百四十二条的规定，在宣告判决前，人民检察院要求撤回起诉，人民法院应当审查人民检察院撤回起诉的理由，并作出是否准许的裁定。这显然与本案情况不符，所以北京市西城区人民检察院撤销王某犯运输毒品罪的指控，仍属变更起诉的范畴，原审人民法院在发回重审后对被告人加重刑罚不具有合理性。

综上所述，实体正义与程序公正都是刑事诉讼中重要的原则，公检法机关都必须遵守，否则会面临极大的风险。无论是从内在价值解释，还是从文义逻辑理解，或是从司法改革趋势来看，北京市第二中级人民法院以北京市西城区人民法院未满足“新的犯罪事实”和“人民检察院补充起诉”两项法定条件为由，将案件改判原刑罚是正确的。

（本案例分析荣获全国法院系统 2017 年度优秀案例分析评选活动二等奖）

---

① 参见周道鸾、张军主编：《刑法罪名精释：对最高人民法院关于罪名司法解释的理解和适用》，人民法院出版社 1998 年版，第 5 页。

吴某某贩卖毒品、非法持有枪支案

——技侦证据在庭审中的直接运用与审查标准

编写人：北京市第二中级人民法院　龙　立　张旭城

【内容摘要】

本案系《中华人民共和国刑事诉讼法》(2012年)实施以来，北京法院首例利用技术侦查监听证据结合声纹鉴定意见定案的犯罪案件，是法官首次将技术侦查证据直接运用于庭审公开质证，作为证明被告人犯罪的唯一直接证据，改变了法院一直以来对技术侦查证据采取庭外核实的传统做法，开创了技术侦查证据进入庭审质证、列入裁判文书的先河。

本案裁判为技术侦查证据在庭审中的直接运用与证据审查树立了标准。技术侦查证据直接运用于庭审公开质证具有多维度的现实支撑，但其适用也应限于在案证据不足以证明被告人犯罪成立或技术侦查证据对案件定罪量刑具有重大影响的案件。技术侦查证据作为直接定案依据，应当经过严格的证据资格和证明力审查，以认定其"关联性"与"合法性"。使用技术侦查证据原则上应当通过声纹鉴定对监听资料与被告人做同一性认定；应当对技术侦查措施的种类、适用对象和适用期限是否符合法律规定与批准范围进行形式审查，对技术侦查措施的批准时间与技术侦查证据的形成时间进行重点审查，以使技术侦查证据达到确实充分的证明程度。

【关键词】技侦证据　直接运用　庭审质证　审查标准

【裁判要旨】

1. 在危害国家安全、重大毒品、贪污贿赂等依法可以采取技术侦查措施的犯罪案件中,采取技术侦查措施收集的证据材料,经当庭出示、辨认、质证等法庭调查程序查证属实的,可以作为直接定案依据。

2. 技术侦查证据"关联性"审查应借助声纹鉴定技术对技术侦查监听证据与被告人做同一性认定,并对声纹鉴定意见进行庭审质证。

3. 技术侦查证据"合法性"审查应认定技术侦查措施的种类、适用对象和适用期限符合法律规定与批准范围,技术侦查措施的批准时间应早于技术侦查证据的形成时间。

【相关法条】

《中华人民共和国刑事诉讼法》(2012 年)第一百四十八条

《最高人民法院关于适用〈中华人民共和国刑事诉讼法〉的解释》(2012 年)第一百零七条

《公安机关办理刑事案件程序规定》(2012 年修订)第二百五十九条

【案件索引】

一审:北京市第二中级人民法院(2016)京 02 刑初 116 号(2018 年 3 月 2 日)

二审:北京市高级人民法院(2018)京刑终 112 号(2018 年 8 月 14 日)

【基本案情】

北京市人民检察院第二分院指控:被告人吴某某将甲基苯丙胺(冰毒)1458.13 克从湖北省潜江市运输至北京市,欲向他人贩卖,于 2016 年 1 月 19 日 3 时许,在北京市大兴区旧宫镇新苑小区门口被民警当场抓获,从被告人吴某某携带的手提袋内起获上述毒品及手枪 1 把,手枪子弹 11 发。公诉机关认为,被告人吴某某明知是毒品而贩卖、运输,数量大;还非法持有枪支，应当以贩卖、运输毒品罪，非法持有枪支罪追究其刑事责任。

被告人吴某某及其辩护人辩称：案发时吴某某所持有的手提袋系魏某所有，其不知内装何物，其不构成贩卖、运输毒品罪及非法持有枪支罪；现有证据不足以证明吴某某来京的目的是贩卖毒品，侦查机关起获的毒品、枪支弹药是否系吴某某所有存疑；通过技术侦查手段获取的吴某某与魏某的通话内容在取证程序上存在瑕疵，并且建议对技术侦查所获取的音频资料进行声纹鉴定。

法院经审理查明：被告人吴某某欲来京向他人贩卖毒品甲基苯丙胺，北京市公安局大兴分局黄村镇派出所接线索后布控。2016 年 1 月 19 日 3 时许，被告人吴某某在北京市大兴区旧宫镇新苑小区门口被民警当场抓获，从被告人吴某某携带的手提袋内起获白色晶体 2 包，棕色固体 1 份及枪状物 1 把，弹状物 11 发。经鉴定，白色晶体、棕色固体均检出甲基苯丙胺，起获的黑色枪状物为枪支，送检的弹状物为手枪子弹。采取技术侦查措施决定书及相关工作说明、音频资料证明：经技术侦查，公安机关获取魏某与吴某某在电话中商议好毒品的价格、数量，枪支、子弹的数量以及魏某给吴某某汇款等内容的相关情况。公安机关出具的工作说明、北京信诺司法鉴定所出具的鉴定意见书证明：经鉴定，北京市公安局十二总队提供的对吴某某采取技术侦查措施过程中提取到的语音文件与吴某某在侦查期间接受讯问的音视频资料中为同一人声。

【裁判结果】

北京市第二中级人民法院于 2018 年 3 月 2 日作出（2016）京 02 刑初 116 号刑事判决，判决如下：被告人吴某某犯贩卖毒品罪，判处死刑，缓期二年执行，剥夺政治权利终身，并处没收个人全部财产；犯非法持有枪支罪，判处有期徒刑 2 年；决定执行死刑，缓期二年执行，剥夺政治权利终身，并处没收个人全部财产。

吴某某不服原审判决，提起上诉。北京市高级人民法院于 2018 年 8 月

14 日作出(2018)京刑终 112 号刑事裁定:驳回吴某某的上诉,维持原判。

【裁判理由】

法院生效判决认为:被告人吴某某违反国家对毒品的管理规定,向他人贩卖毒品甲基苯丙胺,其行为已构成贩卖毒品罪,且贩卖毒品数量大,依法应予惩处;吴某某违反枪支管理规定,非法持有枪支,其行为已构成非法持有枪支罪,依法应与其所犯贩卖毒品罪数罪并罚。关于吴某某所提案发时其所持有的手提袋系魏某所有,其不知袋内装有何物的辩解,与客观事实及魏某、杨某的证言不符。辩护人所提起获的毒品、枪支弹药是否系吴某某所有存疑,认定吴某某来京贩卖毒品的证据不足等辩护意见,经查,公安机关通过技术侦查措施所收集的音频资料的内容,足以证明吴某某向他人贩卖毒品及非法持有枪支的事实,声纹鉴定意见亦能明确该音频资料的声音源自吴某某;李某银行卡账户的转账信息,现场起获的毒品、枪支数量及吴某某到达北京的时间等证据均能与公诉机关出示的通过技术侦查所获取的证据内容相印证。综上,吴某某贩卖毒品、非法持有枪支的事实清楚,证据确实、充分,吴某某的辩解及辩护人的相关辩护意见不能成立,本院不予采纳。

【案例注解】

《中华人民共和国刑事诉讼法》(2012 年)赋予了技术侦查收集的材料证据资格,肯定了技术侦查证据的直接证明力,这是与国际趋势的有序接轨,亦是对权力规训的一种法律实践。[①] 但是在当前的司法实践中,技术侦查材料以证据的形式进入庭审质证环节并作为说理依据载入裁判文书仍停留在初始状态。[②] 本案的意义就在于,法官突破了技术侦查证据庭外核

---

① 参见董坤:《论技术侦查证据的使用》,载《四川大学学报(哲学社会科学版)》2013 年第 3 期。

② 参见张素莲:《技侦证据在刑事审判中的适用及完善建议》,载《法律适用》2017 年第 11 期。

实的传统做法,开辟了技术侦查证据直接运用于庭审质证的先例,为技术侦查证据在庭审中的直接运用和审查树立了典范。

一、技术侦查证据在庭审中的直接运用

(一)技术侦查证据直接运用于庭审的条件

根据《中华人民共和国刑事诉讼法》(2012 年)第一百五十二条之规定,法院核实采信技术侦查证据主要存在两种范式:“普通范式”是严格遵从司法审判的直接言词原则与证据裁判规则,在庭审中不加区分地将技术侦查证据进行开示与质证,继而由法官决定庭审证据的采信效力;“庭外范式”则是出于保护技术侦查措施与人员的考虑,强调必要的时候准许法官作出裁量,选择在庭外对技术侦查证据进行核实。“庭外范式”在当前的司法实践中适用最为普遍①,但同时也颇受争议。因为“庭外范式”在技术侦查证据核实时排除甚至禁止被告人一方参与,这极易引起技术侦查保密性与辩护方质证参与权的正面冲突。证据裁判原则的内核之一是未经法定证据调查程序审查或未由当事人充分表达意见的证据,即使其确有实际证明价值,亦不得作为认定案件事实的依据,②尤其是在以审判为中心的刑事诉讼制度改革背景下,司法审判愈加注重庭审实质化和证据裁判③,基于此,采取技术侦查措施所获取的相关材料必须要在证据层面进行内部和外部检视,技术侦查证据的核实采信理应由“庭外范式”逐渐向“普通范式”转变。

然而,技术侦查证据直接运用于庭审质证也应限制在一定的范围。本案中,被告人吴某某自到案后拒不供认犯罪事实,在“零口供”的情况下,在案证据不足以证明被告人吴某某主观上存在贩卖毒品的故意,如果不能将技术侦查证据作为定案依据,案件即会存在无罪的可能,所以将技术侦查

① 参见黄伯青、张杰:《技侦证据庭外核实之程序》,载《人民司法》2014 年第 9 期。
② 参见刘广三主编:《刑事证据法学》,中国人民大学出版社 2007 年版,第 87 页。
③ 参见张保生:《证据制度的完善是实现审判中心的前提》,载《法律适用》2015 年第 12 期。

证据直接运用于庭审是法官的必然选择。学界主流的观点也认为,应当强化技术侦查材料作为证据在庭审中直接运用的意识,尽可能地减少其转化程序,这才符合最佳证据原则。① 但是,技术侦查证据的运用也必须以不危及人员安全、不暴露相关人员身份与技术方法为前提,要在技术侦查的保密性与审判活动的程序公正性之间寻求可操作的平衡点。② 故而笔者认为,在危害国家安全、重大毒品、贪污贿赂等依法可以采取技术侦查措施的犯罪案件中,技术侦查证据对案件"罪与非罪""此罪与彼罪""死刑与否"等定罪量刑具有重大影响的,技术侦查部门应当将技术侦查证据依法予以移送,使其直接运用于庭审。同时,技术侦查证据的直接运用应当恪守"最后适用"原则。运用技术侦查证据虽能直接证明犯罪事实,但频繁使用势必会对技术侦查手段与人员造成损害。因此在整个刑事诉讼过程中,依然应当坚持以收集常规证据为主,将技术侦查证据留到最后,在穷尽其他手段依然无法获取用以证明犯罪的有力证据时,才能将其作为诉讼证据在庭审中予以公开出示与质证。

(二)技术侦查证据直接运用于庭审的多维度现实支撑

将技术侦查材料直接作为庭审证据公开出示与质证,不仅是推进以审判为中心的刑事诉讼制度改革的要求,亦是有力惩治犯罪的现实所需。在当前的司法实践中,将技术侦查证据直接运用于庭审有着多维度的现实理由支撑:

1. 技术侦查证据直接运用于庭审将更加有利于重大犯罪案件被告人的刑事责任追究。在重大毒品犯罪等案件中,嫌疑人普遍存在抗拒与侥幸心理,即使是在明知侦查机关已获取相关技术侦查证据的情况下,许多犯

---

① 参见贾萌:《技术侦查证据的审查问题》,载《江苏警官学院学报》2013 年第 2 期。

② 参见马康:《论刑事判决书的说理——以技术侦查证据认定为切入点》,载《上海政法学院学报(法治论丛)》2016 年第 1 期。

罪嫌疑人仍然拒不认罪。[①] 当前司法实践中,还存在因被告人当庭翻供使技术侦查证据转化失败,最终导致无法追究嫌疑人相关刑事责任的情形,这已经成为困扰毒品案件执法实践的一大难题。[②] 本案中,民警当场抓获被告人吴某某,并从其携带的手提袋内起获毒品及枪支弹药,但被告人吴某某始终辩称其所持的手提袋系魏某所有,其不知内装何物。庭审中,被告人的辩护人也提出侦查机关起获的毒品、枪支弹药是否系被告人吴某某所有存疑。在此种情况下,如果不能将技术侦查证据作为直接定案依据,案件即存在无罪的可能,这样既会放纵犯罪,又会使技术侦查部门花费巨大人力物力所获取的技术侦查证据失去效用。在当前许多重大犯罪案件中,技术侦查证据往往对定罪量刑具有重要作用,尤其是像本案一样在被告人可能被判处无期徒刑或死刑的案件中,甚至是关键性证据。如果不在法庭上公开出示、允许被告人质证,往往会导致"被告意见大""法官不敢判"的局面。故而,唯有将技术侦查证据作为能够证明被告人犯罪的直接证据,才能依法追究被告人的刑事责任,真正实现罚当其罪。

2. 技术侦查证据直接运用于庭审质证并不会对技术侦查的保密性造成过大冲击。技术侦查证据的运用在司法实践中面临的最大问题就是"保密"与"公开"的矛盾。[③] 如何协调二者关系,成为化解公安机关与检察院、法院之间及公安机关内部分歧的重要因素。当前的司法实践中,公安技术侦查部门常以保密性为由反对技术侦查证据在法庭上直接出示,即使是采取庭外核实方式,也反对辩护律师的参与。当然必须承认,技术侦查部门基于保护技术侦查力量的考虑而不愿将技术侦查证据在庭审中进行公开出示与质证并非没有道理,但从当前的立法和司法实践来看,侦查机关所

---

① 参见杨志刚:《毒品犯罪案件侦查中技侦手段的运用》,中国人民公安大学出版社 2006 年版,第 204 页。

② 参见程雷:《论技侦手段所获材料的证据使用》,载《证据科学》2012 年第 5 期。

③ 参见刘鹏:《技术侦查疑难问题研究》,载《法学杂志》2017 年第 7 期。

担心的保密问题完全可以通过采取必要的保护性措施来进行解决。《中华人民共和国刑事诉讼法》(2012年)第一百五十二条明确规定,对庭审直接出示技术侦查证据可能对有关人员的人身安全产生威胁或可能导致其他严重后果发生的情形,应当在庭审过程中采取不暴露有关人员身份、技术方法等必要的保护性措施。审判实践中亦常常运用隐去出庭证人个人信息、屏蔽其容貌形象、异化声音等方式,对技术侦查方法和过程不予公开或截取处理,之后再按照要求当庭核实认证。[①] 从公安机关自身的实践来看,对技术侦查证据进行质证也有先例可循,当前许多地方的技术侦查部门已经在逐渐放宽技术侦查证据在法庭上质证的标准,从实践效果来看,并未对技术侦查力量产生威胁。[②] 因此,在重大刑事案件庭审中,直接运用技术侦查证据时可以采取必要的保护性措施,以使技术侦查保密性免受冲击。

3. 技术侦查证据直接运用于庭审将有利于反向规范技术侦查行为。我国当前的技术侦查采取行政授权模式,技术侦查的批准权和执行权均由公安机关享有。学界一直在呼吁应当构建技术侦查司法审查制度,将采取技术侦查措施的批准权赋予法院或检察院,以此制约技术侦查的滥用。然而从我国当前的实践来看,由公安机关批准和实施技术侦查措施在有效打击犯罪和维护社会稳定方面发挥着不可替代的作用。况且从域外经验来看,英国在技术侦查方面采取同我国相类似的行政授权模式,但其运用监听等技术措施的数量和比例反而比法国和德国等采用司法令状制度的国家低。[③] 由此可见,技术侦查司法审查制度目前在我国还未形成相应的制度土壤,对技术侦查行为进行有效的规制,最佳途径应当是将技术侦查证

① 参见黄伯青、张杰:《技侦证据庭外核实之程序》,载《人民司法》2014年第9期。

② 参见王锐园:《价值考量与立场选择:我国技术侦查的分歧与衡平路径实证研究》,载《西南政法大学学报》2018年第2期。

③ 参见胡铭:《英法德荷意技术侦查的程序性控制》,载《环球法律评论》2013年第4期。

据直接运用于法庭庭审，允许控辩双方就技术侦查证据的客观性、关联性、合法性进行质证，以此倒逼公安机关更加注重规范其技术侦查行为。

二、技术侦查证据在庭审直接运用中的“关联性”审查

《中华人民共和国刑事诉讼法》(2012年)第一百五十二条之规定明确了采取技术侦查措施收集的材料无须进行转化，即具有进入刑事诉讼作为证据质证的资格。技术侦查证据虽然获得了与常规证据平等的证据资格，但是由于其获取手段与利益保护等方面的特殊性，其在庭审中的直接运用和审查认定依然具有与常规证据不同的特殊规则，技术侦查证据在证据“关联性”审查方面有着其特殊之处。

(一)声纹鉴定同一性检验支持技术侦查证据的采信

在当前的毒品犯罪等案件中，被告人的犯罪手段日趋多样化和隐蔽化，即使是在存有技术侦查证据的情况下，被告人归案后仍拒不认罪，且常以公安机关采取技术侦查措施所获取的相关证据并非来自自己为由否认参与犯罪，这已经成为技术侦查证据审查认定中一个最大的难题。本案中，被告人吴某某在到案后从未供述过贩卖毒品及非法持有枪支的事实，若排除利用技术侦查措施所取得的证据，本案在案证据仅能证明被告人吴某某随身携带毒品及枪支弹药的事实，无法证明其与魏某曾商议毒品数量、价格及枪支弹药数量等事实，进而无法证明被告人吴某某存在贩卖毒品的主观故意。在案件审理过程中，被告人吴某某的辩护人亦提出，本案起获的毒品、枪支弹药是否系被告人吴某某所有存疑，认定其来京贩卖毒品的证据也不足，且以现有证据来看无法证明公安机关通过技术侦查措施所收集的音频资料源自被告人吴某某。故而，在本案的庭审中，除了应当补充技术侦查的相关材料并将其直接作为诉讼证据予以公开出示之外，还必须要对采取技术侦查措施取得的证据与被告人吴某某的声音做声纹鉴定，以确定取得的技术侦查证据中说话者为被告人吴某某，如若无法补充则本案很可能会宣告无罪。

由此可见,虽然技术侦查监听证据对于案件客观事实的证明具有极强的效力,但其自身也存在无法避免的缺陷,即对其与案件事实的关联性难以自证其明,必须要借助声纹鉴定技术对监听资料与被告人做同一性认定,才能使技术侦查材料真正转化为和案件事实具有关联性的诉讼证据,从而直接运用于庭审质证环节。声纹鉴定技术是首先把被告人在技术侦查监听材料中的说话录音转换成条带状或曲线形语图,然后再以同样的方法对被告人到案后接受讯问时的语音资料进行处理,将两份语图所反映的音频特性进行比较,从而就说话人是否为被告本人得出结论。本案中,为使被告人受到应有的法律制裁,也为突破刑事诉讼法修正案实施以来技术侦查证据难以适用的司法困境,法官充分发挥审判能动作用,组织本案公诉机关、侦查机关就技术侦查证据监听资料能否使用、如何使用的问题进行了深入研讨,积极推动技术侦查证据在本案庭审中的直接运用。经过深入分析论证,各部门就技术侦查证据的使用标准和方法达成了一致性意见,一致同意通过声纹鉴定技术对监听资料与被告人吴某某讯问资料做语音同一性认定,确保技术侦查证据与案件事实具有关联性。继而侦查机关依照司法裁判的证据标准,依法调取了相关技术侦查证据材料,并委托司法鉴定机构进行了声纹鉴定,确认对被告人吴某某采取技术侦查措施过程中提取到的语音文件与被告人吴某某在侦查期间接受讯问的音视频资料中为同一人声,并对该声纹鉴定意见进行了庭审质证。通过公安机关利用技术侦查措施所收集的音频资料内容,结合在案的其他证据,足以证明被告人吴某某具有向他人贩卖毒品及非法持有枪支弹药的主观故意和客观事实。至此,本案证据链得以补强,证明被告人吴某某贩卖毒品的证据达到了确实充分的证明程度。

(二)声纹鉴定与技术侦查证据配合运用的常规制度构建

本案的裁判确立了庭审中技术侦查证据的"关联性"审查规范:将技术侦查监听证据直接运用于庭审质证,原则上应当通过声纹鉴定,确认技术侦查证据与案件事实的关联性;声纹鉴定意见应当由具有鉴定资质的鉴定机构和鉴定人员,以合法调取的监听录音资料为基础,依据专业知识、技术和经验作出;技术侦查证据不因其获取手段和方法的特殊性而免于法庭调查,技术侦查证据应当经控辩双方质证并且查实后,才能作为进行声纹鉴定的根据;对技术侦查录音声纹鉴定意见需要进行严格的证据审查和庭审质证,以确保作为定案根据的技术侦查证据兼具客观性、关联性和合法性。

在当前依法可以采取技术侦查措施的案件中,法庭庭审对以监听等措施获取的技术侦查证据进行审查与采信,越来越离不开声纹鉴定,这已经成为驳斥被告人无罪辩解的一项有力证据,同时也成为法官认定技术侦查证据与案件客观事实具备关联性的重要依据。在我们不断推动技术侦查证据直接运用于庭审公开出示与质证的同时,也应当尝试推动声纹鉴定与技术侦查证据配合运用的常规制度。从当前的司法实践来看,各部门对于技术侦查证据在庭审中的质证效果其实是存在认识分歧的。法院和检察院希望能够在庭审中直接公开出示和质证原始的技术侦查证据,以便更好地认定案件客观事实和保护被告人的辩护权利。公安机关则认为,即使当庭质证技术侦查证据,如果没有对技术侦查证据进行有效识别,其质证效果也不理想。[①] 对技术侦查证据进行声纹鉴定就是其识别的一项重要内容,但是就当前的实践而言,进行声纹鉴定不仅对鉴定机构和鉴定人员的专业水平要求较高,而且在法院审理阶段启动声纹鉴定程序往往耗时较多,会极大地延长审理时限,不利于及时有效地打击犯罪。所以要构建声纹鉴定与技术侦查证据配合运用的常规制度,还有赖于公安机关构建一套完备的工作制度。即对于法律明确规定可以采用技术侦查措施的案件,公安机关在案件预审阶段发现案件其他客观证据不足以证明被告人的犯罪成立,或者技术侦查证据对于确定被告人的犯罪具有关键作用的,应当由

① 参见王锐园:《价值考量与立场选择:我国技术侦查的分歧与衡平路径实证研究》,载《西南政法大学学报》2018 年第 2 期。

公安机关的技术侦查部门将技术侦查证据报公安部进行声纹鉴定。这样既能满足技术侦查保密性的相关要求,同时也确保将技术侦查证据直接运用于庭审能够更加顺畅便捷。

(三)技术侦查证据与其他在案证据的"关联性"审查

孤证不能定案,技术侦查证据即使是能够证明案件主要事实的直接证据,也不能作为定案的唯一依据,认定案件事实还需要综合在案的其他证据,以形成完整的证明体系。故而,在通过声纹鉴定技术对技术侦查证据与被告人做了语音同一性认定后,依然需要对技术侦查证据与其他在案证据之间的"关联性"进行审查。本案中,被告人吴某某向魏某贩卖毒品的案件事实,有技术侦查证据材料和声纹鉴定意见为佐证。通过对技术侦查录音所作的声纹鉴定,确认了被告人吴某某与魏某对毒品数量、价格进行商讨的事实,证明了被告人吴某某具有贩卖毒品的主观故意。但是本案完整证据链的形成还有赖于其他在案证据对技术侦查证据所反映事实内容的客观印证,技术侦查证据在本案整个案件事实的认定中发挥了重要的辅助作用:转账记录和写有账号的短信能够侧面印证技术侦查证据中被告人之间的谈话内容,录音里提到的毒品价格、数量以及枪支弹药的数量均与现场起获的一致,从而也反向证明了技术侦查证据的客观真实性。所以即使技术侦查证据具有较强的客观性和证明力,但仍然需要综合全案其他证据来认定案件事实。由此可见,在证据条件较好的案件中,技术侦查证据直接运用于庭审,不仅能够更好地还原案件客观事实,还能与其他在案证据形成印证,以增强法官的内心确信。

三、技术侦查证据在庭审直接运用中的"合法性"审查

司法实务界推崇以客观性为核心的证据审查模式,强调在案件审理过程中应当重视客观证据在证据体系中的核心作用。[①] 采取技术侦查措施获取的证据不易受到人主观意志的影响，直接将其作为证据使用更有利于充实案件的客观性，强化证明体系。在实际庭审中，技术侦查证据的证明力认定不会存在太多争议，法庭审查技术侦查证据的关键在于其证据能力，即合法性审查问题。

（一）技术侦查证据实体事项的"合法性"审查

技术侦查证据的合法性审查应包含实体和程序两个方面。实体方面合法性审查主要针对技术侦查措施的种类、适用对象和适用期限是否符合法律规定和批准范围。[②]《中华人民共和国刑事诉讼法》（2012 年）明确规定，采取技术侦查措施必须严格按照批准的措施种类、适用对象和期限执行，将技术侦查措施收集的材料作为证据使用的，采取技术侦查措施决定书应当附卷。庭审中，采取技术侦查措施决定书是对技术侦查证据实体方面合法性进行审查的主要依据，因此公安机关、检察机关在移送技术侦查证据材料时，应当附卷移送采取技术侦查措施的审批手续。本案中，公安机关对被告人吴某某所采取的监听作为一项重要的技术侦查措施，对通过监听获取的技术侦查证据在庭审中进行实体方面的合法性审查，审查的主要内容是：技术侦查措施是否由有权主体依法批准或决定，技术侦查措施是否由适格的主体依法实施，技术侦查措施是否严格按照批准的对象、范围和期限进行。

（二）技术侦查证据程序事项的"合法性"审查

1. 技术侦查证据程序事项"合法性"审查的关键是技术侦查证据的形成时间。《中华人民共和国刑事诉讼法》（2012 年）、《公安部办理刑事案件

① 参见戴红霞、周甲准、李根：《司法实务中技侦证据使用的问题与探索》，载《人民检察》2015 年第 16 期。

② 李晓林、赵丹：《毒品犯罪案件中技术侦查证据的审查和运用》，载《人民司法（案例）》2016 年第 17 期。

采取技术侦查措施行动规则》均对技术侦查程序有着较为明确的规定,要求技术侦查只有在立案批准后方能采取具体措施,但是在实践操作中公安机关的技术侦查和内侦往往存在矛盾。这也直接导致司法审判中,法官在办理采取技术侦查措施的相关犯罪案件时,虽然利用技术侦查证据可以直接证明犯罪事实,但往往因技术侦查证据不具备完善的手续,导致最终无法认定犯罪,凸显出有力惩治犯罪与法官证据审查之间的矛盾。本案中,公安机关对被告人吴某某采取技术侦查措施,所获取的监听资料直接运用于庭审,法官在对技术侦查材料的证据能力进行认定时,审查的关键是确定公安机关对被告人吴某某采取技术侦查措施的批准时间是否先于技术侦查证据的形成时间,若时间先后顺序颠倒,则技术侦查证据可能因不符合法律规定而无法直接作为诉讼证据运用于庭审质证。随着我国司法理念的转变和司法水平的提升,毒品等犯罪案件的审理将会面临更多的技术侦查证据,在愈加严格的证据审查标准下,如果定罪量刑需要技术侦查证据的支撑,应确保立案决定书的时间必须在技术侦查证据形成时间之前,如此才可为技术侦查证据在庭审中的直接运用减少障碍。

2. 技术侦查证据程序瑕疵的补正。实践中,技术侦查证据在公安机关采取技术侦查措施的内部程序上往往存在一定的瑕疵,进而可能影响其在庭审中直接作为证据使用的合法性认定。本案中,公安机关是首先对魏某采取了技术侦查措施,在对魏某通话实施监听的过程中发现了被告人吴某某毒品犯罪的相关线索,进而对被告人吴某某采取技术侦查措施。公安机关针对魏某所采取的技术侦查措施所形成的证据具有完备的审批手续,而对被告人吴某某采取技术侦查措施的立案时间则是在技术侦查证据形成时间之后,故而本案将技术侦查证据直接运用于庭审的一个前提,是要对技术侦查证据的程序瑕疵进行补正,以满足技术侦查证据合法性审查的要求。

在毒品犯罪等具有严重社会危害性的隐蔽型犯罪中,技术侦查证据作为定案依据直接用于犯罪事实的认定,在庭审中具有无法替代的功效。笔者认为,在庭审中遇到技术侦查证据收集程序存在瑕疵的情形,可以类比适用部分常规证据的合法性审查方式。司法实践中,技术侦查证据通常表现为视听资料形式,属于客观性证据范畴,故而可类比《中华人民共和国刑事诉讼法》(2012年)第五十四条对物证、书证合法性审查的规定:对于不符合法定程序,可能严重影响司法公正的技术侦查证据,应当予以补正或者作出合理解释;不能补正或作出合理解释的,对该证据应当作为非法证据予以排除。本案中,在对被告人吴某某采取技术侦查措施获取的资料进行程序合法性审查时发现了瑕疵,本着不枉不纵的刑事司法精神,法官先后两次将案件退回公诉机关补充侦查。公诉机关补充侦查完毕后,向法院移送了本案采取技术侦查措施的工作说明,使技术侦查监听证据能够合理证明被告人吴某某存在贩卖毒品的主观故意,进而与其他在案客观证据形成完整证据链,使技术侦查证据在庭审中能够得以有效利用。

(本案例分析荣获全国法院系统2018年度优秀案例分析评选活动二等奖)

陈某、王某某等人违法运用资金案

——违法运用资金罪的情节认定

编写人：北京市第二中级人民法院　陈胜涛　王钰楠

【内容摘要】

2006年6月，《中华人民共和国刑法修正案（六）》设立了违法运用资金罪的罪名，但既往此类案件仅止步于行政处罚，本案系适用违法运用资金罪追究相关人员刑事责任的第一例刑事案件。本案不仅对于维护国家金融安全、规制保险业金融乱象具有标杆性意义，同时在理论和实践上确定了该罪的认定标准，尤其是情节认定标准，为将来类似案件提供了先例和参考。

【关键词】刑事　违法运用资金　保险资金运用　情节严重

【裁判要旨】

1. 情节严重是违法运用资金罪的入罪标准，同时存在情节轻微、情节严重、情节特别严重三种量刑情节。入罪情节和量刑情节分属于不同的维度，服务于不同的审判需要，并不矛盾，亦不冲突。

2. 违法运用资金罪情节轻重认定应结合犯罪数额、保险资金运用规模巨大的特点、造成的损失、产生的恶劣社会影响或其他严重后果等因素进行综合评价。

3. 情节特别严重是违法运用资金罪的情节加重犯，认定时应结合加重数额、加重结果等客观加重条件及犯罪目的、犯罪动机等主观加重因素予以认定。

【相关法条】

《中华人民共和国刑法》第一百八十五条之一第一款、第二款，第三十七条

【案件索引】

一审：北京市西城区人民法院(2017)京0102刑初343号(2017年12月25日)

二审：北京市第二中级人民法院(2018)京02刑终178号(2018年9月29日)

【基本案情】

北京市西城区人民法院一审认定：A公司(保险股份有限公司)于2011年12月至2013年11月，在经时任董事长的被告人陈某决定及时任副总经理兼财务负责人的被告人王某某审核后，以购买灾备系统、支付投资预付款等名目，多次将公司资本金账户及保险产品资金专用账户内的资金出借给相关企业使用，出借款项共计人民币5.24亿元。其间，胡某某作为该公司风控信评部负责人，在没有确认存在投资项目的情况下，经王某某授意，于2011年12月至2013年8月，以"购买灾备系统""支付投资预付款"等名目多次发起付款申请，涉及资金共计2.54亿元。一审法院认定被告人陈某、王某某、胡某某均构成违法运用资金罪，但属犯罪情节轻微，依法对3名被告人免予刑事处罚。

陈某上诉提出，涉案款项支出的性质系投资行为，不应定性为违法运用资金罪。其辩护人的辩护意见是：(1)法律、法规对本案所涉运用资金行

为并无禁止性规定，且陈某运用资金的行为符合《中华人民共和国保险法》规定的“稳健、安全”的资金运用原则，不构成违法运用资金罪。(2)与本案性质相近甚至更加严重并被保监会(现银保监会)作出行政处罚的案件较多，如果对陈某等人定罪处罚，则其他被行政处罚案件也将面临刑事追诉，将对整个保险行业产生极大影响。

王某某上诉提出，其是按照董事长陈某的工作安排履行职务，自己不是主要责任人。其辩护人除同意王某某的上诉理由外，还提出涉案5.24亿元资金运用的性质属于投资行为，没有对保险资金的安全性造成实际侵害，且保监会曾对多个类似案件只进行了行政处罚，没有向司法机关移送，故本案不应作为犯罪处理。

胡某某上诉提出，其在公司按照领导的安排进行工作，对于资金的运用过程及用途不知情，没有违法运用资金的主观故意。其辩护人的辩护意见是：胡某某无法决定资金的运用与流向，不是直接负责的主管人员或直接责任人员，建议法庭宣告胡某某无罪。

北京市西城区人民检察院的抗诉意见认为：(1)原审判决认定本案犯罪情节轻微错误。A公司违法运用资金数额共计人民币5.24亿元，已超出追诉标准1700余倍，且先后多次违法进行资金拆借，应认定犯罪情节严重。(2)本案所涉5.24亿元保险资金均系在没有任何必要风控措施的情况下被拆借给相关企业，社会危害性大，应当依法严惩。(3)陈某、王某某没有从轻、减轻处罚的量刑情节，也没有明显认罪、悔罪表现。综上，原审判决对陈某、王某某免予刑事处罚，属适用法律错误，导致量刑畸轻。

北京市人民检察院第二分院的出庭意见：(1)本案属于犯罪情节特别严重。本案违法运用资金的犯罪行为持续近2年，违法运用资金10余次，涉案金额累计人民币5.24亿元，其行为严重破坏了国家的金融管理秩序，性质恶劣，社会危害性严重，应当认定本案属于犯罪情节特别严重。(2)一审判决未依据3名被告人在共同犯罪中的实际作用，而对3名被告人判处同等刑罚,有违《中华人民共和国刑法》(2017 年)第五条规定的罪刑相适应的原则。

北京市第二中级人民法院经审理查明:A 公司是 2010 年 3 月注册成立的民营保险公司,B 公司是 A 公司的发起人和股东之一。同时,B 公司是上市公司 C 公司的全资子公司。2011 年 12 月至 2013 年 11 月,经时任董事长的陈某决定及时任副总经理兼财务负责人的王某某审核,A 公司以“购买灾备系统”“支付投资预付款”等名目,先后将 13 笔该公司资本金账户、保险产品资金专用账户内的资金出借给上海某公司使用,累计出借资金为 5.24 亿元。上海某公司收到 A 公司上述资金后,随即通过另一公司账户分别转入 C 公司实际控制的多家公司账户。涉案资金的最终使用人为 C 公司,用于该公司“续贷”“倒贷”的资金周转。2013 年 2 月至 11 月,A 公司先后回收款项 9 笔,金额累计为 5.27 亿余元。其间,胡某某作为 A 公司风控信评部负责人,在没有确认存在投资项目的情况下,经王某某授意,于 2011 年 12 月至 2013 年 8 月,以“购买灾备系统”“支付投资预付款”等名目多次发起付款申请,涉及资金共计 2.54 亿元。

【裁判结果】

北京市西城区人民法院于 2017 年 12 月 25 日作出(2017)京 0102 刑初 343 号刑事判决,认定:(1)被告人陈某犯违法运用资金罪,免予刑事处罚。(2)被告人王某某犯违法运用资金罪,免予刑事处罚。(3)被告人胡某某犯违法运用资金罪,免予刑事处罚。宣判后,原公诉机关北京市西城区人民检察院提出抗诉;原审被告人陈某、王某某、胡某某不服,提出上诉。北京市第二中级人民法院于 2018 年 9 月 29 日作出(2018)京 02 刑终 178 号刑事判决,认为一审判决认定事实清楚,定性准确,但适用法律错误,导致对陈某、王某某量刑畸轻,依法予以改判,故判决:(1)维持北京市西城区人民法院(2017)京 0102 刑初 343 号刑事判决书主文第三项。(2)撤销北京市西城区人民法院(2017)京 0102 刑初 343 号刑事判决书主文第一项、第二项。(3)上诉人陈某犯违法运用资金罪,判处有期徒刑1年6个月,并处罚金人民币15万元。(4)上诉人王某某犯违法运用资金罪,判处有期徒刑1年,缓刑1年,并处罚金人民币10万元。

【裁判理由】

一、A公司运用资金的性质属于关联企业之间的资金拆借行为

合同的实际履行情况及涉案资金的流向显示,A公司运用资金的行为与设备采购和投资无关。涉案资金未使用于合同约定的用途,资金运用的过程符合资金拆借的特征,且陈某、王某某亦供认转出资金最终由C公司实际使用。上述证据能够相互印证涉案资金的运用属资金拆借的事实。

二、A公司拆借保险资金的行为违反了国家规定

保险公司运用资金只能限于《中华人民共和国保险法》规定的领域及国务院规定的其他资金运用形式。对保险资金的管理、利用,《中华人民共和国保险法》以"白名单"的方式做了严格、明确的规定,即只能运用于《中华人民共和国保险法》规定的领域及国务院规定的其他资金运用形式。保险公司作为金融机构,资金运用必须稳健,必须遵循安全性原则,其资金用于投资的,应确保保险资金的保值和增值,进而确保保险资金的良性运转。

A公司资金拆借的行为超出了《中华人民共和国保险法》及国务院相关文件规定的保险资金运用范围。首先,《中华人民共和国保险法》的立法演变虽然就保险资金的运用领域呈现扩大趋势,但从未允许保险公司可以向其他企业拆借资金。其次,《国务院关于加快发展现代保险服务业的若干意见》《中共中央、国务院关于深化投融资体制改革的意见》等文件,虽然提出逐步放宽保险资金投资范围,创新资金运用方式,鼓励保险公司通过投资企业股权、债权、基金、资产支持计划等多种形式,在合理管控风险的前提下,为科技型企业、小微企业、战略性新兴产业等发展提供资金支持,但A公司向关联企业拆借资金,并非保险资金的创新运用方式,明显与国务院相关文件的规定不符。这种拆借行为违背保险公司基本利益,因而也不可能是上述意见所认可的资金运用方式。

三、本案属于情节严重

《中华人民共和国刑法》(2017 年)第一百八十五条之一第二款关于违法运用资金罪的法定刑援引第一百八十五条之一第一款背信运用受托财产罪的规定,有“情节严重”“情节特别严重”两种情形和两个量刑档次。“情节严重”是本罪的定罪条款和量刑条款。

根据《最高人民检察院、公安部关于公安机关管辖的刑事案件立案追诉标准的规定(二)》的规定,违法运用资金罪的追诉标准为:(1)违反国家规定运用资金数额在 30 万元以上的;(2)虽未达到上述数额标准,但多次违反国家规定运用资金的;(3)其他情节严重的情形。上述规定中,将犯罪数额、次数作为独立的情节评价标准,即违反国家规定运用资金数额在 30 万元以上,或者虽未达到上述数额标准,但多次违反国家规定运用资金的,即达到情节严重的定罪标准。

(一)A 公司违法运用资金的行为,属情节严重

A 公司违法运用资金 13 笔,每笔 500 万元至 1.1 亿元不等,累计金额 5.24 亿元,违法运用资金数额巨大,次数多;违法运用资金的时间为 2011 年 12 月至 2013 年 11 月,时间跨度较大,资金风险持续时间较长;且 A 公司在运用资金的过程中未采取必要风险控制措施,资金使用风险较大;其拆借资金以签订虚假合同为手段,恶意逃避监管,违背股东利益,使巨额资金的运用处于不确定状态,社会危害性较大,依法应当认定为犯罪情节严重。

(二)应结合本案特点综合评判是否达到情节特别严重的程度

虽然在金融犯罪中通常以犯罪数额作为情节严重程度的标准,但犯罪数额在不同的领域表现出来的社会危害性有一定的差异,保险公司作为金融机构,通常具有运用资金规模巨大的特点,如果单纯以犯罪数额作为情

节轻重的标准,则忽视了犯罪危害的特殊性,影响罪责刑的统一。是否属于情节特别严重,应当结合本案特点进行综合评判。

首先,虽然本案违法运用资金的总额达5.24亿元,但上述资金分13笔转出,A公司一方面回收之前借出的资金,另一方面又拆借出新的款项,资金运用处于循环状态,并非所有涉案资金同时处于风险之中。其次,资金使用方C公司是上海证券交易所上市公司,偿付能力较强,且资金往来账目清晰,大部分资金占用时间较短,故虽然所涉保险资金的安全处于不确定状态,但尚未造成特别巨大的风险。最后,在客观上,A公司所拆借的资金均已收回,没有造成实际经济损失,也未造成特别重大的社会危害。

四、本案定罪分析

陈某、王某某、胡某某构成违法运用资金罪,陈某、王某某系主犯,胡某某应认定为从犯。陈某作为A公司的董事长,是该公司违法运用资金行为的决策者;王某某作为A公司的董事、副总经理兼财务负责人,是主持实施违法运用资金行为的负责人,均应以直接负责的主管人员身份承担法律责任;胡某某在没有确认存在投资项目、明知存在违法运用资金风险的情况下,仍然按照王某某的授意发起用款申请,应以其他直接责任人员的身份承担法律责任。在共同犯罪中,陈某是决策者,作用最大;王某某系主持实施违法运用资金行为的负责人,作用相比陈某较小,但该二人在共同犯罪中均起主要作用,系主犯,应当按照其所参与或者组织、指挥的全部犯罪处罚。胡某某系受指使参与犯罪,在共同犯罪中起次要作用,系从犯,依法应对其从轻处罚。

五、关于对陈某、王某某、胡某某的刑事追诉与保监会行政处罚之间的关系问题

监管部门的行政处罚与司法机关依法刑事追诉,均系为了维护金融市场秩序,保障公众资金的安全。针对A公司违法运用保险资金的行为,保监会虽对该公司及陈某等人进行了行政处罚,但该公司违法运用资金的行为情节严重,已触犯了刑律,故应依法对陈某等人进行刑事处罚。由于触犯法律类型的不同,行政违法责任的追究不能替代刑事责任的追究。

【案例注解】

2006年6月29日《中华人民共和国刑法修正案(六)》在刑法第一百八十五条后增加一条作为第一百八十五条之一,增设了违法运用资金罪,明确规定了与广大群众切身利益息息相关的社会保障基金、住房公积金等公众资金的投资、利用方式,是为惩罚相关机构违规使用公众资金、保障涉及公众利益的资金安全、规范国家金融保险秩序而设立的罪名。实践中,对此类行为多以保监会行政处罚的方式进行制裁。本案系违法运用资金罪适用的第一案,关于涉案行为入罪标准与量刑情节的确定存在诸多疑难之处。本案的最大争议焦点就在于各被告人的行为是情节轻微、情节严重还是情节特别严重。本案犯罪数额5.24亿元,远超追诉标准,一审法院认定本案系情节轻微;北京市西城区人民检察院抗诉认为本案属情节严重;北京市人民检察院第二分院则认为构成情节特别严重。同一事实,认定标准不同导致对犯罪情节的判断截然不同,直接影响量刑幅度。因此,把握好本罪的情节认定标准,是违法运用资金罪适用的重中之重。

一、违法运用资金罪的入罪情节判定

《中华人民共和国刑法》中所称"情节",是指除客观损害结果外影响行为社会危害程度的各种情况,如行为的方法、手段、时间、地点、行为人的动机、目的、一贯表现等。[①]《中华人民共和国刑法》对情节做了程度不等的各种表述,包括情节特别恶劣、情节恶劣、情节特别严重、情节严重、情节较轻、情节轻微和情节显著轻微七种。情节较轻(如《中华人民共和国刑法》

① 参见储槐植、张永红:《善待社会危害性观念——从我国刑法第13条但书说起》,载《法学研究》2002年第3期。

第一百一十一条）一般是作为从轻处理的条件，即对已经构成犯罪的行为适用较低档次的法定刑；情节轻微（《中华人民共和国刑法》第三十七条），是免予处罚的条件，即对已经构成犯罪的行为不予刑事处罚；情节显著轻微，则可能不认为是犯罪。情节轻微从表面上看，似乎仅比《中华人民共和国刑法》第十三条但书规定中的情节显著轻微高一个档次，但实际上两者有质的差别，属于截然不同的判断维度。情节轻微以行为已经构成犯罪为前提，属于"要不要判刑"的量刑节点；而情节显著轻微则可能属于非罪的事实情况范围，是区分罪与非罪的情节，属于"要不要入罪"的判断节点。应当明确，入罪情节和量刑情节的两个"情节"并不是同一层次使用的概念，而是分属于不同的维度，服务于不同的审判需要，此二者并不矛盾，亦不冲突。

根据《最高人民检察院、公安部关于公安机关管辖的刑事案件立案追诉标准的规定（二）》对违法运用资金罪的追诉标准的规定为：（1）违反国家规定运用资金数额在30万元以上的；（2）虽未达到上述数额标准，但多次违反国家规定运用资金的；（3）其他情节严重的情形。《中华人民共和国刑法》第一百八十五条之一第二款规定，违法运用资金罪的法定刑援引第一百八十五条之一第一款背信运用受托财产罪的规定，情节严重的，对其直接负责的主管人员和其他直接责任人员，处3年以下有期徒刑或者拘役，并处3万元以上30万元以下罚金；情节特别严重的，处3年以上10年以下有期徒刑，并处5万元以上50万元以下罚金。可见，对于违法运用资金罪的入罪情节，须达到违反国家规定运用资金且情节严重，即情节严重是本罪的基本犯。该条文表述已将情节显著轻微的情形排除在犯罪之外，即只要涉案行为符合上述规定的成立条件，就应当认定为犯罪，而不能以情节显著轻微、危害不大为由宣告无罪。在当前我国行政处罚和刑事制裁的违法——犯罪二元机制之下，此罪立法既定性又定量的模式，有效地解决了行政处罚和刑事追诉的二元划分。定量因素抬高了本罪的犯罪构成门槛,使所有属于“情节显著轻微、危害不大”的违规运用资金行为以不符合犯罪构成而被过滤掉,从而可仅处以行政处罚,而对于不属于“情节显著轻微,危害不大”的违法行为则应加以刑事处罚。具体到本案,针对A公司违法运用保险资金的行为,保监会对该公司及陈某等人进行了行政处罚,但违法运用资金的行政责任与刑事责任追诉之间并不冲突矛盾。监管部门的行政处罚与司法机关依法刑事追诉,均系为了维护金融市场秩序,保障公众资金的安全。本案中该公司违法运用资金的行为情节严重,已触犯了刑律,故应依法对涉案人员进行刑罚处罚。

二、违法运用资金罪的量刑情节认定

根据上述规定,对于违法运用资金罪的量刑情节判断,可能出现三种情况:情节轻微、情节严重、情节特别严重。关于情节轻微,仍见于《中华人民共和国刑法》第三十七条的规定。关于情节严重之规定,上述法律条文将犯罪数额、次数作为独立的情节评价标准,即违反国家规定运用资金数额在30万元以上,或者虽未达到上述数额标准,但多次违反国家规定运用资金的,即达到情节严重的标准。但对于情节特别严重的构成标准,法律及司法解释尚无明确规定。经查,陕西省、河南省、天津市高级人民法院出台了关于违法运用资金罪情节特别严重标准的相关意见,其中陕西省高院规定数额100万元以上为情节特别严重,河南省、天津市高院规定数额150万元以上为情节特别严重,但实践中均尚未适用。

从犯罪数额来看,金融犯罪通常以犯罪数额作为情节严重程度的判断标准,但犯罪数额在不同的领域表现出来的社会危害性有一定的差异。考虑到本罪的适格主体特征、资金运用规模、社会危害性等因素,在判断本案情节严重程度时如果单纯以犯罪数额作为情节轻重的标准,容易忽视犯罪危害的特殊性,影响罪责刑相统一。

从资金运用特点来看,据银保监会提供的近期数据,全国保险公司、保险资产管理公司共计200余家,总资产17.6万亿元,运用资金数额15.6万亿元。本案A公司虽然是一家规模较小的人寿保险公司,但案发时总资产255亿元,运用资金的规模也在200亿元以上。作为金融机构,保险公司运用资金的规模动辄千万元,甚至更大。最高人民检察院、公安部规定的30万元刑事追诉标准已经远远低于实践情况,不符合保险公司资金运用规模通常巨大的特点,这是一个立法和司法解释技术上的难题。因此,本罪关于数额的规定应属于量刑情节之一,作为情节因素的数额并不能产生独立确定犯罪的定量要件,[①]而必须结合资金安全、资金运用特点、社会危害性等其他情节因素综合考量。

从立法目的来看,首先,违法运用资金罪立法的目的之一是保障公众资金的安全,[②]评价违法运用资金罪的犯罪情节时,资金的风险程度、造成的社会影响及后果是界定情节轻重的重要因素。其次,本罪规定于《中华人民共和国刑法》第三章"破坏社会主义市场经济秩序罪"中,可推见本罪侵犯的法益不仅包括特定公众资金的安全,还包括保险金融管理秩序。由于保险类资金通常具有数额庞大的特点,更易于操控产生收益,但就法益侵犯性而言,认定本罪既遂的标准,并不必然是造成了资金损失,而是实施了违法运用资金的行为,造成公众资金安全风险及冲击保险金融业管理制度即可。

综上,结合本案案情,得出以下结论:

(一)本案陈某、王某某的行为不属于情节轻微

《中华人民共和国刑法》第三十七条规定的"情节轻微"从社会危害性角度看,涉案行为应当符合不具有较大社会危害性的性质。其精神意蕴在

① 参见张勇:《犯罪数额研究》,中国方正出版社2004年版,第85页。

② 时任全国人大常委会法工委副主任安建2005年12月24日在第十届全国人大常委会第十九次会议《关于〈中华人民共和国刑法修正案〉(六)(草案)的说明》:"有些部门提出,负责经营、管理保险资金、社会保障资金、住房公积金等公众资金的单位,违反国家规定运用资金的,将会严重影响公众资金的安全,影响社会稳定,对情节严重的,应当追究刑事责任。法制工作委员会经同有关部门研究,拟在刑法中增加规定……"

于，从一般预防角度考虑，在认定被追诉者有罪的基础上，若不对被追诉者判处刑罚也不会在客观上起到鼓励他人模仿犯罪的负面效果。而实际上，目前金融行业乱象、保险公司违规拆借资金现象并不鲜见。近年来，因违规运用资金被处罚的案件达900余件，除本案以外，保监会2009年以来共计对8个类似案件进行了行政处罚，本案造成的行业负面影响颇为严重。从量刑情节来看，情节轻微应包括法定的从轻、减轻或免除处罚情节。本案除胡某某在共同犯罪中起次要作用，听命于王某某，系受指使参与犯罪，应当认定为从犯，具有法定从轻情节外，陈某、王某某均不具有法定从轻、减轻或免除处罚情节，不宜认定为情节轻微。

（二）本案陈某、王某某的行为应属情节严重

从犯罪数额、资金风险防控、保险金融管理秩序等方面考量，A公司违法运用资金累计金额5.24亿元，已远超出30万元入罪标准，且在运用资金的过程中未采取必要风险控制措施，使巨额资金的运用处于不确定状态，当属情节严重。首先，运用资金具有随意性。陈某个人决策将资金拆借给关联企业，事前未对资金运用的风险进行评估，没有要求资金使用方提供保证或担保，事中未安排专门的部门和人员对资金的使用过程进行监督、管控，造成保险资金处于风险之中。其次，违法运用资金数额巨大，次数多。本案违法运用资金13笔，每笔500万元至1.1亿元，累计金额5.24亿元。最后，违法运用资金时间跨度较大。本案违法运用资金的时间为2011年12月至2013年11月，时间跨度较大，使资金持续处于风险之中，具有较大的社会危害性。

（三）本案不能认定为情节特别严重

“情节严重”是本罪的基本情节犯，因此“情节特别严重”则是本罪的情节加重犯。关于本罪“情节特别严重”之认定尚无明文规定，结合刑法基本理论及本案，笔者认为其加重情节的具体判断仍应当以主客观相统一为标准。

1. 是否存在客观加重

情节加重犯中的加重情节，是反映犯罪的社会危害性和行为人的人身危险性及其程度并决定该罪轻重，从而决定量刑程度的事实因素。虽然本罪的加重情节没有具体规定，但是结合案情及《中华人民共和国刑法》第三章第四节破坏金融管理秩序罪的相关规定，加重数额、加重结果等因素应当被纳入考虑范围。就加重数额而言，虽然本案涉案金额达5.42亿元，但仍应结合保险资金运用规模加以比较。在保监会对违规运用保险资金进行行政处罚的案例中，如平安资产公司在对50亿元的募集资金进行定向投资时，未谨慎处理相关投资计划事务，显示出保险资金运用规模通常相当庞大，相较而言，本案犯罪数额难以达到加重数额的条件。就加重结果而言，出借的资金本息已全部偿还，没有造成实际经济损失，亦不宜认定为加重处罚条件。

2. 是否存在主观加重

情节加重犯之加重情节并不全部属于客观加重处罚的因素，加重情节还应包括犯罪目的、犯罪动机等主观加重处罚的因素。具体到本案，A公司拆借资金的行为，资金进出账清晰，且C公司使用资金的方向与借款的目的相符，即C公司用作“续贷”“倒贷”，均按约定归还，难以认定犯罪目的或动机具有进一步加重情节，因此不宜认定为情节特别严重。

（本案例分析荣获全国法院系统2019年度优秀案例分析评选活动二等奖）

北京捷适中坤铁道技术有限公司、郭某侵犯商业秘密宣告无罪案

——侵犯商业秘密罪中对在先民事裁判认定事实的采信规则

编写人：北京市第二中级人民法院　谭劲松　何　朕　龙　立

【内容摘要】

本案是一起严格区分民事责任与刑事责任，妥善界定商业秘密刑事处罚界限的案例。在生效民事裁判已经对商业秘密侵权行为作出认定的情况下，人民法院在审理侵犯商业秘密罪案件时是否应采信民事裁判认定的事实应予以区别：商业秘密的性质判断及权利归属属于刑民交叉案件对同一事实的认定，原则上应承认民事裁判认定事实的预决效力；而侵犯商业秘密罪的主观方面属于刑民交叉案件对不同事实的认定，刑事裁判应独立判断被告人是否具有犯罪故意。本案审理法院在对知识产权案件中同一侵权行为的事实认定和法律适用作出统一司法判定的同时，坚持刑法谦抑性原则和刑事证据裁判标准，依法作出无罪判决，避免了将经济纠纷不当升格为经济犯罪，有效维护了知识产权交易秩序和稳定了市场主体预期。

【关键词】侵犯商业秘密罪　刑民交叉　预决效力　犯罪故意

【裁判要旨】

1. 侵犯商业秘密罪中,生效民事裁判已对商业秘密的性质和权属作出认定的,刑事裁判基于相同证据基础对同一事实的认定应保持一致,但民事裁判认定的事实无法达到认定犯罪所需的刑事证明标准的,或《中华人民共和国刑法》和《中华人民共和国反不正当竞争法》对商业秘密的范围规定不一致的除外。

2. 侵犯商业秘密罪的主观方面为故意,不包含过失的罪过形式。认定被告人具有侵犯商业秘密罪的主观故意,需要证明被告人在行为时明知商业秘密归属于权利人所有。

【相关法条】

《中华人民共和国刑法》(2017 年)第二百一十九条

【案件索引】

一审:北京市海淀区人民法院(2018)京 0108 刑初 1207 号(2019 年 1 月 25 日)

二审:北京市第二中级人民法院(2019)京 02 刑终 425 号(2019 年 12 月 31 日)

【基本案情】

北京市海淀区人民法院一审认定:被告人郭某于 2010 年年底入职被害单位青岛捷适铁道技术有限公司(以下简称青岛捷适公司),担任公司技术人员,同公司签订了保密协议,工作职责包括绘制用于模具生产的图纸,并负责保管、经手模具研发相关图纸。被告人郭某绘制、保管的相关图纸可以体现出模具的秘点技术信息。2012 年年初,被告人郭某就职于被告单位北京捷适中坤铁道技术有限公司(以下简称北京捷适公司),担任公司技术人员。2013 年,被告人郭某提议将上述模具技术申请为专利,并提供专利申请所需材料。后北京捷适公司于 2013 年 4 月 26 日提出“一种用于模制纵向轨枕的模具”专利申请,上述专利于2013年10月9日公开(公告)。该项专利内容与青岛捷适公司设计的模具中的核心秘点技术信息具有同一性。北京市海淀区人民法院据此认定被告单位北京捷适公司及其直接责任人员被告人郭某违反权利人有关保守商业秘密的要求,披露其所掌握的商业秘密,给商业秘密权利人造成重大损失,其行为构成侵犯商业秘密罪。判处被告单位北京捷适公司罚金人民币10万元,判处被告人免予刑事处罚。

被告单位北京捷适公司上诉提出:涉案模具技术所有权不应归属青岛捷适公司,认定北京捷适公司具有犯罪故意的证据不足。

被告人郭某上诉提出:一审对涉案模具技术所有权归属认定有误,其没有侵犯被害单位商业秘密的故意,认定涉案模具技术信息为商业秘密的证据不足。

北京市第二中级人民法院经审理查明:2010年郭某入职青岛捷适公司任技术员,与公司签订劳动合同、保密协议和竞业禁止协议。其间,青岛捷适公司委托无锡市求实特种模具有限公司(以下简称求实公司)根据产品图纸生产纵向轨枕模具,并签订保密协议,郭某参与了模具生产的沟通、协调、审验等工作。2011年3月,青岛捷适公司申请成立北京捷适公司。2011年12月,齐某代表青岛捷适公司作为甲方,尹某作为乙方、商某以北京振华环控科技开发有限公司作为丙方签署三方合作协议,主要内容包括:三方同意将甲方拥有的纵向轨枕和减振轨道系统技术及与之相关的所有技术资源和项目资源统一整合到一个新的企业平台上进行市场开发和运作。签署三方协议后,北京捷适公司于2012年1月申请变更法定代表人为商某,青岛捷适公司将全部轨枕技术和轨枕业务转给北京捷适公司,青岛捷适公司包括郭某在内的部分员工于2012年3月陆续转至北京捷适公司工作。2013年,郭某向北京捷适公司提出用纵向轨枕模具技术申请专利,后北京捷适公司在未征求模具技术的主要研发人齐某等青岛捷适公司原员工的意见的情况下，于 2013 年 4 月 26 日向国家知识产权局申请“一种用于模制纵向轨枕的模具”实用新型专利。同年 10 月 9 日国家知识产权局将该专利授权公告公开，专利权人为北京捷适公司。经评定，该专利内容五个核心秘点技术信息中有一个与青岛捷适公司设计的模具的核心秘点技术信息具有同一性；另有一个虽同一，但属于该领域内的公知常识或行业惯例。经鉴定并估算，青岛捷适公司为研发上述模具投入资金共计人民币 80 万余元。

另查明：2014 年 1 月 16 日，齐某作为青岛捷适公司法定代表人，以青岛捷适公司作为原告在北京市海淀区人民法院起诉北京捷适公司、郭某、商某、徐某、岳某，要求五被告停止侵害原告技术秘密并赔偿原告经济损失 100 万元人民币。经过北京市海淀区人民法院一审判决、北京市知识产权法院二审判决及北京市高级人民法院再审审查裁定认定：青岛捷适公司委托求实公司加工纵向轨枕模具技术并制作图纸，获得了市场竞争优势，对该图纸求实公司已明确承担保密责任并认可权利归青岛捷适公司所有，青岛捷适公司通过与员工郭某等人签订劳动合同、保密协议、竞业禁止协议等采取了足够的保密措施，该图纸应为青岛捷适公司的技术秘密，郭某等员工对此负有保密义务；北京捷适公司的模具专利技术内容来自青岛捷适公司的技术秘密，北京捷适公司的行为构成侵权，应承担侵权责任，判令其赔偿青岛捷适公司经济损失，郭某等人承担连带责任。

【裁判结果】

北京市海淀区人民法院于 2019 年 1 月 25 日作出（2018）京 0108 刑初 1207 号刑事判决：（1）被告单位北京捷适公司犯侵犯商业秘密罪，判处罚金人民币 10 万元。（2）被告人郭某犯侵犯商业秘密罪，免予刑事处罚。

宣判后，被告单位北京捷适公司、被告人郭某提出上诉。北京市第二中级人民法院于 2019 年 12 月 31 日作出（2019）京 02 刑终 425 号刑事判决：（1）撤销北京市海淀区人民法院（2018）京 0108 刑初 1207 号刑事判决。

(2)上诉单位(原审被告单位)北京捷适公司无罪。(3)上诉人(原审被告人)郭某无罪。

【裁判理由】

法院生效判决认为:关于涉案模具技术信息是否构成商业秘密,本案争议的焦点在于涉案模具技术是否为公众所知悉。首先,郭某提议将涉案模具技术申请专利,最先考量的就是该技术与以往纵向轨枕模具技术不同,具有新颖性。其次,北京捷适公司、郭某将涉案模具技术申请专利,经初步审查后被国家知识产权局公告公开并授予专利权,也说明涉案模具技术具有新颖性。最后,生效民事裁决已确认北京捷适公司、郭某等人侵犯青岛捷适公司商业秘密的事实,也即确认了涉案模具技术属于商业秘密,在相同证据的情况下,对同一事实法的适用也应统一。

关于涉案模具技术所有权的归属。商业秘密的权利归属属于知识产权的确权问题,已经生效的民事裁决确认了涉案有关模具技术仍归属于青岛捷适公司。生效民事裁决确认的事实如存在问题应依相关程序予以纠正,在被撤销前,有关生效民事裁决基于相同的证据,对同一事实的认定就具有法律效力,对后续其他的裁决有约束力。故涉案模具技术的归属依据生效民事裁决的理由和结论并未转让给北京捷适公司。

关于北京捷适公司、郭某是否构成侵犯商业秘密罪。虽然生效民事裁决已经确认依据三方协议,涉案模具技术并未转移给北京捷适公司,但三方协议的约定存在词语外延不明确的问题,易出现不同的理解。涉案模具技术虽独立于纵向轨枕技术和减振轨道系统技术,但涉案模具技术是用来生产模制纵向轨枕模具的技术,纵向轨枕是产品,模具是生产产品的工具,二者之间又存在一定关联,那么,"与之相关"是否包含此种关联可能会有不同理解,由此"与之相关的所有技术资源"是否包含此种关联下的模具技术也可能存在不同理解。现有证据不能排除北京捷适公司、郭某认为涉案模具技术已经转让给北京捷适公司的可能性，认定北京捷适公司、郭某明知涉案模具技术属于青岛捷适公司商业秘密而故意将之申请专利予以公开的证据不足。

【案例注解】

本案是一起严格区分民事责任与刑事责任，妥善界定商业秘密刑事保护界限的案例。案件审理的核心问题是，刑事案件审理时，生效民事裁判已确认了商业秘密侵权行为成立，对于涉案技术是否构成商业秘密，该技术是否归属于被害人所有，以及被告人是否具有侵犯商业秘密罪的主观故意等控辩争论焦点问题，刑事裁判对生效民事裁判确认的事实应当如何判断和采信。

一、刑事裁判对民事裁判认定事实采信规则的理论辨析

（一）民事裁判认定事实在刑事诉讼中的价值定位

司法实践中对刑民交叉案件通常采取“刑事优先”的处理模式，[①]但在当事人先进行了民事诉讼且法院已作出民事裁判后，公安机关才进行刑事立案或当事人又提起刑事自诉启动刑事程序的，也可能形成“先民后刑”的格局，进而产生刑事裁判对生效民事裁判所认定的事实如何采信的问题。有别于民事诉讼中将人民法院发生法律效力的裁判所确认的事实作为免证事实的规定，[②]《中华人民共和国刑事诉讼法》及最高人民法院的司法解释均未对生效裁判认定事实的证明效力作出规定。

学理上通常认为民事裁判认定的事实对刑事诉讼不具有当然的预决效力，[③]其理由在于民事诉讼与刑事诉讼在证明制度上存在区别。一方

---

① 参见《最高人民法院关于在审理经济纠纷案件中涉及经济犯罪嫌疑若干问题的规定》（1998年），2020年已修正。

② 根据《最高人民法院关于民事诉讼证据的若干规定》第十条的规定，当事人无须举证证明的事实包含已为人民法院发生法律效力的裁判所确认的基本事实，但当事人有相反证据足以反驳的除外。

③ 参见李哲：《刑民交叉案件中的既判力问题探析》，载《当代法学》2008年第4期。

面，民事诉讼和刑事诉讼采用的证明标准不同。民事诉讼主要适用高度盖然性的证明标准，刑事诉讼的证明标准更高，认定犯罪事实要达到证据确实、充分、排除合理怀疑的证明标准。另一方面，民事诉讼与刑事诉讼的证据基础可能不同。民事诉讼的证据以书证为主，且法官主要作形式上的判断；刑事诉讼基于刑事侦查手段在查明事实上的优越性，掌握的证据更全面，法官结合言词证据等多种证据类型进行实质审查，查明的事实更容易接近客观真实。一旦认定的基础事实发生变化，法律定性也会随之受到影响，导致民事裁判的认定对刑事诉讼不具有预决效力。

我国刑事诉讼中，民事裁判文书可以作为书证证据，经过刑事法庭举证、质证后，具有可采信的证据效力。在对民事裁判文书的证据能力进行审查后，对其证明力是否予以采信，即是否认可民事裁判认定事实的预决效力，需要结合个案进行具体判断。在具体的采信规则构建上，需要将司法的统一性和刑民关系的界定作为重要的考量因素。

（二）生效民事裁判的预决效力与司法的统一性

虽然民事诉讼与刑事诉讼因诉讼功能和证明制度的不同而具有相对独立性，但我国的司法现实是人民法院整体作为依法独立行使审判权的主体，如果缺乏对刑民交叉案件中民事裁判和刑事裁判的统一协调机制，相互矛盾的司法判决将严重削减司法裁判对社会行为的规范和指引价值，影响人民法院司法裁判的安定性和权威性。因此，从维护司法统一性的立场出发，处理民事裁判事实认定对刑事诉讼的效力，应当以裁判一致为原则、以否认预决效力为例外。① 具体而言，刑事裁判与民事裁判对同一事实的认定原则上应保持统一，但不排除因证明标准和证据基础的不同而出现裁判差异；因证据基础发生变化导致刑事裁判和民事裁判作出不同认定的，应当在裁判文书中对不采纳民事裁判认定的事实予以说明，并推行矛

① 参见宋英辉、曹文智：《论刑民交叉案件程序冲突的协调》，载《河南社会科学》2015 年第 5 期。

盾裁判的协调程序,[①]及时对生效民事裁判启动再审程序。

(三)法秩序统一原理下的刑民关系界定

司法统一性所要求的裁判一致原则并不否认因民法与刑法在法律体系中的地位不同产生的裁判差异。根据法秩序统一原理的要求,不同部门法在一国法律体系中不应得出明显冲突的评价结论,否则将导致民众对于如何守法无所适从。[②] 在合法性的判断层面,刑法对民法具有从属性,即民法上的合法行为不可能被评价为刑法上的犯罪行为,故在相同的证据基础下,民事裁判认定不构成商业秘密侵权的行为更不可能成立侵犯商业秘密罪,此种情况下民事裁判认定的事实对刑事诉讼具有预决效力。在违法性的判断层面,刑法具有谦抑性和补充性,犯罪行为的法益侵害程度比民事违法行为更加严重,成立标准也相应更高,因此民事裁判认定构成商业秘密侵权的行为未必都能达到侵犯商业秘密罪的入罪标准。综上,在以侵犯商业秘密为代表的刑民交叉案件中,民事违法的判断构成刑事犯罪认定的必要非充分条件,无民事违法则无犯罪,有民事违法未必构成犯罪,这一刑民关系界定的逻辑规则对判断刑事诉讼中民事裁判认定事实的预决效力具有指导意义。

二、生效民事裁判认定事实的预决效力:对商业秘密性质判断及权属认定的采信

(一)民事裁判和刑事裁判中关于“同一事实”的认定标准

刑事裁判采信民事裁判认定的事实,即认可民事裁判的预决效力,应当以民事裁判与刑事裁判的认定系针对“同一事实”为前提。这里的事实包含两个层次:一是客观事实,指裁判文书中经审理查明部分的内容,如侵犯商业秘密罪中对当事人是否签署了保密协议这一事实的确认;二是法律

① 参见龙宗智:《刑民交叉案件中的事实认定与证据使用》,载《法学研究》2018 年第 6 期。

② 参见王昭武:《法秩序统一性视野下违法判断的相对性》,载《中外法学》2015 年第 1 期。

事实，指民事裁判根据法律规定对查明事实法律性质的确认，如根据签署保密协议这一事实认定当事人是否采取了保密措施。客观事实的认定以在案证据为基础，而法律事实的认定又以客观事实为基础。

司法实践中，作为刑民交叉案件判断标准的“同一事实”认定因素包括行为实施主体同一，刑事被害人和民事法律关系的相对人同一以及民事案件争议事实与刑事犯罪构成要件事实同一。[①] 在此基础上，为解决民事裁判认定的法律事实预决效力的问题，还应遵循法律构成要件同一的标准，即只有在法律规定相同的情况下，刑事裁判与民事裁判基于相同的客观事实作出的法律性质认定才可能保持统一。

（二）采信民事裁判对商业秘密性质及权属认定的原则与例外

侵犯商业秘密案件的裁判应当遵循“商业秘密客体适格—权属确认—侵权成立—犯罪成立”的认定逻辑。[②] 在商业秘密的性质判断方面，《中华人民共和国刑法》（2017 年）第二百一十九条第三款规定的商业秘密概念来自 1993 年颁布的《中华人民共和国反不正当竞争法》规定，而《中华人民共和国反不正当竞争法》经过 2017 年和 2019 年两次修订，将原来规定的“能给权利人带来经济利益”和“实用性”修改为“具有商业价值”，并在商业秘密范围上增加了兜底性规定。在《中华人民共和国刑法修正案（十一）》正式修改侵犯商业秘密罪构成要件前[③]，对《中华人民共和国刑法》（2017 年）规定的技术信息和经营信息两类商业秘密的非公知性、保密性、经济性和实用性与《中华人民共和国反不正当竞争法》规定的非公知性、保

---

① 参见于同志：《重构刑民交叉案件的办理机制》，载《法律适用》2019 年第 16 期。

② 参见黄亮：《商业秘密刑民交叉案件处理模式的困境及其破解》，载《时代法学》2015 年第 3 期。

③ 2020 年 7 月公开征求意见的《中华人民共和国刑法修正案（十一）》草案对商业秘密的概念进行了修改，与《中华人民共和国反不正当竞争法》的规定保持一致。

密性和价值性作同一理解，属于合理的扩大解释范畴，[①]不违反罪刑法定原则。[②] 而商业秘密权利归属本就属于民事法律关系的判断范畴，刑法并未对其作出特别规定。因此对商业秘密性质及权属的认定，原则上应尊重民事裁判的专业性，承认民事裁判对商业秘密的性质及权属的判断在刑事诉讼中具有预决效力。

但上述原则也存在例外。首先，《中华人民共和国刑法》（2017 年）和《中华人民共和国反不正当竞争法》对商业秘密范围的规定不一致的，刑事裁判不应直接采信民事裁判的认定。其次，刑事诉讼中发现与民事裁判认定事实相矛盾的新证据，导致民事裁判认定的事实不成立或者无法达到排除合理怀疑标准的，不应采信民事裁判认定的事实。最后，在证据基础相同的情况下，民事裁判认定的事实无法达到认定犯罪所需的刑事证明标准的，刑事裁判对其不应采信。

（三）本案对商业秘密性质及权属的司法认定

本案在商业秘密性质判断方面的争议焦点为涉案技术是否具有非公知性。“不为公众所知”属于消极事实，刑事诉讼中虽由公诉机关承担举证责任，但对于消极事实不可能采用穷尽排查的证明方法，故实践中通常由公诉机关对非公知性进行举证后，再由辩方提出反证，如果辩方对指控的事实不能提出合理怀疑，应当认为公诉机关完成了证明责任。[③] 具体到本案的分析中，首先，生效民事裁判已确认了涉案技术构成商业秘密，公诉机关亦将其作为证据出示。其次，辩方向一审法院出示了鉴定意见用以证明

---

① 参见唐稷尧：《扩张与限缩：论我国商业秘密刑法保护的基本立场与实现路径》，载《政治与法律》2020 年第 7 期。

② 《中华人民共和国反不正当竞争法》修改前，实用性和经济性已被扩大解释为“具有商业价值”。例如，2007 年施行的《最高人民法院关于审理不正当竞争民事案件应用法律若干问题的解释》（已废止）第十条规定，有关信息具有现实的或者潜在的商业价值，能为权利人带来竞争优势的，应当认定为“能为权利人带来经济利益、具有实用性”。

③ 参见浙江省台州市人民法院刑事裁定书，（2015）浙台知刑终字第 2 号。

涉案技术系公知技术，但原民事二审判决、再审裁定均已对不予采信该鉴定意见的理由进行了说明，并对相关争点作出了处理，且刑事诉讼中当事人自行委托的鉴定意见不具备证据资格，经实质审查，该鉴定意见针对的技术信息与本案指控的模具技术秘点信息也不具有完全对应性，因此不足以对指控的事实构成合理怀疑。最后，涉案模具技术经国家知识产权局初步审查并授予专利权，也说明其具有新颖性。综上，在与民事裁判证据相同的情况下，本案对民事裁判对商业秘密非公知性的认定予以采信。

本案在商业秘密权属方面的争议在于对三方协议内容的理解分歧。首先，本案生效民事裁判虽未在裁判主文中作出确权认定，但判定北京捷适公司及郭某对青岛捷适公司承担侵权责任已隐含了对涉案模具技术属于青岛捷适公司的判断，且在裁判理由中否定了民事当事人关于该技术已依合同转让给北京捷适公司的主张。其次，控辩双方争论的对象是对合同的解释，但对合同内容本身这一基础事实并无异议。对合同内容的解释属于民法上对意思表示的解释，系法律适用问题，关系到民事法律关系的变动，具有较强的专业性，故民事裁判基于同一基础事实对民事权属作出的判断，对刑事裁判应具有预决效力，在认定侵犯商业秘密罪时应予以采信。

三、刑事裁判的独立判断：侵犯商业秘密罪的主观故意认定

（一）侵犯商业秘密罪的主观方面应限为“故意”

刑事和民事法律规范对同一行为的构成要件有不同规定的，自然应得出不同的法律评价结论，此种情形不属于民事裁判对刑事裁判产生预决效力的“同一事实”，刑事裁判对此应当进行独立判断。在主观构成要件方面，对商业秘密民事侵权和侵犯商业秘密罪的要求存在差异。对于违反保密义务非法披露或使用商业秘密的侵权行为，《中华人民共和国反不正当竞争法》虽未明确侵权人主观构成要件的要求，但司法实践的主流观点认

为此种情形需以侵权人具有故意或重大过失为前提。[①] 关于侵犯商业秘密罪的主观方面,《中华人民共和国刑法》(2017 年)对第三人侵犯商业秘密的行为采用了“明知或应知”的表述,导致对该罪是否包含过失的罪过形式存有争议,但主流观点认为本罪是故意犯罪,过失的罪过不应纳入本罪的评价范畴。

从语义逻辑角度分析,侵犯商业秘密罪规定的“应知”不应理解为过失。根据《中华人民共和国刑法》(2017 年)第十五条的规定,只有当法律条文明示该条之罪包含过失时,才可能构成过失犯罪。侵犯商业秘密罪仅在第三人间接侵犯商业秘密的构成要件中规定了“明知或应知”,若将此“应知”解释为过失犯罪的“应当预见”,则会导致对法益侵害更严重的三类直接侵犯商业秘密行为尚需由故意构成,而对于间接侵犯商业秘密的行为却只需要过失即可成立的逻辑矛盾,这种解释违背了罪刑相适应的刑法基本原则。此外,从体系解释的角度出发,本罪也不应包含过失犯罪。与侵犯商业秘密罪规定在同一节的其他侵犯知识产权罪名均为故意犯罪,此外,知识产权本质上属于财产权的一种,《刑法》对侵犯财产权的罪名设置也均为故意犯罪。在民事法律规范中,商业秘密与著作权、商标权等知识产权及其他财产权受到同等保护,在刑法中也应当保持与同类罪名相协调的规定。[②] 事实上,本罪规定的“应知”不是指具有“应当知道”的预见义务,而应理解为“理应知道”,强调根据在案证据可以推定其“实际上知道”,从而将其解释为一种立法上的推定故意,[③]但仍然属于故意犯罪的范畴。[④]

① 参见北京市朝阳区人民法院民事判决书,(2017)京 0105 民初 68514 号。

② 参见苏雄华:《侵犯商业秘密罪之罪过厘正》,载《政治与法律》2012 年第 1 期。

③ 参见周光权:《明知与刑事推定》,载《现代法学》2009 年第 2 期。

④ 这种表示推定故意的“应知”用法在刑事司法解释中非常普遍,例如《最高人民法院、最高人民检察院关于办理侵犯知识产权刑事案件具体应用法律若干问题的解释》(2004 年)第九条规定,其他知道或者应当知道是假冒注册商标的商品的情形属于“销售明知是假冒注册商标的商品”。

（二）本案主观故意的司法认定

刑事案件中对定罪量刑的事实需达到事实清楚、证据确实充分、排除合理怀疑的证明标准。本案中，民事裁判虽认定侵权人具有民事侵权上的过错，但其不能满足刑事诉讼中排除合理怀疑的严格证明标准，根据现有证据不能排除被告人对商业秘密权属产生错误认识的可能性。侵犯商业秘密罪的主观故意需要被告人明知自己侵犯了权利人的商业秘密，也即明确认识到商业秘密归属于权利人所有。虽然民事裁判已确认了商业秘密归属于被侵权人，但主观故意应站在被告人的立场、根据行为当时的标准进行判断。民事当事人在合同中的表述的确存在词语外延不明确的问题，导致各方对涉案技术是否已经转让可能出现不同的理解；在民事裁判确权前，不能要求诉讼各方的主观认识都能与裁判结果保持一致，不能排除被告人认为涉案模具技术已经转让给北京捷适公司的可能性。虽然被告人在对涉案模具技术申请专利时，未征求主要研发人的意见，体现出对他人知识产权权益保护的漠视，但这种不尊重研发人意见的过错与构成侵犯商业秘密罪中的未经商业秘密权利人许可的主观故意不同，未达到犯罪所需的主观故意程度。

综上，二审法院采信了民事裁判认定的客观侵权事实，与民事裁判对同一事实的认定保持一致，维护了生效民事裁判的安定性，同时也在客观不法层面明确了行为是与非的标准；但在主观罪责层面认定被告人具有侵犯商业秘密罪故意的证据不足，最终作出认定上诉单位和上诉人无罪的判决，坚持了刑法的谦抑判断，合理地界分了民事违法和刑事犯罪的界限。

（本案例分析荣获全国法院系统2020年度优秀案例分析评选活动二等奖）

合慧伟业商贸(北京)有限公司、刘某等非法购买、出售增值税专用发票罪案

——虚开增值税专用发票用于抵扣无真实交易销项税额的行为认定

编写人:北京市第二中级人民法院　何　朕　龙　立

【内容摘要】

本案系全国税务司法十大典型案例,案件核心焦点是因贸易融资而在无真实交易情况下开具增值税专用销项发票,为抵扣该销项税额让他人为自己虚开增值税进项发票行为的定性问题。当前审判实践中,关于虚开增值税专用发票罪的裁判指引更多局限于有货代开、挂靠开票等特定情形,缺乏对以无真实交易为基础的虚开行为的定性分析,实践中相关裁判标准也亟待统一。本案的裁判采用目的性限缩立场,从"是否具有骗取国家税款的目的"和"是否造成国家税款损失"的角度,对虚开增值税专用发票罪的行为认定进行合理限缩,明确界分了税务违法与涉税犯罪的成立标准,并对为抵扣无真实交易销项税额虚开增值税进项发票的行为性质予以明确,为实践中此类案件的审理提供了重要指导与参考。

【关键词】虚开增值税专用发票　无真实交易　犯罪成立标准　目的性限缩

【裁判要旨】

虚开增值税专用发票用于抵扣无真实交易销项税额的行为,不具有骗取国家税款目的,未造成国家税款损失的,不构成虚开增值税专用发票罪。受票方支付开票方一定费用的,受票方构成非法购买增值税专用发票罪,开票方构成非法出售增值税专用发票罪。

【相关法条】

《中华人民共和国刑法》第二百零五条

【案件索引】

一审:北京市西城区人民法院(2018)京0102刑初153号(2018年12月5日)

二审:北京市第二中级人民法院(2019)京02刑终113号(2019年7月9日)

【基本案情】

公诉机关指控:被告合慧伟业商贸(北京)有限公司(以下简称合慧伟业公司)于2012年8月至2013年3月,在没有真实交易的情况下,以购进钢材名义取得北京天正博朗商贸有限公司(以下简称天正博朗公司)、北京恩百泽商贸有限公司(以下简称恩百泽公司)虚开的增值税专用发票,虚开税款数额达1600万余元。被告人赵某、刘某全面负责上述公司的经营,并由其决策、指派公司员工从事相关活动。被告合慧伟业公司、天正博朗公司、恩百泽公司、赵某、刘某的行为触犯了《中华人民共和国刑法》第二百零五条之规定,应当以虚开增值税专用发票罪追究其刑事责任。

被告赵某、合慧伟业公司辩称:其主观上是为了贸易融资,以取得钱款进行项目建设为目的,没有骗取国家税款的目的,没有虚开增值税专用发票的犯罪故意,没有购买增值税专用发票的主观故意,且没有证据证明因被告人的行为给国家税款造成损失。本案所涉款项是贸易融资中的交易成本,是天正博朗公司、恩百泽公司参与贸易融资过程应得的费用,非出售、购买增值税专用发票的费用。故不构成虚开增值税专用发票罪,也不构成非法购买增值税专用发票罪。

被告刘某、天正博朗公司、恩百泽公司辩称:天正博朗公司和恩百泽公司给合慧伟业公司开具发票的行为,其真实目的是融资而非偷逃税款,主观上没有虚开也没有出售增值税专用发票的故意,行为人的行为没有给国家造成税款损失。行为不具有社会危害性,虽违反相关规定但不应作为犯罪处罚。

法院经审理查明:2007 年 1 月,北京城乡建设集团有限责任公司山东分公司(以下简称山东分公司)成立,被告人赵某任经理。2010 年 8 月,山东分公司与山东黄金集团签订合作开发协议,合作开发山东黄金时代广场项目。为解决山东黄金时代广场的建设资金问题,赵某与中国诚通金属(集团)公司(以下简称中国诚通公司)的李某等人商议,决定由中国诚通公司通过贸易方式为山东分公司融资:山东分公司向中国诚通公司购买钢材并以货款名义开具商业承兑汇票,利用中国诚通公司在银行的信用将汇票贴现,再由中国诚通公司向赵某实际控制的合慧伟业公司购买钢材以货款名义将贴现款转给合慧伟业公司,合慧伟业公司收到款后再以往来款名义转给山东分公司或直接购买钢材交给山东分公司用于建设。汇票到期后由山东分公司将应到期归还的钱款还给中国诚通公司,中国诚通公司再归还给银行。

在上述贸易融资过程中,合慧伟业公司因给中国诚通公司开具了 1.2 亿余元的增值税专用(进项)发票,合慧伟业公司因此留下了相应金额的增值税专用(销项)发票,需要缴纳相应的增值税。为此,合慧伟业公司找到刘某任法定代表人的天正博朗公司和恩百泽公司,由天正博朗公司于 2012 年 8 月至 2013 年 3 月,给合慧伟业公司开具增值税专用(进项)发票 103 份,税额合计 16,150,052.28 元,价税合计 111,150,360.6 元;恩百泽公司于2012年11月,给合慧伟业公司开具增值税专用(进项)发票52份,税额合计661,797.47元,价税合计4,554,724.1元。合慧伟业公司将上述天正博朗公司和恩百泽公司开具的进项发票全部认证抵扣。天正博朗公司、恩百泽公司在给合慧伟业公司虚开增值税专用(进项)发票交易过程中,获取非法利益共计475万元。

【裁判结果】

北京市西城区人民法院于2018年12月5日作出(2018)京0102刑初153号判决:认定被告合慧伟业公司、天正博朗公司、恩百泽公司均构成虚开增值税专用发票罪,判处8万元至30万元的罚金,并责令合慧伟业公司退缴因虚开增值税专用发票犯罪已非法抵扣的税款,天正博朗公司、恩百泽公司负连带退缴责任;被告人赵某、刘某犯虚开增值税专用发票罪,均被判处有期徒刑10年6个月。

原审被告不服,提出上诉。北京市第二中级人民法院于2019年7月9日作出(2019)京02刑终113号判决:撤销北京市西城区人民法院(2018)京0102刑初153号刑事判决。上诉人(原审被告)合慧伟业公司、赵某犯非法购买增值税专用发票罪,分别判处罚金人民币15万元和有期徒刑2年6个月。上诉人(原审被告)天正博朗公司、恩百泽公司、刘某犯非法出售增值税专用发票罪,分别判处罚金人民币15万元、5万元和有期徒刑3年。天正博朗公司、恩百泽公司的475万元违法所得予以没收。

【裁判理由】

法院生效裁判认为:上诉单位和上诉人的行为均不构成虚开增值税专用发票罪。合慧伟业公司为了贸易融资给中国诚通公司虚开了大量的增值税专用(进项)发票,因此留下了相应的增值税专用(销项)发票,为避免因此缴纳相应的增值税,合慧伟业公司找到天正博朗公司、恩百泽公司获取了虚开的增值税专用(进项)发票,合慧伟业公司主观上并非出于骗取国家税款的目的。合慧伟业公司因给中国诚通公司开具增值税专用发票而留下大量销项发票,该部分发票因为没有实际发生商品流转,没有产生真实的商品增值,也就没有缴纳增值税的事实基础,不缴纳该部分税款也不会给国家造成实际的税款损失。综上,合慧伟业公司及其实际控制人赵某因主观上不具有骗取国家税款的目的,客观上认定造成国家税款损失的证据不足,因此合慧伟业公司、赵某的行为不构成虚开增值税专用发票罪。负责开具相应增值税专用发票的天正博朗公司、恩百泽公司及其法定代表人刘某基于同样的原因也不构成虚开增值税专用发票罪。

合慧伟业公司、赵某的行为构成非法购买增值税专用发票罪,天正博朗公司、恩百泽公司、刘某的行为构成非法出售增值税专用发票罪。首先,合慧伟业公司与天正博朗公司、恩百泽公司之间的虚开增值税专用发票行为目的是取得进项发票抵扣因给中国诚通公司开具增值税专用发票而产生的增值税销项发票,这与贸易融资无关。其次,天正博朗公司、恩百泽公司所谓的交易成本只有虚开的增值税专用发票,因此天正博朗公司、恩百泽公司在此过程中获取的“利润”本质上就是通过虚开增值税专用发票所得的好处,就是变相出售增值税专用发票的违法所得。而合慧伟业公司除了从天正博朗公司、恩百泽公司处得到了虚开的增值税专用发票外一无所获,其所支出的费用本质上就是变相购买增值税专用发票所花费的对价。

【案例注解】

本案为2019年度全国十大税务司法案例,①是一起因贸易融资引发的涉税犯罪典型案件。案件争议焦点是:为抵扣无真实交易的增值税销项税额,让他人为自己虚开增值税进项发票并给予开票费用的行为应当如何

① 参见中国法学会财税法学研究会:《聚焦十大案例——中国首届“年度影响力税务司法审判案例”评选结果揭晓》,载《财税法论丛》2019年第12期。

定性。

一、虚开增值税专用发票罪行为认定的现状检视

(一)理论研究场域关于虚开行为定性的论争

当前刑法学理论研究中关于虚开增值税专用发票罪中虚开行为的认定主要存在两种不同的观点:一种为形式解释论观点,是从刑法规定的文义出发对本罪采取行为犯的立场,认为既然刑法条文没有特别规定,因此只要有违税法上"三流一致"①要求的虚开行为就达到了犯罪追诉的标准,即满足了入罪条件。传统理论通说正是基于这一立场而将本罪的犯罪客体界定为发票管理秩序。② 另一种则是实质解释论观点,从刑法的目的和实质违法性角度对本罪构成要件采取限缩立场,其内部又存在具体不同的观点,例如,"目的犯说"认为,虚开行为应限定为基于骗取税款的特定目的;③"抽象危险犯说"则认为,构成本罪需具有造成国家税款损失的危险;④且不同观点对于犯罪成立的标准尚未达成一致认识。

(二)司法实践中虚开行为认定标准的差异

当前司法实践中,对于虚开增值税专用发票罪中虚开行为的认定标准依然存在差异(见表1),相关裁判尺度亟待统一。根据1996年《最高人民法院关于适用〈全国人民代表大会常务委员会关于惩治虚开、伪造和非法出售增值税专用发票犯罪的决定〉的若干问题的解释》的规定,进行了实际经营活动,但让他人为自己代开增值税专用发票属于本罪规定的虚开行为。此项司法解释对于虚开增值税专用发票罪中虚开行为的认定采取行为犯立场,不考虑犯罪的目的和危害结果。然而,最高人民法院在2001年

---

① "三流一致"是指货物或服务、资金和发票流指向同一法律主体。参见赵清海、魏民、魏景峰主编:《增值税专用发票虚开的判定和预防》(第2版),中国经济出版社2019年版,第49页。

② 参见高铭暄、马克昌主编:《刑法学》(第8版),高等教育出版社2017年版,第431页。

③ 参见姚龙兵:《如何解读虚开增值税专用发票罪的"虚开"》,载《人民法院报》2016年11月16日,第6版。

④ 参见张明楷:《刑法学》(第5版),法律出版社2016年版,第816页。

《湖北汽车商场虚开增值税专用发票案与泉州市松苑锦涤实业有限公司等虚开增值税专用发票案的答复》、2004年《全国部分法院经济犯罪案件审判工作座谈会综述》、2015年《〈关于如何认定以“挂靠”有关公司名义实施经营活动并让有关公司为自己虚开增值税专用发票行为的性质〉征求意见的复函》以及近年来发布的典型案例中强调，要关注虚开行为与国家税款损失之间的关联，认为不具有骗取税款目的、未造成国家税款损失的行为应当不构成本罪。但上述观点仍局限于有货代开、挂靠开票以及为虚增营业额对开或环开等特定情形（见表2），对于为抵扣无真实交易销项税额虚开增值税专用发票的行为定性和裁判标准并未予以明确，对本罪主观上是否应有骗取税款目的、客观上是否需给国家造成实际税款损失等司法裁判中所采用的限缩立场也未予以充分的阐释，上述问题亟须进一步论证和明确。

表1　司法实践中虚开增值税专用发票行为的认定标准差异

案号	裁判理由	裁判差异	裁判结果
(2016)津01刑终24号	虚开增值税专用发票罪属于行为犯，是否具有偷逃税款的目的不影响定罪	无须骗取税款目的	构成虚开增值税专用发票罪
(2016)苏0804刑初559号	被告人虚开的增值税专用发票是否被受票单位认证、抵扣，是否给国家造成实际的税款损失，不影响对犯罪性质的认定	无须造成税款损失	构成虚开增值税专用发票罪
(2017)皖0121刑初326号	虚开增值税专用发票罪侵犯的是复杂客体，即增值税专用发票管理制度和国家税收的安全，被告人的行为不可能造成国家税款损失，依法不构成犯罪	可能导致国家税款的损失	不构成虚开增值税专用发票罪

续表

案号	裁判理由	裁判差异	裁判结果
(2018)黑0102刑初700号	虚开增值税专用发票侵害的客体不仅是国家税收,还有国家对税收的征管秩序和对增值税专用发票的管理秩序,其行为不能仅以是否具有骗取抵扣税款的故意、是否造成国家税款损失为评价依据	无须骗取税款目的、无须造成税款损失	构成虚开增值税专用发票罪
(2019)鲁02刑再11号	虚开增值税专用票罪的"虚开"侵犯的是国家增值税专用发票的管理制度,主观方面应当具有骗取国家税款的目的,在客观方面表现为没有货物购销或者没有提供、接受应税劳务而为他人、为自己、让他人为自己、介绍他人开具增值税专用发票的行为	需具有骗取税款目的	不构成虚开增值税专用发票罪

表2　最高人民法院关于虚开增值税专用发票罪相关案例情况

案件名称	案件来源	裁判要旨
福建省泉州市松苑锦涤实业有限公司虚开增值税专用发票无罪案	《人民司法》	为显示公司实力,让他人为自己虚开不能抵扣税款的固定资产增值税专用发票,行为人主观上不具有偷骗税目的,客观上也不会造成国家税款流失和其他严重后果,不应认定具有虚开增值税专用发票罪的刑事违法性
芦某兴偷税案	《刑事审判参考》	虚开可以用于抵扣税款的发票冲减营业额、偷逃税款的行为,主观上明知所虚开的运输发票均不能用于抵扣税款,客观上使用虚开发票冲减营业额的方法偷逃应纳税款,其行为不符合虚开用于抵扣税款发票罪的构成要件,属于偷税行为

续表

案件名称	案件来源	裁判要旨
何某虚开增值税专用发票案	《刑事审判参考》	如果行为人没有从事购销活动，本身不需要向税务机关缴纳增值税，其让他人为自己虚开增值税专用发票，并以进项增值税专用发票向税务机关抵扣税款的纳税行为，仅为掩人耳目，国家税款在这一环节不会造成损失
张某强虚开增值税专用发票无罪案	人民法院充分发挥审判职能保护产权和企业家合法权益典型案例	以其他单位名义对外签订销售合同，由该单位收取货款、开具增值税专用发票，不具有骗取国家税款的目的，未造成国家税款损失，其行为不构成虚开增值税专用发票罪

二、虚开增值税专用发票罪目的性限缩的立场证成

本案的裁判对虚开增值税专用发票罪采取了限缩认定的立场，并以"是否具有骗税目的"和"是否造成税款损失"限缩其入罪范围。虚开增值税专用发票罪如果仅从法条文义进行分析，似乎采取的是行为犯立场。但随着经济社会的不断发展，司法实践中出现了大量不以实现抵扣功能和骗税为目的的、仅为发挥增值税专用发票凭证功能而进行虚开的案件，或者虽抵扣税款但未造成国家税款损失的虚开行为。对于此类行为的惩处，如果按照法定最高刑设置为无期徒刑的虚开增值税专用发票罪定罪处罚，显然有违罪责刑相适应的刑法基本原则，也违反了刑法的法益保护机能。同时行为犯理论又难以为上述情形提供出罪的空间，因此需要基于刑法规范意旨的考虑，采取"目的性限缩"方法将不应涵摄的案件类型排除出法律文义，填补本项罪名的隐藏法律漏洞。[①]

（一）行政犯理论角度的目的性限缩符合刑法谦抑性

虚开增值税专用发票罪属于典型的行政犯，即构成此类犯罪需要违反

① 隐藏漏洞是指法律对某些问题已有规定，但对某些特殊情况应作限制性特别规定而未作规定的情况。填补该漏洞的方法即为目的性限缩。参见[德]卡尔·拉伦茨：《法学方法论》，陈爱娥译，商务印书馆2003年版，第258页。

前置性的行政法规范。根据法秩序统一原理,行政法上不具有违法性的行为不可能成立行政犯,[①]因此如果虚开增值税专用发票的行为不构成行政违法行为,则其不可能成立虚开增值税专用发票罪。在虚开增值税专用发票相关行为的认定上,行政法和刑法不仅在情节严重与否这一"量"的程度上不同,更在构成要件和不法内涵这一"质"的层面上有所区别。一方面体现在规范保护目的不同,行政法侧重维护社会管理秩序,行为违反行政法律规范即应受到违法评价;而刑法则侧重自由保障机能,只有对法益造成实害或危险的行为才有刑事处罚的必要。另一方面体现在主观责任的差异,行政法存在严格责任;刑法却以故意责任为原则、过失责任为例外,还可能要求具备特定目的。

本案中,被告刘某、天正博朗公司等在答辩时称,其给合慧伟业公司开具发票的真实目的是融资而非偷逃税款,行为没有给国家造成税款损失且不具有社会危害性,虽然违反了我国税收相关规定但不应作为犯罪处罚。对此,笔者认为,人民法院在认定行为人虚开增值税专用发票的行为是否构成犯罪时,不能仅根据行政违法行为在形式上达到刑事追诉标准就作入罪处理,还要结合刑法的目的和精神进行实质判断。因为相较于行政违法,行政犯可能附加特定要件的要求,这种特定要件既可能是基于刑法的明确规定,也可能是根据刑法的规范保护目的和主观责任要求作出的限缩解释,学理上将其称为"不成文的构成要件要素"。

(二)法律解释角度的目的性限缩符合刑法实质理性

一是从文义解释的角度将不具有骗取税款的目的且未造成国家税款损失作为虚开增值税专用发票罪的排除性事由,不违背罪刑法定原则。文义解释主要发挥罪刑法定原则的限制机能,即通过文义解释对扩大解释进行控制,避免将明显超出法条文义的行为类推为犯罪,从而保障公民对法

① 王昭武:《法秩序统一性视野下违法判断的相对性》,载《中外法学》2015年第1期。

律的预测可能性。但罪刑法定原则不反对在有利于被告人的情况下,超越文义边界对法条作出限缩解释以追求刑法的实质合理性,发挥“法内出罪”的正当化解释机能。① 因此在虚开增值税专用发票罪的法条文本语义下,进一步增设排除性事由、提高入罪门槛,符合罪刑法定原则的要求。

二是从历史解释的角度虚开增值税专用发票罪构成要件已经包含了骗取国家税款的行为。《中华人民共和国刑法修正案(八)》施行前,《中华人民共和国刑法》第二百零五条第二款曾经规定:“有前款行为骗取国家税款,数额特别巨大,情节特别严重,给国家利益造成特别重大损失的,处无期徒刑或死刑,并处没收个人全部财产。”《最高人民法院关于适用〈全国人民代表大会常务委员会关于惩治虚开、伪造和非法出售增值税专用发票犯罪的决定〉的若干问题的解释》也将致使国家税款被骗的数额作为本罪定罪量刑的标准。因此,在虚开并实施骗取国家税款仅以本罪论处的情况下,如果将不具有骗税目的、不可能造成税款损失的行为也以相同的数额标准定罪处罚且最高可判处无期徒刑,将导致处罚明显不合理,因此有必要予以限缩解释。

三是从体系解释的角度对虚开增值税专用发票罪在主观目的方面作出限缩,符合解释一致性的要求。《中华人民共和国刑法》第二百零五条第一款在规定虚开增值税专用发票犯罪的同时,还规定了虚开用于骗取出口退税、抵扣税款的其他发票犯罪。刑法条文在描述后一个犯罪的罪状时,实际已将主观目的嵌进了该罪的构成要件中,即虚开其他发票的目的是用于骗取出口退税、抵扣税款。在同一条款中规定的选择性罪名原则上在主体、主观方面应保持一致性,在行为方式、对象等方面体现区别,因此具有骗取税款目的而虚开增值税专用发票应当是本罪典型的罪状形态,在特定情况下将不具有骗取税款目的作为排除性事由,符合刑法条文设立的

① 参见梁根林:《刑法总论问题论要》,北京大学出版社 2018 年版,第 97~100 页。

内在逻辑。

四是从目的解释的角度将不具有骗取税款的目的且未造成国家税款损失作为虚开增值税专用发票罪的排除性事由,符合法益保护原则的要求。增值税专用发票与普通发票本质的区别在于增值税专用发票可以用于抵扣税款,与国家的税收利益高度关联;而虚开增值税专用发票罪的危害实质在于通过虚开行为骗取抵扣国家税款。1997年《中华人民共和国刑法》修改时,设立虚开增值税专用发票罪的立法本意是保障国家流转税制,打击的重点是利用增值税专用发票非法抵扣国家税款的行为。[①] 也正是因为此类犯罪侵害国家税收安全且社会危害性严重,当时的刑法才将此罪设置为最高可判处死刑的重罪。不过为了对法益进行前置性保护,应当将本罪解释为抽象危险犯而非实害犯,即原则上"构成本罪"不以实际造成国家税款损失为必要条件,仅需对税款安全具有侵害的抽象危险。[②] 然而,抽象危险亦是独立于实行行为的构成要件要素,[③]在行为不具有造成法益侵害可能性时可排除犯罪。因此,虽然从立法技术层面看,本罪罪状并未明确要求虚开行为与国家税收安全需要具有关联性,但面对立法时尚未普遍出现的、仅为实现发票凭证功能,或被告人主观上无骗税目的、客观上也未造成国家税款损失的虚开行为,应对本罪作出符合当下社会实际的客观解释,从犯罪行为与保护法益关联性的角度出发,将上述行为排除在本罪构成要件之外。

三、为抵扣无真实交易销项税额虚开增值税专用发票的行为定性

(一)无真实交易虚开行为的出罪分析

从本案的完整交易链来看(见图1),引发虚开增值税专用发票行为的

---

① 参见牛克乾:《虚开增值税专用发票罪与非罪之认定》,载《人民司法》2008年第22期。

② 参见陈兴良:《虚开增值税专用发票罪的不法性质与司法认定》,载《法律科学(西北政法大学学报)》2021年第4期。

③ 参见付立庆:《应否允许抽象危险犯反证问题研究》,载《法商研究》2013年第6期。

基础贸易模式是参与各方通过虚构贸易向银行进行票据贴现实现融资。山东分公司与合慧伟业公司均由同一被告人控制,前者取得票据贴现的资金从而实现了融资目的,后者则为了完成整个环节而在无实际交易的情况下向上游公司开具了增值税销项发票。为抵扣该部分销项发票产生的税额,合慧伟业公司通过天正博朗公司、恩百泽公司虚开了增值税进项发票,本案指控的虚开行为即源于此。然而,从虚开增值税专用发票罪目的性限缩的立场进行分析,虽然合慧伟业公司已将上述虚开的进项发票认证抵扣,但由于其开具的销项发票未实际发生商品流转和未产生真实的商品增值,也就没有缴纳增值税的事实基础,不缴纳这部分税款不会给国家造成实际的税款损失,而且现有证据不能排除其获取的进项发票就是为抵扣上述虚开的销项发票的可能,也不足以证实所抵扣的销项发票中包含有因存在真实交易而应当缴纳增值税的情况,因此认定合慧伟业公司具有骗取税款目的、将虚开的增值税专用发票进行认证抵扣造成国家税款损失的证据不足。正是基于此项原因,二审法院认定被告人的行为虽然构成虚开增值税专用发票的行政违法,但不构成虚开增值税专用发票罪。

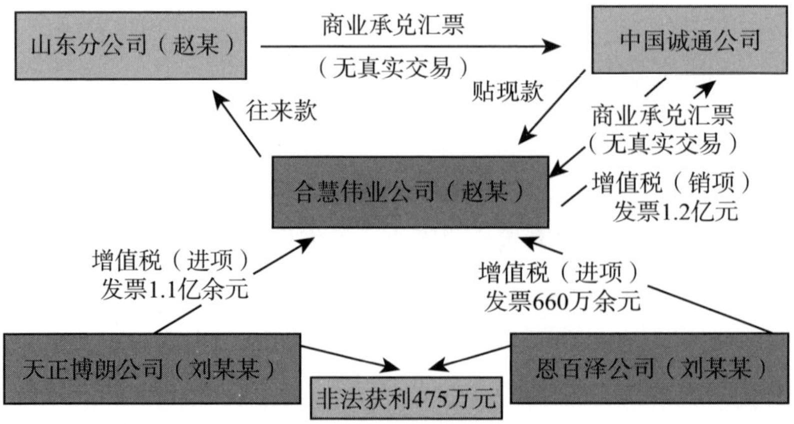

图 1　本案完整交易及虚开增值税发票情况

(二)为抵扣无真实交易销项税额的虚开行为定性

站在目的性限缩的立场,为抵扣无真实交易销项税额虚开增值税专用发票的行为虽然不构成虚开增值税专用发票罪,但是在虚开增值税专用发票的过程中,受票方无论以何种名义给予开票方相关费用,本质上都是一种买卖增值税专用发票的行为,因此可以构成非法买卖增值税专用发票罪。买卖增值税专用发票的犯罪属于行为犯,不要求具有骗取税款的目的,也无须造成一定的危害后果。从法益保护角度来看,非法出售、购买增值税专用发票罪侵犯的是国家对增值税专用发票严格的领购制度,增值税专用发票只能由增值税一般纳税人到指定的税务机关凭相应凭证采取“以旧换新”方式进行领购,其他任何单位和个人都不得实施买卖增值税专用发票的行为。从刑法的罪名体系来看,出售和购买行为构成对象犯的罪名均属于行为犯,这种立法技术主要考量的是出售和购买特定对象的行为,通常是某些犯罪的预备行为,通过处罚的前置化有利于加强对目的犯罪行为的预防,也降低了司法机关的证明负担。因此行为人是否获利、出于何种目的买卖、是否造成了国家税款流失并非本罪名罪与非罪的界限,但可作为量刑情节予以考量。

虚开增值税专用发票收取费用的行为本质上是一种买卖增值税专用发票的行为。在虚开发票过程中,因不存在真实的应税劳务或商品交易,这些费用既非提供应税劳务可以收取的合法费用,也非正常经营活动所产生的合法利润,其与开票方的合法经营活动无关且欠缺收取的合法依据,因此无论以何种名义收取,均无法掩盖其系违法所得的本质。本案中,被告单位之间无真实的交易行为,为他人虚开发票的公司也并无其他交易成本,因此在这个过程中获取的“利润”本质上就是通过虚开增值税专用发票所得的好处,也即变相出售增值税专用发票的违法所得。合慧伟业公司在此过程中,除了让他人为自己虚开增值税专用发票外也一无所获,其所支出的费用本质上就是变相购买增值税专用发票所花费的对价。

因此被告人构成非法出售增值税专用发票罪和非法购买增值税专用发票罪。

（本案例分析荣获全国法院系统2021年度优秀案例分析评选活动二等奖）

【民事案例】

张某某诉刘某1、曹某某确认合同无效案

——恶意串通的事实认定司法技术与证明标准

编写人：北京市第二中级人民法院　李俊晔

【关键词】 恶意串通　合同无效　证明责任　证明标准

【裁判要旨】

1. 恶意串通致合同无效的法律规范包含了“恶意串通”和“损害国家、集体或者第三人利益”两个构成要件。这两个要件事实无法直接证明，只能通过间接证据证明。间接证明依靠经验法则推理，即社会公认的常理。证明恶意串通，要以合同当事人双方的主体行为为线索进行审查，借助经验法则判断其可能性。

2. 确定证明标准必须考虑当事人信息不对称问题。证明恶意串通不能采取“高度盖然性”标准，而应当采纳“排除合理怀疑”标准。即在证明恶意串通事实基本可能性后，证明责任发生转移；待对方辩解不成立“排除合理怀疑”才可认定恶意串通成立。“基本可能性+辩解不成立”是恶意串通的特殊证明方法。

3. 认定损害应当兼顾主客观双重标准。从主观标准上看，认定损害必须以当事人的主观感受为前提，法院不可越俎代庖；从客观标准上看，恶意串通的行为和损害利益的后果两个要件要符合逻辑因果律，形成客观的因

果关系。

【相关法条】

《中华人民共和国合同法》第五十二条第二项①

《最高人民法院关于适用〈中华人民共和国民事诉讼法〉的解释》（2015 年）第一百零九条②

【案件索引】

一审：北京市西城区人民法院（2013）西民初字第 1902 号民事判决（2013 年 9 月 13 日）

二审：北京市第二中级人民法院（2014）二中民终字第 01605 号民事裁定（2014 年 4 月 14 日）

一审：北京市西城区人民法院（2014）西民初字第 14989 号民事判决（2014 年 10 月 22 日）

二审：北京市第二中级人民法院（2015）二中民终字第 01000 号民事判决（2015 年 1 月 20 日）

【基本案情】

张某某诉称：刘某 1 与我系夫妻，于 1998 年 6 月 9 日登记结婚。2008 年 4 月，双方共同出资购买了位于北京市西城区三义里的涉案房屋。2009 年，我因不堪忍受家庭暴力，提起诉讼要求与刘某 1 离婚，后撤诉。2010 年 4 月，刘某 1 将涉案房屋的门锁更换，将我逐出家门。此后双方分居。2012 年 9 月，我再次起诉离婚，在诉讼中才得知早在 2010 年 4 月 13 日，刘某 1 在我毫不知情的情况下，与曹某某签订了存量房屋买卖合同，将涉案房屋擅自低价转让给曹某某。经我查询刘某 1 与曹某某就该房屋的成交总价

① 现《中华人民共和国民法典》第一百五十四条。

② 现《最高人民法院关于适用〈中华人民共和国民事诉讼法〉的解释》第一百零九条。

仅为39万元,约为当时市场交易价的1/4。综上,我系涉案房屋的共有人,刘某1在我毫不知情的情况下与曹某某签订房屋买卖合同,擅自将夫妻共同财产以明显不合理的低价转让给曹某某。曹某某明知该房屋当时的市场交易价格,其在明知刘某1以明显不合理低价出售房屋的情形下仍然购买,具有明显恶意。依据《中华人民共和国合同法》(已废止)和《中华人民共和国物权法》(已废止)的规定,刘某1、曹某某恶意串通,所签订的存量房屋买卖合同损害了我的利益。现诉至法院,请求法院判令刘某1与曹某某就涉案房屋的转让行为无效。

刘某1辩称:我未对张某某实施过家庭暴力。涉案房屋是我承租的直管公房。2008年4月,用我父母的工龄购买了产权,产权人登记为我。因张某某离家出走,我一人持家并抚养孩子,欠有很多债务,因此想出卖涉案房屋还债。此后,我在蹬三轮期间认识了曹某某。由于我当时急需用钱,经过协商,将涉案房屋以39万元的价格卖给曹某某,并办理了过户手续。我当时并不知晓涉案房屋的市场价格,不认为39万元是低价。至于曹某某又将房屋卖给案外人刘某2的情况,我并不清楚。我认为我与曹某某之间的房屋转让行为是合法有效的,故不同意张某某的诉讼请求。

曹某某未到庭答辩。

法院审理后,认定相关事实和证据如下:

张某某与刘某1系夫妻关系,双方于1998年6月登记结婚,居住在刘某1承租的涉案房屋内。

2008年4月,刘某1与北京宣房投资管理公司签订了出售直管公有住宅楼房协议书,按照房改政策以13,899元的价格购买了涉案房屋。

2008年11月18日,刘某1取得房屋所有权证,房屋建筑面积为50.4平方米。

2010年4月,张某某与刘某1因感情不和分居。

2010年4月13日,刘某1与曹某某在北京市房屋管理部门官方网站上签订了存量房屋买卖合同(自行成交版),刘某1将涉案房屋以39万元的价格出售给曹某某。曹某某于2010年4月16日取得涉案房屋所有权证。2010年8月,曹某某又将涉案房屋转让给刘某2(案外人),并办理了房屋权属转移登记手续。

2013年1月,张某某起诉至北京市西城区人民法院,请求确认刘某1与曹某某于2010年4月13日签订的存量房屋买卖合同无效。北京市西城区人民法院经审理于2013年9月13日作出(2013)西民初字第1902号民事判决,驳回张某某的诉讼请求。张某某不服,上诉至北京市第二中级人民法院。在审理过程中,刘某1自认以39万元的价格卖给曹某某,因为缺钱,并称与曹某某是在马路边认识的。于2014年4月14日作出(2014)二中民终字第01605号民事裁定,撤销原判,发回重审。

在西城法院重审过程中,张某某称,刘某1出售房屋未经其允许,在其毫不知情的情况下,擅自将夫妻共有的房屋以明显不合理的低价转让。张某某提供的网络查询数据显示,2010年4月,北京市宣武区(现西城区)二手房屋价格约为每平方米3万元。北京市西城区人民法院依照《最高人民法院关于贯彻执行〈中华人民共和国民法通则〉若干问题的意见(试行)》(已废止)第八十九条、《中华人民共和国物权法》(已废止)第一百零六条及《中华人民共和国民事诉讼法》(2012年)第一百四十四条之规定,于2014年10月判决:刘某1与曹某某就位于北京市宣武区三义里的涉案房屋的转让行为无效。

二审重审过程中,刘某1与曹某某均称双方通过骑三轮的人认识的,真实的交易价格是100万元,通过两笔转账支付,每笔50万元,未转到刘某1的账户,转到刘某1指定的其他人账户上,未打收条。刘某1另称卖房是为了偿还债务70万元。本院询问刘某1,购房款打到谁的账户上。刘某1称忘了。另经询问,张某某解释诉讼请求中的转让行为指的是买卖行为即买卖合同。

【裁判结果】

北京市第二中级人民法院依照《中华人民共和国民事诉讼法》(2012年)第一百七十条第一款第(一)项之规定,判决如下:驳回上诉,维持原判。

【裁判理由】

法院生效裁判认为:在本案发回重审后,张某某变更诉讼请求为要求确认刘某1与曹某某就涉案房屋的转让行为无效。经询问,张某某解释诉讼请求中的转让行为指的是买卖行为即买卖合同。张某某的主要理由是认为刘某1、曹某某恶意串通,损害其利益。《中华人民共和国民法通则》(已废止)第五十八条第一款第(四)项规定:恶意串通,损害国家、集体或者第三人利益的民事行为无效。《中华人民共和国合同法》(已废止)第五十二条第(二)项规定:恶意串通,损害国家、集体或者第三人利益合同无效。根据法律规定与相关事实,分析如下:

第一,民事法律规范不仅是民事裁判规范,也是民事主体从事民事活动的准则。涉案房屋为刘某1和张某某的夫妻共同财产。在未征得张某某同意的情况下,刘某1与曹某某就涉案房屋进行交易,违反共有财产交易规则,将可能损害共有人张某某的利益。

第二,关于刘某1与曹某某就涉案房屋的交易价格问题,在发回重审后的二审审理过程中,刘某1与曹某某称交易价格为100万元,但是刘某1与曹某某除了交易价格为39万元的网签合同外未签订交易价格为100万元房屋买卖合同,亦未提供其他证据予以证明;而且刘某1在发回重审之前的二审庭审中表示交易价格为39万元,并非100万元。因此,刘某1与曹某某所主张的100万元交易价格没有任何依据,不予采纳。北京市西城区人民法院认为网签合同约定的39万元价格明显低于正常的市场交易价格,正确妥当。

第三,关于价款支付问题,刘某1与曹某某均称曹某某将100万元购房款转账到刘某1提供的他人账户,但经询问,刘某1无法提供所谓的接收购房款的他人账户。进而,刘某1与曹某某更难以提供证据证明其二人所主张100万元购房款的支付情况。

第四,刘某1与曹某某在交易过程中存在诸多不合常理之处。首先,房屋交易价值较大,刘某1与曹某某除了网签合同外未签订任何正式的合同文本,不符合正常的房屋交易惯例。其次,在缺乏合同文本又非以刘某1本人的账户接收购房款的情况下,刘某1没有给曹某某出具任何收款凭证,显然不合常理。再次,刘某1称与曹某某是在马路边认识的,而刘某1与曹某某又均称二人通过骑三轮的人认识的;无论何种说法,刘某1与曹某某之间属于陌生人之间的交易,交易风险较大,如前所述,二人既不签合同也不打收条,明显与常理不符。最后,曹某某在购得涉案房屋后立即又转让给他人,结合前述情形,难以认定曹某某的购房行为属于善意。

第五,刘某1与曹某某的陈述亦存在诸多自相矛盾和相互矛盾之处。刘某1在发回重审前的二审程序中陈述,交易价格是39万元,卖房原因是因为缺钱,与曹某某是在马路边认识的。在发回重审后的二审程序中,刘某1与曹某某陈述,交易价格是100万元,二人通过骑三轮的人认识;刘某1称卖房原因是为了还债。由此可见,在两次庭审程序中,刘某1与曹某某的陈述内容既存在自相矛盾之处又存在相互矛盾之处。

综上,刘某1与曹某某就涉案房屋的转让行为的网签合同价格明显低于正常的市场交易价格,又不能提供证据证明价款已实际支付;交易过程中存在诸多不合常理之处,刘某1与曹某某的陈述亦存在诸多自相矛盾和相互矛盾之处,而二人又未能对上述不合常理与陈述矛盾之处作出合理解释。据此,足以认定刘某1与曹某某恶意串通,转让涉案房屋,损害了共有人张某某的利益,故北京市西城区人民法院确认刘某1与曹某某就涉案房屋的转让行为无效,并无不当,予以维持。

【案例注解】

一、恶意串通致合同无效的要件事实逻辑结构

从法律规范的逻辑结构入手。完整的法律规范包括“假定”和“处理”两个部分,其逻辑结构属于条件命题,即“如果……,那么……”。逻辑上,法律规范的“假定”部分是“处理”部分法律效果的充分条件,这个充分条件可能有一个,更多的情况是有多个;每一个条件就是一个要件事实,各个条件之间是联言命题的关系,即“且”的关系。

本案涉及恶意串通致合同无效的问题。《中华人民共和国合同法》(已废止)第五十二条规定:“有下列情形之一的,合同无效:(一)一方以欺诈、胁迫的手段订立合同,损害国家利益;(二)恶意串通,损害国家、集体或者第三人利益;(三)以合法形式掩盖非法目的;(四)损害社会公共利益;(五)违反法律、行政法规的强制性规定。”五项之间在逻辑上是选言命题的关系,即“或”的关系,满足其一即可。针对本案涉及的第二项,从文意表述来看,包含了“恶意串通”和“损害国家、集体或者第三人利益”两个构成要件。

二、主观评价要件事实的性质与证明方法

要件事实有两大类型,一是事实,二是评价;前者是客观的,后者是主观的。[①] 对于客观事实要件,可以具体描述,大多可以通过直接证据进行直接证明,如合同成立、房屋过户;对于主观评价要件,无法具体描述和直接证明,是否成立需要法官主观裁量,不可能通过直接证据予以证明,如恶意、明显低于市场价格。以本案为例,“恶意串通”和“损害国家、集体或者第三人利益”两个构成要件都是需要通过主观评价作出认定。其中,“恶意串通”显然是镜中月、水中花,看不清、摸不着的;我们可以利用证据证明的仅仅是与恶意串通相关的一些当事人的具体行为。有没有恶意、是不是串

① 参见许可:《民事审判方法:要件事实引论》,法律出版社 2009 年版,第 23~26 页。

通,必须通过人的主观判断。“损害国家、集体或者第三人利益”这个要件中,是否构成损害,也是典型的主观判断。

对于上述主观评价要件,无法直接证明,只能以确定、周延的客观事实为基础(间接事实),借助经验法则①予以间接证明。一些裁判文书对此仅仅表述为,“对于恶意串通,当事人未能提供证据予以证明,本院不予采纳”。此类表述属于说理不到位。这些主观评价要件是不可能通过证据予以直接证明的,无论成立与否,必须通过论证。借助什么来论证主观评价要件呢?经验。应当注意到,经验不是感觉,不是法官的恣意武断,经验也是有规矩的。经验法则是社会公认的常理,不是个人的经验。根据这些常理,对于某一问题,如果具备了一些特征,就可以推定是怎样的情况。

三、恶意串通事实审查的司法技术

恶意串通,顾名思义,既需要“恶意”,又需要“串通”。司法实践中,当事人以恶意串通侵害其利益为由起诉要求确认合同无效的案件很多,但是能胜诉的非常少。为什么?大多是因为证据不足。“恶意”和“串通”相比,证明“恶意”相对容易,证明“串通”就非常难了。恶意串通本来就是私下苟且,隐蔽性非常强,证明难度非常大。审理恶意串通案件就需要较为专业的司法技术。

1. 证明“恶意”,要对合同当事人双方分别进行审查。

王泽鉴提出实例分析方法主要包括历史方法②和请求权方法。在要件事实确定以后,主要是通过历史方法来梳理事实时间逻辑。梳理的线索要么是物,即客体事物;要么是人,即主体行为。③ 无论是物是人,线索必须清

---

① 参见黄茂荣:《法学方法与现代民法》,中国政法大学出版社 2001 年版,第 211、217 页;参见[德]莱奥·罗森贝克:《证明责任论——以德国民法典和民事诉讼法典为基础撰写》(第 4 版),庄敬华译,中国法制出版社 2002 年版,第 206 页。

② 参见王泽鉴:《法律思维与民法实例——请求权基础理论体系》,中国政法大学出版社 2001 年版,第 40 页。

③ 参见黄茂荣:《法学方法与现代民法》,中国政法大学出版社 2001 年版,第 208~210 页。

楚,不可杂糅,否则容易造成审理思路混乱。在本案中,恶意串通是人的行为,属于主体行为要件,需要以合同当事人为线索进行审查。

双方当事人与利益受损人关系远近不同,地位不同;一般来说,分为主动方和相对方。就主动方而言,是事件的主角,既然是恶意,行为动机上必须具有损人利己的意图,主观形态上一定是故意。就相对方而言,是事件的配角,有可能是故意,与主动方一起行损人利己之事,谋求非法利益;更多的情况是重大过失,明知到可能会损害到合同以外第三人的利益却放任为之。本案中,刘某1是事件主角,是主动方,其在未征得张某某同意的情况下,与曹某某就涉案房屋进行交易,违反共有财产交易规则,损害共有人张某某的利益,恶意明显。曹某某是配角,是被动方,无法证明其实际支付了合同价款,又存在其他不合常理情形,难以说明是正常的买房行为,如果不是故意为之则必然是贪图利益。

2. 证明"串通",要借助经验法则判断其可能性。因为恶意串通具有极强的隐蔽性,无法通过直接证据来证明,这是对法官庭审技巧的重大考验。实践中,这类案件只能通过间接证据证明,再借助经验法则来判断这些间接事实并推定出恶意串通的要件事实。本案中,经验法则是什么?就是一个社会普遍认可的规则。经验绝对不是法官的感觉。运用经验必须依托逻辑,否则经验就是脱缰的野马。遵循规律的法律逻辑思考,是以事实之间的逻辑关系为依据的思考进程。① 如果法官仅凭经验跟着感觉走,审判就成了猜谜。②

本案属于房屋买卖案件,房屋买卖的关键环节包括看房、合同价款、付款情况等基本问题,还包括交易双方的关系、交易时间长短、交易动机等常

① 参见[美]鲁格罗·亚狄瑟:《法律的逻辑——法官写给法律人的逻辑指引》,唐欣伟译,法律出版社2007年版,第29页。

② 参见[美]鲁格罗·亚狄瑟:《法律的逻辑——法官写给法律人的逻辑指引》,唐欣伟译,法律出版社2007年版,第28页。

见的问题。在特定的情形下,这些环节必须符合一定的常理。如果这些问题都不合老百姓认为的正常情形,就存在恶意串通的可能性。本案中,网签合同约定的39万元价格明显低于正常的市场交易价格;买卖双方主张的100万元购房款空口无凭;刘某1与曹某某是陌生人之间的交易,既不签合同也不打收条;这些事实明显与常理不符。而且,刘某1与曹某某的陈述亦存在诸多自相矛盾和相互矛盾之处,刘某1在重审前说交易价格是39万元,重审后刘某1与曹某某二人又改说是100万元,交易动机的陈述也前后不一。

四、恶意串通事实认定的证明标准

依照经验法则,是否就可以断定上述不合常理的事实属于恶意串通了?不,还要考虑证明标准问题。对于恶意串通之类的事实,诉讼双方当事人之间明显处于信息不对称的地位。恶意串通是买卖合同双方所为,且隐蔽性强,是信息的优势方;利益受损的第三人往往被"蒙在鼓里",处于信息的劣势方。利益受损的第三人主张恶意串通的事实,根本不可能达到一般的证明标准,即"高度盖然性"的证明标准。

1. 确定证明标准必须考虑当事人信息不对称的问题,证明恶意串通应当以存在基本可能性为标准,不采纳高度盖然性标准。

信息劣势方的利益受损第三人,不能对其强加过高的证明责任。只要证明存在恶意串通的可能性就可以了,不能要求达到高度盖然的可能性。但是,证明标准降低,并不意味着不承担证明责任。当事人仍然负有基本的证明责任,不可能仅凭借捕风捉影的猜测就认定恶意串通可能性的存在。本案中,诸多不可常理的事实和相互矛盾的陈述足以证明刘某1与曹某某之间恶意串通的可能性。

2. 证明恶意串通的可能性以后,证明责任发生转移,必须给对方辩解的权利,以"排除合理怀疑"。

恶意串通的可能性既然证明存在,是否就可以直接认定恶意串通成立？从证明责任理念上讲，当一方证明责任完成以后，证明的过程并非完成，转由另一方承担证明责任。尤其对于恶意串通之类的证明标准非常低的要件事实来说，必须要给予对方充分的“申辩”机会。因为上述所谓的常理是社会公认的规则，不是法官的感觉；而在法庭上，是不是社会公认的规则，需要法官的心证。为了验证法官心证的正确性，必须给对方一个辩解的机会；经过辩解程序才可以达到法官的内心确信。如果另一方的辩解没有道理，或者不能提供证据完成证明责任，则无法说明为什么不合常理、为什么陈述矛盾。至此，在证明恶意串通事实可能性基础上，已经“排除合理怀疑”，这样才可以扎实地认定恶意串通的事实成立。本案中，刘某 1 与曹某某没有提供任何合理的辩解意见，那么就可以认定二人之间成立恶意串通了。

3. 恶意串通的特殊证明方法：基本可能性+辩解不成立。

证明责任具有双重性[①]，上述证明标准问题属于客观证明责任，是实体上的确认责任，具有结果意义；证明责任转移及辩解程序的问题属于主观证明责任，是程序上的主张责任，具有行为意义。二者不可混淆。本案中，让刘某 1 与曹某某提供辩解意见，并非法官对举证责任进行分配，而是在对方完成举证责任后将举证责任转移至其二人。在明确证明责任具有双重性的意义之后，针对恶意串通问题的特殊证明规则就清晰了，可以概括为“基本可能性+辩解不成立”。其中，“基本可能性”解决的是证明标准即客观证明责任的问题；“辩解不成立”解决的是举证责任转移即主观证明责任的问题。简言之，这一规则就是：证明恶意串通不能采取“高度盖然性”标准，证明可能性即可；然后证明责任发生转移；待对方辩解不成立才可认定恶意串通成立。

---

① 参见许可：《民事审判方法：要件事实引论》，法律出版社 2009 年版，第 57 页；参见［德］莱奥·罗森贝克：《证明责任论——以德国民法典和民事诉讼法典为基础撰写》，庄敬华译，中国法制出版社 2002 年版，第 12 页。

“基本可能性+辩解不成立”的特殊规则并非法官造法的、程序性法的续造，而是在既有的法学理论基础上，根据恶意串通的特殊法律实践的规则发现，是理论和实践相互整合的成果。同时，“基本可能性+辩解不成立”的特殊规则也是《最高人民法院关于适用〈中华人民共和国民事诉讼法〉的解释》第一百零九条“排除合理怀疑”证明标准的“实战兵法”。

4.“高度盖然性”与“排除合理怀疑”的无缝对接。

“高度盖然性”是一般证明标准，“排除合理怀疑”是一项特殊证明标准。本案的分析对于理解两个证明标准的关系具有十分重要的启示意义。主观证明标准上“谁主张，谁举证”的一般原则，必然要求在客观证明标准上实现证据对待证事实的“高度盖然性”支持，即真实性达到足以内心确信的高度可能性。然而，对于一些诸如恶意串通之类当事人在证据证明上信息不对称的情形，机械地固守“高度盖然性”程序正义，必然导致实体法上的不公平。在真伪不明的情况下，一方面可以扩大“真”的“领地”；逆向思维，另一方面也可以缩小“伪”的“地盘”。虽然对于一些事实的证明无法达到高度盖然的可能性，但是如果将不可能性都一一排除了，这种基本的可能性就转化为高度的可能性了。

可以说，“排除合理怀疑”就是“高度盖然性”的逆向思维下的延伸。“高度盖然性”是正向的标准，旨在“证真”；而“排除合理怀疑”是反向的证明标准，旨在“证伪”。二者是民事诉讼证明标准的一体两面。“排除合理怀疑”延伸了“高度盖然性”在具体司法实践中的适用空间，增强了“高度盖然性”的张力和弹性。

五、第三人的范畴与认定损害的主客观标准

“损害国家、集体或者第三人利益”这个要件中的第三人是特定的第三人，还是不特定的第三人？需要进行体系化的理解。如果是不特定的第三人，那么具有对世性了，针对的是社会上普遍的第三人。那么，损害的就是社会公共利益了。在《中华人民共和国合同法》（已废止）第五十二条规定中,第四项就是损害社会公共利益,各项之间不应当存在交叉的情形,故此处的第三人就应当为特定的第三人。

如何理解损害?司法实践的损害应当兼顾主客观双重标准。从主观标准上看,认定损害必须以当事人的主观感受为前提。人民法院有义务对合同效力进行主动审查,但是主动审查的本质是代表国家审查合同是否损害了国家利益与社会公共利益。恶意串通损害对象被确定为特定第三人的利益,此时的合同涉及三个民事主体之间的利益博弈,在特定第三人尚未表态的情况下,国家主动干预合同效力的行为有越俎代庖之嫌,并且也不一定符合第三人的真实意思。

从客观标准上看,损害必须与当事人恶意串通的行为形成客观的因果关系。虽然损害以当事人感受为前提,但是不能以主观臆想为依据。损害既可能是已经实际发生的损害,也可能是如果合同一旦履行就必然会发生的损害。损害无论是既然状态还是未然状态,都必须是恶意串通行为的必然结果。换言之,“恶意串通”和“损害国家、集体或者第三人利益”两个构成要件并非相互独立,二者之间存在必然的因果关系。

(本案例分析荣获全国法院系统2016年度优秀案例分析评选活动特等奖)

王某某、董某1诉首都医科大学附属复兴医院医疗损害责任案

——缺陷出生侵权损害赔偿责任的认定

编写人:北京市第二中级人民法院　肖荣远

【内容摘要】

医疗机构在产前检查过程中,由于过错未能检查出胎儿存在先天性缺陷,或者未向孕妇及家属进行充分告知致使缺陷儿出生的现象,理论上称为缺陷出生。由此引发的损害赔偿问题在国内外都有很大争议。本案是因医疗机构违反告知义务引发的缺陷出生损害赔偿诉讼,二审判决对原告的请求权基础、责任构成及赔偿范围进行了完整的论述,其中将原告受侵害权利类型界定为知情权和生育选择权,将赔偿范围确定"特别抚养费"(抚养一个缺陷孩子比抚养一个健康孩子必然承担的额外费用)和精神损害抚慰金,将"特别抚养费"计算方法确定为根据个案受害人的具体情况区分不同的赔偿项目进行计算。上述观点对同类案件裁判具有一定的参考价值。

【关键词】缺陷出生　知情权　生育选择权　损害赔偿特别抚养费　精神损害抚慰金

【裁判要点】

医疗机构在产前检查过程中违反告知义务，侵害夫妻知情权和生育选择权，造成有先天性缺陷的胎儿出生，应当赔偿夫妻抚养有缺陷孩子比抚养一个健康孩子多承担的特别抚养费及精神损害抚慰金。

【相关法条】

《中华人民共和国人口与计划生育法》第二条第一款、第十七条

《中华人民共和国母婴保健法》第十四条、第十七条、第十八条

《中华人民共和国侵权责任法》第五十五条①

《中华人民共和国婚姻法》第二十一条第一款、第二款②

《中华人民共和国民事诉讼法》(2017 年)第一百七十条第一款第(一)项③

【案件索引】

一审：北京市西城区人民法院(2015)西民初字第 06698 号(2015 年 9 月 18 日)

二审：北京市第二中级人民法院(2015)二中民终字第 11917 号(2016 年 5 月 4 日)

【基本案情】

王某某、董某 1 起诉称：王某某于孕 8 周在首都医科大学附属复兴医院(以下简称复兴医院)建卡定期产前检查，其中在孕 20 周 B 超检查时，超声提示孕妇腹壁厚，图像欠清晰，但是复兴医院并未进行告知，也未安排复查或转外院复查。2012 年 12 月 26 日，王某某产下一子董某 2。董某 2 出生时伴有双下肢水肿明显，经转北京大学第一医院等多家医院治疗，诊断为

---

① 现《中华人民共和国民法典》第一千二百一十九条。

② 现《中华人民共和国民法典》第一千零六十七条。

③ 现《中华人民共和国民事诉讼法》第一百七十七条。

神经母细胞瘤，现仍为双下肢丧失运动功能。王某某及丈夫董某1的知情权及选择权受到侵害，故请求法院判决：(1)复兴医院按30%的比例赔偿医疗费、住院押金、住院伙食补助费、营养费、护理费、残疾赔偿金、抚养费(包括护理费、残疾器具费、特殊教育费，统一按北京市2014年城镇居民消费性支出标准计算)；(2)复兴医院赔偿精神损害抚慰金30万元。

复兴医院辩称：常规超声检查并不能完全发现胎儿畸形，系目前医学科学局限，复兴医院不认可鉴定意见载明的告知方面的瑕疵。董某2现损害后果系原发疾病造成，与是否告知及告知是否充分无关。王某某、董某1主张的抚养费非法定赔偿项目，因为无论董某2是否残疾，父母均需要抚养。故不同意王某某、董某1的诉讼请求。

法院经审理查明：董某1、王某某系夫妻关系。王某某于孕8周开始在复兴医院建卡进行定期产前检查。2012年12月26日，王某某在复兴医院经剖宫产手术，产一子董某2。董某2出生后双下肢及足部皮肤青紫、水肿，当日转入北京大学第一医院住院治疗。经检查，该院考虑董某2为腰椎旁脊椎管内占位病变：肾母细胞瘤或神经母细胞瘤？恶性肿瘤可能性大。2013年2月25日出院后，董某2又先后到多家医院治疗。董某1、王某某共支出医疗费227,815.86元、护理费83,000元，应得住院伙食补助费金额为5350元。复兴医院为其垫付医疗费31,561.97元。

诉讼前，王某某与复兴医院自行委托北京天平司法鉴定中心对复兴医院医疗行为是否存在医疗过错等问题进行司法鉴定。2013年3月15日，该中心出具法医学鉴定意见书，鉴定意见为：(1)复兴医院对王某某产前检查存在过失(过错)，与新生儿缺陷出生存在轻微程度因果关系，参与度理论系数为10%，参与度系数为1%~20%；(2)董某2目前构成二级伤残；(3)董某2目前需要完全护理依赖，护理时限至本次鉴定日前一日，护理人员原则上为一人。法医学鉴定意见书的分析部分认为：复兴医院对B超检查存在局限性，常规超声检查不能发现所有胎儿畸形等，在检查前应明确告知孕妇。尤其是在孕 20 周 B 超检查时，超声提示孕妇腹壁厚，图像欠清晰的情况下，对检查结果的可靠性未进一步向孕妇或家属告知，并及时安排复查或转外院复查，存在告知不够医疗过失，使当事人对诊疗的知情权和生育选择权受到影响，因此与董某 2 患有先天性疾病出生有轻微程度的因果关系。复兴医院的诊疗行为无其他过错。

【裁判结果】

北京市西城区人民于 2015 年 9 月 18 日作出（2015）西民初字第 06698 号判决：（1）复兴医院于判决生效后 10 日内赔偿王某某、董某 1 医疗费 1401.2 元、住院伙食补助费 1070 元、营养费 3650 元、护理费 16,600 元、精神损害抚慰金 2 万元；（2）驳回王某某、董某 1 的其他诉讼请求。王某某、董某 1 向北京市第二中级人民法院提出上诉，对原判确定的赔偿比例不持异议，但请求依法改判复兴医院赔偿抚养费 168,054 元（2014 年度北京市城镇居民消费性支出 28,009 元/年×20 年×30%）、精神损害抚慰金 30 万元。北京市第二中级人民法院于 2016 年 5 月 4 日作出（2015）二中民终字第 11917 号民事判决：驳回上诉，维持原判。

【裁判理由】

生效裁判认为：根据《中华人民共和国人口与计划生育法》、《中华人民共和国母婴保健法》相关规定，王某某、董某 1 享有生育选择权，包括依法终止妊娠避免缺陷儿出生的决定权。根据《中华人民共和国侵权责任法》（已废止）第五十五条的规定，医疗机构违反告知义务的侵权责任有三个构成要件，即医务人员存在违反告知义务的过错，患者受到损害，该二者之间存在因果关系。根据双方一致认可的鉴定意见，复兴医院存在未尽到详尽告知的医疗过失，该过失使王某某、董某 1 对诊疗的知情权和生育选择权受到影响，与董某 2 患有先天性疾病出生有轻微程度的因果关系。因此，复兴医院的侵权责任成立。

根据《中华人民共和国婚姻法》（已废止）相关规定，父母对子女有抚养教育的义务。而与抚养一个健康的子女相比，抚养一个残疾的子女意味着父母必须承担额外的抚养费用（以下简称特别抚养费）和精神压力。复兴医院的过错与董某2的出生有轻微程度因果关系，就意味着与王某某、董某1为抚养董某2承担的特别抚养费和额外精神压力之间具有同样程度的因果关系。因此，复兴医院应当对此承担相应的赔偿责任。赔偿比例应以一审判定、现双方认可的20%为准。

父母抚养一个残疾子女承担的特别抚养费和额外精神压力因子女残疾程度等因素的不同而存在差别，相关赔偿问题需要根据案件情况具体分析。本案中，王某某、董某1为董某2治疗先天性疾病支出的医疗费、住院伙食补助费，以及因董某2残疾支出的额外护理费、营养费属于复兴医院应当赔偿的特别抚养费范围。

残疾赔偿金不属于赔偿范围，理由：其一，根据《中华人民共和国侵权责任法》（已废止）相关规定，残疾赔偿金的性质为在侵害他人造成残疾情况下侵权人给予被侵权人的赔偿，但本案中王某某、董某1之子的残疾系先天的，与复兴医院的诊疗行为没有因果关系。其二，本案的赔偿权利主体是王某某、董某1，赔偿范围限于其因知情权和生育选择权受到侵害需养育一个残疾子女而承担的特别抚养费及精神损害抚慰金，而残疾赔偿金显然无法纳入其中。

王某某、董某1所主张的“抚养费”，是指因孩子残疾需要的日常护理费用、特殊教育费用、残疾生活辅助具费用，其含义显然与《中华人民共和国婚姻法》（已废止）及司法解释规定的不符，且其主张的计算标准亦缺乏法律依据。但是，王某某、董某1所称“抚养费”包含的三项费用，在性质上属于特别抚养费范畴。然而，日常护理费用与其单独主张并获得原判支持的护理费重复，不应支持；特殊教育费用、残疾生活辅助具费用在原审中尚未发生，王某某亦未就此提出具体的诉讼请求，本院无法处理，其应另行解决。

关于精神损害抚慰金,一审法院酌定数额的标准与目前北京市司法实务中对过失侵权行为直接致受害人残疾情况下的精神损害赔偿标准基本相符,而王某某、董某1认为所受精神损害高于直接因侵权行为致残的受害人,没有事实及法律依据,故不予调整。

【案例注解】

缺陷出生(又称错误出生或不当出生),是指医疗机构在产前检查过程中,由于过错未能检查出胎儿存在的先天性缺陷,或者未向孕妇及家属进行充分告知,致使缺陷儿出生。由此引发的损害赔偿纠纷是一种新型医疗纠纷,所涉法律问题在理论和实务中都存在很大争议,法院裁判标准很不统一。

本案是复兴医院违反告知义务引起的缺陷出生损害赔偿案件。二审中,虽然双方表示认可一审确定的赔偿比例及部分费用的赔偿数额,争议焦点集中于"抚养费"和精神损害的赔偿,但从具体意见看,双方对责任构成及赔偿范围的理解仍存分歧。二审判决对相关问题进行了较为深入的论述,对同类案件的裁判具有一定参考价值。

一、请求权基础

所谓请求权基础,是指可供支持一方当事人向他方当事人有所主张的法律规范。易言之,即谁得向谁,依据何种法律规范,主张何种权利。① 就本案而言,请求权基础的寻找涉及以下三个问题:

(一)请求权主体与受侵害权利

请求权主体,是指有权行使损害赔偿请求权的人。对于缺陷出生案件的请求权主体存在三种观点:第一种观点认为,只能是缺陷儿的母亲;第二

① 参见王泽鉴:《法律思维与民法实例——请求权基础理论体系》,中国政法大学出版社2001年版,第5页。

种观点认为,包括缺陷儿的父亲和母亲;第三种观点认为,包括缺陷儿本人及其父母。

笔者持第二种观点。理由:谁是请求权主体决定于谁的民事权益受到侵害。首先,缺陷出生案件是由于医疗机构的过错致使孕妇及家属没有发现胎儿的缺陷或存在缺陷的风险而违反意愿地生下了缺陷孩子。其中父母获知有关信息并据此对是否生下孩子作出选择的权益受到侵害是显然的,故孩子父母应为请求权主体。其次,缺陷孩子的缺陷是先天的,并非医疗机构的过错所致。相反,正是由于医疗机构的过错,缺陷孩子才得以出生,否则,其连生命形式都不会存在,损害更无从谈起。同时,正如"根本不出生是否比带有严重的缺陷出生更好,这是一个更适合留给哲学家和理论家们去争论的迷,而法律无法解决这一问题"。可见,缺陷孩子本人不存在权益受到侵害的问题,故不能成为成为请求权主体。因此,本案的请求权主体只能是缺陷孩子父母王某某、董某 1。

(二)受侵害的权益类型

受侵害的权益类型,是指受害人的什么权益受到侵害。对于本案王某某、董某 1 的何种权益受到侵害存在两种观点:第一种观点认为,受到侵害的是其知情权和优生优育权、或优生优育选择权、生育自由权、生育选择权等;第二种观点认为,受到侵害的是其优生优育选择利益,但并非侵权法保护的民事权利。

笔者认为,王某某、董某 1 受到侵害的是其知情权和生育选择权。理由:(1)本案的起因是复兴医院没有充分告知 B 超检查结果的可靠性,这直接侵害了王某某、董某 1 获知有关信息的权益。由此又造成王某某、董某 1 失去了通过进一步检查发现胎儿缺陷,并据此就是否生育该胎儿进行选择的机会,侵害了其关于生育的选择权益。(2)《中华人民共和国侵权责任法》(已废止)的保护范围是开放的,对所保护的权利和利益并未作严格区分,不能认为其保护的民事权利限于第二条列举的十八种。知情权一词已有数部法律明文规定。生育选择权是公民重要的人身权利,《中华人民共和国人口和计划生育法》《中华人民共和国妇幼保健法》等法律虽未使用该词,但显然肯定该权利。故知情权和生育选择权属于《中华人民共和国侵权责任法》(已废止)保护的权利。(3)根据《中华人民共和国宪法》《中华人民共和国人口和计划生育法》等法律规定,公民享有生育的权利,也有不生育的自由,因此用生育自由权表达我国公民关于是否生育的决定权并不准确。优生优育权和优生优育选择权含义上并无区别,都是指根据胎儿是否健康来选择是否生育的决定权,但其内涵过于具体,故不宜作为一种独立的权利加以保护。相比较而言,生育选择权既可以一般地表达公民选择是否生育子女的权利,又可以具体表达公民根据胎儿是否健康来选择是否生育某个子女的权利,更适合作为一种独立的权利来保护。因此,用生育选择权表达我国公民是否生育的决定权最为准确。

(三)请求权的性质

本案请求权的性质,是指王某某、董某1享有的是违约损害赔偿请求权还是侵权请求权。对此笔者认为,孕妇王某某与复兴医院之间存在医疗服务合同关系,医疗机构违反告知的过错行为属于违约行为,该行为又侵害了王某某的其他人身财产、权益,同时构成侵权行为,发生违约请求权和侵权请求权的竞合,王某某可以选择其一行使。但董某1与医疗机构没有合同关系,其只享有侵权请求权。而王某某、董某1作为共同原告起诉,因此行使的是侵权请求权。

综上,复兴医院违反告知义务造成王某某、董某1的知情权和生育选择权受到侵害,王某某、董某1行使侵权请求权,其请求权基础应为《中华人民共和国侵权责任法》(已废止)第五十五条。

二、侵权责任构成

《中华人民共和国侵权责任法》(已废止)第五十五条规定的侵权责任包括三个构成要件:过错、损害及因果关系。其中损害包括两方面内容:一是民事权益受到侵害,二是由于民事权益被侵害遭受损失。前者是侵权责任成立要件,后者是损害赔偿要件。因果关系包括两方面内容:一是责任成立的因果关系,二是责任范围的因果关系。过错与民事权益受损害之间存在因果关系,侵权责任即成立。过错与损失之间是否存在因果关系,只决定是否应当赔偿,不影响侵权责任成立。就本案侵权责任成立而言,缺陷儿父母的知情权和生育选择权受到侵害上文已经明确,现就另两个要件进行分析。

(一)过错

一审中,王某某、董某1认为复兴医院在超声提示孕妇腹壁厚,图像欠清晰情况下既未进行告知,也未安排复查或转外院复查,因此存在过错。复兴医院认为常规超声检查并不能完全发现胎儿畸形,系目前医学科学局限,因此其不存在过错。二审中,复兴医院虽然认可鉴定意见及一审确定的赔偿比例,但并不承认其存在过错。

笔者认为,医疗过错包括违反诊疗义务和违反告知义务两种,前者指《中华人民共和国侵权责任法》(已废止)第五十七条中规定的"未尽到与当时医疗水平相适应的诊疗义务",后者指违反《中华人民共和国侵权责任法》(已废止)第五十五条规定的"患者说明病情和医疗措施"的义务。复兴医院的B超检查未能发现胎儿的缺陷是由于现有医疗水平所限,故不存在第一种过错。但其违反了鉴定意见所述告知义务,故存在第二种过错。

(二)因果关系

对于过错与王某某、董某1权利受到侵害之间的因果关系存在争议:一种观点认为,孕妇是否终止妊娠受很多因素影响,即使复兴医院进行了充分告知,胎儿的缺陷也不一定检查出来,即使检查出来,告知胎儿存在缺陷,王某某也不一定就终止妊娠,因此因果关系不能成立。另一种观点认为,如果复兴医院进行了充分告知,王某某就会进行进一步检查,就可能发现胎儿的缺陷,发现后应该会终止妊娠,所以,因果关系成立。

笔者认为,对于因果关系的认定应当结合我国的法律制度与社会一般观念来判断。首先,在法律严格禁止堕胎的国家,孕妇即使发现胎儿存在缺陷,也不能终止妊娠,因此就不存在由于医疗机构违反告知义务侵害孕妇生育选择权的问题。而《中华人民共和国计划生育法》及《中华人民共和国母婴保健法》等法律规定,父母有生育选择权,这是因果关系成立的法律基础。其次,关于孕妇在知道胎儿存在缺陷或缺陷风险时是否会选择终止妊娠,确实存在因人而异的问题,对此应以社会一般人的标准来判断。在目前我国的文化背景下,孕妇如果发现胎儿具有残疾,一般会选择终止妊娠。因此,应当认定复兴医院的过错与王某某、董某1知情权和生育选择权受到侵害存在因果关系。只是由于B超检查并未发现胎儿的缺陷,而且进一步检查发现的难度也较大,因此认定因果关系比较轻微。

(三)损害赔偿

损害赔偿是缺陷出生案件争议最大的问题,关键是要合理界定受害人的损失及过错与损失之间的因果关系。

1. 损失的界定。关于王某某、董某1因知情权和生育选择权受到侵害遭受的损失存在三种观点:第一种观点认为,王某某、董某1所受直接损害是缺陷孩子的出生,具体损失包括抚养孩子的全部费用和精神损失。第二种观点认为,抚养孩子是父母的法定义务,抚养费不能视为父母的损失,故王某某、董某1的损失限于精神损失。第三种观点认为,抚养一个缺陷孩子比抚养一个健康孩子多承担的抚养费和精神负担,才是王某某、董某1的损失。

笔者同意第三种观点,理由:(1)生命无价。孩子一旦出生,无论健康与否,都享有同等的价值与尊严,父母都同样负有法定的抚养义务,并同样能够享受到亲情与快乐,故不能将缺陷孩子的出生本身视为损害,并按照如果缺陷孩子不出生，抚养费就不会发生的逻辑，将全部抚养费作为父母的损失要求医疗机构赔偿，因为这意味着将父母的抚养义务全部转嫁给医疗机构，与法律和伦理相悖，也会造成对缺陷孩子的歧视。(2)父母本来的愿望是生育一个健康孩子，相应的义务也是抚养一个健康孩子，正是由于医疗机构的过错导致父母违背意愿地生育了一个缺陷孩子，而抚养一个缺陷孩子必然比抚养一个健康孩子要承担额外的抚养费(特别抚养费)和精神压力，因此，父母的损失应指其承担的特别抚养费和精神负担。

2. 赔偿范围。与上述关于损失的三种观点对应，对于王某某、董某 1 损失的赔偿范围也存在三种观点：第一种观点认为，抚养缺陷孩子的全部费用和精神损失，都应予以赔偿。第二种观点认为，缺陷孩子的抚养费不应赔偿，赔偿范围限于精神损失，但赔偿数额可以提高。第三种观点认为，赔偿范围应当包括特别抚养费和精神损失。

笔者认为，侵权法上的损害赔偿属补偿性质，应实行全部赔偿原则，即侵权人给受害人造成的损失应当全部赔偿。本案中王某某、董某 1 损失的赔偿范围决定于复兴医院过错与王某某、董某 1 所受损失之间的因果关系。双方认可一审确定的赔偿比例，那么，全部损失都应按此比例赔偿。如上所述，损失包括特别抚养费和精神损失。其中特别抚养费属于物质性损失，通过提高精神损失赔偿数额来涵盖特别抚养费用损失则过于主观。因此两者应分别赔偿。

关于特别抚养费的计算方法有两种意见：一种意见主张“具体计算法”，根据个案特定受害人的具体情况区分不同的赔偿项目进行计算；另一种意见主张“抽象计算法”，按某一抽象标准进行计算，如王某某、董某 1 主张按照北京市上一年度城镇居民消费性支出标准统一计算。笔者同意第一种意见，因为不同案件孩子身体缺陷的情况不同，所需额外照料、治疗、教育等情况各不相同，特别抚养费无法找到一个统一的计算标准，因此只能根据个案的具体情况分别计算。本案判决即按照具体计算法,对王某某、董某1要求赔偿的各项物质性费用分别进行定性,属于特别抚养费范围的予以赔偿,否则不予赔偿。

(本案例分析荣获全国法院系统2017年度优秀案例分析评选活动一等奖)

李某诉中国铁路哈尔滨局集团有限公司铁路旅客运输合同纠纷案

——乘客请求普速列车禁烟的价值判断与裁判方法

编写人：北京市第二中级人民法院　杨　光　祝兴栋

北京市东城区人民法院　王　丹

【内容摘要】

本案是随着北京、天津控烟条例的出台，全国首例在普速列车上要求禁烟，并因被动吸入二手烟就其身心损害向承运人主张违约责任的案件。此案一经立案，便迅速引发社会舆论广泛而密切的关注，被称作“无烟诉讼第一案”。此案焦点在于承运人的安全运输义务是否包含提供无烟环境，以及乘客结束行程后能否要求承运人取消吸烟区并拆除烟具。对于该争议焦点，表面看是单纯的法律适用问题，实质上存在社会问题和法律问题的耦合和交织，更涉及带有公益效果的私益诉讼案件的价值判断和裁判方法问题。

本部分通过对铁路旅客运输合同中承运人负有的“安全”运输义务的内涵与外延予以重新审视，认定被诉违约行为的性质，在遵循法律论证规则的基础上，提出人民法院对此类案件进行司法裁判时，既不能固守通常裁判思维，又不能以彻底牺牲和破坏法律论证和推理规则为代价一味追求公众期待，而是要在严格遵循司法过程的法律方法基础上，运用符合一定原则的价值判断，平衡各方冲突的利益，弥补规则蕴含的价值与社会需求的差距，实现规则适用与价值追求的有效统一。

本案裁判规则和思路体现了司法裁判对调和社会利益失衡和推动社会转型升级的正向功能，在获得社会舆论广泛认可的同时，对同类案件的处理具有指导意义。

【关键词】价值判断　安全运输义务　公益性质　私益诉讼

【裁判要旨】

1. 运输合同中承运人负有的安全运输义务中的“安全”应仅限于行车安全。在普速列车上设置吸烟区、摆放烟具的行为，不违反承运人负有的安全运输主合同义务，但违反为旅客提供良好乘车环境的从合同义务；当事人主张取消吸烟区、拆除烟具的诉讼请求应当予以支持。

2. 带有公益效果的私益诉讼裁判思维要在严格遵循司法过程的法律方法基础上，充分考量双方当事人之间、当事人与相关案外人之间及其与公共事业之间、法律规范与社会现状之间等各类关系及利益冲突，遵从利益选择的价值优位原则、判决后果论证方法与司法救济功能发挥之目的，运用价值判断方法，实现规则适用与价值追求的有机统一。

【相关法条】

《中华人民共和国合同法》第二百九十条①、第三百零二条②

《中华人民共和国铁路法》第十三条

《中华人民共和国民事诉讼法》（2017 年）第五十五条③

《铁路安全管理条例》第七十七条第十四项

---

① 现《中华人民共和国民法典》第八百一十一条。

② 现《中华人民共和国民法典》第八百二十三条。

③ 现《中华人民共和国民事诉讼法》第五十八条。

【案件索引】

一审:北京铁路运输法院(2017)京 7101 民初 875 号(2018 年 6 月 25 日)

【基本案情】

原告李某起诉称:2017 年 6 月 9 日,李某从北京站乘坐被告运营的 K1301 次列车到天津旅游,在乘车过程中发现列车上设置吸烟区并放置烟具,多名乘客在列车上吸烟,无人劝阻。李某认为列车内设置吸烟区、摆放烟具违反法律规定;列车的经营者负有禁烟以保证乘客不被烟草危害、安全旅行的义务;涉案列车车厢张贴的“铁路旅客乘客安全须知”(以下简称“安全须知”)应视为合同内容,双方应遵守该须知第五条“禁止在列车各部位吸烟”的规定,被告构成违约;被诉行为使车内空气污染严重,李某身心受到了伤害。在诉讼前,原告曾向北京卫计委、天津卫计委、国家铁路局运输监督管理司反映涉案问题,但均被告知依据相关规定不归其受理,故请求判决被告:(1)赔偿购票款 102.5 元及律师费 3000 元;(2)支付精神损害赔偿金 1 元并赔礼道歉;(3)消除危险:取消 K1301 次列车内的吸烟区、拆除烟具并禁止在 K1301 次列车内吸烟。

被告中国铁路哈尔滨集团有限公司辩称:其将李某如约送到目的地,且李某在乘车期间及到站后均没有受到任何身体伤害,其已履行完毕合同义务,不存在违约情形。普速列车车厢连接处设置吸烟区不违反法律规定,也未对李某造成侵害。本案名为铁路旅客运输合同纠纷,实为公益诉讼,李某通过私益诉讼达到公益诉讼的目的,不符合《中华人民共和国民事诉讼法》(2017 年)第五十五条的规定。综上,请求法院驳回李某的诉讼请求。

法院经审理查明:2017 年 6 月 9 日,李某乘坐中铁哈局公司运营的 K1301 次列车从北京出发去天津,其购买的为空调软卧车厢车票,票价 102.5 元。该次列车系从北京始发、终点为满洲里的普速列车,运行时间总计32小时40分,共35站,途经北京、天津等七个省市,经停的33站一半以上停车时间为两三分钟,其余停车时长在4到20分钟。李某乘坐该次列车于当日准点到达天津。涉案列车车厢连接处设有吸烟区、并配有烟缸等烟具。车厢内张贴"安全须知",记载"禁止在列车各部位吸烟"。

【裁判结果】

北京铁路运输法院于2018年6月25日作出(2017)京7101民初875号判决:(1)中国铁路哈尔滨局集团有限公司于本判决生效之日起30日内取消K1301次列车的吸烟区标识及烟具;(2)驳回李某的其他诉讼请求。

宣判后,双方均未提出上诉,该判决于2018年7月11日生效。

【裁判理由】

法院生效判决认为:双方的争议焦点为两个:一是中国铁路哈尔滨集团有限公司在K1301次列车设置吸烟区允许乘客吸烟的行为是否违反了承运人的义务及应否承担法律责任。二是原告请求取消列车内的吸烟区、拆除烟具是否为公益诉讼,其诉求是否应当得到支持。

一、被告被诉行为是否违反了承运人义务及是否承担法律责任

1. 关于是否违反合同义务问题。首先,被告已按照客票载明的时间和地点将李某运送到目的地,其间,李某并未出现身体上的物理性损伤或其他损害后果,已依约履行完毕涉案合同主义务。其次,火车票背面载明的《铁路旅客运输规程》第十条要求承运人要维护车厢的良好环境。最后,列车内张贴"安全须知"载明"禁止在列车各部位吸烟"表明该次列车全车禁烟。故法院认定被告被诉行为违反承运人从合同义务。

2. 关于李某要求赔偿购票款及律师费的诉讼请求。首先,被告已履行完毕其主合同义务,有权获得李某支付的作为履约对价的票款。其次,损害赔偿的范围是以实际发生的损害为计算标准,损害须确定、能够通过举证予以证明。李某并未出现有明显体征变化的损害后果,亦未进行身体检查,对实际损害举证不足。律师费主张无法律与合同依据。关于精神损害赔偿金、赔礼道歉的主张,一般是侵权责任的承担方式,且现有证据无法证明李某因本次行程引发明显的精神痛苦。故对上述主张均不予支持。

二、原告请求取消列车内的吸烟区、拆除烟具是否为公益诉讼,其诉求是否应当得到支持

首先,中国铁路哈尔滨集团有限公司的行为违反给乘客提供良好乘车环境的从合同义务,应予纠正。其次,根据法律规定,本案并非公益诉讼,但公共利益与私人利益在本案中呈现相互包含的关系,中国铁路哈尔滨集团有限公司上述行为的持续会对以后所有乘坐该次列车的乘客的出行环境甚至身体健康产生或将会产生不利影响,亦可能引发更多诉讼。最后,司法裁判关系到公共秩序、善良风俗、生态环境的维护,判决所能实现的普速列车禁烟,有利于公共环境和公民健康的保护。考虑到吸烟者群体的需求,其被抑制的习惯可以通过替代性渠道获取,被告可以考虑依托先进的技术手段寻求解决方案。考虑到拆除烟具的经济成本和可能对车厢本身设施造成损坏,允许被告采取变通的措施,如采取遮挡、封堵烟具、张贴封条等措施。

【案例注解】

本案是随着北京、天津控烟条例的出台①,全国首例在普速列车上要求

---

① 《北京市控制吸烟条例》(2015年)第九条规定,"公共场所、工作场所的室内区域以及公共交通工具内禁止吸烟"。第十三条规定,"禁止吸烟场所的经营者、管理者负有下列责任:……(三)不得在禁止吸烟场所提供烟具和附有烟草广告的物品……(五)对在禁止吸烟场所内的吸烟者予以劝阻,对不听劝阻的要求其离开;对不听劝阻且不离开的,向卫生计生行政部门投诉举报"。《天津市控制吸烟条例》第六条规定,"禁止在下列场所吸烟:……(十二)客运公共汽车、长途汽车、电车、出租汽车、城市轨道交通车辆、船舶、飞机、火车等公共交通工具内,以及售票厅、等候室、室内站台等室内区域;(十三)法律、法规和规章确定的其他禁止吸烟的场所及区域"。第十一条规定,"禁止吸烟场所的所在单位应当履行下列职责:……(三)在禁止吸烟区域内不得设置烟缸等与吸烟有关的器具;(四)对在禁止吸烟区域内吸烟者予以劝阻,对不听劝阻的,向有关行政管理部门报告"。

禁烟[①],并因被动吸入二手烟就其身心损害向承运人主张违约责任的案件。此案一经立案,便迅速引发社会舆论广泛而密切的关注,被称作"无烟诉讼第一案"。此案的焦点在于承运人的安全运输义务是否包含提供无烟环境,以及乘客结束行程后能否要求承运人取消吸烟区并拆除烟具。对于该争议焦点,表面看是单纯的法律适用问题,实质上存在社会问题和法律问题的耦合和交织,更涉及带有公益效果的私益诉讼的价值判断和裁判方法问题。由于此类案件既面临不同群体的权益冲突,也面临判决的社会导向问题。因此,人民法院对此类案件进行司法裁判时,既不能固守通常裁判思维,又不能以彻底牺牲和破坏法律论证和推理规则为代价一味追求公众期待,而是要在严格遵循司法过程的法律方法基础上,运用符合一定原则的价值判断,平衡各方冲突的利益,弥补规则蕴含的价值与社会需求的差距,实现规则适用与价值追求的有效统一。

一、规则适用:价值判断融入推理逻辑实现合法性

在本案的审理过程中,合议庭及专业法官会议对承运人行为是否违约、违约责任的承担方式等问题曾存在较大争议。持与判决相反观点的人认为,承运人已将原告安全、准时运送至目的地,合同义务已履行完毕,列车是否禁烟对原告已无法产生后果,原告的诉讼请求缺乏依据,应予驳回。笔者认为,该种观点属于机械地适用法律,缺乏应有的价值判断和社会责任担当,对此类案件审理的规则适用,应从如下进行把握。

(一)法的发现定位裁判依据

法的发现与识别是司法过程中法律推理的首要方法与步骤,对于被诉行为是否违约,须首先考察列车承运人的法定与约定义务规则。

1. 寻找法律规范。原告选择追究承运人的违约责任,故本案排除了侵

---

① 此种诉求是对普速列车设置吸烟区、摆放烟具的承运人追究违约责任之诉,而当前高铁、动车已经全列禁烟,故不在本案讨论范畴。

权法的适用。根据法律规定,承运人对旅客人身(不包括财产)负有的义务包括:安全运输义务、重要事项告知义务、救助义务①和其他服务义务,②以及在旅客发生人身损害时承担赔偿责任。③

2. 寻找合同依据。火车票作为铁路旅客运输合同的唯一凭证,其正面记载了起止站点、列车车次、发车时间、座位号、票款等合同主要权利义务,其背面载明:未尽事项详见《铁路旅客运输规程》相关规定和车站公告。据此,该规程与火车票记载事项等共同构成铁路旅客运输合同的主要内容。《铁路旅客运输规程》第十条明确了承运人的三项基本义务,④实际上,这三项义务与法定的安全运输义务、服务义务及损害赔偿责任一一对应。

综上,在承运人负有的上述法定与约定义务中,被诉违约行为能够对应进入的是安全运输义务或服务义务的范畴。

(二)将价值判断运用于法律解释推演被诉行为属性

当法律条文因文字理解上的歧义性、模糊性或者出现对事实的法律意义存在异议、疑义而可能产生不同意义,甚至存在空缺结构的法律时,形式

---

① 这三项义务分别对应《中华人民共和国合同法》(已废止)第二百九十条,承运人应当在约定期间或者合理期间内将旅客、货物安全运输到约定地点。第二百九十八条,承运人应当向旅客及时告知有关不能正常运输的重要事由和安全运输应当注意的事项。第三百零一条,承运人在运输过程中,应当尽力救助患有急病、分娩、遇险的旅客。

② 《中华人民共和国铁路法》第十三条,铁路运输企业应当采取有效措施做好旅客运输服务工作,做到文明礼貌、热情周到,保持车站和车厢内的清洁卫生,提供饮用开水,做好列车上的饮食供应工作。铁路运输企业应当采取措施,防止对铁路沿线环境的污染。

③ 《中华人民共和国合同法》(已废止)第三百零二条第一款规定,承运人应当对运输过程中旅客的伤亡承担损害赔偿责任,但伤亡是旅客自身健康原因造成的或者承运人证明伤亡是旅客故意、重大过失造成的除外。《中华人民共和国铁路法》第五十八条规定,因铁路行车事故及其他铁路运营事故造成人身伤亡的,铁路运输企业应当承担赔偿责任;如果人身伤亡是因不可抗力或者由于受害人自身的原因造成的,铁路运输企业不承担赔偿责任。违章通过平交道口或者人行过道,或者在铁路线路上行走、坐卧造成的人身伤亡,属于受害人自身的原因造成的人身伤亡。

④ 《铁路旅客运输规程》(2010年)第十条规定,承运人的基本权利和义务是:……义务:1. 确保旅客运输安全正点。2. 为旅客提供良好的旅行环境和服务设施,不断提高服务质量,文明礼貌地为旅客服务。3. 因承运人过错造成旅客身体损害或物品损失时予以赔偿。4. 对运送期间因承运人过错造成的旅客随身携带物品损失予以赔偿。

逻辑推理陷入沉默,法律解释、漏洞补充等方法的运用势在必行,这一过程离不开价值判断的参与。①

1. 运用法律解释明确"安全"含义。判断被诉行为能否落入安全运输义务规制范畴,须对"安全"的内涵与外延予以明确,这需要法律解释方法的运用。从文义上看,安全是可以控制特定已被识别的危害,使风险在一定可接受的水准以下,因此可以减少造成健康或经济损失的可能性,包括对人或对所有物的保护。② 运输的"安全"仅指行车安全(包括在安全行车的保障下实现的旅客人身及财产安全),还是涵盖了承运人在整个行程中需保障旅客的人身及财产不受非因行车不安全造成的威胁或损害呢?从立法目的上看,运输活动以高速和安全为目标,火车作为高速运输工具带有与生俱来的风险与危险,这要求承运人在使用该工具从事运输活动时要将确保旅客安全作为首要义务来对待,这也是立法者将对旅客人身损害赔偿责任的归责原则确立为严格责任的原因。安全义务作为与使用高速运输工具带来的危险相对而生的立法需求被确立下来。从社会现实来看,本案产生于北京、天津控烟条例出台的背景下,③公民对烟草危害健康的认识逐步深入,对健康的重视逐步提升,对公共交通工具形成的封闭空间内的空气质量提出了新需求,这是在此之前从未被旅客以诉讼请求方式提出的,如今因社会发展进步应运而生的保障义务。法律解释到此处似乎尚未

---

① 陈金钊:《司法过程中的法律方法论》,载《法制与社会发展》2002 年第 4 期。

② 该定义来自"维基百科中文版网站"2019 年 7 月 6 日,https://wikipedia.tk.gugeeseo.com/wiki/安全。

③ 《北京市控制吸烟条例》(2015 年)第九条规定,"公共场所、工作场所的室内区域以及公共交通工具内禁止吸烟"。第十三条规定,"禁止吸烟场所的经营者、管理者负有下列责任:……(三)不得在禁止吸烟场所提供烟具和附有烟草广告的物品……(五)对在禁止吸烟场所内的吸烟者予以劝阻,对不听劝阻的要求其离开;对不听劝阻且不离开的,向卫生计生行政部门投诉举报"。《天津市控制吸烟条例》第六条规定,"禁止在下列场所吸烟:……(十二)客运公共汽车、长途汽车、电车、出租汽车、城市轨道交通车辆、船舶、飞机、火车等公共交通工具内,以及售票厅、等候室、室内站台等室内区域"。第十一条规定,"禁止吸烟场所的所在单位应当履行下列职责:……(三)在禁止吸烟区域内不得设置烟缸等与吸烟有关的器具;(四)对在禁止吸烟区域内吸烟者予以劝阻,对不听劝阻的,向有关行政管理部门报告"。

得出准确结论,还有其他因素需要考量。

2. 结合价值判断推演行为属性。被告对自身行为所作的解释不容忽视:涉案车次系普速列车,存在运行时间长、停站时间短、旅客素质参差的特点,如果实行全程全列禁烟且不设置烟具,一些旅客偷吸香烟、乱扔烟头可能引发火灾等严重危害列车行车安全的事故,被告被诉行为是在当下不得不采取的以"疏"代"堵",确保旅客及列车运行安全的"权宜之策"。承运人视角下的这一抗辩理由在我国现实情形中并非缺乏合理性。此时,原告对承运人主张的禁烟义务与承运人确保"安全"的"权宜之策"间便产生碰撞,对"安全"含义的界定需判断利益、审慎处之。若对承运人苛以对旅客人身确保行车安全之外的不问过错的法定义务,在当前时期,未免过于严格,不利于承运人采取积极措施提升与行车有关的各项保障;而旅客在本案中提出的该项及类似诉求并不会因此失去庇护,仍可以在承运人负有的服务义务中得到保护。因此,不宜将承运人的安全运输义务扩大解释,包括对列车内空气质量的维护以确保旅客身心愉悦。

因确保旅行环境良好的服务义务仅具有辅助主义务之功能,是为确保旅客享有的如约安全抵达目的地这一权益能够获得最大限度地满足而设定的,被告被诉行为所默许的吸烟行为必然会导致车内空气及环境质量降低,违反了确保旅行环境良好的从合同义务。

二、价值追求:利益判断探寻实质正义实现正当性

在本案中,原告的诉讼请求有指向公共利益的成分,并可能间接产生对公共利益的影响,学界将此类案件称为"非纯粹的民事公益诉讼"[①]、"自

① 参见肖建国、刘东:《公民个人提起民事公益诉讼的原告资格辨析》,载《学习论坛》2014年第3期。

益形式的公益诉讼"[①]或"带有公益色彩的私益诉讼"[②],区别于公益诉讼。笔者采"带有公益性质的私益诉讼"这一名称。应当说此类包含有公益诉求的私益诉讼并不罕见,且往往倍受舆论关注[③]。在此类案件中,诉讼请求往往均指向已经终止的原被告之间的法律关系,原告胜诉后判决只会面向未来发生效力,虽无法实现其所受损害的弥补与救济,但具有排除与原告诉求相同的利益阶层受到或将要受到侵害的效果。同时,该种诉求并不是所有社会群体都受益,还可能使少数人群权益受到限制。因此,对此问题的回应需遵循一定的原则和方法,才能实现实质正义追求。

1. 判断原告与案外主体间冲突之利益——利益选择的价值优位原则。法院若支持原告该项诉讼请求,将使判决既判力原本具有的相对性原则受到冲击,其主观范围发生扩张,本属于原告的私人利益扩散至与原告同一地位的众人利益,此时,列车车厢有限空间承载的另一部分群体——吸烟者的自由就会因此受到抑制和挤压,两方利益产生冲突。此时,司法者必须首先尊重实定法中的价值取向;但当若干相互交叉、重叠或冲突的权益并未全部纳入法律规范的框架内时,需要法官运用利益判断的方法作出权益保护位阶的价值判断。

尽管私法自治原则的核心就是确认并保障民事主体的自由,但若每个民事主体所享有的自由都是不受任何限制的话,这些自由之间必然会产生交叉、重叠与冲突,因此,必须为自由设定界限,[④]得以自由行使的只能是对他人权益不产生损害的正当权益。吸烟权益不仅从未被纳入法律规范的

① 参见林莉红:《法社会学视野下的中国公益诉讼》,载《学习与探索》2008年第1期。

② 参见袁军、朱秋菱:《带有公益色彩的民事权益诉讼初探》,载《法律适用》2007年第4期。

③ 1996年的"1.2元"案、"一元交通费"案、"丘建东诉北京地铁公司如厕收费"案等案件,均系当事人以维护自身利益为名,提起具有保护公共利益效果的诉讼。

④ 然而,对于自由的限制本身亦应受到严格的限制,否则就会对私法自治原则造成损害,从而动摇民法正当性的根基。

框架内予以保护,而且该权益的自由行使会侵犯他人享有的作为公民基本权利之一的健康权,据此,法官可作出健康权位阶高于吸烟自由权益而需抑制后者的价值判断。

此外,在价值判断中被舍弃的吸烟者权益可以通过替代性渠道获取,判决提示并鼓励承运人采取技术手段谋求问题的解决以最大限度地满足各方利益诉求。

2. 私益诉讼中的公益效果——判决后果论证。对于本案系公益诉讼抑或私益诉讼。首先,从当时法律规定来看,[①]原告主体身份不符合公益诉讼的法定要求。其次,应严格区分公益诉讼与带有公益性质的私益诉讼,因原告提起诉讼的直接目的和首要救济对象是私人利益,其对本案具有诉的利益;即便诉求或裁判结果具有维护公共利益的效果,但不能改变此类诉讼与由无诉的利益的主体提起的纯粹追求对公共利益保护的公益诉讼具有的本质区别。

带有公益效果的诉求因涉及利益的公共化,法官必须考量和预测判决对公共事业的影响:在认定被告违约的前提下,若放任该行为或状态的继续,按照传统的既判力理论,案外人不受既判力的约束,那些没有参诉的利益受损者未来仍然可以提起与本案同样的诉讼,法院与同一被告将因同一侵害事由多次陷入诉讼的泥沼,造成诉讼资源的极大消耗和浪费,也可能产生前后裁判的冲突问题,减损司法公信力。因此,违约行为必须予以纠正。而无论法官如何决断,判决将对与被告处于类似情形的承运人利益产

① 《中华人民共和国民事诉讼法》(2017年)第五十五条规定,对污染环境、侵害众多消费者合法权益等损害社会公共利益的行为,法律规定的机关和有关组织可以向人民法院提起诉讼。人民检察院在履行职责中发现破坏生态环境和资源保护、食品药品安全领域侵害众多消费者合法权益等损害社会公共利益的行为,在没有前款规定的机关和组织或者前款规定的机关和组织不提起诉讼的情况下,可以向人民法院提起诉讼。前款规定的机关或者组织提起诉讼的,人民检察院可以支持起诉。

生影响,使其面临可能的诉讼或增加管理成本。考虑拆除的经济成本和可能对车厢造成的损坏,判决允许被告采取变通的措施,如遮挡、封堵烟具、张贴封条等。

3. 调和实定法律规范滞后于社会发展之冲突——司法救济功能发挥。新旧体制交错、社会发展升级、价值观念多元造成社会生活的多重利益冲突,催生出新型行政管理需求与司法需求,但实定法的滞后性、非周延性无法与之匹配,法律规范、行政管理与公众利益便发生抵触。

国家控烟是社会发展现状和未来趋势,2011 年 5 月 1 日即施行的《公共场所卫生管理条例实施细则》第十八条第一款、第三条第四款的规定,①根据文义及通常理解,铁路客车应属于室内公共场所施行禁烟。但本案原告在诉讼前,曾向北京卫计委、天津卫计委、国家铁路局运输监督管理司反映涉案问题,但均被告知依据相关规定不归其受理。面对行政管理的真空地带,原告不得不诉诸司法救济。法官在司法裁判中借助价值判断方法,能够弥补立法者认识的有限性导致的法律空缺结构与法律固有的滞后性,和依法行政的僵化性,从而发挥司法在调和社会利益失衡和推动社会转型升级方面的积极作用。

三、争议回归:价值判断在本案中的应用

综上所述,带有公益效果的私益诉讼的裁判思维要在严格遵循司法过程的法律方法基础上,充分考量双方当事人之间、当事人与相关案外人之间及其与公共事业之间、法律规范与社会现状之间等各类关系及利益冲突,遵从利益选择的价值优位原则、判决后果论证方法与司法救济功能发

---

① 《公共场所卫生管理条例实施细则》第十八条第一款规定,室内公共场所禁止吸烟。公共场所经营者应当设置醒目的禁止吸烟警语和标志。第三条第四款规定,铁路部门所属的卫生主管部门负责对管辖范围内的车站、等候室、铁路客车以及主要为本系统职工服务的公共场所的卫生监督管理工作。

挥之目的，运用价值判断方法，实现规则适用与价值追求的有机统一。

具体在本案中，首先，旅客健康权应高于吸烟者的权益或自由。其次，被抑制的权益可以考虑从替代性渠道获取，被告可以考虑依托先进的技术手段寻求解决方案。最后，法院希望被告能采取更有力的措施，让公众能在更优质的环境中出行。因此，本案判决结果是正确的，导向是积极的，是对社会主义核心价值观的有力践行。

（本案例分析荣获全国法院系统2019年度优秀案例分析评选活动一等奖）

高某诉马某离婚后财产纠纷案

——通谋虚假离婚中离婚协议的效力认定

编写人:北京市第二中级人民法院　李　政　陈广辉

【内容摘要】

本案系典型的通谋虚假离婚案件,现行婚姻法及司法解释对通谋虚假离婚中离婚协议的效力认定没有明文规定。《中华人民共和国民法典》为此类纠纷提供了实证法规范渠道:通谋虚假离婚中离婚协议之效力认定应适用通谋虚伪行为规则,根据意思与表示是否一致,将离婚协议区分为伪装协议和隐藏协议,前者无效,后者依法确定效力;隐藏协议中身份关系条款与财产关系条款的效力一般应作关联性认定,若身份关系条款无效,则与之相关联的财产关系条款亦无效。

【关键词】通谋虚伪行为　通谋虚假离婚　伪装协议　隐藏协议

【裁判要旨】

通谋虚假离婚与通谋虚伪行为的特征及调整范围高度契合,通谋虚假离婚中离婚协议之效力认定应适用该规则:离婚登记之效力不因双方虚假离婚的意思表示而无效,其效力应依行政法规范单独判断。

根据意思与表示是否一致,通谋虚假离婚中的离婚协议可分为伪装协议和隐藏协议。伪装协议无效,隐藏协议依法确定效力;隐藏协议中身份关系条款与财产关系条款的效力一般应作关联性认定，若身份关系条款无效，则与之相关联的财产关系条款亦无效。

【相关法条】

《中华人民共和国民法总则》第一百四十六条①

《中华人民共和国婚姻法》第二条②、第三十一条③

【案件索引】

一审：北京市丰台区人民法院（2017）京0106民初11410号（2019年6月28日）

二审：北京市第二中级人民法院（2019）京02民终10856号（2019年10月25日）

【基本案情】

原告（上诉人）高某诉称：2016年12月7日，高某与马某自愿协议离婚，离婚协议书备案于民政局婚姻登记处。马某怠于履行离婚协议书中关于偿还债务的约定，现请求马某承担该笔债务。

被告（被上诉人）马某辩称：高某的依据都是基于离婚协议书的约定，但通过双方签订的离婚补充协议可以确认离婚协议书约定的有关财产分割的条款并非双方真实意思表示，上述条款不应作为双方分割财产的依据。故请求法院依法分割双方的夫妻共同财产，判决高某按照离婚补充协议的约定双倍赔付马某购房款。

法院经审理查明，2007年12月28日，高某与马某登记结婚。

2016年12月7日，高某与马某签订离婚协议书并在北京市西城区民政局婚姻登记处登记离婚。离婚协议书载明："……因协议人双方感情原

① 现《中华人民共和国民法典》第一百四十六条。

② 现《中华人民共和国民法典》第一千零四十一条。

③ 现《中华人民共和国民法典》第一千零七十六条、第一千零七十八条。

因自愿协议离婚，并对于子女抚养、财产及债务处理等达成如下一致意见：一、马某与高某自愿离婚；二、……三、男方名下丰台区×号商品房一套归男方所有，女方名下朝阳区×号商品房一套归女方所有；四、双方共有现金人民币……男女双方各享50%；五、双方共有60万元人民币共同债务……由男方全部承担，双方无其他债权债务；六、……我们自愿协议离婚，双方均同意本协议的内容……”

2016年12月7日，马某与高某签订离婚补充协议，内容为：“甲方：马某。女方：高某。男女双方因感情问题需要短期体验不同婚姻状态，准备于近期去民政局办理离婚手续……作为将在民政局备案的离婚之补充协议，供双方共同遵守：一、双方同意在办理离婚手续后一个月之内无条件办理复婚手续，若有一方不同意复婚即属严重违约，违约方应赔偿另一方因不能复婚而造成的任何损失，包括售卖房产的违约损失……二、双方所签在民政局备案的离婚协议中有关财产（包括房产，下同）分割的条款均不是双方真实的意思表示，均为无效……若任何一方在本次离婚后两个月内向任何他方转移财产或买卖财产，则属严重违约，应按所转移和买卖财产的市场价值换算成人民币双倍赔偿另一方。三、因为本次离婚只是为了短暂的体验，离婚不是双方的真实目的，故双方本次离婚备案于民政局的离婚协议以及双方本次离婚期间及复婚后的实际财产划分均不是双方财产分割真实的意思表示，均不成立，不影响双方婚姻财产原本合法的界定，且双方均承诺，本次短暂离婚在财产方面应视为双方没有离婚，应等同于双方婚姻关系继续存续处理。四、……五、虽然本补充协议在双方于民政局备案的离婚协议之前签订，但本补充协议生效是双方签订离婚协议的前提条件，且双方确认本协议的效力高于离婚协议。六、……”

【裁判结果】

北京市丰台区人民法院于2019年6月28日作出（2017）京0106民初11410号民事判决：（1）高某名下的财产归高某所有，马某名下的财产归马某所有,高某于判决生效后7日内给付马某折价款1,137,733.75元,马某于判决生效后7日内给付高某折价款25,289.89美元、479,615.98港元;(2)驳回高某、马某的其他诉讼请求。

高某不服原审判决,提起上诉。北京市第二中级人民法院于2019年10月25日判决如下:(1)撤销北京市丰台区人民法院(2017)京0106民初11410号民事判决第二项;(2)变更北京市丰台区人民法院(2017)京0106民初11410号民事判决第一项为高某名下的财产归高某所有,马某名下的财产归马某所有,马某于本判决生效后7日内给付高某折价款人民币454,266.25元、25,289.89美元、479,615.98港元;(3)驳回马某、高某的其他诉讼请求。

【裁判理由】

法院生效判决认为:本案的争议焦点为案涉离婚协议书及离婚补充协议的效力认定问题。案涉离婚协议书及离婚补充协议均应认定为无效。具体分析如下:

第一,离婚协议书因系双方以虚假意思表示作出而无效。《中华人民共和国民法总则》(已废止)第一百四十六条第一款规定:"行为人与相对人以虚假的意思表示实施的民事法律行为无效。"

本案中,高某、马某签署离婚协议书并据此在民政部门办理离婚手续,但同日签署的离婚补充协议第二条中明确约定"双方所签在民政局备案的离婚协议中有关财产(包括房产,下同)分割的条款均不是双方真实的意思表示"、第三条载明"离婚不是双方的真实目的"、第五条亦载明"本协议的效力高于离婚协议"。依据前述事实可知,离婚协议书并非高某、马某的真实意思表示,其二人的真实意思系通谋虚伪离婚。故高某与马某系以虚假的意思表示签署的离婚协议书法律不应予以保护,前述协议书不具有法律效力,应属无效。

第二,离婚补充协议因违背公序良俗及婚姻自由原则而无效。本案中，高某、马某签署的离婚补充协议中存在“男女双方因感情问题需要短期体验不同婚姻状态，准备于近期去民政局办理离婚手续”，“本次离婚只是为了短暂的体验，离婚不是双方的真实目的”等内容，上述约定损害了婚姻关系的道德伦理性和严肃性，违背了基本的社会道德规范。

根据我国婚姻法规定，婚姻自由是公民依法享有的基本权利，任何人不得以任何理由干涉他人的婚姻自由。而案涉离婚补充协议第一条规定：“双方同意在办理离婚手续后一个月之内无条件办理复婚手续，若有一方不同意复婚即属严重违约，违约方应赔偿另一方因不能复婚而造成的任何损失。包括售卖房产的违约损失”，该条款内容显然系以财产为条件限制协议双方的婚姻自由，侵犯了公民的合法权利。

此外，案涉离婚补充协议并非简单的财产约定，其涵盖了婚姻身份关系终止、财产关系处分等内容，各条款之间具有相当程度的关联性，属于不可分割的整体。如涉及身份关系之条款被认定为无效，则涉及财产分割之条款亦应一并确认为无效。

综上，离婚补充协议因违背公序良俗及婚姻自由原则应属无效。

【案例注解】

“假离婚”[①]案件，又称“通谋虚假离婚”案件，有其深层的社会背景和形成原因。突破限购政策、降低贷款成本、规避税收政策、转移债权债务等都可能成为“假离婚”的背后动机。身份行为肇致的权利变动、离婚“假戏真做”引发的纠纷等[②]，不仅对婚姻家庭产生威胁，也存在使相关政策不能

---

① “假离婚”并非正式的法律术语，而是社会上对一类为达成某种特殊目的而办理离婚登记并约定嗣后复婚行为的统称，在法学研究中，常用“通谋虚假离婚”代称之，故下文亦采用此概念。

② 近年来，因“假离婚”引发的问题及纠纷较多，在司法实践中、新闻媒体上抑或影视作品里均有体现。笔者以近三年（2018 年至 2020 年）来北京地区的婚姻家庭纠纷案件为范围，在中国裁判文书网检索关键词“假离婚”，共搜索到相关案件 83 件；媒体报道如《为生二胎假离婚，事后丈夫不认账》，载新浪网 2020 年 6 月 11 日，http://news. sina. com. cn/；再如，电视剧《安家》中徐文昌与张乘乘因购买二套房屋而离婚，后因张乘乘另寻新欢，双方复婚未果，徐文昌人财两空；电影《我不是潘金莲》中主人公李雪莲为达到生二胎目的与丈夫秦玉河决定“假离婚”、后秦玉河另与别人结婚，李雪莲就此开始了长达 20 年的漫漫维权路。

顺畅实施、增加社会矛盾等负面影响。故明确通谋虚假离婚中相关法律问题的处理,特别是离婚协议的效力认定,统一裁判标准,对于妥善解决此类纠纷,提升司法指引作用具有重要意义。

一、通谋虚假离婚的规范路径选择

(一)通谋虚假离婚的概念、特征

通谋虚假离婚,是指夫妻双方均欠缺结束婚姻关系的真意,但出于某些目的,串通合谋向婚姻登记机关作出离婚意思表示,并认可或约定待目的达成后再行复婚的离婚行为。①

通谋虚假离婚一般具有以下特征:(1)意思特征,双方均无真正结束婚姻关系的意愿,离婚不是其最终追求的法律效果,双方认可或另行约定将再行复婚。(2)表示特征,无论其主观上真实意思如何,在客观形式上均作出了离婚的意思表示。(3)合意特征,双方为了共同或各自的目的存在通谋,系在形成合意的基础上作出离婚的意思表示。(4)行为特征,为追求离婚登记的客观效果,向有权机关即婚姻登记机关作出离婚的意思表示。

(二)通谋虚假离婚的规范选择

通谋虚假离婚的行为界定和规范选择是此类案件处理的核心问题。理论和实践中,将通谋虚假离婚认定为真意保留、脱法行为、恶意串通行为、以合法形式掩盖非法目的行为、通谋虚伪行为等的情形均有存在,这就需要对通谋虚假离婚的事实要素与现有规范体系之间的契合度进行比较分析,以找出调整通谋虚假离婚的最优规范。

1. 真意保留。真意保留,又称心中保留,是指表意人将意欲发生法律效果的意思保留。于内心而言其所表示的内容并非内在意思的意思表示。

---

① 王礼仁认为,通谋虚假离婚是指婚姻关系的双方当事人均欠缺结束婚姻家庭关系的真意,仅为谋取某种利益,而相互合谋向婚姻登记机关作出非真意的离婚的意思表示,待目的达成后再行复婚的一种行为。参见王礼仁:《婚姻诉讼前沿理论与审判实务》,人民法院出版社 2009 年版,第 526 页。

表意人由于各种内在或者外在的原因,其内心真实意思与表示的内容相异,且故意地不欲使表示出来的内容产生法律效力。① 与通谋虚伪行为的主要区别是:真意保留不具有双方的"通谋性",仅表意人一方缺乏效果意思,即其并不希望其表示于外的意思真正产生法律效果,但受领人对此并不知道②。通谋虚假离婚因具有通谋的特点,故不适用真意保留规则。

2. 脱法行为。脱法行为是指以迂回手段,规避强行规定。被回避的强行规定,有为禁止规定,有为税收法规等。当事人所采迂回手段行为,乃是利用契约自由,其目的则是要达成法律所不许的效果③。学说上受到关注的主要是规避禁止性法律规范的脱法行为,在实践中一般通过对相关的禁止性法律规范予以解释,将系争的脱法行为纳入其适用范围,判定为无效。④ 但这一效力认定存在争议,原因在于广义上的脱法行为并不全然为法所不许的行为,如何从中择取规避禁止性法律规范的脱法行为,仍需依情形判断。譬如,通谋虚假离婚多是为了实现脱法目的,即广义上的脱法行为,但是不是规避禁止性法律规范的脱法行为,则不依据具体案情无法作出判断。⑤ 故而有学者认为"脱法行为的问题,实际上就是法律解释的问题。就民法而言,一个独立脱法行为的理论,根本不能存在"⑥。另外,脱法行为理论难以现实地用于处理通谋虚假离婚案件,原因在于通谋虚假离婚可能存在不具有脱法目的的情形,如当事人虚假离婚是为了满足某一亲属

---

① 参见[德]迪特尔·梅迪库斯:《德国民法总论》,邵建东译,法律出版社 2000 年版,第 444 页;参见冉克平:《真意保留与戏谑行为的反思与构建》,载《比较法研究》2016 年第 6 期。

② 参见李永军:《虚假意思表示之法律行为刍议——对于〈民法总则〉第 146 条及第 154 条的讨论》,载《中国政法大学学报》2017 年第 4 期;参见纪海龙:《真意保留与意思表示解释规则——论真意保留不具有独立的制度价值》,载《法律科学(西北政法大学学报)》2018 年第 3 期。

③ 参见王泽鉴:《民法总则》,北京大学出版社 2009 年版,第 273 页。

④ 参见杨代雄:《恶意串通行为的立法取舍——以恶意串通、脱法行为与通谋虚伪表示的关系为视角》,载《比较法研究》2014 年第 4 期。

⑤ 如近年来较为常见的规避房地产调控政策的行为,因"规避"政策不等同于"违反"政策且较难认定规避政策系虚假离婚的唯一目的,故实践中较难认定为脱法行为,对该类行为的规制尚需通过政策设计层面解决。

⑥ 王泽鉴:《民法总则》,北京大学出版社 2009 年版,第 276 页。

的遗愿,双方约定在该亲属去世后再行复婚。

3. 恶意串通及以合法形式掩盖非法目的行为。以合法形式掩盖非法目的的行为,相关规定主要用来调整民事行为实质目的或动机的不法性对法律行为效力的影响,《中华人民共和国民法总则》(已废止)将其删除。恶意串通行为,与通谋虚伪行为都具有"通谋性",其重要区别是前者的构成需要当事人存在损害他人合法权益的目的,而后者则不以此为必要。通谋虚伪立足于意思表示是否真实,意在通过否定该行为的效力彰显对个人意思自治的尊重;恶意串通则立足于民事法律行为的目的,意在通过否定行为的效力体现私法自治的边界。[①] 通谋虚伪行为与以上两种行为存在一定的竞合,但仅就通谋虚假离婚而言,虽有脱法、规避政策之嫌,但实践中普遍出现的降低贷款成本、删除购房记录之类的目的不同于为了走私、贩毒等,不宜评价为上述规则中的"非法目的",也难以认定为危害国家、集体或第三人利益。当然实践中并不能完全排除存在此类情形,但这两项规定对于通谋虚假离婚仍不具有普适性的规制意义,即不能适用于所有通谋虚假离婚案件。

4. 通谋虚伪行为。由此,前述制度规范均无法完全适用于通谋虚假离婚,而通谋虚伪行为,无论从规范的要素构成、规范的价值内核层面亦或实证法依据上,均可适用于离婚协议效力的认定。

(1)规范的构成要件高度契合。通谋虚伪行为是指表意人与相对人而为的虚伪的意思表示,即表意人对于非真意有认识,而且与相对人通谋所为之。双方一致同意表示事项不应该发生效力,亦即双方当事人的一致同意仅仅造成了订立某项法律行为的表面假象,而实际上并不想使有关法律

---

① 田韶华:《论通谋虚伪行为规则的司法适用》,载《北方法学》2019 年第 4 期。

行为的法律效果发生。[①] 其构成要件为:须有意思表示的存在;须表示与意思不符;须有虚伪故意;须表意人与相对人通谋。根据前述对通谋虚假离婚概念、特点的分析,通谋虚假离婚与通谋虚伪行为的特征及调整范围高度契合。

(2)规范的价值内核和谐一致。对于通谋虚伪行为规则能否适用于诸如离婚之类的身份行为,理论上存在争议,主要有两种不同的观点:一为适用说,身份行为同样注重当事人的意思,故民法关于通谋虚伪意思表示无效的规定对身份行为亦有适用余地,若夫妻双方通谋而作出假离婚的意思表示,其意思表示亦无效,杨立新教授即持此种观点;二为不适用说,如日本学者栗生武夫认为,于交易契约,许其为虚伪无效之抗辩,而于婚姻,则禁止虚伪无效之抗辩,盖依方式公然缔结之行为,不能因私的密约左右其效力。[②]

上述争议的症结在于没有区分离婚协议与离婚登记,以及离婚协议和离婚登记是否都属于身份行为。身份行为的概念,在学术探讨中尚有不同理解,分歧之一是其仅需主观上具有发生身份关系变动之目的,还是除此目的之外亦需在客观事实上使身份关系发生效力。[③] 对该分歧的明确决定着离婚协议是否属于身份行为,亦或仅是离婚这一身份行为的意思表示,再或系虽未真正实施身份行为,但身份人对身份的取得已获实质性进

---

① 参见史尚宽:《民法总论》,中国政法大学出版社 2000 年版,第 386 页;参见[德]卡尔·拉伦茨:《德国民法通论》(下),谢怀轼等译,法律出版社 2004 年版,第 366 页;参见王泽鉴:《民法总则》,北京大学出版社 2009 年版,第 338 页;参见[日]山本敬三:《民法讲义 I》,解亘译,北京大学出版社 2004 年版,第 105 页。

② 参见田韶华:《论通谋虚伪行为规则的司法适用》,载《北方法学》2019 年第 4 期。

③ 参见丁慧:《身份行为效力判定的法律基准——在身份法理念和身份法规范之间》,载《法学杂志》2015 年第 2 期。梁慧星教授认为,“身份行为仅以发生身份上效果为目的的行为”。参见梁慧星:《民法总论》,法律出版社 2007 年版,第 163 页。杨立新教授主张,“身份(法律)行为,简称为亲属行为或身份行为,是指民事主体实施的对亲属身份关系的发生、变更、消灭产生法律后果的民事法律行为”。参见杨立新:《亲属法专论》,高等教育出版社 2005 年版,第 42 页。

展的准身份行为。[①] 无论离婚协议系身份行为，还是仅属于身份行为的意思表示抑或准身份行为，对效力的讨论依然需要从“私的密约”即协议的意思表示本身出发。离婚协议系以意思表示为核心的民事行为，而通谋虚伪行为规则的意旨在于对当事人真意的探求和保护，彰显了对意思自治的尊重。二者非但无内在的逻辑冲突，反而在制度内核上具有一致性，故对离婚协议的效力认定能够适用该规则。而离婚登记，从当事人作为发起程序、直接承受权利义务之主体的角度而言，是受到要式约束的身份行为；从婚姻登记机关作为审查、登记、发给离婚证之主体的角度而言，又是一种行政行为。这种双重属性使离婚登记最终落脚在“依方式公然缔结”，对效力的讨论侧重于要式条件是否满足，在此情形下，意思表示对效力的影响让步，而要式的形式合法性等“公然缔结”之公法上的要求取而代之，故离婚登记应适用行政法规范单独认定其效力。[②]

综上，在身份行为概念未能明确的前提下，不能笼统地认定通谋虚伪行为规则是否适用于离婚这一身份行为，在对离婚协议与离婚登记行为性质与价值内核的分析基础上，可得出对通谋虚假离婚更具针对性的结论，即该规则适用于离婚协议效力之判断，[③]而不适用于离婚登记。

(3)实证法规范的体系供给。在《中华人民共和国民法总则》(已废止)颁行前，通谋虚伪行为在我国仅存在于学理讨论的范畴，《中华人民共和国民法总则》(已废止)第一百四十六条规定了通谋虚伪行为的法律效力，首次将这一学理概念纳入了实证法的规则体系，丰富和完善了我国民法上的意思瑕疵制度。《中华人民共和国民法典》第一百四十六条延续了这一立法设计。现行婚姻法及《中华人民共和国民法典》婚姻家庭编虽未

① 参见丁慧：《身份行为基本理论的再认识》，载《法学杂志》2013年第1期。

② 在“假戏真做”的离婚案件中，离婚一方往往以虚假意思表示的离婚协议无效为由主张离婚登记无效，但私法上的意思表示不能否认离婚登记的效力，故该诉求通常难以被法院支持。

③ 事实上，离婚协议的效力问题亦是司法实践中离婚双方诉争的焦点问题，在笔者检索的通谋虚假离婚案件中，大多涉及此问题。

对“假离婚”作出规定,但《中华人民共和国民法典》的出台为法官裁判提供了体系性规范。鉴于《中华人民共和国民法典》总则编对于其下各分则编的统领作用,通过“向上找法”的体系化思考方式,《中华人民共和国民法典》总则编的通谋虚伪行为规范可作为通谋虚假离婚中离婚协议效力认定的裁判依据。

二、离婚协议效力认定中通谋虚伪行为规则的法律适用

关于通谋虚伪行为的效力认定,《中华人民共和国民法总则》(已废止)第一百四十六条规定:行为人与相对人以虚假的意思表示实施的民事法律行为无效。以虚假的意思表示隐藏的民事法律行为的效力,依照有关法律规定处理。《中华人民共和国民法典》总则编对该条内容未作变更。依据上述条款,通谋虚伪行为一般包含两个行为:一是伪装行为,系指行为人和相对人通谋表示虚假意思的行为;二是隐藏行为,是被伪装行为所掩盖的,代表行为人和相对人真实意思的行为。① 在效力认定上,伪装行为因缺乏真实意思表示而无效;隐藏行为,则视作一般的民事法律行为,依照情形判断其法律效力。

在通谋虚假离婚中,当事人在婚姻登记机关办理离婚登记时备案的协议,是双方通谋表示虚假意思的协议,下文称为“伪装协议”;双方私下达成的真实意思表示的协议,下文称为“隐藏协议”。对效力的认定,分析如下:

(一)通谋虚假离婚中伪装协议的效力认定——无效

1. 原因分析。伪装协议有两个主要特征:一是在意思层面不真实,即协议所表示的意思与真实意思不一致,双方均无真正结束婚姻关系的意愿,离婚不是其最终追求的法律效果;二是表示层面仅对外,即双方通谋对

---

① 参见[德]卡尔·拉伦茨:《德国民法通论》(下),谢怀轼等译,法律出版社2013年版,第501页。

外作出该协议,能够提供给婚姻登记机关备案存档,但认可或约定该协议对其内部关系不具有约束力。无论从通谋虚伪行为中伪装行为无效的学理观点看,还是从《中华人民共和国民法总则》(已废止)虚假意思表示民事法律行为无效的规定看,都能得出通谋虚假离婚伪装协议无效的结论。其可从两方面证成:一是从意思表示的构成看,"效果意思"是意思表示不可或缺的因素,而通谋虚假离婚中离婚双方均不具有真正离婚、使伪装协议对内对外发生同等效力的效果意思,故不成立真正的意思表示,从而导致离婚协议无效。二是从意思自治原则来看,因离婚双方的真实意思是一致同意伪装协议仅是用以获取离婚登记、进而实现如避税等目的的工具,而不具有真正的效力,双方亦无意遵守该协议。既然伪装协议不是双方的真实意思,故对此协议无保护之必要,也无理由违背双方当事人的真实意思赋予其效力。

2. 本案分析。本案中,离婚协议书系通谋虚假离婚的伪装协议。依据在于其同日签订的离婚补充协议约定"离婚不是双方的真实目的,故双方本次离婚备案于民政局的离婚协议以及双方本次离婚期间及复婚后的实际财产划分均不是双方财产分割真实的意思表示,均不成立";"本补充协议生效是双方签订离婚协议的前提条件,且双方确认本协议的效力高于离婚协议"。前一约定证明双方均不具有离婚的真实意思,后一约定表明离婚协议书仅具有形式性而无实质对内的约束力。故对高某与马某以虚假意思表示签署的离婚协议书,法律不应予以保护,该协议书不具有法律效力,应属无效。

(二)通谋虚假离婚中隐藏协议的效力认定——依法判断效力

1. 原因分析。隐藏协议也具有两个主要特征:一是在意思层面真实,即体现出当事人通谋虚假离婚的真实意思,如表明离婚动机或约定双方将再行复婚。二是表示层面一般仅对内,即此协议除非在发生诉讼等必要时候对外提供,否则不愿为他人所知,但对其内部关系具有直接约束力。

当事人某种程度上将隐藏协议视作通谋虚假离婚过程中发生变数的“保底协议”。隐藏行为依其情形,可呈现有效、无效、效力待定、可撤销等多种法律效力状态,对于法律效力的判断,与未被隐藏的民事法律行为效力之判断,并无二致。由此,隐藏协议如无特定的无效或效力待定、可撤销之事由,则当然有效。但由于当事人通常在隐藏协议中明示其通谋虚假离婚的目的,或约定无条件复婚、一定时间内不得再婚等人身条款,①再如,个别通谋虚假离婚案件还可能存在恶意串通损害他人利益或以合法形式掩盖非法目的等情形,对于此类情况,需要考察隐藏协议是否违反法律法规的效力性强制规定或公序良俗,抑或是否损害第三人利益等,进而适用相关的规定判断其效力。

2. 本案分析。本案中离婚补充协议是通谋虚假离婚中的隐藏协议,依据是其中约定无条件复婚、效力高于离婚协议书。对于该隐藏协议的法律效力应根据其内容依法判断。其中约定“双方同意在办理离婚手续后一个月之内无条件办理复婚手续,若有一方不同意复婚即属严重违约,违约方应赔偿另一方因不能复婚而造成的任何损失”,该约定以财产为条件限制协议双方的婚姻自由,违反了婚姻自由原则,故该协议涉及身份关系的条款是无效的,基于身份关系条款和财产关系条款的关联性,该协议的财产分割条款也无法发生效力。原因在于:离婚协议中的身份关系条款是当事人明确双方身份关系的意思表示,一般而言,身份关系是财产关系的前提,当事人对财产条款的订立建立在协议中预设了身份关系的基础上,②如果这一前提或基础条款无效,则当事人关于财产关系的意思表示也就成为无根之木,亦应无效。本案中,离婚补充协议里的财产条款约定的“短暂离

---

① 在隐藏协议中约定复婚条款在通谋虚假离婚案件中较为常见,对该条款及与之相关联的财产条款效力的认定问题具有一定典型性,本案亦涉及此内容,故在本案分析部分具体论述。

② 当然,实践中亦存在离婚协议中财产条款和身份条款相对独立,不具有显著关联的情形,此时身份条款无效并不影响财产条款的效力。

婚在财产方面应视为双方没有离婚……”“鉴于双方婚内共同生活,在双方复婚后……”等内容表明该补充协议中的财产分割约定系以双方按约定复婚为前提和基础,二者具有相当程度之关联性,属于不可分割的整体。因此,在离婚协议中当财产关系条款附随于身份关系条款时,财产条款即使符合一般生效要件,但如果身份关系条款不生效,财产关系条款亦不生效力。

三、小结

通谋虚伪行为规则对通谋虚假离婚中离婚协议的效力认定具有普适性的规制意义。《中华人民共和国民法典》第一百四十六条正是通谋虚伪行为规则的实证法表达。依据上述规范,通谋虚假离婚中的伪装协议,因缺乏真实的效果意思而无效;隐藏协议,应视作一般的民事法律行为,依法判断其效力。从司法指引的意义来看,隐藏协议作为当事人对婚姻关系和财产分割进行“保底”的真实意思表示,通常需要在其中明确虚假离婚的事实及目的、限制离婚登记后的婚姻自由等,此类约定恰使协议的效力具有极大不确定性,与此同时,伪装协议又当然无效,这就使当事人很难通过事先订立有效的离婚协议来规避离婚“假戏真做”的不利后果。这种风险和收益的博弈使部分潜在的当事人将更加审慎地对待婚姻关系,进而减少此类社会乱象的发生。

(本案例分析荣获全国法院系统2020年度优秀案例分析评选活动一等奖)

苏某某诉北京市地铁运营有限公司生命权、健康权、身体权纠纷案

——地铁运行致害侵权责任的法律适用

编写人：北京市第二中级人民法院　陈广辉

【内容摘要】

地铁运行侵权的法律认定，从理论到实务均存有争议，本案处理结果具有类案参阅价值。首先，规范解读，通过探究无过错责任的核心价值，体系化解读高度危险责任，认定运行中的地铁属于“高速轨道运输工具”，对其运行致害应苛以无过错责任，并适用过失相抵的规则。其次，法理分析，从侵权法理论及相关规定中归纳出审判实务中判断过失相抵的两个标准：比较过错和比较原因力。最后，实证考察，从事实细节入手比较各方过错和原因力对损害发生的实证意义，确认最终结论。本案论证方法对审判实务中如何运用实践逻辑、适用法律技术规则具有借鉴意义。

【关键词】高速轨道运输工具　无过错责任　原因力　过失相抵

【裁判要旨】

我国法律对无过错责任原则和高度危险责任仅有一般性规定。本案通过探究无过错责任原则的核心价值，以高度危险责任相关规定为标杆，分析“地铁致损案”，认定地铁在运行中属于“高速轨道运输工具”，对其

侵权应苛以无过错责任，并适用过失相抵的规则；同时归纳出审判实务中判断过失相抵的两个标准：比较过错和比较原因力。

【相关法条】

《中华人民共和国侵权责任法》第七条、第七十三条①

【案件索引】

一审：北京市东城区人民法院（2016）京 0101 民初 3451 号

二审：北京市第二中级人民法院（2016）京 02 民终 9178 号

【基本案情】

苏某某诉称：2015 年 1 月 14 日，我乘坐地铁 2 号线列车时因地铁信号故障紧急制动摔伤。要求地铁三分公司赔偿各项经济损失。

地铁三分公司辩称：对摔伤事实无异议。事发时苏某某在车厢内低头双手玩手机，未扶扶手。车厢内贴有安全提示，循环播放注意安全的广播，苏某某有重大过错，我方尽到了提示和管理义务，不应承担赔偿责任。

原审法院经审理查明：2015 年 1 月 14 日上午，苏某某乘坐地铁列车行至东直门至雍和宫区间时，因信号故障列车紧急制动导致苏某某摔倒。车厢内录像显示，苏某某站在车厢中低头双手握手机，未扶扶手。苏某某临床诊断：颅底骨折。伤残等级鉴定意见：X 级伤残。

【裁判结果】

原审法院于 2016 年 6 月判决：(1) 判决生效之日起 7 日内，地铁三分公司赔偿苏某某经济损失共计 117，456.2 元；(2) 驳回苏某某其他诉讼请求。

---

① 现《中华人民共和国民法典》第一千一百六十六条、第一千二百四十条。

判决后，地铁三分公司上诉要求：改判上诉人对相关损失承担50%以下的赔偿责任。二审法院于2016年12月判决：(1)撤销一审判决第二项；(2)变更一审判决第一项为判决生效之日起7日内，地铁三分公司赔偿苏某某经济损失共计56,230.56元；(3)驳回苏某某其他诉讼请求。

【裁判理由】

法院生效裁判认为：本案争议焦点有二：一是地铁三分公司对于苏某某的人身损害应否承担赔偿责任。二是如地铁三分公司构成赔偿责任主体，赔偿责任比例如何确认。

第一个争议焦点。依据查明的事实，苏某某系在乘坐高速运行的2号线地铁时因列车紧急制动摔伤。欲判断地铁三分公司应否承担赔偿责任，关键在确定应适用的侵权归责原则。而这又需确认：2号线地铁是否属于《中华人民共和国侵权责任法》(已废止)第七十三条规定的“高速轨道运输工具”。

《中华人民共和国民法通则》(已废止)第一百二十三条规定高度危险责任应适用无过错责任。《中华人民共和国侵权责任法》(已废止)第九章规定了高度危险责任的数种情形，第七十三条规定：“从事高空、高压、地下挖掘活动或者使用高速轨道运输工具造成他人损害的，经营者应当承担侵权责任，但能够证明损害是因受害人故意或者不可抗力造成的，不承担责任。被侵权人对损害的发生有过失的，可以减轻经营者的责任。”从前述条文看，高速运输工具侵权均被归类于高度危险责任侵权之中。

高度危险责任中的“高度危险”是指按照现有的技术发展水平，人们不能完全控制和有效防止的致损风险。高速轨道运输工具其实质为“高度危险运输工具”；对于地铁是否构成高速轨道运输工具，应看其是否达到“对周围环境具有高度危险”的标准，从法律角度进行价值判断。从产生危险的特点看，地铁列车重量大、体积大、产生的动能大，只能在固定轨道运行，如和车外人员发生撞击，会造成严重伤亡。从危险是否可控看，国家对地铁运行有严格的安全和技术规范要求,但限于科学技术和工业制造能力,造成损害的危险性仍不能完全消除。从地铁发展现状看,地铁在一些城市已经成为城市公共交通的重要工具,在城市人口稠密区运营的地铁增加了其危险性。

综上,由于地铁运营所具有的高度危险,2 号线地铁应属高速轨道运输工具;对乘客因列车紧急制动摔伤的后果应适用无过错责任原则,由地铁三分公司承担赔偿责任。

第二个争议焦点。《中华人民共和国侵权责任法》(已废止)第二十六条确立了过失相抵的法律制度。第七十三条则明确了过失相抵适用于高速轨道运输工具侵权。从《中华人民共和国侵权责任法》(已废止)和《最高人民法院关于审理人身损害赔偿案件适用法律若干问题的解释》(2003年)(以下简称《人损赔偿解释》)相关规定看,在适用过失相抵规则时,有过错和原因力两个参考标准。

第一,地铁三分公司对案涉事故的发生是否存在过错。

就侵权法理论而言,无过错责任之设立系立法上以保护被侵权人利益为目的、以严格要求侵权人危险责任为手段而进行的正义分配;侵权人所负义务为法律上不得侵害他人权益的一般性义务,对该义务的违反系法定义务之违反。故在侵权人因故意或重大过失侵权时,其行为与被侵权人疏于注意自身安全的行为,非属同质可以比较的过失。《人损赔偿解释》第二条第一款规定对此亦有所体现。故考察地铁三分公司是否存在过错影响到本案对过失相抵的适用范围。

《中华人民共和国侵权责任法》(已废止)第三十七条规定了地铁运营方对乘客应尽的法定安全保障义务。就本案而言,(1)2 号线地铁在运行中采用自动循环播放公益广播的方式提醒乘客“站稳扶好”,尽到了安全告知义务。(2)没有证据证明紧急制动行为系人为误导操作。综上,地铁三分公司对于案涉事故的发生并无过错。

第二,苏某某对案涉事故的发生是否存在过错。

从《中华人民共和国侵权责任法》(已废止)第七十条到第七十三条确立的无过错责任之特别规定看,高度危险责任中侵权人免责条件的适用范围存在一定程度的区别:第七十条到第七十二条的免责事由均为被侵权人存在故意或重大过失。第七十三条规定则是被侵权人对损害的发生具有过失。就《中华人民共和国侵权责任法》(已废止)体系解释而言,此处的"过失"显属一般过失,以区别于第七十二条规定的"重大过失"。一般过失指违反善良管理人在一般情况下的注意义务。重大过失指违反普通人的注意义务,即行为人仅用社会上一般人的注意即可预见或避免而竟怠于注意或未能避免。如此,《中华人民共和国侵权责任法》(已废止)第七十三条确认的是最低限度的无过错责任原则,只要被侵权人有过失,就能减轻侵权人的责任。

众所周知,乘坐地铁时站稳扶好以保证安全系基本安全常识;而 2 号线地铁在运行中为提升驾驶安全,采用自动循环播放公益广播的方式进行广播,包括"乘车时请扶稳站好,不要倚靠或手扶车门"之类话语。苏某某作为一名完全民事行为能力人,上下班途中主要通行工具即为地铁,其在乘坐地铁时对于不扶扶手可能导致的摔伤后果应当预见而未予以重视,故其对于摔伤存在明显过错。鉴于站稳扶好系乘坐地铁基本的安全常识,苏某某对自己的安全连普通人的注意义务亦未尽到,应属重大过失。当然,在无过错责任中,侵权人的重大过失与被侵权人的重大过失非属同质可以比较的过失,在依据过失程度判断损害分摊比例时,对被侵权人过失的斟酌应比侵权人负同样程度过失责任的情形为轻。

第三,列车紧急制动行为和苏某某过错行为原因力的比较。

原因力是指在导致被侵权人同一损害后果的数个原因中,各原因对于该损害后果的发生或扩大所发挥的作用力。就本案而言:(1)地铁列车正常行驶时,苏某某虽没有手扶扶手却未摔倒;而列车紧急制动时,其他手扶扶手的乘客身体亦严重摇晃,列车的紧急制动成为苏某某摔伤的初始原因。(2)从列车紧急制动时车厢内众乘客的反应状态可知,其他手扶扶手的乘客均未摔倒,而苏某某本人亦非猝然倒地而是趔趄式地摔倒;就一般认知而言,如苏某某事发时手扶扶手则大概率不会摔伤。故如事发时苏某某手扶扶手,则列车紧急制动行为与苏某某人身损害之间的因果关系很大程度上将可以因苏某某手扶扶手行为的介入而中断或至少能降低前述初始原因形成的危险。此外,苏某某从进入车厢至事发时长达3分钟的时间内均未扶扶手,其注意力完全倾注在手机上,对可能出现突发情况的警觉性大大降低。由此可以认定苏某某长时间未扶扶手系摔伤的主要原因。据此,对于苏某某摔伤的后果,比较对损害发生的实证意义大小,苏某某长时间未扶扶手之行为相比于地铁列车紧急制动之危险行为产生的原因力应超出许多。

结合前文对于双方过错程度的分析及各自行为原因力大小的比较,适用《中华人民共和国侵权责任法》(已废止)第七十三条的规定,应大幅度减轻地铁三分公司的责任,由地铁三分公司承担40%较为妥当。

【案例注解】

本案事实明确,系地铁运行致人损害。从争议焦点看,关键在解决责任主体和责任比例,前提则要确认侵权行为类型和归责原则即法律适用问题。故本案处理思路是:首先认定地铁系“高速轨道运输工具”,以确定地铁致害行为系特殊侵权行为、应适用无过错责任原则;其次,认定双方的过错程度和各自行为对于损害产生的原因力大小;最后,基于前述两个前提,在损害赔偿中适用过失相抵,确认赔偿数额的分担。

一、寻找法律规范——山重水复疑无路

寻找法律规范,简称找法,系指当案件事实处于两个或多个规范涵盖范围之内时,适用何种法律规范更有利于提高事实与规范的契合度,以更好体现法律正义。

（一）一审裁判思维的逻辑空白

一审法院认定，苏某某在乘坐地铁列车时，因列车紧急制动摔倒受伤，地铁三分公司应承担赔偿责任，但苏某某作为成年人在乘坐列车时未尽到对自身安全的注意义务，也应承担一定责任，依据《中华人民共和国侵权责任法》（已废止）第六条作出判决。一审的法律适用存在逻辑空白：（1）从适用的法律条文看，《中华人民共和国侵权责任法》（已废止）第六条规定的系过错责任。（2）但判决说理部分对地铁三分公司是否存在过错没有分析认定。（3）判决双方责任比例为1∶9的依据亦没有任何明确阐述。法律适用模糊不当。

（二）地铁运行致害法律规范的选择障碍

在法律和行政法规层面，国内对地铁、轻轨及磁悬浮等新型交通运输的管理行为缺乏专门规范；司法实践中，对地铁致害赔偿纠纷适用的主要法律是《中华人民共和国民法通则》（已废止）、《中华人民共和国合同法》（已废止）、《中华人民共和国侵权责任法》（已废止）、《中华人民共和国铁路法》等民事法律制度。但是，前述法律规定较为模糊，且对于地铁致损赔偿的定性、归责原则及处置方法等方面存在冲突。由此，面对法律规定不清晰、赔偿标准不统一等问题，法律适用就成为本案的第一个关键点。

1. 部门规章："人微言轻"的"现管"

（1）规定：原建设部2005年颁布实施的《城市轨道交通运营管理办法》是目前国内最高层级的地铁运营管理规章，第三十条规定：地铁运营过程中发生乘客人身损害的，地铁运营单位应当依法承担相应的损害赔偿责任；能够证明伤亡人员故意或自身健康原因造成的除外。北京市政府公布实施的《北京市城市轨道交通安全运营管理办法》（后于2007年、2009年两次修订）对地铁运行致害责任作出了与《城市轨道交通运营管理办法》类似的规定：运营单位对运营过程中乘客的人身损害应当承担损害赔偿责任,但如果伤亡是乘客自身健康原因造成或运营单位能够证明人身损害是乘客故意、重大过失原因造成的则可免除地铁运营单位的责任。

(2)评析:从内容来看,前述两个规章均确认了地铁致害适用无过错责任的归责原则,但确认了不同范围的免责事由。相关规定笼统、简单,且作为行政规章,法律位阶低,在司法实践中很少单独适用,作为本案的法律依据显然力有未逮。

2. 合同法:鱼(违约)与熊掌(侵权)不可兼得

(1)规定:《中华人民共和国合同法》第十七章运输合同第二节客运合同中规定了关于承运人运输过程中旅客伤亡损害赔偿责任的规定。第三百零二条第一款规定了运营方责任免除条款:承运人应当对运输过程中旅客的伤亡承担损害赔偿责任,但伤亡是旅客自身健康原因造成的或者承运人证明伤亡是旅客故意、重大过失造成的除外。

(2)评析:仅就法条内容而言,其规定仍然类同于无过错责任,即只要发生旅客伤亡,就需要承担赔偿责任,但也规定了一定范围的免责事由。而根据我国法律规定,乘客在向运营方主张权利时,可以依据《中华人民共和国侵权责任法》(已废止)提起侵权之诉,也可以依据《中华人民共和国合同法》(已废止)提起违约之诉,此时构成违约责任和侵权责任的竞合。法院根据权利人请求不同,在案件审理过程中适用不同法律。① 就本案而言,原告方以侵权之诉诉至法院,按照诉审一致的法律原则,暂时排除《中华人民共和国合同法》(已废止)的适用。

① 针对责任竞合问题,2010年最高人民法院发布的《关于审理铁路运输人身损害赔偿纠纷案件适用法律若干问题的解释》第十二条规定,在铁路旅客运送期间,发生乘客人身损害事件,损害赔偿权利人向人民法院提起诉讼,分两种情形处理:(1)要求运输企业承担违约责任的,应当根据《中华人民共和国合同法》(已废止)的规定审理案件,确定运输企业是否承担违约责任及违约责任的大小;(2)要求运输企业承担侵权赔偿责任的,应当根据有关侵权责任的法律规定审理案件,确定运输企业是否承担损害赔偿责任及损害赔偿责任的大小。

3. 铁路法:亲兄弟、明算账

(1)规定:《中华人民共和国铁路法》第五十八条第一款规定:因铁路行车事故及其他铁路运营事故造成人身伤亡的,铁路运输企业应当承担赔偿责任;如果人身伤亡是因不可抗力或者由于受害人自身的原因造成的,铁路运输企业不承担赔偿责任。

(2)评析:《中华人民共和国铁路法》属于特别法,在铁路侵权案件中当然适用。问题在于:第一,《中华人民共和国铁路法》颁布的时间是1990年,地铁远没有现在发达。从其规范内容看,主要用于规范普通地上铁路的运营。第二,《中华人民共和国铁路法》最新修订的时间是2015年,地铁已经高度发达,但《中华人民共和国铁路法》[①]仍未明确将地铁纳入其规范范围。由此,地铁虽与铁路相似,在运输行业中属于“亲兄弟”,但在技术构造、运行程序等方面终究有所区别,就法律规范而言仍应“明算账”。为保证法律适用的精准性,本案纠纷暂时仍不考虑对《中华人民共和国铁路法》的适用。当然,地铁与铁路属于类似行业,《中华人民共和国铁路法》关于铁路运营侵权适用无过错责任的归责原则对于地铁运营致害责任的法律适用然具有参考意义。

4. 民法通则和侵权责任法:上阵父子兵

(1)规定:《中华人民共和国民法通则》(已废止)第一百二十三条规定:从事高空、高压、易燃、易爆、剧毒、放射性、高速运输工具等对周围环境有高度危险的作业造成他人损害的,应当承担民事责任;如果能够证明损害是由受害人故意造成的,不承担民事责任。《中华人民共和国侵权责任法》(已废止)第七十三条规定:从事高空、高压、地下挖掘活动或者使用高

---

① 该法第二条规定:本法所称铁路,包括国家铁路、地方铁路、专用铁路和铁路专用线。国家铁路是指由国务院铁路主管部门管理的铁路。地方铁路是指由地方人民政府管理的铁路。专用铁路是指由企业或者其他单位管理,专为本企业或者本单位内部提供运输服务的铁路。铁路专用线是指由企业或者其他单位管理的与国家铁路或者其他铁路线路接轨的岔线。

速轨道运输工具造成他人损害的,经营者应当承担侵权责任,但能够证明损害是因受害人故意或者不可抗力造成的,不承担责任。被侵权人对损害的发生有过失的,可以减轻经营者的责任。

(2)评析:第一,二者均规定了高度危险责任适用无过错责任归责原则。第二,适用过失相抵的条件不同:《中华人民共和国侵权责任法》(已废止)在《中华人民共和国民法通则》(已废止)的基础上进一步明确了受害人过失可以减轻运营方责任。第三,《中华人民共和国民法通则》(已废止)中"高速运输工具"向《中华人民共和国侵权责任法》(已废止)中"高速轨道运输工具"的概念进化,从前者颁布的1986年到后者颁布的2009年,这一区别显系中国工业制造能力日新月异和立法技术不断进步的产物。如此,关于"高速轨道运输工具"侵权的法律适用,《中华人民共和国侵权责任法》(已废止)作为特别法和新法,其第七十三条的规定,可以取代《中华人民共和国民法通则》(已废止)第一百二十三条的规定。

小结:无论是铁路法对于普通铁路侵权的规定,还是合同法从合同角度对地铁作为承运人的责任规定,抑或部门规章关于地铁运营侵权的规定,其指向并无本质不同:即一旦发生侵权,无论过错与否,侵权方均应承担赔偿责任,区别仅仅是免责事由的范围不同。这个共同点与民法通则及侵权责任法关于高速轨道运输工具侵权适用无过错责任原则的立法精神相一致。那么本案纠纷能否适用《中华人民共和国侵权责任法》(已废止)第七十三条的规定?

前提在于:地铁是否属于《中华人民共和国侵权责任法》(已废止)第七十三条规定的高速轨道运输工具?

二、"高速轨道运输工具"之界定——柳暗花明又一村

地铁属于"轨道运输工具"无须多言,争议在于"高速"的认定标准。我国当前的法律法规和司法解释并未对运输工具之“高速”标准作出相应规定①。法学界和实务界对此问题多有争论②,迄今为止没有一个权威的观点。

（一）“高速”的行业标准——从物理速度提升看“高速”变迁

依据《中华人民共和国道路交通安全法》第六十七条规定,高速公路的最低时速为70公里;按照国际惯例,通常以火车速度标准,时速200公里至400公里称为高速。而北京市地铁公司规定地铁运行速度为每小时33.5公里,进站速度在每小时15公里以下。其中地铁2号线的最高时速为80公里,已经超过高速公路规定的最低时速。此外,北京目前运行的机场线最高设计时速110公里,北京地铁新机场线最高设计时速则达160公里。随着技术和安全标准的提高,地铁线路的运行速度越来越快,新机场线的最高设计时速显然与一般地铁的最高时速相差甚远,如据此在侵权主体中将新机场线与地铁2号线区别对待,归为不同类的运输工具,显然荒谬。

（二）“高速”的法律标准——从侵权法体系角度进行价值判断

从《中华人民共和国侵权责任法》(已废止)体例看,第九章规定了高度危险责任的数种情形,包括高速轨道运输工具侵权,构成我国侵权法中典型的无过错责任类型。其共同点在于:(1)侵权主体本身具备高度危险性。(2)适用无过错责任归责原则。

1.地铁运行对周围环境产生潜在高度危险

高度危险是指按照现有技术发展水平,人们不能完全控制和有效防止

① 最高法院民一庭曾有倾向意见,认为对高速运输工具的判断不以速度而以对周围环境造成的影响为标准。

② 北京市第一中级人民法院关于吴某林诉北京地铁运营有限公司人身损害赔偿案,为北京市地铁公司首次被判决赔偿落轨乘客。历时5年多诉讼、两次发回重审、先后6次开庭、出现过9份生效判决和裁定,各方之所以分歧极大,焦点在于对适用的归责原则的认识截然相反。而出现这一争议的关键又在于对于地铁是否属于高速轨道运输工具的认识不一。该案第一轮判决均不认为地铁是高速运输工具,第二轮判决认为地铁属于高速运输工具,第三次判决认定认定地铁属于特殊的运输行业,但不同于飞机、火车等高速运输工具。

的致损风险。[①] 对于高度危险很难通过物理或者化学的计量单位和标准来确定其范围。就地铁运行而言:(1)危险造成的破坏性极大。地铁列车重量大、体积大、产生的动能大,如和车外人员发生撞击,会造成极其严重的伤亡。(2)危险发生的难以避免性。地铁只能在固定轨道上运行,如前方轨道上出现人员或其他物体,列车无法避让,即使紧急制动,亦会因高速和本身巨大的质量,导致惯性滑行,对近距离内轨道上出现的人员、车辆或其他物品,将无法避免地产生严重碰撞损害。(3)危险发生的不可控性。虽然国家对地铁运行有严格的安全和技术规范要求,很多城市甚至实现了智能运行,但限于科学技术和工业制造能力,现阶段还不能完全了解和控制某些自然力量和物质属性,即使尽到审慎的高度注意和勤勉义务,采取了必要的防范措施,造成损害的危险性还是不能完全消除。(4)危险转变为现实损害的概率大。从地铁发展现状看,地铁在一些城市已经成为城市公共交通的重要工具,如北京地铁的日运量已突破 1100 万人次,就损害发生的概率而言,在城市人口稠密区运营的地铁增加了其危险性。[②]

2. 无过错责任的法律价值在于控制危险

无过错责任是 19 世纪末期伴随着大型危险性工业兴起而产生和发展,“此时以过失责任主义为基本原则之侵权行为,达到鼎盛,但业已开始遭受压力,此项压力主要来自工业灾害及铁路交通事故”[③]。于是人们试图寻找一种较之传统过错责任更为严格的法律措施对受害人提供保护和救济[④],无过错责任应运而生。立法者通过无过错责任原则为形成危险者设定了一个义务:控制危险而使之免于致人损害。无过错责任的理论根据说法颇多,“其名称尚未统一,在我国台湾地区一向称之为无过失责任,在德

① 参见北京市高级人民法院编:《审判前沿:新类型案件审判实务》,法律出版社 2009 年版,第 7 页。

② 鉴于种种因素的影响,未能找到权威机构发布的数据统计,但是地铁交通事故并不少见。

③ 王泽鉴:《民法学说与判例研究》(第 2 册),北京大学出版社 2009 年版,第 110~111 页。

④ 参见张新宝:《中国侵权行为法》,中国社会科学出版社 1995 年版,第 53~54 页。

国通称为危险责任,在英美法上则多称为严格责任,名称虽不同,基本上均指同一事物而言。”[①]其含义是:无论行为人是否有过错,只要法律有特别规定,都应承担损害赔偿责任。

通过对无过错责任产生和发展的追溯,可知无过错责任原则的核心在于“危险”[②]。关于“危险”,我国习惯称为高度危险,英美法称为异常危险,欧洲大陆法一般称危险物、危险活动和危险过程,相关名词的外延略有不同,但实质一样。

小结:《中华人民共和国民法通则》(已废止)或《中华人民共和国侵权责任法》(已废止)将高速轨道运输工具侵权作为特殊侵权行为并苛以无过错责任,不是因为其物理速度高,而是因为其契合了无过错责任的法律价值,是法律对交通运输作业中高度危险性的价值选择——高速轨道运输工具实质应为“高度危险运输工具”。故地铁属于高速轨道运输工具,本案受害人因地铁列车紧急制动摔伤属于地铁列车在运行中的致损事故——本案纠纷应适用《中华人民共和国侵权责任法》(已废止)第七十三条及相关法律规定。

三、“过失相抵”规则的适用——世间怎得双全法

(一)“过失相抵”的适用范围

《中华人民共和国侵权责任法》(已废止)第七十三条规定主要包括无过错责任原则、免除责任的抗辩事由和减轻责任的抗辩事由三方面内容。就本案而言,显然不存在受害人故意或不可抗力的免责事由,而关于减轻责任的抗辩事由则涉及《中华人民共和国侵权法》(已废止)中过失相抵规则的适用问题。

所谓过失相抵,是指当受害人对于损害的发生或者损害结果的扩大具

① 王泽鉴:《民法学说与判例研究》(第 2 册),北京大学出版社 2009 年版,第 117 页。

② 张民安、梅伟:《侵权法》(第 2 版),中山大学出版社 2008 年版,第 46 页。

有过错时,依法减轻或者免除赔偿义务人的损害赔偿责任,从而公平合理地分配损害的一种制度。[①] 作为减轻或者免除赔偿责任的法定事由,过失相抵原则为各国侵权法所普遍承认,只是称谓不同。[②]《中华人民共和国侵权责任法》(已废止)第二十六条明确了过失相抵规则的适用。[③] 第九章关于高度危险责任的法律规定,则明确了过失相抵规则适用于无过错责任的特殊侵权领域。[④]

(二)判断"过失相抵"标准的"哼哈二将"

关于过失相抵中确定责任范围的标准方面,有三种学说:比较原因力说,比较过错说以及折中说。所谓折中说,不过是认为应综合考虑过错和原因力而已。事实上,过失相抵规则适用过程本身的复杂性意味着,无论采取比较原因力说还是比较过错说的单一标准都无法圆满解决实践中的问题。所以,过失相抵的实行,包括两个步骤:一是比较过错,二是比较原因力[⑤],此亦为我国审判实务所采纳。[⑥]

过错,是指行为人实施行为时应受非难的、可归责的主观心理状态,具体表现为故意和过失两种形态。关于过失,理论界存在不同观点,我国当前立法和司法解释在一定程度上将过失区分为"重大过失"和"一般过失":违反普通人的注意义务,即行为人仅用社会上一般人的注意即可预见或避免而怠于注意或未能避免的为重大过失;违反善良管理人(理性人)在一般情况下的注意义务的为一般过失。

---

① 参见史尚宽:《债法总论》,中国政法大学出版社 2000 年版,第 303 页。

② 我国民法理论称"过失相抵""过错相抵",日本民法称"过失相杀""过失抵消",英美侵权法称"比较过失",其实质一样。

③ 该条规定:被侵权人对损害的发生也有过错的,可以减轻侵权人的责任。

④ 就传统民法理论而言,过失相抵规则适用于无过错责任的特殊侵权领域,早已达成共识。在立法层面,从《中华人民共和国道路交通安全法》到《中华人民共和国侵权责任法》(已废止)均有所体现。

⑤ 参见杨立新:《侵权责任法原理与案例教程》,中国人民大学出版社 2008 年版,第 288 页。

⑥ 参见最高人民法院民事审判第一庭编著:《最高人民法院人身损害赔偿司法解释的理解与适用》,人民法院出版社 2004 年版,第 47 页。

原因力，是指在构成损害结果的共同原因行为中，每一个原因行为对于损害结果发生或扩大所发生的作用力。[①] 原因力的大小取决于各个共同原因的性质、原因事实与损害结果的距离以及原因事实的强度。直接原因的原因力优于间接原因，原因事实距损害结果近的原因优于相对较远的原因力；原因事实强度大的原因力优于强度小的原因力。[②]

（三）“过失相抵”适用于本案的实证考量

1. 比较过错

就本案而言，过失相抵系适用于无过错责任领域，似无比较过错的必要。但无过错责任之设立系立法上以保护受害人利益为目的、以严格要求行为人危险责任为手段而进行的正义分配，因此不考虑加害人有无过错，并不是不考虑受害人的过错。“法律上课以加害人无过失责任或者中间责任时，斟酌被害人与有过失之程度或比重，应比加害人负过失责任之情形为轻，始合立法上加重加害人责任之本意。尤其加害人有过失时，似无须斟酌被害人之过失而减免加害人之责任。”[③]结合《最高人民法院人身损害赔偿司法解释的理解与适用》第二条关于过失相抵规则的设定，可以得出无过错责任领域比较双方过错时的数种情形：（1）受害人有故意情形，免除侵权人责任。（2）受害人有重大过失情形：①侵权人无过错，平均分配责任；②侵权人仅有一般过失，侵权人承担主要责任；③侵权人有故意或重大过失，不适用过失相抵[④]。（3）受害人仅有一般过失时的情形，除法律特别规定外不得减轻侵权人责任。

从《中华人民共和国侵权责任法》（已废止）第七十条到第七十三条确

---

① 参见最高人民法院侵权责任法研究小组编著：《〈中华人民共和国侵权责任法〉条文理解与适用》，人民法院出版社 2010 年版，第 206 页。

② 参见杨立新：《侵权责任法原理与案例教程》，中国人民大学出版社 2008 年版，第 83 页。

③ 曾隆兴：《现代损害赔偿法论》，台北，泽华彩色印刷事业公司 1988 年版，第 572~573 页。

④ 参见最高人民法院民事审判第一庭编著：《最高人民法院人身损害赔偿司法解释的理解与适用》，人民法院出版社 2004 年版，第 45 页。

立的无过错责任之特别规定看,第七十条到第七十二条的免责或减责事由均为被侵权人存在故意或重大过失。而第七十三条规定的则是被侵权人具有过失。就《中华人民共和国侵权责任法》(已废止)体系解释角度而言,此处的“过失”显然属于一般过失,以区别于前述法条规定的“重大过失”。据此,就本案而言,即使受害人仅有一般过失,亦可适用过失相抵规则。

而通过对事实细节的认真考察,得出结论:地铁三分公司对于案涉事故的发生并无过错;苏某某作为一名具有完全民事行为能力的成年人,弃“站稳扶好系乘坐地铁基本的安全常识”于不顾,对自己的安全连普通人的注意义务亦未尽到,对于摔伤一节存在重大过失。符合前述“(2)①”情形,即“受害人有重大过失而侵权人无过错”的在双方之间平均分配责任。

2. 比较原因力

就本案而言:第一,通过对事实的小心求证,确认地铁列车的紧急制动行为和受害人未扶扶手的行为相结合导致损害后果的发生,前者系损害发生的初始原因。第二,通过比较地铁列车正常行驶与紧急制动时受害人的身体状态、列车紧急制动时车厢内众乘客的反应状态及受害人摔倒的方式,作出一个符合一般公众认知和事态常理的判断:列车紧急制动时造成前述受害人损害的初始原因很大程度上将会因受害人手扶扶手行为的介入而中断。第三,比较对损害发生的实证意义的大小,得出结论:受害人长时间未扶扶手系其摔伤的主要原因;对于损害后果的产生,未扶扶手之行为的原因力应强于列车紧急制动之危险行为产生的原因力。

四、结论正当化——不负如来不负卿

(一)自由裁量权的合理运用

依《牛津法律大辞典》,法官的自由裁量权是指法官酌情作出决定的权力,并且这种决定在当时情况下应是正义、公平、正确和合理的。法律发展的历史表明,法官的自由裁量权是不可避免的,只是行使自由裁量权的程度和范围有所差异而已。而考虑自由裁量权恣意行使的危害性,法治主义强调自由裁量权必须受到法律规则的明确制约。就本案而言,在确定地铁三分公司的减责事由时,自由裁量权的行使严谨合理:

1. 经验法则约束事实判断

最高法院发布的《关于民事诉讼证据的若干规定》(2008 年)第六十四条规定:“审判人员应当依照法定程序,全面、客观地审核证据,依据法律的规定,遵循法官职业道德,运用逻辑推理和日常生活经验,对证据有无证明力和证明力大小独立进行判断,并公开判断的理由和结果。”该规定借鉴现代自由心证的合理因素,确立了经验法则在事实判断方面的运用。本案的事实认定即对于双方过错程度及各自行为原因力大小的比较,以生活经验法则为大前提,以案件中的事实细节为小前提,进行了严谨的逻辑三段论推理,结论符合人们关于相关经验法则内容及盖然性程度的一般理解。

2. 个案正义寻求价值判断

价值判断常常作为一种法律方法在司法过程中运用,本质上是对两种或数种相互冲突的利益进行选择;其适用受到社会各种因素的限制,包括基本社会制度、文化传统、习俗、公共政策等。就本案而言,通过事实判断,应当大幅减轻地铁三分公司的责任,但此种减轻程度除受制于《中华人民共和国侵权责任法》(已废止)第七十三条规定外,还应受到两个变量的影响:一是地铁三分公司不超过 50%赔偿责任的上诉请求,地铁三分公司无论出于什么目的考虑,并非完全不同意赔偿相关损失;二是被侵权人正值青春年华、较重的伤害后果对其后半生的影响。法官在最终确认赔偿责任比例时,考虑到前述两个因素,引入了价值判断的法律方法,再次对正义分配比例进行了调整。

(二)危险责任限额赔偿的理念契合

《中华人民共和国侵权责任法》(已废止)第七十七条规定:承担高度危险责任,法律规定赔偿限额的,依照其规定。据此,确立了高度危险责任限额赔偿制度,在保护受害人权益和促进行业发展之间寻求适当的平衡,避免分配正义的矫枉过正。但该条规定过于抽象、简单,没有明确相关损害赔偿的责任上限。以与地铁最为类似的铁路行业作比较:《国务院铁路交通事故应急救援和调查处理条例》第三十三条规定,事故造成铁路旅客人身伤亡和自带行李损失的,铁路运输企业对每名铁路旅客人身伤亡的赔偿责任限额为人民币 15 万元。本案在确认地铁三分公司无过错的前提下,判决地铁三分公司赔偿数额不到 6 万元,远低于铁路运输企业的最高赔偿限额,不违背高度危险责任限额赔偿制度的设立初衷。

(本案例分析荣获全国法院系统 2017 年度优秀案例分析评选活动二等奖)

倪某、王某诉李某某、吴某房屋买卖合同案

——物权变动二阶模式与房屋买卖合同效力

编写人：北京市第二中级人民法院 李俊晔

【内容摘要】

《最高人民法院关于审理买卖合同纠纷案件适用法律问题的解释》(2012年)(以下简称《买卖合同司法解释》)颁布后，无权处分的审理思路从“合同无效+缔约过失责任”变为“合同有效+违约责任”，无权处分的，即使合同有效也无法履行。

我国现行的不动产物权变动模式为“基础法律关系+物权变动公示”。两个层次相互区分，依次递进；又相互关联，因果相依。第一层次是基础法律关系，即买卖合同的效力等问题；在此基础上才有第二层次的问题，即物权变动的结果。区分二层次，可以理解有效合同不能履行的问题。实践中的两个常见谬误：一是将二者相混淆；二是按物权行为独立性、无因性理论将二者绝对区分。

总结审理经验，对买卖合同涉及无权处分的案件可以应用“三步审查法”：第一步：查合同效力。以无权处分为由主张买卖合同无效不予支持，但其他涉及合同效力的问题不容回避。第二步：查无权处分。要对共有人是否知情、是否同意进行审查。最大困难是举证问题。第三步：查善意取得。如果无权处分成立，则要对买受人是否构成善意取得进行审

查,审查的重点是买受人是否构成善意和交易价格是否合理。

【关键词】物权变动　合同效力　权属转移

【裁判要旨】

1. 对于涉及无权处分的买卖合同,审查物权变动要考虑“基础法律关系+物权变动公示”二层次问题,并分别适用合同法规范与物权法规范。

2. 买卖合同涉及无权处分的案件可以应用“三步审查法”:第一步:查合同效力。以无权处分为由主张买卖合同无效不予支持,但其他涉及合同效力的问题不容回避。第二步:查无权处分。要对共有人是否知情、是否同意进行审查,重视证明责任问题。第三步:查善意取得。如果无权处分成立,则要对买受人是否构成善意取得进行审查,审查重点是买受人是否构成善意和交易价格是否合理。

【相关法条】

《中华人民共和国物权法》第九十七条①

《中华人民共和国合同法》第五十一条②

《最高人民法院关于审理买卖合同纠纷案件适用法律问题的解释》(2012 年)第三条③

【案件索引】

一审:北京市东城区人民法院(2014)东民初字第 07978 号民事判决(2015 年 5 月 15 日)

二审:北京市第二中级人民法院(2015)二中民终字第 11634 号民事判决(2015 年 12 月 4 日)

---

① 现《中华人民共和国民法典》第三百零一条。

② 本条文已废止。

③ 现《中华人民共和国民法典》第五百九十七条。

【基本案情】

倪某、王某诉称:2002 年,谢某购买了位于北京市东城区香河园街的 8 套住房,其中包括本案诉争房屋。我们先后共给付购房款人民币 1,950,000 元后,多次催促谢某转告李某某尽快到国内办理诉争房屋的过户手续,但李某某至今采取各种方式迟迟不予配合。故我们起诉要求李某某、吴某继续履行房屋买卖合同,于判决生效后协助我们将诉争房屋的所有权转移登记至我们名下。

李某某辩称:我从未与倪某、王某订立过书面或口头的房屋买卖合同,也未口头或书面委托过谢某出卖诉争房屋,对于倪某、王某的付款情况不知情。我不同意他们的诉讼请求。

吴某辩称:诉争房屋系李某某和我共同所有,李某某和我取得产权至今未进行过授权和处置。我不同意倪某、王某的诉讼请求。

谢某述称:李某某购买了我位于北京市东城区香河园街的 4 套房产,其中包括本案诉争房屋。倪某、王某所述属实,我同意倪某、王某的诉讼请求。

法院审理后,认定相关事实和证据如下:

倪某及王某系夫妻关系,二人于 1991 年结婚。李某某及吴某系夫妻关系,二人于 1977 年结婚。

诉争房屋原由谢某购买,后经变更购房人,由李某某购买。李某某于 2004 年 3 月 31 日与开发商北京当代鸿运房地产经营开发有限公司签订商品房买卖合同,约定房屋价款为人民币 875,859 元。2005 年 10 月,诉争房屋登记至李某某名下,建筑面积为 96.87 平方米。

原审法院审理中,倪某、王某称,其二人于 2009 年与李某某就诉争房屋订立有口头形式的买卖合同,并要求李某某、吴某协助办理所有权转移登记手续。倪某、王某为证明其主张,提供物业费发票、供暖费发票、银行交易记录、收费回单、收条等证据。

谢某称李某某口头委托谢某出售诉争房屋。对此,李某某、吴某不予认可,同时称李某某从未委托过谢某出售诉争房屋。

【裁判结果】

北京市东城区人民法院依据《中华人民共和国民事诉讼法》(2017 年)第六十四条第一款之规定,判决:驳回倪某、王某的诉讼请求。

判决后,倪某、王某不服,以原审法院认定事实不清、证据不足、适用法律不当为由上诉至本院,请求二审法院撤销原审判决,依法发回重审或改判支持其诉讼请求。其上诉理由为:第一,原审法院在审理中规避了谢某在买卖过程中行为的性质和作用,认定事实不清;第二,房屋买卖合同关系成立,买卖合同应当依法履行,倪某、王某的权益应当受到保护,原审法院判决否认了本案合同效力,有悖法律规定。李某某、吴某同意原审判决。谢某不同意原审判决。

北京市第二中级人民法院依据《中华人民共和国民事诉讼法》(2017 年)第一百七十条第一款第(一)项之规定,判决如下:驳回上诉,维持原判。

【裁判理由】

法院生效裁判认为:倪某、王某要求李某某、吴某办理诉争房屋所有权转移登记手续,以双方之间存在房屋买卖合同关系为请求权基础。其诉讼请求旨在实现物权变动,涉及两个层次问题,既需要作为基础法律关系的合同成立并有效,又需要出卖人有权处分。

关于第一层次的问题,倪某、王某主张双方之间的房屋买卖合同成立,有责任提供证据证明该主张。本案中不存在书面的合同,审查的重点在于倪某、王某所称与李某某曾订立口头形式的房屋买卖合同能否得到证实。口头合同不存在有形载体,只能通过间接事实予以推理证实。为证实口头合同成立这一直接事实,倪某、王某所主张的间接事实主要包括其已支付全部购房款,以及谢某作为李某某的代理人办理售房事宜。首先,就合同成立方式，倪某、王某主张谢某是李某某的代理人，但未能提供证据证明谢某就出售诉争房屋相关事宜获得了李某某的授权。即使存在所谓的代理行为，谢某出售李某某所有的诉争房屋亦属于无权代理，无权代理的效力还取决于是否构成表见代理。对此，《中华人民共和国合同法》（已废止）第四十九条规定：行为人没有代理权、超越代理权或者代理权终止后以被代理人名义订立合同，相对人有理由相信行为人有代理权的，该代理行为有效。显然，本案中不存在任何情形使倪某、王某有理由相信谢某有出售房屋的代理权。其次，就合同内容，合同中的意思表示应当具有若干要素。对此，《中华人民共和国合同法》（已废止）第十二条第一款规定：合同的内容由当事人约定，一般包括以下条款：（一）当事人的名称或者姓名和住所；（二）标的；（三）数量；（四）质量；（五）价款或者报酬；（六）履行期限、地点和方式；（七）违约责任；（八）解决争议的方法。即使是口头合同，亦应当具备合同主要内容。本案中对于房屋价款的数额来自倪某、王某和谢某的陈述，没有任何证据证明李某某本人对此予以认可或者授权谢某商定房屋价款，故房屋价款这一主要的合同要素难以确定。最后，倪某、王某主张的已付购房款均指向谢某，并未直接支付给李某某；倪某、王某主张其中 50 万元通过谢某转交给陈某某，但无任何证据证明陈某某获得李某某的任何授权，故无论倪某、王某主张的支付购房款的事实是否得以证实，其主张的事实本身就无法与李某某形成关联性，故无法以支付全部购房款的主张推理出合同成立的事实。综上，倪某、王某难以证明其与李某某之间就诉争房屋成立房屋买卖合同关系。

关于第二层次的问题，即使房屋买卖合同成立并有效，因诉争房屋购买于李某某与吴某婚姻关系存续期间，属于二人的共同财产，故出卖人李某某必须有权处分诉争房屋，才发生物权转移的效果。对此，《中华人民共和国物权法》（已废止）第九十七条规定：处分共有的不动产或者动产以及对共有的不动产或者动产作重大修缮的，应当经占份额 2/3 以上的按份共有人或者全体共同共有人同意,但共有人之间另有约定的除外。从各方当事人陈述来看,倪某、王某和谢某均未在房屋交易过程中见过吴某,而且谢某作为所谓的代理人,亦称不让吴某知道房屋交易的情况。诉争房屋作为李某某与吴某的夫妻共同财产,在交易过程中必须征得吴某的同意,而吴某对此并不知情。因此,假定房屋买卖合同成立,李某某亦属于无权处分。

综上,倪某、王某主张的其与李某某之间的房屋买卖合同关系已经成立的事实难以被证实;且假定合同成立,该合同亦因吴某不知情而不能履行。原审法院依法驳回倪某、王某要求李某某、吴某办理诉争房屋所有权转移登记手续的诉讼请求,依据充分,本院予以维持。另,谢某申请我院调取陈某某已经注销的个人账户,以查明 50 万元房款的收款情况。如前所述,即使能够证明陈某某收到 50 万元的款项,亦远远不足以证明李某某与倪某、王某就诉争房屋成立了买卖合同关系;退一步讲,合同假使成立,亦因无权处分而履行不能。因此,谢某申请调取的事项与本案事实认定无关,亦不能影响本案的裁判结果,本院不予准许。据此,倪某、王某的上诉请求不成立,本院不予支持。原判正确,应予维持。

【案例注解】

一、买卖合同中无权处分法律后果审理思路变化及体系理解

1. 新司法解释引发无权处分审理思路变化

《买卖合同司法解释》颁布后,其第三条对房屋买卖合同的履行产生较大影响。该条规定:“当事人一方以出卖人在缔约时对标的物没有所有权或者处分权为由主张合同无效的,人民法院不予支持。出卖人因未取得所有权或者处分权致使标的物所有权不能转移,买受人要求出卖人承担违约责任或者要求解除合同并主张损害赔偿的,人民法院应予支持。”

在司法实践中,该条规定主要针对的情形是未征得配偶同意的情况下擅自将夫妻共有的房屋出售。《买卖合同司法解释》颁布后,审判思路发生较大变化。原来的审理思路可以概括为“合同无效+缔约过失责任”。也就是说,售房人的配偶以其不知情为由要求确认买卖合同无效,如果法院支持其请求,后续的问题就是合同无效的后果问题。现在的审理思路可以概括为“合同有效+违约责任”,如果主张合同无效,不予支持,但即使合同有效也无法履行。

2. 关于《买卖合同司法解释》第三条与《中华人民共和国合同法》第五十一条的协调问题的理解

《中华人民共和国合同法》(已废止)第五十一条规定:无处分权的人处分他人财产,经权利人追认或者无处分权的人订立合同后取得处分权的,该合同有效。依照该规定,无权处分与合同效力问题相关,无权处分的合同属于效力待定的合同。《买卖合同司法解释》第三条与此条规定是否存在抵触?是否可以废掉《中华人民共和国合同法》(已废止)第五十一条的规定?

在聚焦《中华人民共和国合同法》(已废止)第五十一条的同时,更值得关注的是《中华人民共和国合同法》(已废止)分则中关于买卖合同的特别规定,尤其是《中华人民共和国合同法》(已废止)第一百五十条与第一百五十一条不可忽视,它们具有极为重要的实践意义。

《中华人民共和国合同法》(已废止)第一百五十条规定:出卖人就交付的标的物,负有保证第三人不得向买受人主张任何权利的义务,但法律另有规定的除外。《中华人民共和国合同法》(已废止)第一百五十一条规定:买受人订立合同时知道或者应当知道第三人对买卖的标的物享有权利的,出卖人不承担本法第一百五十条规定的义务。《中华人民共和国合同法》(已废止)第一百五十条与第一百五十一条作为《中华人民共和国合同法》(已废止)分则中买卖合同的特别约定,应当优先于《中华人民共和国合同法》(已废止)总则中第五十一条适用。根据《中华人民共和国合同法》(已废止)第一百五十条的规定,无权处分可能造成第三人向买受人主张权利的后果,而保证第三人不得向买受人主张任何权利属于法定的合同义务,违反合同义务会导致违约,并不会导致合同无效。《中华人民共和国合同法》(已废止)第一百五十一条则是前条规定的例外情形,即买受人明知或应知存在无权处分的情形,出卖人免除违约责任。

通过对《中华人民共和国合同法》(已废止)第一百五十条与第一百五十一条的分析,可以说,《买卖合同司法解释》第三条作为买卖合同的司法解释与《中华人民共和国合同法》(已废止)分则中买卖合同的特别约定高度吻合,因此不存在与《中华人民共和国合同法》(已废止)第五十一条抵触甚至废止的问题。

二、《买卖合同司法解释》第三条的实践解析——“物权变动二阶模式”

1. 物权变动二层次:“基础法律关系+物权变动公示”

有些学者将《买卖合同司法解释》第三条理解为区分“负担行为”与“处分行为”,即将签订买卖合同的行为理解为“负担行为”,将办理过户登记的行为理解为“处分行为”。如此,与无权处分相关的是“处分行为”的效力,而不会涉及“负担行为”的效力。甚至有学者用物权行为的理论来解释该条司法解释,而在我国的物权变动体系下,不存在真正的无因性与独立性。

上述解释方法与我国不动产物权变动模式并不兼容,也与司法实践情况不相符合。与实践“接地气”的理解方法应当尊重我国现行的不动产物权变动模式,即“基础法律关系+物权变动公示”。房屋是不动产,法定的公示方法是登记。用老百姓的通俗理解方式解释就是先签合同后过户。在这中间,其实存在两个前后递进的层次,即签合同在先,办过户在后。如何理解这两个层次之间的关系?

其一,两个层次相互区分,依次递进。第一层次是基础法律关系,即买卖合同的效力等问题;在此基础上才有第二层次的问题,即物权变动的结果。两个层次呈递进关系,不可随意混同。《买卖合同司法解释》第三条将无权处分定义为第二层次的问题，即影响物权变动的结果，故不可能反射回第一层次影响合同效力问题。因此，该条规定是是对我国不动产物权变动模式的深入解读，以“物权变动二层次”为模型，法律关系就可以梳厘清晰了。为什么实践中会存在合同有效而不能过户的情况？这个问题也就迎刃而解。合同效力是第一层次的问题，合同有效是进行第二层次的前提。因为两个层次相互区分，依次递进，故第二层次的物权变动结果问题是在第一层次之上又独立于第一层次的问题，有效合同不一定必然导致物权变动的结果。因此，无权处分作为第二层次的问题，独立于合同效力问题，制约合同有效基础上是否发生物权变动的结果。

其二，两个层次相互关联，因果相依。在中国的语境下，物权行为的无因性与独立性是无法兼容的。一方面不存在独立性问题，基础法律关系与物权变动登记相互关联，签订合同与过户登记不是相互独立的两个行为，过户登记一般被理解为履行合同的具体行为。另一方面亦不存在无因性问题，签订合同是过户登记的原因行为，合同的效力问题也制约过户登记的结果，合同无效直接导致无法办理过户登记，事实上不存在买卖合同无效而过户登记有效的情况。

本案中，原告要求被告将诉争房屋过户至其名下，需要满足上述两个层次的要求。在第一个层次上，即物权变动的基础法律关系，原告难以证明诉争房屋的买卖合同成立，因此物权变动的请求不具备基础法律关系，成为无源之水、无本之木。退一步讲，即便第一层次通过了，第二层次上需要以有权处分为要件，而本案中显然为无权处分，故不能发生物权变动的效果。

2.“物权变动二层次”对裁判说理的重要性

理解“物权变动二层次”，第一步是区分两个层次，不能将两个层次相混淆。这一点对于裁判说理非常重要。以张某诉刘某、曹某确认合同无效案为例①说明一下。张某以其夫刘某未经其同意擅自将夫妻共有的房屋出售给曹某，且二人存在恶意串通为由，起诉要求确认刘某与曹某签订的房屋买卖合同无效。一审法院确认了该买卖合同无效，判决理由主要围绕曹某是否构成善意取得展开论述，以曹某不构成善意取得为由支持了张某的诉讼请求。这样的论述明显混淆了"物权变动二层次"中两个层次的问题。虽然恶意串通与善意取得一个恶意，一个善意，表面看是相对应的。但是两个问题的法律规范配置分别存在于合同法规范与物权法规范，在物权变动过程中分属基础法律关系和物权变动公示两个问题。当事人的诉讼请求指向第一个层次，即基础法律关系。用第二个层次的道理来论证第一个层次的问题，是典型葫芦僧判断葫芦案式的法律穿越。本案二审法院深入论证了恶意串通的问题，以此为由确认合同无效。虽维持了一审判决的结果，但判决理由却完全不同。

在裁判文书说理中运用"物权变动二层次"，还要理解两个层次的逻辑关系。从正向来说，如果要论证物权变动的合法性，则"基础法律关系+物权变动公示"两个层次都合法就是物权变动合法的充分条件。用逻辑学公式表示，p=基础法律关系合法，q=物权变动公示合法，则物权变动合法就是"p 且 q"，即"$p \wedge q$"。从反向来说，如果要论证物权变动不合法，即$\sim(p \wedge q) \longleftrightarrow (\sim p \vee \sim q)$，也就是"非 p 或非 q"，只要对任意一个层次的问题进行否定性论证，就可以实现论证目的。在否定性论证时，不必先合同、后物权，可以择其一进行否定性论证。② 以本案为例，判决的结果是驳回原告的诉讼请求。双方对合同是否成立争议非常大，但是有一个无争议的事实，就是吴某作为房屋共有权人，对房屋买卖不知情也不同意。仅此一点，即使合同成立，也不能发生物权变动的结果。因此，双方争议的合同是

---

① 一审：北京市西城区人民法院（2014）西民初字第 14989 号民事判决（2014 年 10 月 22 日）；二审：北京市第二中级人民法院（2015）二中民终字第 01000 号民事判决（2015 年 1 月 20 日）。

② 参见雍琦：《法律逻辑学》，法律出版社 2004 年版，第 120 页。

否成立这个第一层次的问题,对于本案裁判结果而言,就无关紧要了。

三、无权处分类案件的实践类型与司法技术

1. 适用《买卖合同司法解释》基本实践类型

通过经验总结,除了与本案同样情形要求权属转移的类型以外,将审理中出现的其他情况分类如下:

一是"主张无效被驳回"。房屋出卖人的配偶以其不知情、不同意为由要求确认买卖合同无效。当事人由于不了解相关司法解释,仍然按照原来的思路进行诉讼,依据上述司法解释,只能驳回。

二是"抗辩合同不履行"。在买受人起诉要求出卖人继续履行合同的情况下,出卖人的配偶以被告或第三人身份参加诉讼,以其不知情作为不履行合同的抗辩。原来可以直接确认合同无效,上述司法解释实施后则适用无权处分规则作出不履行合同裁判,但不能确认合同无效。

三是"已经履行要返还"。在房屋已经交付或者办理完毕过户手续后,出卖人的配偶以出卖人无权处分为由,可以要求买受人返还房屋和回转登记,但不能要求确认合同无效。

四是"善意取得为抗辩"。对于房屋已经办理完毕过户手续的,出卖人的配偶以出卖人无权处分为由以要求买受人返还房屋和回转登记,如果买受人构成善意取得的,则其请求不能支持。

2. 司法实践的两个常见谬误

"基础法律关系+物权变动公示"两个层次相互区分,依次递进;同时又相互关联,因果相依。实践中的有两个常见谬误。

第一个谬误是将"物权变动二层次"相混淆。在上述司法解释颁布前,《中华人民共和国合同法》(已废止)第五十一条的规定已经深入人心。无论是当事人、律师还是法官,都习惯地认为无权处分的合同就是无效合同。《买卖合同司法解释》将合同的问题和物权的问题区别开来,在买卖合同问题上,不再将无权处分这个物权法上的事由穿越适用于合同效力判

断。实践中经常遇到一些当事人不理解，买卖合同是有效的，为什么就不能履行呢？一些律师和法官也没有转过这个弯来。上面提到的张某诉刘某、曹某确认合同无效案就是一个典型，用善意取得的理由来论证合同效力问题，形成法律逻辑上的谬误。

第二个谬误是按物权行为独立性、无因性①理论将二者绝对区分。在我国的法律体系中，不承认物权行为理论。我国的物权变动基本上采用了债权形式主义的模式。② “基础法律关系+物权变动公示”两个层次中，前者是一个法律行为，后者仅仅是事实行为，不是法律行为。在物权行为体系中，合同与登记均是法律行为。物权行为直接具有事实行为和法律行为的双重属性，③其中包含了独立于合同行为的意思表示。为了理解的方便，有人认为《买卖合同司法解释》承认了物权行为，把两个层次的行为解释为负担行为与处分行为。这种理解背离了我国法定的物权变动模式。

3. 无权处分案件“三步审查法”

通过总结类似案件的审理经验，对上述司法解释引发有效合同无法过户问题进行充分调研，总结出一套审理这类案件的行之有效的审理方法，可以概括为“三步审查法”：

第一步：审查合同效力。如果买卖合同涉及合同效力问题，虽然根据上述司法解释，以无权处分为由主张买卖合同无效不予支持，但是其他涉及合同效力的问题不容回避审理环节。通过调研发现，最为常见的导致合同无效的事由是“恶意串通”，即出卖人和买受人恶意串通，损害出卖人配偶的利益。

---

① 无因性，是指物权行为与作为其基础的原因性的法律过程，在法律上是分离的。参见［德］鲍尔、施蒂尔纳：《德国物权法》（上），法律出版社2004年版，第68页。

② 参见王利明：《关于物权法草案中确立的不动产物权变动模式》，载《法学》2005年第8期。

③ 参见董安生：《民事法律行为》，中国人民大学出版社2002年版，第119页。

第二步:审查无权处分。出卖人的配偶以其不知情、不同意为由主张出卖人构成无权处分。通常要对是否知情、是否同意进行审查。最大的困难就是举证责任问题。买受人一般很难举证证明上述问题。对这一问题的审查是对法官技能和功底的考验。

第三步:审查善意取得。如果通过上一步审查,确认出卖人无权处分成立,则要对买受人是否构成善意取得进行审查。善意取得仅仅发生在房屋已经过户的情况下,如果没有过户则不涉及这一步的审查。审查的重点是买受人是否构成善意和交易价格是否合理。

"三步审查法"的法理依据何在?我国不动产物权变动基本上采取债权形式主义,即"基础法律关系+物权变动登记"。基础法律关系是物权变动的基础,所以第一步应对基础法律关系即合同效力进行审查。合同效力的审查属于基础的层次,在排除合同无效的情形后,问题就进入物权变动结果是否发生的层次。第二、三步就是在基础法律关系审查通过后的对物权变动结果的审查,其中第二步无权处分又是第三步善意取得的基础,二者都是针对物权变动结果这一层次的问题。依照上述司法解释,以无权处分为由主张买卖合同无效,不予支持。"三步审查法"以严密的法律推理为基础,将无权处分与合同效力问题进行无缝对接。由此,"三步审查法",层层递进,梳理出一套逻辑清楚、简明易行的审理思路。

四、进阶求索:现行物权变动模式之改良

1. 过错(过失)、谨慎标准、注意义务

过错包括故意、过失两种形态。故意较容易判断,争议较大且具有研究价值的是过失。过失与谨慎是一对反义词,无论是盲目自信还是疏忽大意,均属于不谨慎的行为。因此,过失就意味着不谨慎,谨慎就意味着无过失,谨慎标准可以作为判断是否构成过失的衡量标准。

谨慎标准赋予了行为人与之相应的注意义务。是否尽到注意义务,也就是是否谨慎行事,亦应当以谨慎标准加以衡量。由谨慎标准决定的注意义务已成为判断过错的定性标准。故意是较过失更为严重的过错,故举重以明轻,故意一定符合谨慎标准。因此,结合上述分析,谨慎标准、注意义务可以作为判断过错成立的标准。

关于谨慎标准,波斯纳提出了著名的汉德公式,基本内容为:界定损失概率(P)金额(L),并用B表示预防成本,那么,如果(而且只有当)B<PL时,加害人才构成过失,这就是最佳风险避免公式,即汉德公式。最佳风险防范公式也就是谨慎的标准。汉德公式的意义并不在于如何进行精确计算,而是提供了一个过错判断的谨慎标准。预防成本(B)代表着一种谨慎标准,该标准受到损失概率(P)损失金额(L)两项指标的制约。

预防成本(B)所代表的谨慎标准的制约指标之二为损失概率(P)。该指标不在于一定估算出交易引发的发生冲突并丧失权利的风险概率,事实上除无法计算,其实际意义在于对权利属性进行风险分析。俗话说,便宜没好货,好货不便宜。生活实践可以证明,通过网络或者中介机构察看一下房产信息,如果发现同地段、同房龄、同户型的房屋价格差异较大,则价格便宜的房屋往往存在交易风险,常见的情况有:房屋限制交易(如经济适用住房、央产房等)、房屋未取得所有权证、房屋设有抵押权、存在其他权利人而恶意转让等。通过对不动产登记状况(如看房产证、查询登记)和物理状况(如实地看房)的审查,如果发现存在较多风险点,则谨慎标准和注意义务应当随之提高。

如果根据汉德公式,不动产财产权利冲突各方均符合谨慎标准,那么丧失权利的风险由谁来负担?丧失权利的一方是否应当得到赔偿?从福利经济学角度考虑,应当将责任归于可以以最低成本避免风险的一方。这一种非常容易理解,通俗来讲,冲突的产生就是一种风险,将责任归于可以以最低成本避免冲突发生的一方,可以督促其付出最低成本以避免风险,从而使社会总成本最低。

2. 打破"无权处分+善意取得"制度的新思维——"谨慎标准+最低成本避免冲突标准"

"无权处分+善意取得"制度处于"物权变动二层次"第二个层次,是在合同有效的前提下研究物权变动的结果。笔者尝试打破"无权处分+善意取得"的传统思维,适用冲突中的权利归属与衡平救济统一归责标准对交易关系外原权利人与交易相对人之间的冲突进行分析。

第一步:根据汉德公式的"谨慎标准"。

一方面,交易相对人通过"价值水平"和"交易风险"达到"谨慎标准"的,可以认定其尽到注意义务,也就符合了善意取得制度中的"善意"要件。如果未达"谨慎标准",自然不构成"善意",难以通过善意取得制度保护其权利,而其应当承担丧失权利的风险。

另一方面,交易关系外原权利人"谨慎标准"以其对交易知道或应当知道为前提。实践中,交易关系外原权利人常常提出其对交易情况不知晓,但如果有证据证明其知道或应当知道,应当承担一定的注意义务。例如,如果有证据证明交易关系外原权利人见到了交易双方在磋商协议却不置可否,虽然不能认定其默示同意,但足以证明其未尽到"谨慎标准"之注意义务。

第二步:根据成本收益分析的"最低成本避免冲突标准"。

如果交易关系外原权利人与交易相对人均符合"谨慎标准",尽到了注意义务,何者为可以以最低成本避免冲突的一方?

一方面,交易关系外原权利人避免冲突的方法是可以通过申请变更登记使登记的权属状态与实际相符。

另一方面,交易相对人避免冲突,则除了对房屋登记权属、实际使用等基本情况进行了解后,还可以要求对出卖人的婚姻状况、继承状况等进行调查,并向调查到的其他利益相关人一一征求意见。如果出卖人隐瞒真实情况,则调查成本将进一步提高。

从信息经济学角度看，交易关系外原权利人付出的“信息公布成本”，交易相对人付出的是“信息收集成本”。二者相比，显然，“信息的公布成本小于信息收集成本”，①交易关系外原权利人避免冲突的成本更低，应当承担丧失权利的风险，符合谨慎标准、尽到注意义务的善意交易相对人更应得到保护。

3. 现行“无权处分+善意取得”制度之弊

目前《中华人民共和国物权法》（已废止）第一百零六条规定的善意取得制度体现了对善意交易相对人的保护，但必须满足不动产已经实际转移登记至其名下的条件。实践观察来看，以二手房买卖为例，整个交易需求经过签约、网签、交接首付款、原银行抵押贷款解押、买受人申请银行贷款面签、等待贷款审批、交付房屋、过户交税等复杂的程序，从签约到过户有时需要很长的时间，买受人在取得登记所有权之前可能已经进行一系列的专用性投资，②如装修、买家具，甚至在购房的房屋注册公司并开始经营。

因此，无论从信息经济学角度角度，还是从一般人理解的公平正义出发，善意买受人均应当受到优先保护。根据《中华人民共和国物权法》（已废止）第一百零六条的规定，在办理完毕过户之前，善意的交易相对人随时面临被交易关系外原权利人剥夺权利的风险。虽然《买卖合同司法解释》第三条明确不得以无权处分的事由主张合同无效，但是一份有效的合同仍然因无权处分的事由无法履行。

笔者所见，房屋的共有权人常常以无权处分作为工具，恶意侵害善意买受人的权利，尤其在房价上涨较快的阶段，签订买卖合同后房价继续上涨，出卖人反悔，以配偶出面主张无权处分的情况不胜枚举。虽然善意买

---

① 参见周林彬：《物权法新论——一种法律经济分析的观点》，北京大学出版社 2002 年版，第 246 页。

② 专用性投资，即涉及特定使用目的的投资，在取消某合同关系之外就没有或者只有很小的价值。参见［德］汉斯-贝恩德·舍费尔、克劳斯·奥特：《民法的经济分析》（第 4 版），江清云、杜涛泽，法律出版社 2009 年版，第 107 页。

受人可以主张返还购房款并赔偿损失，在法律逻辑上似乎完美；但事实上，出卖人与其配偶恶意转移财产的事例不胜枚举，如此，一份胜诉判决书的作用只能是为善意买受人擦眼泪！

4. 改造现行“无权处分+善意取得”制度

笔者日常审判工作中见过大量以无权处分维护为名，行侵害他人权利之实的案例，不仅破坏了社会诚信，而且这些善意买受人中有的因此生病住院了，有的因此离婚或恋爱分手，还有的家中老人遭受折磨……笔者甚感痛心！如果无权处分制度沦为违反诚信的人的有力武器，使无辜善意的人蒙受冤屈和损失，甚至遭受灾难性的打击，这一制度有必要进行改造了。

如果有人提出善意买受人可以寻求救济，笔者将说这只是美妙的法学逻辑，在现实生活中呢？承载美妙逻辑的胜诉判决有时会变成空头支票。即使善意买受人得到经济上的补偿，其家庭遭受的感情上、身体上的灾难由谁承受？

是改造无权处分制度，还是改造善意取得制度呢？

有人主张将善意取得制度的节点由过户提前，笔者认为万万不可，这将与现行《中华人民共和国物权法》（已废止）确立的登记生效原则相悖。善意取得制度必须不可忽视“取得”二字，否则改造后的制度就不是善意取得制度了，除非将该制度废除，另行建立新的制度。笔者认为，可以在保留现有善意取得制度的前提下对无权处分制度加以改良。所谓改良，不必大动干戈，仅仅是针对物权登记信赖保护原则制度对接的规范。

笔者建议在民法总则性规范中规定：“不动产登记簿记载的权利人未经其他共有人同意擅自处分不动产，相对人为善意的，该处分行为有效，善意相对人可以主张相关权利。”另规定：“不动产登记簿未予记载的权利人以不动产登记簿记载的权利人对标的物没有处分权为由主张处分无效的，人民法院不予支持。不动产登记簿未予记载的权利人因该处分行为受到损失的，可以要求处分人予以赔偿。”

或者,在《中华人民共和国合同法》(已废止)中规定:"不动产登记簿记载的权利人未经其他共有人同意擅自出售不动产,买受人为善意的,买卖合同有效,善意买受人可以依据买卖合同的约定要求出卖人履行合义务。"另规定:"不动产登记簿未予记载的权利人以不动产登记簿记载的权利人在缔约时对标的物没有所有权或者处分权为由主张合同无效的,人民法院不予支持。不动产登记簿未予记载的权利人因该处分行为受到损失的,可以要求处分人予以赔偿。"

会不会有人担心上述建议对不动产登记簿未予记载的权利人不利,笔者认为不必担心。

隐名共有权人完成可以通过变更登记制度主张权利。但可能有人会说,这种变更登记的要求可能碍于情面,不宜提出,提出了会伤及夫妻感情。在参加婚礼时,常常会听到这样的誓词:"无论顺境或逆境、富裕或贫穷、健康或疾病、快乐或忧愁,我将永远爱着你、珍惜你,对你忠实,直到永永远远。"想到这里,设想两种情况:

第一,如果夫妻如誓言忠诚和睦,包括卖房在内,凡事平等协商,无论登记在谁名下,有何妨碍?即使要求变更登记,也应当相互理解,予以支持。

第二,如果夫妻关系出现问题,隐名共有权人即使不考虑"内生性"冲突外部化问题,只是出于保护其自身利益,也应当申请变更登记,或者进行异议登记后起诉确认权属。

这两种情况在司法实践中均有反映,以无权处分为由主张权利的,若是名为维权、实为侵权,多为第一种情形;若是真的纠纷,多为第二种情形。对于第一种情形,夫唱妇随,恶意毁约,不应得到支持;对于第二种情形;前文已经谈到,《中华人民共和国物权法》(已废止)和《中华人民共和国婚姻法》(已废止)应当配置倡导性规范,减少因登记权利与实际权属不一致导致的权利冲突和交易风险,防止"内生性"冲突外部化;而且一旦发生"内生性"冲突外部化,比较变更登记之信息公开成本与深入调查之信息收集成本,隐名共有权人怠于维权的,应当自行承担风险。

为避免现行无权处分制度造成善意相对人难以维权的弊端,笔者建议在民法总则性规范或者合同法规范中作出特别规定。民法总则性规范可以特别规定:

第一条　不动产登记簿记载的权利人未经其他共有人同意擅自处分不动产,相对人为善意的,该处分行为有效,善意相对人可以主张相关权利。

第二条　不动产登记簿未予记载的权利人以不动产登记簿记载的权利人对标的物没有处分权为由主张处分无效的,人民法院不予支持。

不动产登记簿未予记载的权利人因该处分行为受到损失的,可以要求处分人予以赔偿。

合同法规范可以特别规定:

第一条　不动产登记簿记载的权利人未经其他共有人同意擅自出售不动产,买受人为善意的,买卖合同有效,善意买受人可以依据买卖合同的约定要求出卖人履行合同义务。

第二条　不动产登记簿未予记载的权利人以不动产登记簿记载的权利人在缔约时对标的物没有所有权或者处分权为由主张合同无效的,人民法院不予支持。

不动产登记簿未予记载的权利人因该处分行为受到损失的,可以要求处分人予以赔偿。

(本案例分析荣获全国法院系统2017年度优秀案例分析评选活动二等奖)

王某1等诉王某2、王某3确认合同无效案

——代理人与第三人恶意串通签订合同效力的认定

编写人:北京市第二中级人民法院　李俊晔

【内容摘要】

代理人与相对人恶意串通、从事损害被代理人利益的法律行为效力认定,具有十分重要的实践意义与理论价值。

实践中,司法裁判与“套路贷”博弈模式不断升级,以房屋买卖合同对民间借贷合同进行担保的民间借贷“套路”经历了三个阶段,形成了不断升级的三个版本,司法实践中事实审查的难度也随着“套路”版本升级而日益增大。该民法命题不仅与当前“套路贷”刑事司法相关联,更事关百姓民生和社会价值导向。

理论上,该命题在法律和司法解释中无现成答案。关于恶意串通问题,《中华人民共和国民法总则》(已废止)较《中华人民共和国民法通则》(已废止)在法律主体结构上有较大改进,但仍未回答代理人与相对人恶意串通的效力定位。该命题触及传统民法理论深处,涉及委托与代理的区分原则与效力关联,挑战法理论证难度;若达成理论共识,必将成为重大理论创新,对《中华人民共和国民法典》中代理制度完善具有重要意义。

【关键词】代理　恶意串通　合同效力　相对无效　“套路贷”

【裁判要旨】

1. 代理人与相对人恶意串通从事损害被代理人利益的法律行为无效。代理人的代理行为,来自委托合同中被代理人的授权,又独立于委托合同;被代理人可视为独立于代理人与相对人从事法律行为的第三人,损害被代理人合法权益的恶意串通代理行为可认定为无效;无效的代理行为对被代理人发不生法律效力,属于对被代理人的相对无效。

2. 以滥用代理权为由主张无权代理效果,不予支持。理由是,民法上缺乏将滥用代理权解释推定为无权代理的请求权基础。

3. 代理人参加诉讼,其诉讼地位应当依照诉讼标的(诉争的法律关系)列明。一般情况,如果当事人起诉要求确认代理的法律行为无效(如合同无效),因其基础是代理行为无效,故代理人应当被列为被告;如果当事人起诉要求撤销代理的法律行为,代理人应当被列为第三人;如果当事人起诉要求撤销委托合同并撤销代理的法律行为,代理人应当被列为被告。

【相关法条】

《中华人民共和国民法总则》第一百五十四条①

《中华人民共和国民法通则》第五十八条、第六十六条第三款②

《中华人民共和国合同法》第四十八条、第四十九条、第五十二条③

《最高人民法院关于审理民间借贷案件适用法律若干问题的规定》(2015年)第二十四条④

【案件索引】

一审:北京市西城区人民法院(2015)西民初字第28503号(2016年5月19日)

---

① 现《中华人民共和国民法典》第一百五十四条。

② 现《中华人民共和国民法典》第一百五十四条、第一百六十四条。

③ 现《中华人民共和国民法典》第一百七十一条、第一百七十二条、第一百五十四条。

④ 现《最高人民法院关于审理民间借贷案件适用法律若干问题的规定》第二十三条。

二审:北京市第二中级人民法院(2016)京02民终6274号(2016年9月29日)

重审一审:北京市西城区人民法院(2017)京0102民初5944号(2017年11月27日)

【基本案情】

王某1、王某4、王某5诉称:涉案房屋原属三原告父母财产,父母过世后,因继承纠纷才得知王某2私自将房屋转至自己名下。

王某2辩称:我通过朋友找到郝某,郝某说可以帮助做房屋抵押贷款。为贷款,签了很多合同,也有很多空白的,卖房公证委托书是为了办贷款做的手续。我根本没想卖房,同意原告请求。

王某3辩称:不同意原告请求。王某2把房屋卖给我时持有合法产权证。我作为善意第三人,完全有理由相信其有权处置其名下房屋。至于王某2如何取得涉案房屋,是否合法,是另外的法律关系。王某2和原告家庭内部出现争议,不影响该房屋买卖合同的效力。

张某述称:我和王某3不认识,不存在串通行为。通过王某2向于某借钱,具体借多少我不清楚。就让我当中间人,于某和王某2委托我做了公证借款委托,委托事项不清楚,这是他们之间的事。如果还不了钱,就用房产抵,于某委托我也是一样的事项。

法院经审理查明:王某(2004年11月23日死亡)与陈某(2012年6月14日死亡)系夫妻,育有王某1、王某4、王某5、王某6、王某7(1999年12月14日死亡)。王某2系王某6之子,王某2与宋某于2011年11月11日登记结婚。

1999年12月15日,王某取得北京市西城区月坛北街涉案房屋的所有权。2012年6月11日,王某2作为买受人与假冒的王某签订存量房屋买卖合同,次日登记至王某2名下。

2012年7月10日,委托人王某2、宋某经某公证处办理对受托人张某的公证委托书,委托事项包括:代办理涉案房屋买卖交易手续、代办网签、代为签订房屋买卖合同、到房地产交易管理部门办理产权转移过户事宜、代为在售房人银行开户情况说明及划款协议上签字、代办收取相关售房款及到银行办理提款手续,委托期限自 2012 年 8 月 10 日起至委托事项办完为止。

2013 年 4 月 4 日,张某作为王某 2 代理人与王某 3 签订房屋买卖合同,约定王某 3 以总价 540 万元购买涉案房屋,王某 3 在网签前应支付定金 5 万元。2013 年 6 月 19 日,张某持上述公证委托书与王某 3 办理网签,记载房屋成交价格 178 万元。

2013 年 6 月 20 日,王某 3 账户转账存入西城区房管局自有交易资金监管账户 178 万元。2013 年 6 月 26 日,张某代王某 2 将涉案房屋所有权人变更为王某 3。2013 年 6 月 27 日,张某账户收到西城区房管局转账存入 178 万元(网签合同成交价)。同日,张某将收取的 178 万元转账支付给于某。

王某 2、宋某签字并捺印的收条内容为,今收到王某 3 交来房款 540 万元;落款为填写日期,王某 3 实际未给付该款项。

2013 年 11 月 2 日,王某 3 与贾某经某公司居间签订北京市存量房屋买卖合同,约定贾某以 610 万元价款购买王某 3 名下的涉案房屋。2014 年 1 月 6 日,贾某登记为涉案房屋的所有权人。

自 2013 年 11 月 8 日至 2014 年 4 月 17 日,王某 3 收到贾某给付的购房款合计 610 万元,王某 3 将其中的 368 万元分五笔转账支付给郝某。

【裁判结果】

北京市西城区人民法院于 2016 年 5 月 19 日作出判决:确认王某 2 与王某 3 签订的房屋买卖合同无效。王某 3 提出上诉。北京市第二中级人民法院于 2016 年 9 月 29 日作出裁定:以遗漏当事人为由发回重审。北京市西城区人民法院经重审于 2017 年 11 月 27 日作出判决:张某代王某 2 与王某 3 就涉案房屋签订的房屋买卖合同无效。该判决已生效。

【裁判理由】

法院生效裁判认为：涉案房屋的原产权人王某与王某2系祖孙关系，王某2于王某死亡后将涉案房屋的产权人变更到自己的名下，致使王某1、王某4、王某5等王某的继承人权益受损，此已为人民法院生效判决认定。后，王某2又以涉案房屋的产权人名义公证委托张某出售涉案房屋，由此张某以王某2的代理人名义与王某3就涉案房屋签订了房屋买卖合同并网签存量房屋买卖合同。

张某在代王某2与王某3签订房屋买卖合同前即与郝某、于某存在多笔大额资金往来，其应知王某2、郝某、于某之间的借贷关系。张某名义上为王某2出售涉案房屋的受托人，但其并没有将收取的178万元购房款直接支付给于某的权限。从签订公证委托书到张某代为出售涉案房屋的过程，张某并非以委托人利益为出发点从事委托事项，其真实目的亦并非代王某2出售房屋，而系抵偿借款，故张某代王某2与王某3签订房屋买卖合同系滥用代理权之行为。

王某3为郝某的舅舅，支付网签合同购房款的资金均来自其所称王某2的债权人郝某及于某，其取得产权5个月以至少溢价50万元将涉案房屋出售，并将所得售房款大部用于支付给郝某，进一步证实王某3明知张某出售涉案房屋的真实目的在于抵偿借款，且王某3买受涉案房屋的真实目的并非在于居住，而在于协助他人抵偿借款和赚取差价。张某与王某3通过将涉案房屋出售给王某3的方式达到清偿借款的目的，二人行为构成恶意串通，损害了涉案房屋权利人的利益，故张某代王某2与王某3签订的房屋买卖合同应为无效。

【案例注解】

一、涉抵房借款房屋买卖合纠纷背景问题

“套路贷”是当前热点社会问题，以本案为代表的以委托售房代理权为担保的抵房借款,就是最近年来的流行“套路”,衍生出的房屋买卖合同纠纷日见增多且法律问题非常复杂。

案例中抽象出来的法律核心命题,即代理人与相对人恶意串通签订的、损害被代理人利益的合同效力如何认定?法律与司法解释尚未作出明确规定。这一法律命题具有十分重要的理论价值,也是民法典制订过程中完善代理制度的重要课题。

1. 典型模式

出借人出借款项给借款人,要求借款人提供房屋并委托出借人代办售房、收房款或过户等事宜,在借款人到期不能还款时,代理人直接将房屋出售,以房款冲抵借款。通常情况下,双方会办理公证委托书,有的同时办理抵押登记。由于房屋价值较高或房价上涨因素,一些出借人甚至恶意不还款,故意造成债务人到期无法还债的事实,还经常发现委托售房人与买受人恶意串通、低价转让、循环转账、买受人购买后立即出售变现等新的情形。

2. 诉讼结构

当事人关系主要有两种典型结构:一类是出卖人(房屋登记所有权人)起诉买受人与代理人;①另一类是相关权利人(如共有权人)起诉出卖人(房屋登记所有权人)与买受人,代理人可列为第三人,本案就是这种类型。

此类案件的诉讼请求主要有三种类型:一是以代理人与买受人恶意串通为由要求确认房屋买卖合同无效,如本案;二是以出售房屋并非真实意思或交易价格显失公平等事由要求撤销房屋买卖合同;②三是以售房委托代理并非真实意思或受欺诈、胁迫等事由要求撤销委托代理进而撤销房屋买卖合同。

---

① 北京市第二中级人民法院民事判决书,(2017)京02民终1487号。
② 北京市第二中级人民法院民事判决书,(2016)京02民终589号。

3. 司法裁判与“套路贷”博弈模式不断升级

从最近10多年来的司法实践观察,以房屋买卖合同对民间借贷合同进行担保的民间借贷“套路”经历了三个阶段,形成了不断升级的三个版本:第一阶段是直接约定到期不能还款则以房屋抵债;第二阶段是以签订买卖合同作为民间借贷合同的担保,民间借贷司法解释针对此类情况作出了规定;①第三阶段是同一利益共同体(同一团伙)“分身”作为出借人、出售房屋的委托代理人、买受人甚至还有连环转让的后手买受人几个法律关系主体。②

当前涉借贷房屋买卖合同案件特点:一是交易方式“打擦边球”,规避“流押契约”禁止性规定;二是出借方的“分身术”,形式上分离法律关系;三是操作手段“捉迷藏”,房屋所权人取证难、维权难;四是争议焦点为售房交易是否为恶意串通;五是交易双方为陌生人,出借方是专业提供融资借贷的“地下钱庄”。

二、委托与代理的区分原则与效力关联

谈到代理,通常理解是,代理行为是代理人的行为,但行为后果直接由

---

① 《最高人民法院关于审理民间借贷案件适用法律若干问题的规定》第二十三条规定:“当事人以订立买卖合同作为民间借贷合同的担保,借款到期后借款人不能还款,出借人请求履行买卖合同的,人民法院应当按照民间借贷法律关系审理。当事人根据法庭审理情况变更诉讼请求的,人民法院应当准许。按照民间借贷法律关系审理作出的判决生效后,借款人不履行生效判决确定的金钱债务,出借人可以申请拍卖买卖合同标的物,以偿还债务。就拍卖所得的价款与应偿还借款本息之间的差额,借款人或者出借人有权主张返还或补偿。”该司法解释规定的申请拍卖买卖合同标的物、偿还债务后返还差额的做法,在防止“流押契约”的同时,实现了不动产价值的有效利用。但是,该司法解释规定的情形实际上对应上述第二阶段。

② 在司法解释从调研到发布的几年间,民间借贷经营者为规避“禁止流押契约”的法律规定,一直与法院演着“猫捉老鼠”的游戏。在“魔高一尺,道高一丈”的博弈中,借贷市场在第三阶段演变出多个“3. X”版本。代理人将房屋低价出售变现、循环转账以伪造实际支付价款的事实、短时间连环出售并过户等现象较多。这些做法使房屋所有权人赔了房子,极大损害了房屋所有权人的利益,造成与“流押”相同的恶劣后果。例如,本案当事人因较低数额的债务,最后失去了一套高于债务价值几倍的房屋,得不到任何补偿。民间借贷经营者以借贷之名行侵占房产之实,他们法律专业性强,根据司法裁判中细节问题不断规避法律漏洞和事实审查漏洞,升级“套路”版本。司法实践中事实审查的难度也随着“套路”版本升级而日益增大。

被代理人承担。若不深究，委托代理，似乎是一个不可分的概念。若结合实际问题，以法律关系分析，并非如此。

1. 委托合同与代理授权之区分

代理人的行为，为什么对被代理人直接发生效力？对自己的行为负责是民事行为能力和民事责任能力的基本要求；而在代理法律关系中，要为他人行为负责，究其根源，就在于代理行为建立在代理权基础上。那么代理权又产生于何种法律关系？“我国学理上之有力说认为系来自代理权授与行为。”[①]将委托与代理进行区分，在法学史上首先由耶林提出。在学理上，这就是大陆法的“抽象原则”或普通法的“区别论”，即把代理人的代理权限与被代理人和代理人之间的基础关系区分开来；在可以表述为“代理权来源和基础关系的独立与区分原则”[②]。

杨立新教授认为：“代理由两个部分组成，一是委托合同，二是授权行为。”[③]委托合同，是被代理人与代理人的合同。委托并不当然产生代理权，还需要有一个授权行为。代理权产生于授权行为。委托合同约定是被代理人（委托人）与代理人（受托人）之间权利义务关系，合同的内容可能是代理从事某种法律行为，但其本质用于约束二者之间的内部法律关系。在委托合同基础上的授权行为，形成代理人取得代理权的法律依据。实践中，授权行为可能是单独的权利委托书，也可能包含于委托合同。

2. 一体两面，效力关联

在二者区分基础上，委托与代理存在什么样的关联？耶林认为，就委托合同而言，委托是其内在方面，代理是其外在方面；二者是同一法律关系的两个要素。[④] 因此，不能因区分原则就将委托与代理彻底割裂。有学者

---

① 尹飞：《体系化视角下的意定代理权来源》，载《法学研究》2016年第6期。

② 尹飞：《体系化视角下的意定代理权来源》，载《法学研究》2016年第6期。

③ 杨立新：《民法总则精要10讲》，中国法制出版社2018年版，第287页。

④ 参见尹飞：《体系化视角下的意定代理权来源》，载《法学研究》2016年第6期。

认为,“授权行为至少在形式上无法表现出完全独立的状态,它总是与其基础的法律关系‘生死与共’。[①]”委托合同与代理授权,作为一体两面的关系,在效力上相互影响,委托合同的效力瑕疵必然影响到代理授权的效力(见图1)。

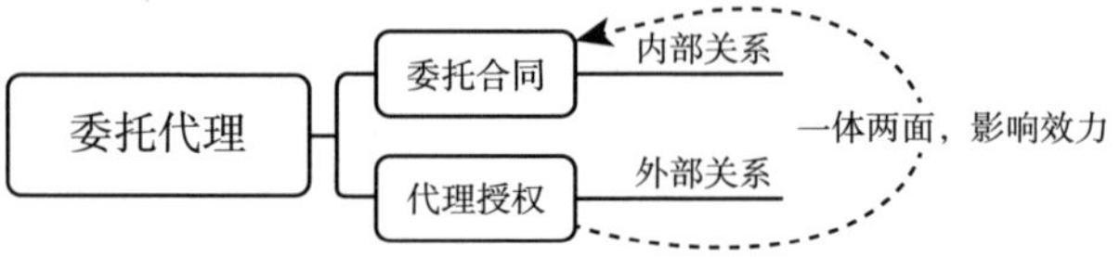

图1　委托代理关系

本案中,代理售房的代理权来自公证的授权委托书的授权,而实质意义上的委托合同并不存在,实质上是对房屋所有权人债务的担保。如此,这个代理权就具有双重法律属性,一是授权出售房屋的代理权,二是借贷关系中的担保。因此,代理出售房屋的买卖合同的效力就要受到四个方面的制约:一是这个买卖合同本身的效力;二是授权的效力对其影响;三是借贷关系本身的合法性和效力;四是以代理权作为担保形式的合法性和效力。

三、恶意串通的代理法律行为对被代理人相对无效

1. 无效结论的文义解释

关于恶意串通的法律规范,最常适用的是《中华人民共和国合同法》(已废止)第五十二条第二项,即恶意串通损害国家、集体或者第三人利益的合同无效。其适用条件是合同当事人之间恶意串通,损害合同关系以外的主体利益。本案属于代理人与相对人恶意串通,损害被代理人的利益,不属于该法律规范的适用情形。

民法总则中的关于恶意串通法律行为的明确规定。《中华人民共和国

① 江帆:《代理法律制度研究》,中国法制出版社2000年版,第46页。

民法通则》(已废止)第五十八条第四项的规定,恶意串通,损害国家、集体或者第三人利益的民事行为无效。《中华人民共和国民法总则》(已废止)第一百五十四条①延续其立法精神,但对行为人与被侵害主体进行修订。在此,行为人、相对人及被损害的民事主体,都是相对抽象的,其适用条件要比《中华人民共和国合同法》(已废止)第五十二条宽泛得多。

诸如本案情形,委托售房的代理人与买受人恶意串通,签订了损害被代理人即房屋所有权人合法权益合同,其代理签约的行为可以认定为无效。进一步讲,根据《中华人民共和国民法总则》(已废止)第一百五十四条,可作如下解释:代理人与相对人恶意串通损害被代理人利益的代理行为无效。因为代理行为对被代理人发生效力,由被代理人承担法律后果。若代理行为被认定为无效,那么因代理形成的被代理人与相对人之间的法律行为亦当认定为无效(见图 2)。

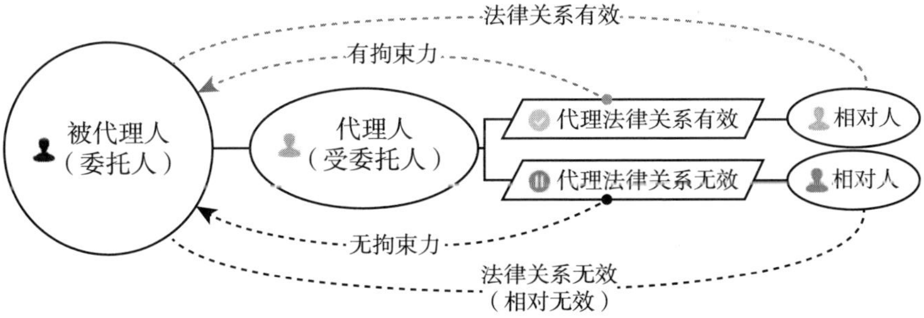

图 2　委托代理关系

2. 对被代理人相对无效

“代理人与相对人恶意串通损害被代理人利益的法律行为无效”,可确定为裁判要旨。进一步考虑,该无效结果是因损害被代理人的合法利益发生,不同于损害国家、集体利益和社会公共利益,受损的是私法益而非公法

① 《中华人民共和国民法总则》(已废止)第一百五十四条规定:“行为人与相对人恶意串通,损害他人合法权益的民事法律行为无效。”

益。对此,王轶教授提出绝对无效与相对无效相区分的原理,认为"绝对无效的合同一定是损害公共利益的合同,所以它是严重违法的合同。而一个相对特定第三人无效的合同损害的是交易关系以外特定第三人的利益,这是相对特定第三人无效和绝对无效首先的一点区分,也是一个根本性的区别"①。

《中华人民共和国民法总则》(已废止)制定时显然注意到这个问题,突出呈现被损害主体的范围。《中华人民共和国民法通则》(已废止)第五十八条既包含了损害国家、集体利益,也包含了损害第三人利益。从逻辑上讲,损害国家、集体利益的民事行为属于绝对无效,无须增加恶意串通的要件,故规定于恶意串通法律行为规范中,略显多余。《中华人民共和国民法总则》(已废止)第一百五十四条删除了属于绝对无效的损害国家、集体利益情形,仅保留了损害他人合法权益的相对无效情形。

综上,无论从学理上分析,还是从立法变化上看,代理人与相对人恶意串通损害被代理人利益的法律行为无效,本质上属于相对无效。

3. 相对无效以不告不理为原则

绝对无效与相对无效的审查程序不同。"绝对无效的合同,法官是可以主动依职权认定合同无效的。即便当事人诉争的是合同是否违约,法官审查发现合同是无效的,可以依职权认定合同无效。但是相对特定第三人无效的合同中,法官即便发现了双方的合同损害了合同关系以外特定第三人的利益,也不得依职权认定合同无效,只能当特定第三人请求法院确认合同无效时,法官才能认定合同无效。"②因此,只有当被代理人提出要求确认法律行为无效时,法官才得以审查。可以说,法律行为相对无效遵循的是"不告不理"原则。

---

① 王轶:《合同效力认定的若干问题》,载《国家检察官学院学报》2010年第5期。

② 王轶:《合同效力认定的若干问题》,载《国家检察官学院学报》2010年第5期。

4. 当事人诉讼地位

根据上述法律行为相对无效的“不告不理”原则，房屋所有权人或共有人等利害关系人可以作为原告提起诉讼，且只有此时法官才有权审查合同效力。

代理人参加诉讼，是难点问题，比较复杂。其诉讼地位应当依照诉讼标的（诉争的法律关系）列明。一般来说，如果当事人起诉要求确认代理的法律行为无效（如合同无效），因其基础是代理行为无效，故代理人应当列为被告；如果当事人起诉要求撤销代理的法律行为，代理人应当列为第三人；如果当事人起诉要求撤销委托合同并撤销代理的法律行为，代理人应当列为被告。

四、恶意串通的代理法律行为无效的其他解释

1. 目的解释佐证

“套路贷”将借贷关系、委托代理、买卖关系分离的做法似乎规避了“禁止流押契约”的规定。然而，揭开法律关系面纱，分析不动产财产价值流转过程，上述做法与“流押契约”异曲同工，违背等价交换的民法基本原则和基本价值规律。司法审判具有维护社会公平正义、营造良好营商环境的重要使命。目的解释之价值取向，应当对上述借贷市场不法行为持否定性评价。

2. 体系解释验证

除了文义解释和目的解释，从相关法律规范出发进行体系解释。对代理人与相对人恶意串通损害被代理人利益的法律行为作无效解释，可以实现体系上的融贯。

首先，代理人和相对人恶意串通的连带责任。《中华人民共和国民法

通则》(已废止)第六十六条第三款[①]规定被《中华人民共和国民法总则》(已废止)第一百六十四条第二款[②]延续,均规定代理人和相对人承担连带责任。在什么情况下会出现连带责任?在假定上述法律行为有效的情形下,找不到连带责任的请求权基础。作法律行为无效解释,从体系上可以相互融贯。

其次,依照《北京市高级人民法院关于审理房屋买卖合同纠纷案件若干疑难问题的会议纪要》第二十四条规定,[③]贷款人与买受人存在恶意串通行为作为合同无效不予支持的例外情形,意味着可以认定为无效。

最后,将滥用代理权推定为无权代理,缺乏法律依据。一是缺乏将滥用代理权解释为无权代理的请求权基础,不能随意推定;二是民法上没有滥用代理权的概念。由此,以滥用代理权推定法律行为无权代理的路径走不通,上述文义解释的推理是唯一正当性推理。

(本案例分析荣获全国法院系统2019年度优秀案例分析评选活动二等奖)

---

① 《中华人民共和国民法通则》第六十六条第三款规定:"代理人和第三人串通、损害被代理人的利益的,由代理人和第三人负连带责任。"

② 《中华人民共和国民法总则》第一百六十四条第二款规定:"代理人和相对人恶意串通,损害被代理人合法权益的,代理人和相对人应当承担连带责任。"

③ 《北京市高级人民法院关于审理房屋买卖合同纠纷案件若干疑难问题的会议纪要》第二十四条第一款规定:"民间借贷关系的借款人在借款时出具委托书,授权贷款人(或其指定的第三人)出售借款人的房屋,贷款人(或其指定的第三人)在借款人未偿还借款的情况下,以借款人名义转让其房屋,借款人主张买卖合同无效的,一般不予支持,但贷款人与买受人存在恶意串通行为,或者买受人明知或应当知道代理人实际没有代理权或滥用代理权的除外。贷款人应当将收取的购房款扣除贷款本金、合法利息等后剩余的款项及时退还给借款人。"

徐某某诉平安银行财产损害赔偿纠纷案

——金融机构违反适当性义务侵权案裁判路径探析

编写人:北京市第二中级人民法院　陈广辉　杨　超

【内容摘要】

本案是运用"卖者尽责、买者自负"原则,支持资管产品投资者索赔的典型案例,凸显了"以人民为中心"的新时代价值观灵魂。

首先,通过对金融机构适当性义务内涵的解读,论证适当性义务属法定义务,在上位法规范缺位时,银监会(现银保监会)规范性文件经法律授权且系证券行业内部共识,可直接作为裁判说理依据。

其次,结合侵权责任构成要件剖析金融机构违反适当性义务的责任构成,对金融机构是否履行了适当性义务适用过错推定原则,并从"条件关系"和"相当性"两方面论证相当因果关系的判断标准。

最后,通过对"卖者尽责、买者自负"内涵的比较分析,指出应区分市场风险和"适当性义务"之不同,投资者需在理性认知范围内承担市场风险,对金融机构苛以的适当性义务应考量金融市场的差异化特征、差别化的投资者分层保护等因素。

【关键词】适当性义务　买者自负　卖者尽责　因果关系

【裁判要旨】

1. 资管产品投资者索赔案中,上位法规范不明确,银监会相关规范性文件既经法律授权又系证券行业内部共识,同时具备保障社会公共利益之保护性法律规范之基本属性,可以直接作为裁判说理的依据。

2. 投资者购买资管产品属风险投资,其与金融机构间构成金融理财服务合同法律关系,需遵循"买者自负"原则;但"卖者尽责"是前提,即金融机构作为受托人对投资者负有"适当性"义务,违反该义务需在其过错范围内承担赔偿责任。

3. 在认定金融机构过错时,应区分"适当性义务"的内涵和一般市场风险之不同,对金融机构苛以的适当性义务不宜过于宽泛,投资者亦需在其理性认知范围内自行承担市场风险的后果。

【相关法条】

《中华人民共和国证券法》(2014 年)第二十七条①

《中华人民共和国证券投资基金法》第九十八条

《中华人民共和国侵权责任法》第六条②

【案件索引】

一审:北京市丰台区人民法院(2018)京 0106 民初 4015 号(2018 年 6 月 11 日)

二审:北京市第二中级人民法院(2018)京 02 民终 7731 号(2018 年 10 月 18 日)

【基本案情】

原告(上诉人)徐某某诉称:2015 年,平安银行股份有限公司北京丰台支行(以下简称平安银行)理财经理向徐某某推介了"平安汇通搏股通金

---

① 现《中华人民共和国证券法》第二十五条。

② 现《中华人民共和国民法典》第一千一百六十五条。

(万博)主动管理15号资产管理计划”(以下简称15号资管计划),并引导其观摩了推广路演。徐某某随后办理申购手续,2015年9月亏损736,174.64元。徐某某认为平安银行未尽到风险提示及适当推介义务,请求法院判令:(1)平安银行赔偿损失736,174.64元及相应利息;(2)平安银行支付律师费100,000元。

被告(被上诉人)平安银行辩称:(1)我行仅作为代销方,不对产品业绩承担责任。(2)《资产管理合同》《风险承受能力调查表》已详尽列举了产品风险,提示“市场有风险,投资需谨慎”。(3)在代销过程中,我行除充分释明风险,还进行了二次风险承受度测评。(4)徐某某系主动问询相关产品,并表明自己有相应投资经验。

法院经审理查明,徐某某于2015年在平安银行申购15号资管计划。徐某某《风险承受能力调查表》载明:“投资年限3~5年,投资经验中等,风险偏好为稳健型……”徐某某称平安银行并未向其出示15号资管计划合同。《风险承受度评估报告》载明:“家庭年收入20万~50万元,投资经验为资产均衡地分布于存款、国债、银行理财产品等。”

【裁判结果】

北京市丰台区人民法院于2018年6月11日作出北京市丰台区人民法院(2018)京0106民初4015号判决:驳回徐某某的诉讼请求。

宣判后,徐某某不服原审判决,提起上诉。北京市第二中级人民法院于2018年10月18日判决如下:(1)撤销北京市丰台区人民法院(2018)京0106民初4015号民事判决;(2)平安银行股份有限公司北京丰台支行于本判决生效之日起10日内赔偿徐某某经济损失人民币147,234.93元;(3)驳回徐某某的其他诉讼请求。

【裁判理由】

法院生效判决认为:(1)平安银行向徐某某推介了15号资管计划并提

供了客户风险等级评估等服务，徐某某据此进行了申购，故平安银行与徐某某构成了金融理财服务合同法律关系。

（2）15号资管计划的损失直接源于证券市场固有的投资风险，应首先由徐某某自负其责。15号资管计划系徐某某自愿购买，其对产品的申购和赎回均取决于自身对产品风险收益的主观判断，其损失的发生直接源于证券市场的波动，并与其对市场走向的判断及由此采取的操作方式相关。

（3）平安银行不适当地推介15号资管计划与徐某某经济损失的发生存在法律上的因果关系。平安银行并未以充分、必要、显著的方式向徐某某揭示15号资管计划本身所具有的高风险的特殊性和具体体现，其适当性义务履行存在瑕疵。作为代销理财产品的专业金融机构，平安银行对产品“高等风险、收益浮动”的风险等级系明知，对投资者可能发生相应损失亦具有合理的预见能力。若无平安银行的推介，此前一直稳健投资的徐某某不会购买该理财产品，徐某某的相应损失亦无从发生。现因平安银行直接违反前述适当性义务，不适当地向徐某某推介了15号资管计划，导致徐某某对该产品的高风险认知不全面并进行了购买，极大地增加了徐某某经济损失发生的客观可能性，且高风险随后被现实化。故平安银行对15号资管计划的不适当推介与徐某某的经济损失之间构成法律上的因果关系。

综合考量投资者风险自负原则作为证券市场投资的基本原则、平安银行在推介15号资管计划时适当性义务履行的瑕疵及证券市场固有的风险因素对损失影响的权重比例，本院酌定平安银行赔偿徐某某20%的经济损失。

【案例注解】

一、金融机构违反适当性义务类案件裁判现状

随着金融市场的迅速发展，资管产品索赔类纠纷逐渐增多。其中，金融机构适当性义务履行缺位成为主要索赔理由。[①] 该类案件存在如下问题：

(一)裁判依据援引混乱

因我国适当性义务规范体系不完备,裁判时有援引《中华人民共和国合同法》(已废止)的,有援引《中华人民共和国侵权责任法》(已废止)的,有援引《商业银行个人理财业务管理暂行办法》(已废止)的,还有的直接援引《中华人民共和国民法总则》(已废止)中的诚信原则,相当混乱。

(二)裁判标准多元化

在损失确定上,有判决支持全部实际损失,有判决仅支持部分损失,还有判决将利息作为可得利益损失予以支持;在归责原则上,有判决以风险自担+原告举证不能判决金融机构不承担责任,有判决以过错推定金融机构未能充分履行适当性义务判决金融机构败诉。

(三)"买者自负"与"卖者尽责"理念的动态博弈

2015 年前,法院普遍将投资者视为参与经济活动的理性人,信奉"买者自负"理念。《最高人民法院关于当前商事审判工作中的若干具体问题》出台后,诸多案例中开始强调对投资者的保护,金融机构承担责任的案例明显增多。

二、金融机构适当性义务的内涵

适当性义务原为道德义务,于 20 世纪 30 年代衍生于美国。随着我国金融业发展,金融立法领域渐次出现了适当性义务规则。除《中华人民共和国证券投资基金法》第九十八条[②]规定外,我国绝大部分适当性义务规定只存在于监管部门规范性文件、自律组织规则或金融机构与投资者签订的

---

① 实践中,当事人一般会选择侵权或合同之诉。相关案由包括"财产损害赔偿纠纷""侵权责任纠纷""合同纠纷"及其项下的"委托理财合同纠纷""服务合同纠纷""金融委托理财合同纠纷"等。

② 《中华人民共和国证券投资基金法》第九十八条规定,基金销售机构应当向投资人充分揭示投资风险,并根据投资人的风险承担能力销售不同风险等级的基金产品。

合同条款中。

（一）适当性义务的具体内容

金融机构适当性义务指："在向投资者销售金融产品或提供金融服务的过程中，以了解客户、了解产品或服务为基础，引导投资者正确认知自己的风险承受能力；根据客户的财务指标、投资目标、从业经验以及风险承受能力等情况向投资者销售适当的金融产品或提供适当的金融服务。"①其核心宗旨为确保将适当的产品提供给适当的客户，②包括：

1. 了解客户适当

金融机构在提供金融服务或者销售金融产品时，要充分了解投资者的经济状况、投资知识等，此为金融机构确信其针对客户投资状况所作推荐适当的基础。③

2. 了解产品或服务适当

金融机构在向投资者提供金融服务或销售金融产品前，应当对其所推介的服务或产品的流动性、风险等级、投资领域等基本信息进行深入了解，以保证对适当的投资者进行适当地推荐。

---

① 陈岚等：《证券公司客户适当性管理法律责任探析——从理念变迁到责任重置》，载《证券法苑》2005年第1期。

② 参见王锐：《金融机构适当性义务司法适用的实证分析》，载《法律适用（司法案例）》2017年第20期。

③ 《证券公司监督管理条例》第二十九条规定，证券公司从事证券资产管理业务、融资融券业务，销售证券类金融产品，应当按照规定程序，了解客户的身份、财产与收入状况、证券投资经验和风险偏好，并以书面和电子方式予以记载、保存……《创业板市场投资者适当性管理暂行规定》（已废止）第四条规定，证券公司应当建立健全创业板市场投资者适当性管理工作机制和业务流程，了解客户的身份、财产与收入状况、证券投资经验、风险偏好及其他相关信息……《证券公司投资者适当性制度指引》（已废止）第二章对了解客户的标准、程序和方法做了详细规定，该指引是针对投资者适当性义务的较为具体、全面的规定。《商业银行理财产品销售管理办法》（已废止）第二十八条第一款规定，商业银行应当在客户首次购买理财产品前在本行网点进行风险承受能力评估。风险承受能力评估依据至少应当包括客户年龄、财务状况、投资经验、投资目的、收益预期、风险偏好、流动性要求、风险认识以及风险损失承受程度等。

3. 推介适当

一是推介方式适当，金融机构应当给予投资者充分时间考虑。二是推介数量适当，确保针对投资者的推介从宏观总量和交易总量上是适当的。①

4. 风险揭示适当

首先，对投资者进行风险承受能力测评。其次，金融机构要结合投资者特性，将金融服务或产品的风险等级与投资者的风险承受能力进行匹配。最后，测评结果的揭示应以清晰、明确、充分、必要、显著的方式进行。

（二）适当性义务的法律地位

关于适当性义务的法律性质，存有争议。② 笔者认为，其应属于法定义务，理由如下：

1. 诚信原则在金融产品销售领域的具体化

《中华人民共和国民法总则》（已废止）第七条及《中华人民共和国合同法》（已废止）第四十三条、第六十条分别规定了民事主体从事民事活动的诚信原则、先合同阶段及合同履行阶段的诚信义务。诚实信用是“毋害他人甚至有益他人的行为”③，即不欺诈的消极义务、善意促成的积极义务。金融监管部门出台的适当性义务规范性文件以《中华人民共和国证券投资基金法》第九十八条为依据，其法理与诚信原则一脉相承，系诚信义务在金

① 《证券投资顾问业务暂行规定》第十五条规定，证券投资顾问应当根据了解的客户情况，在评估客户风险承受能力和服务需求的基础上，向客户提供适当的投资建议服务。第十六条规定，证券投资顾问向客户提供投资建议，应当具有合理的依据。投资建议的依据包括证券研究报告或者基于证券研究报告、理论模型以及分析方法形成的投资分析意见等。《证券公司投资者适当性制度指引》（已废止）第二十条规定，证券公司销售复杂或高风险的金融产品，应当向客户披露评估金融产品的风险特征与客户风险承受能力的匹配情况……

② 实践中，金融机构与投资者间的民事法律关系主要分为三种：委托代理关系、信托关系和金融理财服务法律关系，故有学者认为适当性义务属于合同义务；但主流观点认为适当性义务属于法定义务。

③ 徐国栋：《诚信原则理论之反思》，载《清华法学》2012 年第 4 期。

融产品销售领域的具体化。[①]

2. 合意虚化语境下的公平原则

金融投资作为一种高风险经济活动，市场上的信息不对称加上投资者自身的知识和能力局限，使投资者在购买资管产品或接受相关服务时往往无法真正理解其中的风险和收益，投资契约存在不同程度的合意虚化。此时，金融机构适当性义务就成为平衡买卖双方交易不平等的有效工具，以确保投资者充分了解投资标的及风险进而作出自主决定，实现契约正义。

3. 司法理念对金融监管导向的审慎支持

2015 年 12 月，《最高人民法院关于当前商事审判工作中的若干具体问题》文件中提道：相关监管部门在部门规范性文件中对银行理财产品、券商集合理财计划等高风险金融产品的销售作出的规定，与法律、行政法规等法律规范的规定不相抵触的，如果部门规范性文件是限制卖方机构权利或增加卖方机构义务，可以适用部门规范性文件。2019 年 7 月，最高人民法院审委会专委刘贵祥《在全国法院民商事审判工作会议上的讲话》中提道：对中小股东、金融消费者等特殊群体的倾斜保护，是对平等保护原则的必要补充。要充分尊重监管规定和交易规则，依法支持监管机构有效行使监管职能。

综上，适当性义务因经法律授权且与法律并不冲突，属于证券行业监管基本要求与业内共识，对广大非特定投资人利益构成重要保障，对社会公共利益亦为必要保障所在，应属法定义务。其所包含的产品适当、投资者适当、推介适当、风险揭示等具体要求通过金融机构与投资者的双向互动贯穿于"合同订立前（推介）—订立时（风险揭示）—订立后（提示通知）"

---

① 适当性义务可区分为两个层次的要求，低层次的为"不得销售不适当产品"；高层次的为"仅得销售适当产品"，这与诚信义务的两个层级一一对应。适当性义务正是通过要求金融机构向客户提供适当产品的方式，既支持金融机构获取应得的佣金收入、推荐产品的咨询费用或其他合法所得，又兼顾客户需求，保护客户不受欺诈、获得合理推荐的应得利益。参见王锐：《金融机构适当性义务司法适用的实证分析》，载《法律适用（司法案例）》2017 年第 20 期。

的全过程。

三、违反适当性义务的侵权裁判路径分析

如前所述，适当性实务贯穿于金融机构销售金融产品的全过程。投资者发生损失时可追究金融机构的缔约过失责任①或违约责任②，但其请求权基础在于合同，保护范围有限。由此，违反法定义务的侵权损害赔偿成为对投资者保护较为全面亦是司法实践中运用较为普遍的方式。

（一）侵权要件分析

侵权责任构成有三要件说和四要件说。③ 我国一般采四要件说，但实

---

① 《中华人民共和国合同法》（已废止）第四十二条规定："当事人在订立合同过程中有下列情形之一，给对方造成损失的，应当承担损害赔偿责任：（一）假借订立合同，恶意进行磋商；（二）故意隐瞒与订立合同有关的重要事实或者提供虚假情况；（三）有其他违背诚实信用原则的行为。"适当性义务中的适当推介和充分揭示风险属于"与订立合同有关的重要事实"，如果金融机构未适当履行，则应当对投资者承担缔约过失责任。但因为缔约过失责任适用的范围较小，且其赔偿范围仅限于信赖利益，如投资者选择缔约过失责任路径维权，其获得的损害赔偿数将远远低于其在投资中所遭受的实际损失。

② 就金融机构在履约过程中是否具有相应合同义务，理论界观点不一。一种观点认为，金融产品信息和市场状况会随市场发生变化，尤其是当投资者所投资的金融产品出现缔约时无法预见的重大变动、可能会影响投资者的利益时，金融机构在履行合同过程中仍应当对投资者进行提示，从而保证该款金融产品始终适合投资者。另一种观点认为，在我国仍需大力发展金融创新，刺激金融市场发展的今天，苛求金融机构在合同履行过程中承担持续性的适当性义务会过分加重金融机构的负担，可能会阻碍金融产品的创新。基于前述对金融机构适当性义务内容的具体剖析，笔者同意第一种观点。近年来，资产管理、代理客户理财等逐渐成为投资领域的重要投资方式。此类资产管理产品在合同履行过程中会发生大量的资金融通交易，对投资者的利益产生直接影响，此时，金融机构有义务保证合同履行期间其所销售的金融产品符合投资者的需求，此种情形下，投资者适当义务由先合同阶段向合同履行阶段延伸，产生了合同下的适当性义务。在合同未有明确约定时，体现为遵循诚信、维护客户利益、遵守监管规则中的投资方向、投资比例要求等。此时，金融机构违反合同项下适当性义务的行为构成违约，需承担违约责任。《中华人民共和国民法总则》（已废止）第一百八十六条规定："因当事人一方的违约行为，损害对方人身权益、财产权益的，受损害方有权选择请求其承担违约责任或者侵权责任。"投资者亦可据此主张金融机构承担相应侵权责任。

③ 四要件说认为，侵权责任的构成需具备加害行为、损害结果、因果关系、主观过错四要件。德国侵权法认为，责任构成由事实构成、违法性、过错组成，但"事实构成"相当于"加害行为+损害后果+因果关系"，与四要件说并无实质区别。法国侵权法则仅需损害结果、因果关系、主观过错三要件。

证法中并未明确区分过错与行为违法性,[①]从比较法上看无本质区别。[②] 就金融机构违反适当性义务侵权案件而言,作为国家管制规范的适当性义务,"实质成了民商主体从事交易活动的内在变量,即界定出了市场主体行为自由的边界"[③],当金融机构违反适当性义务向投资者提供不适当的金融商品和服务时,就可推定其超越合法边际的行为具有过错。[④] 故其构成要件可归纳为:损害事实、适当性义务履行不充分、二者之间的因果关系。

1. 损害事实

投资者因金融机构违反适当性义务遭受的损害表现为投资损失。投资损失应为现实确定的损失,即不可再次从市场中获得弥补的损失;[⑤]投资损失还应是固有利益的损失,即投资本金的亏损,预期利益的受损不能认定为责任构成要件中的损害。[⑥] 此亦与侵权责任法填补损失的功能相契合。具体计算方式为金融产品买入价(申购价)与卖出价(赎回价)的差额。本案中,徐某某认购金额为 3,535,000 元,最终回款 2,798,825.36 元,损失

---

① 一般侵权责任的构成要件有无必要区分违法性与过错,在学界一直存在争议。对此,程啸在其《中国侵权法四十年》一文中有具体总结。参见程啸:《中国侵权法四十年》,载《法学评论》2019 年第 2 期。

② 德国侵权法要求行为违法性要件,法国侵权法无此要求。不考虑违法性要件,有两种理解,一是存在加害行为并有损害结果时,自然包含了违法性要素(See Basil S. Markesinis & Hannes Unberath, *The German Law of Torts: A Comparative Treatise*, *Fourth Edition*, Hart Publishing, 2002, p. 79.);二是确定主观过错时自然也会考虑行为违法性。但不管将违法性与过错分开考量还是一并考量,处理实际案件的结论并不会改变或不同(See Basil S. Markesinis & Hannes Unberath, *The German Law of Torts: A Comparative Treatise*, *Fourth Edition*, Hart Publishing, 2002, p. 81.)。

③ 王泽鉴:《民法学说与判例研究》(第 2 册),中国政法大学出版社 1998 年版,第 198 页。

④ 参见凌文君:《金融机构违反适当性义务的民事责任》,西南政法大学 2014 年硕士学位论文,第 17 页。

⑤ 若投资者购买的是股票,其损失的确定的时间为投资者卖出股票后。若投资者未能抛售股票,因股价下跌带来的仅是账面价值的减损,将来有可能随着市场行情的恢复而自行得到填补,因此不能认定损害的存在。对于银行的理财产品,投资者也只有在到期日或提前赎回时得到的价值与投资初始的价值进行比较才能确定损失的存在。

⑥ 由于金融投资商品具有风险、利益不确定的特性,适当性义务对投资者的保护并不能为其完全规避投资风险,也不在于保证金融投资的成败,而是避免金融机构利用其优势地位对投资者利益造成损害。

确已发生。

2. 适当性义务履行不充分

就交易双方缔约时地位不平等的投资属性而言，由于金融机构与投资者在专业知识、信息等方面的不对称性，金融机构往往处于强势一方，而投资者处于弱势地位。故对“适当性义务履行不充分”的认定应考虑举证责任的合理分配。虽然《中华人民共和国侵权责任法》（已废止）未直接规定违反保护性法律侵权责任的过错推定，但从法益保护与价值选择出发，笔者同意“应当从规范目的性扩张解释出发，允许在违反保护性法律的情况下，适用过错推定”。[①] 即此类案件应由金融机构对其履行了适当性义务承担举证责任。此外，根据监管规范要求，[②]金融机构需要保存对投资者认购金融产品交易过程的相关资料，从公平角度出发，由金融机构承担举证责任对其并非额外负担。故金融机构需举证证明其确已履行了了解客户、风险提示、合理推介、风险评估等义务，否则即推定其存在过错。

本案中，平安银行未依据规定设置确认语句栏并为徐某某预留足够抄录空间，未证明以书面形式确认徐某某主动要求了解和购买15号资管计划，亦未证明以充分、必要、显著的方式向徐某某揭示了产品的高风险，故推定其适当性义务履行不充分。

3. 因果关系

目前，相当因果关系说已经成为大陆法系通说。王泽鉴认为，相当因果关系由“条件关系”与“相当性”构成。在“条件关系”论证上，采用“若

---

① 曹兴权：《商道法意》，法律出版社2009年版，第4页。另有观点认为，在我国缺乏对违反保护性法律适用过错推定的规范基础时，可以通过适用与过错推定具有相同法律后果的表见证明规则来减轻受害人对过失的举证责任。

② 《商业银行个人理财业务管理暂行办法》（已废止）第六十五条规定：“商业银行开展个人理财业务有下列情形之一，并造成客户经济损失的，应按照有关法律规定或者合同的约定承担责任：（一）商业银行未保存有关客户评估记录和相关资料，不能证明理财计划或产品的销售是符合客户利益原则的；（二）商业银行未按客户指令进行操作，或者未保存相关证明文件的……”

无,则不”的认定方式,即“无此行为,必不生此种损害”①;“相当性”即“有此行为,通常即足以生此损害”。但审判实践中判决金融机构承担赔偿责任的案例在论证因果关系时多表述为:“若非如此,则某某不会购买某资管产品,损失亦无从发生,故应认定……的过错行为与某某的损失间具有相当因果关系”。笔者认为,上述论证仅停留在对“条件关系”的论证上,欠缺对“相当性”即“某某有此不当推介行为,通常会致投资者损失”的论证,论证过程不严谨,过分扩大了相当因果关系的应用范围。只有对“条件关系”与“相当性”均进行充分论证,方可认定金融机构适当性义务履行缺位与投资者损失之间构成法律上的因果关系。

本案中,若无平安银行推介,徐某某不会购买15号资管计划,损失无从发生,“条件关系”成立。而本案中,平安银行的推介行为存在明显违反适当性义务的情形,其违反程度显著增加了一般投资者的投资风险,且风险在徐某某身上被现实化,符合“相当性”要件。故平安银行适当性义务的履行不充分与徐某某损失间构成法律上的因果关系。

（二）“买者自负”语境下的适度原则

诚然,强调“卖者尽责”,由金融机构负担适当性义务有利于投资者权益保护,亦符合我国金融市场阶段性的发展需求。但考虑金融市场追求效率性的基本特质,应防止出现过度保护倾向,以维护金融秩序稳定。

1.“买者自负”系风险投资的基本原则

“买者自负”是金融市场交易主体所遵循的基本原则,合格投资者在进行交易时理应对自己的选择和行为负责,应具备更高的审慎注意义务,充分了解金融产品特点、风险与收益,慎重进行投资选择。本案中,15号资管计划系徐某某自愿购买且其具有既往投资经验,损失的发生直接源于证券市场固有的投资风险,故应首先由徐某某自负其责。

---

① 王伯琦:《民法债编总论》,台北,正中书局股份有限公司1985年版,第77页。

2. 差别化的投资者分层保护

普通投资者与专业投资者在对金融契约风险的辨别能力上存在显著差异。专业投资者具有丰富的金融知识和专业辨别能力，在交易中并不处于弱势地位，如果不分差别地对所有投资者均适用同等程度的适当性规则，不符合公平原则。故应区分普通投资者与专业投资者，对金融机构苛以不同程度的适当性义务。本案中，徐某某系普通投资者，平安银行应履行较为全面的适当性义务。

3. 金融市场的差异化特征

在金融市场交易中，不同的金融产品具有不同的风险，而银行、保险、证券等不同金融市场领域的风险亦存在显著差异，因此，在进行具体裁判时应对产品的种类和投资领域予以考虑。本案中，15 号资管计划属于股票型基金产品，风险等级为高风险，且运作方式极为复杂，在此情况下，应对金融机构苛以较高的适当性义务，以有效保护投资者利益。

（本案例分析荣获全国法院系统 2019 年度优秀案例分析评选活动二等奖）

贾某4诉贾某3返还原物案

——骨灰安葬权裁判规则探析

编写人：北京市第二中级人民法院　张　科　陈广辉

【内容摘要】

本案是涉及骨灰安葬权纠纷的典型案例。我国现行法律法规对骨灰的法律属性，对亲属就骨灰享有何种权利、如何享有权利均未有明确规定，导致涉及骨灰安葬权类纠纷成为审判难题。笔者结合我国传统礼法文化及《中华人民共和国民法典》中的相关规定，对骨灰的法律属性作出界定，并构建了近亲属就骨灰安葬产生争议时的司法裁判规则。本案裁判确定的相关规则对于依法妥善审理好骨灰安葬权类案件具有重要参考价值。

【关键词】骨灰　安葬权　公序良俗　最亲近原则

【裁判要旨】

骨灰系死者生前人格价值在死后的延续及亲属对死者寄托哀思的一种具有社会伦理意义的物；骨灰的安葬应首先尊重死者遗愿，其次尊重习惯但不得违背强制性法律规定及公序良俗，最后应根据“最亲近原则”确定近亲属的权利顺位，同时还应注重生者诉权的维护与骨灰安葬方式的稳定性之间的平衡。

【相关法条】

《中华人民共和国民法总则》第八条①、第十条②

【案件索引】

一审：北京市西城区人民法院（2019）京 0102 民初 31522 号（2019 年 9 月 6 日）

二审：北京市第二中级人民法院（2019）京 02 民终 13152 号（2019 年 12 月 4 日）

【基本案情】

原告（上诉人）贾某 4 诉称：贾某 4 系贾某 2 之子。2006 年贾某 2 意外死亡，2011 年贾某 3 将盛放贾某 2 骨灰的骨灰盒安放于河北易县世界华侨陵园的塔位中。2011 年贾某 4 起诉贾某 3 要求安葬贾某 2 骨灰，法院以贾某 4 属于限制民事行为能力人，暂不具备安葬能力为由驳回了诉请。现贾某 4 已成年，且系贾某 2 第一顺序唯一继承人，贾某 2 的骨灰安葬入土为安符合风俗传统，不侵害其他人的任何权益。故请求判令贾某 3 向贾某 4 返还逝者为贾某 2 的骨灰安放证、骨灰盒。

被告（被上诉人）贾某 3 辩称：骨灰和骨灰盒已经不可分割，贾某 4 起诉返还骨灰盒属于重复起诉；且骨灰盒是贾某 1 购买，不属于遗产，贾某 4 无权要求返还；骨灰安放证载明的持有人是贾某 1，该证也不是遗产，贾某 4 无权要求返还；贾某 1 购买的塔位取得了民政部门和政府的审批，国家对于骨灰存放于骨灰堂、骨灰墙的做法是鼓励的，土葬不符合国家的规定；把死者的骨灰挪出再次安葬是对死者的不敬。

法院经审理查明：贾某 1 系贾某 2 之父，贾某 3 系贾某 2 之弟。贾某 2

① 现《中华人民共和国民法典》第八条。

② 现《中华人民共和国民法典》第十条。

与李某婚后于2000年11月10日育有一子贾某4,2004年3月2日贾某2与李某协议离婚,贾某4由李某抚养。2006年贾某2死亡后,贾某1将贾某2的骨灰寄存于北京市昌平区殡仪馆。2007年贾某1去世。2011年贾某2的骨灰转至河北省易县世界华侨陵园安放。骨灰盒系贾某1购买,骨灰安放证现由贾某3其持有。

2011年贾某4曾诉至法院,要求贾某3归还贾某2的骨灰。法院判决驳回了贾某4的诉讼请求,该判决已生效。

【裁判结果】

北京市西城区人民法院于2019年9月6日作出(2019)京0102民初31522号民事判决:驳回原告贾某4的诉讼请求。

贾某4不服原审判决,提起上诉。北京市第二中级人民法院于2019年12月4日作出(2019)京02民终13152号民事判决:(1)撤销北京市西城区人民法院(2019)京0102民初31522号民事判决;(2)贾某3于本判决生效之日起10日内向贾某4返还河北省易县世界华侨陵园管理处颁发的骨灰安放证(逝者姓名贾某2、持证人姓名贾某1、发证日期2011年4月6日);(3)驳回贾某4的其他诉讼请求。

【裁判理由】

法院生效判决认为:(1)贾某4要求返还骨灰安放证及骨灰盒的诉讼主张不构成重复起诉。骨灰作为人去世后经过火化转化而成的物质形态,能够被实际支配或控制,系死者本人生前人格价值在死后的继续存在,亦系死者亲属对死者寄托哀思的一种具有特殊意义的物,对于死者亲属往往具有巨大的精神价值,其安葬情况也会对死者亲属的精神利益产生影响。本案中,虽然2011年贾某4起诉贾某3要求返还贾某2骨灰的诉请被法院驳回,但贾某4当时并未成年,在保管、安葬贾某2骨灰方面存在一定障碍;现本案诉讼时贾某4已成年,从贾某4行为能力变化以及其行为能力对诉讼标的的处置具有较大影响的角度出发,考虑随着贾某4之心智日益成熟,其父骨灰之安葬方式对于其情感之影响亦会发生较大变化,贾某4有权再次起诉要求返还贾某2的骨灰。(2)贾某2之骨灰安葬权由贾某4享有更为适宜。首先,本案中各方均未举证证明贾某2生前曾就其骨灰安葬方式存在明确的意思表示;其次,各方均未提供证据证明对于贾某2骨灰之安葬存有特殊之风俗习惯,贾某3虽主张贾某2现骨灰安葬地为家族墓地,但现仅有贾某2一人骨灰安葬于此,其他已故家族成员之骨灰并未在此安葬;再次,依据查明的事实,贾某2去世时,贾某4尚年幼,贾某2之骨灰由其父贾某1安葬并无不妥,但现贾某1已过世,而贾某4已成年,其作为贾某2唯一在世的具备民事行为能力的第一顺位继承人,在血缘上必然相较贾某3等人更为亲近,因贾某2骨灰安葬方式所产生的精神利益亦更为紧密;最后,贾某4在本案中主张通过树葬方式另行安葬贾某2之骨灰,且提供了民政部门的相关文件,相关部门对贾某4所主张之安葬方式亦予以肯定。因此,贾某4作为贾某2之子对于贾某2之骨灰安葬方式应享有优先决定权,骨灰安放证由贾某4持有更为适宜,贾某3应向贾某4返还。

【案例注解】

近年来,涉及骨灰安葬权的案件多发,现行法律对于骨灰的法律属性未有明确规范,亦未有具体的裁判规则指引,在骨灰应由谁保管、安葬方式应由谁决定等方面认识不统一,导致实践中同案不同判的情况多发。[①]

一、骨灰的法律属性界定

(一)观点梳理

对于骨灰的法律属性问题,学界主要存在三种观点。

---

① 如在(2018)苏01民终9621号案件中,一审法院认为,对骨灰如何安葬不属于人民法院处理的范畴;在(2017)沪01民终15159号和(2018)豫0704民初28号案件中,法院均仅以骨灰已经安葬为由驳回起诉,并未就当事人之间的权利顺位问题做进一步考量。

1.“骨灰物权说”,该观点主要援引台湾学者王泽鉴与日本学者我妻荣关于尸体的观点,“尸体是物,然尸体究与其他物不同,应以尸体之埋葬、管理、祭祀及供养为目的,不得自由使用、收益及处分”[①];“虽然尸体处理上须受有特别的限制,但尸体还是物,因此当然能成立所有权”[②]。

2.“人格物说”,该观点一般援引《最高人民法院关于确定民事侵权精神损害赔偿责任若干问题的解释》(2001年)第四条的规定[③],认为骨灰彰显了人格利益与财产利益,是在特定财产载体上的有机结合,系人之社会属性与精神属性在某种特定物之上的契合,使人的精神维度得到充分的关注与尊重[④]。

3.“死者人格利益说”,该观点认为骨灰是生者在死亡后人格利益的延伸,一般援引域外法中《法国民法典》第16-1-1条“对人类身体的尊重并不会因为人的死亡而终止。死亡的人的遗留物,包括其遗体被火化之后留下的骨灰,都应该得到尊重的、体面的和庄重的对待”[⑤]的规定。

(二)骨灰的法律属性

上述观点虽均有可取之处,但都将骨灰简单地置于财产权、人身权等某一单行民事法律中进行评价,忽略了其复杂性。从物与非物属性的结合角度来看,关于骨灰的法律属性应对其在各单行民事法律中的分别属性进行综合考量,既不能否认骨灰的“物”的基本属性,也不能忽略其所包含的伦理、道德、心理以及人格利益等特殊性因素;从死者及生者两个角度出发,应看到它既体现了生者死后人格利益的某种延伸,也包含了死者亲属

① 王泽鉴:《民法总则》,北京大学出版社2009年版,第175页。

② 邱玟惠:《尸体之法律性质:物权与人类尊严之二元结构初探》,载《台大法学论丛》2009年第4期。

③ “具有人格象征意义的特定纪念物品,因侵权行为而永久性灭失或者毁损,物品所有人以侵权为由,向人民法院起诉请求赔偿精神损害的,人民法院应当依法予以受理。”

④ 冷传莉:《人格物确立的法理透视》,载《政法论坛》2010年第6期。

⑤ [法]让·米歇尔·布律格耶尔、肖芳、王轶:《人格权与民法典——人格权的概念与范围》,载《法学杂志》2011年第1期。

的巨大精神利益，是亲人祭奠与悼念的对象。

因此，笔者认为，骨灰的法律属性可概括为：骨灰是一种具有人格象征意义和强烈社会伦理意义，能够以抛撒、埋葬等方式进行处置的特殊物；其存在及处置方式既体现了死者本人生前人格价值的延续，亦系死者近亲属祭奠、悼念死者特殊情感的寄托。

二、骨灰安葬权权利主体及处分规则的厘定

（一）权利主体问题

如前所述，骨灰是一种特殊物，可以进行处置，在目前法律尚未有明确规定的情况下，骨灰安葬权是一种什么权利，谁享有这种权利成为不能回避的问题。

1. 骨灰安葬权系习惯权利。按照现代权利的含义，权利主要是指法定权利或法律权利，精确地说，任何一类特别法人或者个别人具有的合法权利，都依赖于当时正被谈论的特定法律本身。[①] 从现代权利的视角来看，我国现行法律没有明确将骨灰安葬权规定为一项具体法定权利。但是，除了现代权利概念之外，还存在更为宽泛意义上的权利；它可能指向其初始形态——道德权利或应有的权利，即特定社会的人们基于一定的物质条件和文化传统而产生出来的权利需求；它也可能指向习惯权利，即人们在长期的社会生活过程中形成或者从先前的社会传承下来的、表现为群体性和重复性自由行动的一种权利。[②]

“礼”是中国传统文化之根。《礼记·祭统》曰“礼有五经，莫重于祭”，尊祖祭祖系“礼”的重要组成部分。作为中国传统混沌文化、整体性文化的集中体现，“礼”是无所不包的秩序的总名，本身就有法的规范性意义。

---

① 参见[英]戴维·沃克：《牛津法律大辞典》，社会越科技发展研究所译，中国大百科全书出版社1998年版，第773页。

② 参见张文显：《法理学》，高等教育出版社1999年版，第20页。

当“礼”获得了统摄一切具有社会规定性的意义时,法自然就包含其中了①。由丧而葬,由葬而祭,骨灰安葬属于丧仪礼制中的重要环节。骨灰安葬从表面看仅仅是一种风俗习惯,但其背后的文化支撑是中华民族千年传承中的礼法传统。从“礼”的角度看,骨灰安葬权是基于传统礼法文化而传承下来的由死者亲属享有的一种习惯权利,即“针对法(国家法)定权利而言,它是指一定社区内的社会主体根据包括社会习俗在内的民间规范而享有的自己为或者不为,或者对抗(请求)他人为或者不为一定行为的社会资格”②。

2. 骨灰安葬权的权利主体应为死者近亲属。骨灰安葬权系自然人紧紧依靠于其一定身份关系而享有的一种权利,就其性质而言,应属于身份权的范畴。而就骨灰安葬行为所体现出来的社会关系的性质而言,则应属身份权中的亲属权范畴。而所谓亲属,是指由婚姻、血缘或者收养而产生的人与人之间的社会关系,亲属权就是指上述主体之间的身份权。

《最高人民法院关于适用〈中华人民共和国民事诉讼法〉的解释》(2015年)第六十九条③从诉讼程序角度对于遗体、遗骨进行了规范。《中华人民共和国民法典》第九百九十四条④首次以实体法的形式规定只有近亲属对死者遗体、遗骨的侵害行为享有诉权。人伦情感是法律中不可忽视的因素,尤其是在身份关系法律中,法律的目的往往更侧重于对人伦秩序和情感关系的维护,我国传统法中的亲亲相隐、服制定罪、维护亲属间的等级秩序的法律无不体现了法律对于人伦秩序和人际自然情感关系的维系。

---

① [法]让·米歇尔·布律格耶尔、肖芳、王轶:《人格权与民法典——人格权的概念与范围》,载《法学杂志》2011年第1期。

② 谢晖:《民间规范与习惯权利》,载《现代法学》2005年第2期。

③ 第六十九条规定:“对侵害死者遗体、遗骨以及姓名、肖像、名誉、荣誉、隐私等行为提起诉讼的,死者的近亲属为当事人。”

④ 第九百九十四条规定:“死者的姓名、肖像、名誉、荣誉、隐私、遗体等受到侵害的,其配偶、子女、父母有权依法请求行为人承担民事责任;死者没有配偶、子女且父母已经死亡的,其他近亲属有权依法请求行为人承担民事责任。”

维护人伦秩序的准则不应仅存在于立法中,更应该蕴于司法实践中,目前我国实体法虽就骨灰所对应的权利主体尚未有明确规定,但司法必须予以回应。骨灰系遗体的焚化物,与遗体、遗骨一样,都是死者在死后留存的一种客观存在的物,系死者本人生前人格价值的一种延续,对死者亲属而言一般具有同一意义。故在尚未有其他明确法律规定情况下,可比照前述规定,即只有近亲属对死者的骨灰享有相应的诉权。

关于近亲属的具体范围,《中华人民共和国民法典》第一千零四十五条第二款明确配偶、父母、子女、兄弟姐妹、祖父母、外祖父母、孙子女、外孙子为近亲属,此规定与《最高人民法院关于贯彻执行〈民法通则〉若干问题的意见(修改稿)》第十二条中近亲属的范围相同,在《中华人民共和国民法典》未实施前,可参照上述意见予以确定。

(二)骨灰处分规则问题

1. 尊重死者对骨灰安葬作出的合理安排。《中华人民共和国民法典》第一千零二条规定,自然人的生命安全和生命尊严受法律保护。人格尊严是自然人在其出生至死亡期间,所享有的作为一个人所应有的基本社会地位,应当受到社会和他人的基本尊重。生命的终极价值在于人能够维护自己的人格尊严,而人格尊严在于人的自我决定,人因为能够自我决定所以才具有尊严。①

传统法律伦理不允许自然人处分自己的身体;但随着医学手段以及人文思想的进步,个体主张其享有的人格权不应再仅限于防御性的权利而应含有积极请求权的特质,②自然人对自己身体享有有限支配权成为新的共识,如献血、器官捐赠移植等。同时,身体权在内容上除了表现为个人生存期间对身体的有限处分外,自然人对自己的身体的支配权利也延伸于其死

---

① 参见杨立新:《从生命健康权到生命权、身体权、健康权——〈民法典〉对物质性人格权规定的规范创新》,载《扬州大学学报(人文社会科学版)》2020年第3期。

② 参见朱晓峰:《人格立法之时代性与人格权的权利内质》,载《河北法学》2012年第3期。

后的尸体,即可以通过生前行为对自己的尸体作出处分。目前绝大多数国家都认可本人生前有权对死后的尸体进行处分,对本人基于自己决定权而在生前作出的处分尸体的意思表示予以最大的尊重,《中华人民共和国民法典》第一千零六条对此也有明确规定①。

骨灰系死者尸体的一种物质转化形式,在认可死者生前可以对遗体进行处分的情况下,亦应认可死者生前可对骨灰的安葬作出合理安排,故在确定骨灰安葬方式时首先应尊重死者生前明示或者可得而知的遗愿。

2. 尊重习惯,但不得违背强制性法律规定及公序良俗。习惯是为不同阶级或者各种群体普遍遵守的行为模式或者行动习惯。② 人类早期的历史,就是由习惯支配其交往行为的历史;相对于国家法,习惯属于民间法的范畴,存在一定的区域性。骨灰作为一种特殊物,其安葬必然受到死者所在地区的传统习俗、社会习惯、宗教信仰等的约束;在司法审判中,法院应探寻当地对于骨灰安葬的风俗习惯,充分考量并发挥习惯在补充法律漏洞中的作用。

但是,由于习惯系自发形成的,且习惯的衡量标准通常是依据特定区域内人们的社会共识,往往缺乏科学的制约机制,导致习惯存在好坏之分,因此必须对习惯予以选择及权衡。而以公序良俗对习惯进行权衡,能使习惯合乎一般国民公正适当的法律感情,借以提升法律生活的水平,进而与伦理道德观念相结合。③《中华人民共和国民法总则》第八条规定"民事主体从事民事活动,不得违反法律,不得违背公序良俗",第十条规定"处理民事纠纷,应当依照法律;法律没有规定的,可以适用习惯,但是不得违

---

① 第一千零六条规定:"完全民事行为能力人有权依法自主决定无偿捐献其人体细胞、人体组织、人体器官、遗体。任何组织或者个人不得强迫、欺骗、利诱其捐献。完全民事行为能力人依据前款规定同意捐献的,应当采用书面形式,也可以订立遗嘱。自然人生前未表示不同意捐献的,该自然人死亡后,其配偶、成年子女、父母可以共同决定捐献,决定捐献应当采用书面形式。"

② 参见[美]E. 博登海默:《法理学——法哲学与法律方法》,邓正来译,中国政法大学出版社2010年版,第400页。

③ 参见施启扬:《民法总则》,中国法制出版社2010年版,第56页。

背公序良俗”。骨灰作为一种具有社会伦理意义的特殊物,在适用习惯时,除不得违背强制性法律规定外,还应受公序良俗的限制,应符合整个社会的伦理道德观念;无论是死者还是其他有权决定骨灰安葬方式的主体,所确定的安葬方式皆不得违背公共秩序和善良风俗。

案例中,原告主张采用树葬的方式另行安置骨灰,并提供了民政部门鼓励树葬的文件,该方式不违背强制性法律规定,亦不违反公序良俗,成为其最终享有骨灰安葬权的一个比较优势。

3. 依“最亲近原则”确定权利主体顺位。权利在抽象层面上具有平等性,但在具体层面上却又是不平等的。依常理,骨灰的安葬方式往往会对死者亲属的精神利益产生重大影响,而与死者生前生活愈亲密之亲属,对于死者之后事安排往往愈为关注,与死者关系的亲密程度也往往与精神利益的大小成正相关。因此以死者为核心,依据与死者“最亲近原则”作为确定骨灰安葬权的权利顺位具有合理性。对于“最亲近”的认定,可作如下考量:

(1)以血缘或婚姻关系的亲疏为优先考量因素。维持血亲感情是人类源自本能的情感需求。主导我国社会基本道德伦理观的儒家思想认为,家族血缘和亲情系整个社会道德观的主体,家族中的血缘亲情与人伦秩序是社会其他秩序的基础。“忠”“信”“仁”“义”等宗法伦理无不是从孝出发,以孝推出悌,继而推出信,由里及表,通过血缘关系以己为中心扩展成一个有亲疏远近之分的伦理圈。对此,费孝通先生在《乡土中国》中形象地描述到:“中国社会以己为中心,像石子一般投入水中,和别人所联系成的社会关系,不像团体中的分子一般大家全在一平面上的,而是像水的波纹一般,一圈圈推出去,愈推愈远,也愈推愈薄。”

虽然如梅因所言,所有进步社会的运动都是“从身份到契约”的运动,但梅因的断言并不意味着亲属身份的消亡,儒家宗法伦理在现今社会对构建社会结构、规范社会秩序所起的作用仍是巨大的。无论时代如何变迁，经济如何发展，亲属关系本质上的伦理性都不会改变，现代社会仍然遵从辈分伦理、夫妻伦理，仍然讲究长幼有序、尊卑有别、名分有定。①

因此，应优先以血缘或婚姻关系的亲疏认定与死者关系的疏密程度，在确定安葬权的权利顺位时，血缘及婚姻关系之远近亦应作为首要考量；《最高人民法院关于确定民事侵权精神损害赔偿责任若干问题的解释》（2001 年）第七条②及《中华人民共和国民法典》第九百九十四条③中关于“配偶、子女、父母”是优先权利人，只有在“死者没有配偶、子女且父母已经死亡”的情况下其他近亲属才有权提起诉讼的规定便是上述原则的实证法体现。就具体顺位而言，可参照我国《中华人民共和国继承法》（已废止）第十条关于法定继承顺位的规定予以确认，即配偶、子女、父母为第一顺位，兄弟姐妹、祖父母、外祖父母为第二顺位。

案例中，原告作为死者的唯一子女，其权利顺位优于作为死者弟弟的被告；同时原告年幼时因父母离婚，一直随母共同生活，其父去世时，原告仍尚年幼，对父亲骨灰的安葬成为原告寄托对父亲感情的一种最直接的方式，此亦二审改判由原告享有死者骨灰安葬权的重要考量。

（2）以与死者生前生活的紧密程度为辅助考量因素。人是情感动物，情感是主体在人际交往过程中在特定情境下产生的一种自发的主观经验；而人类社会是一个生活共同体和交往共同体组成的社会。随着我国经济的发展，我国已从传统农业社会向现代工业社会转型，除熟人社会中通过血缘、亲缘等因素建构的社会关系外，现代社会又通过社会分工的力量

① 参见张作华：《认真对待民法中的身份——我国身份法研究之反思》，载《法律科学（西北政法大学学报）》2012 年第 4 期。

② 第七条规定：“自然人因侵权行为致死，或者自然人死亡后其人格或者遗体遭受侵害，死者的配偶、父母和子女向人民法院起诉请求赔偿精神损害的，列其配偶、父母和子女为原告；没有配偶、父母和子女的，可以由其他近亲属提起诉讼，列其他近亲属为原告。”

③ 第九百九十四条规定：“死者的姓名、肖像、名誉、荣誉、隐私、遗体等受到侵害的，其配偶、子女、父母有权依法请求行为人承担民事责任；死者没有配偶、子女且父母已经死亡的，其他近亲属有权依法请求行为人承担民事责任。”

对社会关系进行了扩展，人和人之间更加重视后天交往中产生的情谊关系、经济社会合作关系以及由此产生的新的信任关系、精神依赖关系等，现代社会生活呈现传统亲密关系的陌生化和陌生关系的亲密化的结果。[①]

是故，对亲密关系的认定，除血缘或婚姻关系的考量外，还应结合生者与死者生前共同生活、相互扶助等具体情况，从亲属对死者的情感厚薄的角度看，就亲属与死者之间的精神依赖程度进行综合考量，对"最亲近"作出合理判断；一方面可以对第一顺位"配偶、子女、父母"以及其他同一顺位亲属关系中的权利位序再细化，另一方面可以兼顾司法的原则性和灵活性，避免司法裁判的僵化适用。

(3)建立骨灰安葬权权利缺格制度。所谓权利缺格，是指基于一定事由的发生，本应享有权利的主体丧失相应资格。权利缺格多发生于身份法律关系中，之所以建立权利缺格制度，系为了维护社会的道德人伦和家庭秩序，例如，"染血之手，不能为继承人"的继承权丧失制度，便是通过对实施不法行为或者不道德行为者剥夺其继承权利为手段来维护继承中的基本道德伦理。

实践中存在某些第一顺位近亲属对死者生前未尽照顾义务，甚至虐待、遗弃，但为多分遗产或者意图以骨灰威胁其他近亲属等原因恶意提起诉讼的情形，对此应建立"骨灰安葬权权利缺格制度"，可参考《中华人民共和国继承法》(已废止)第七条[②]的规定，即若有证据证明某近亲属存在虐待、遗弃死者，或者其他严重不利死者的行为的，应排除该主体成为死者骨灰安葬权的权利人。同时，如果在先顺位的骨灰管理人未尽管理义务或管理不当，其他近亲属亦有权要求予以纠正。

---

① 参见[美]安东尼·吉登斯：《现代性的后果》，田禾译，译林出版社2000年版。

② 第七条规定："继承人有下列行为之一的，丧失继承权：(一)故意杀害被继承人的；(二)为争夺遗产而杀害其他继承人的；(三)遗弃被继承人的，或者虐待被继承人情节严重的；(四)伪造、篡改或者销毁遗嘱，情节严重的。"

(4)维护生者诉权与骨灰安葬方式稳定性之平衡。《荀子·礼论》言"事死如事生,事亡如事存","死者为大"是我国传统殡葬文化的核心。亲属身份权的本质是以义务为中心而不是以权利为中心,[①]权利人对于骨灰安葬权的行使并非享有绝对的自由。骨灰系死者的一种人格延伸,保持骨灰安葬方式的稳定性以及不违背死者生前遗愿系对死者最基本的尊重;因此,在案件裁判时,应对于死者骨灰的安葬现状、诉讼主体的诉讼目的以及如何重新安葬骨灰等情况进行明确认定,协调处理好生者诉权的保障与死者骨灰安葬方式稳定性之间的冲突。

案例中,死者的骨灰为置放于塔位,此种方式与入土为安的安葬方式存在一定差异性,原告作为死者的儿子主张另行安置骨灰,并提供了其所主张安葬方式具备可行性的材料,综合死者骨灰安葬现状及后续安排情况,二审改判支持了原告的诉请。

三、结语

通过对中国古代传统丧葬制度的考证,以及对中国近代与丧葬相关的法律和思想观念变化进程的考察,可以看出对于死者的安葬由过去传统社会法律和伦理的双重义务逐渐转化为一种亲情义务和精神性权利。这一小小领域的转变折射出我们国家和社会向现代化转型的巨大进步,只有在司法实践中正确面对和积极研究这些新出现的权利概念,构建相应的保护和规范机制,才能使司法成为中国社会权利发展的源头活水。

(本案例分析荣获全国法院系统2020年度优秀案例分析评选活动二等奖)

---

① 参见杨立新:《完善我国亲属法律制度涉及的六个基本问题》,载《重庆社会科学》2008年第6期。

支某1、马某某等诉北京市永定河管理处、北京市水务局等生命权、健康权、身体权纠纷案

——自甘风险者在非公共场所受害的侵权责任认定

编写人：北京市第二中级人民法院　龙　立　邢述华

【内容摘要】

本案为获评2019年度中国十大影响性诉讼案件的“冰面遛狗溺亡案”。人民法院依法保护自然人的生命权不受侵害，但长期以来因受“死者为大”理念影响，法院对此类案件往往采取“找平衡”“和稀泥”的方式进行裁判，滥用公平分担损失规则致使违规违法的行为人规避责任追究甚至获得赔偿，向全社会传递了混乱甚至错误的价值导向。本案结合特殊案情运用自甘风险规则精神进行裁判，并严格适用公平分担损失规则，使无过错的行为人免于承担侵权赔偿责任，契合了《中华人民共和国民法典》的立法精神，更以立场鲜明的司法裁判为社会树立规则，是弘扬社会主义核心价值观的典型案例。

【关键词】侵权责任　自甘风险　安全保障义务　公平分担损失

【裁判要旨】

1. 具有完全民事行为能力的自然人未经许可或不顾警告擅自进入存

在安全风险的水利设施等非公共场所，系自甘风险的行为，应自行承担相应损害后果。

2. 非公共场所的管理者对自甘风险行为人不负有相关的安全保障义务，其侵权损害赔偿责任认定需要法律上的严格界定及证据上的支持，不能以情感或结果责任主义为导向，将损失交由不构成侵权的他方承担。

【相关法条】

《中华人民共和国侵权责任法》第六条第一款①、第三十七条第一款②

【案件索引】

一审：北京市丰台区人民法院（2018）京 0106 民初 2975 号（2019 年 1 月 28 日）

二审：北京市第二中级人民法院（2019）京 02 民终 4755 号（2019 年 4 月 23 日）

【基本案情】

原告（上诉人）支某 1、马某某、支某 2、李某某诉称：支某 3 系支某 1 与马某某夫妇之子，李某某之夫，支某 2 之父。2017 年 1 月 16 日，支某 3 被发现溺死在北京市丰台区永定河拦河闸前消力池内，事发河道无人监管且无明显警示标志。该处归北京市丰台区水务局（以下简称丰台水务局）、北京市丰台区永定河管理所（以下简称永定河管理所）、北京市水务局、北京市永定河管理处（以下简称永定河管理处）管理。由于四被告未能认真履行职责，对大坝下存水疏于采取安全封闭措施，致使支某 3 溺水而亡。故请求法院判令永定河管理所等四被告赔偿支某 1 等四人丧葬费 2 万元、死亡赔偿金 30 万元、幼儿抚养费 20 万元、精神损害抚慰金 10 万元，并承担诉

① 现《中华人民共和国民法典》第一千一百六十五条第一款。

② 现《中华人民共和国民法典》第一千一百九十八条第一款。

讼费用。

被告(被上诉人)北京市水务局、丰台水务局、永定河管理所辩称:不同意原告支某1等四人诉讼请求,死者死亡地点不属于三被告的管辖范围,三被告不是本案的适格主体,因此三被告对支某3的死亡不应承担民事责任,请求法院依法驳回原告的诉讼请求。

被告(被上诉人)永定河管理处辩称:其仅是对永定河水利工程设施负有管理职责,但不是河流水域部分的管理者,因此不能作为本案被告。假使其是本案适格的被告,但已经尽到管理义务,支某3作为完全民事行为能力人的死亡后果是因其自身过错造成的,永定河管理处对受害人的死亡不存在任何过错,因此请求法院依法驳回原告的诉讼请求。

法院经审理查明:2017年1月16日,北京市公安局丰台分局卢沟桥派出所接李某某"110"报警,称支某3外出遛狗未归,怀疑支某3掉在冰里了。接警后民警赶到现场开展查找工作,于当晚在永定河拦河闸自西向东第二闸门前消力池内发现一男子死亡,经家属确认为支某3。发现死者时永定河拦河闸南侧消力池内池水表面结冰,冰面高度与消力池池壁边缘基本持平。北京市公安局丰台分局于2017年1月20日出具关于支某3死亡的调查结论(丰公治亡查字[2017]第021号):该人系符合溺亡死亡,该人死亡不属于刑事案件。支某3家属对死因无异议。支某3遗体被发现的地点为永定河拦河闸下游方向闸西侧消力池,消力池系卢沟桥分洪枢纽水利工程(拦河闸)的组成部分。永定河卢沟桥分洪枢纽工程的日常管理、维护和运行由永定河管理处负责。丰台水务局称事发地点周边安装了防护栏杆,在多处醒目位置设置了多个警示标牌。

【裁判结果】

北京市丰台区人民法院于2019年1月28日作出(2018)京0106民初2975号民事判决:驳回支某1等四人的全部诉讼请求。诉讼费10,000元由支某1等四人共同负担。

支某1等四人不服原审判决,提起上诉。北京市第二中级人民法院于2019年4月23日作出(2019)京02民终4755号民事判决:驳回上诉,维持原判。

【裁判理由】

法院生效判决认为:自然人的生命权、健康权、身体权依法受法律保护。行为人因过错侵害他人民事权益的,应当承担侵权责任。宾馆、商场、银行、车站、娱乐场所等公共场所的管理人或者群众性活动的组织者,未尽到安全保障义务,造成他人损害的,应当承担侵权责任。支某1等人因支某3溺亡而主张管理机关承担相应侵权责任,本案主要争议在于支某3溺亡事故发生地点的查实、相应管理机关的确定,以及该管理机关是否应承担侵权责任。关于支某3的死亡地点及管理机关的事实认定。根据受理支某3失踪查找的公安机关派出所出具工作记录可认定支某3溺亡地点为永定河拦河闸南侧的消力池内。现查明永定河管理处为永定河拦河闸的管理机关,丰台区水务局提交证据证明支某3溺亡的消力池属于拦河闸的一部分,永定河管理处对此亦予以认可,并明确确认消力池属于其管辖范围,法院据此认定永定河管理处系支某3溺亡地点的管理责任方。鉴于永定河管理处系依法成立的事业单位,依法可独立承担相应民事责任,故北京市水务局、丰台区水务局、永定河管理所均非本案的适格被告,原告方要求该三方承担连带赔偿责任的主张无事实及法律依据,法院不予支持。

关于管理机关永定河管理处是否应承担侵权责任的认定。首先,本案并不适用侵权责任法中安全保障义务条款。本案中支某3溺亡地点位于永定河拦河闸侧面消力池,从性质上看,消力池系永定河拦河闸的一部分,属于水利设施的范畴,并非对外开放的冰场;从位置上来看,消力池位于拦河闸下方的永定河河道的中间处;从抵达路径来看,抵达消力池的正常路径,需要从永定河的沿河河堤下楼梯到达河道,再从永定河河道步行至拦河闸下方,因此无论是从消力池的性质、消力池所处位置还是从抵达消力池的路径来看，均难以认定消力池属于公共场所，永定河管理处对此不负有侵权责任法规定的安全保障义务。其次，从侵权责任的构成上看，一方主张承担侵权责任，应就另一方存在违法行为、主观过错、损害后果且违法行为与损害后果之间具有因果关系等侵权责任构成要件承担举证责任。永定河道并非正常的活动、通行场所，依据一般常识即可知进入河道或进入冰面的行为，均容易发生危及人身的危险，此类对危险后果的预见性，并不需要管理机关事先的警告、告知，亦不需要专业知识就可知晓。支某3在明知进入河道、冰面行走存在风险的情况下，仍进入该区域并导致自身溺亡，其主观上符合过于自信的过失、其行为属于侵权责任法上的自甘风险行为，应自行承担相应的损害后果。在此提出的是作为一个成年人应系自身安危的第一责任人，不能把自己的安危寄托在国家相关机构的无时无刻的提醒之下，户外活动应趋利避害，不随意进入非群众活动场所系每一个公民应自觉遵守的行为规范。因支某3意外溺亡，造成支某1、马某某老年丧子、支某2年幼丧父，其家庭境遇令人同情，法院对此予以理解。但是赔偿的责任方是否构成侵权则需法律上严格界定及证据上的支持，不能以情感或结果责任主义为导向将损失交由不构成侵权的他方承担。综上，法院依法认定永定河管理处对支某3的死亡发生亦无过错，不应承担赔偿责任。故支某1等主张永定河管理处等四被告连带赔偿其损失的诉讼请求法院不予支持。

【案例注解】

一、司法实践中自甘风险规则的适用

（一）自甘风险规则的适用范围界定

自甘风险是受害人已经意识到某种风险的存在或者明知将遭受某种风险，却依然冒险行事致使自身遭受损害。其源自罗马法中“愿者不受害”规则，大陆法系与英美法系国家均普遍承认这一抗辩事由。《中华人民共和国侵权责任法》(已废止)制定时关于自甘风险是否应当作为免责事由存在较大争论,①但最终并没有规定自甘风险。此次《中华人民共和国民法典》制定在总结司法实践经验的基础上,从有利于保护行为自由出发,首次以条文形式确认了自甘风险规则。《中华人民共和国民法典》第一千一百七十六条规定:"自愿参加具有一定风险的文体活动,因其他参加者的行为受到损害的,受害人不得请求其他参加者承担侵权责任;但是,其他参加者对损害的发生有故意或者重大过失的除外。"

从自甘风险规则的适用范围来看,域外法中自甘风险规则广泛适用于一切风险领域。从两大法系国家的司法实践看,自甘风险被广泛运用于各项休闲活动的侵权行为领域。这里的休闲活动是指出于锻炼、放松、愉悦目的而从事的任何活动,是一个非常宽泛的概念。而《中华人民共和国民法典》将自甘风险规则限定适用于"文体活动",虽然民法典侵权编草案二审稿曾经对自甘风险的范围规定为适用于任何"自愿参加具有危险性的活动受到损害的"情形,但最终立法还是作出了限定。

(二)自甘风险规则的司法实践样态

虽然在《中华人民共和国民法典》颁布前,《中华人民共和国侵权责任法》(已废止)中并未规定自甘风险规则,但是在司法实践中由于自甘风险规则的特殊性,它早已被法官娴熟地运用于司法裁判中,只是因为缺乏实证法的规范,因此法官只能依靠习惯法或者对侵权责任法作出体系解释,来将自甘风险规则运用于个案裁判中。司法实践中,对于原被告均不存在过错,亦不存在法律规定的应承担无过错责任的情形,部分法官根据案件的特点适用自甘风险规则进行裁判。在法律适用上往往采用《中华人民共和国侵权责任法》(已废止)第六条、第七条的规定进行体系解释,认为当无法适用过错责任原则与无过错责任原则判定侵权责任归属时,免责事

① 参见王利明:《论受害人自甘冒险》,载《比较法研究》2019年第2期。

由与公平原则的适用应当在逻辑与正义之间寻求平衡。

本案中，法官实际上是运用了自甘风险规则的精神进行裁判，把适用范围扩展到“自愿参加具有危险性的活动受到损害”的情形。法官认为支某3溺亡地点位于永定河拦河闸侧面消力池，案涉永定河道并非正常的活动、通行场所，支某3在明知进入河道冰面行走存在风险的情况下，仍进入该区域并导致自身溺亡，其行为属于自甘风险行为，应自行承担损害后果。

二、自甘风险规则适用的例外情形

《中华人民共和国民法典》确立了自甘风险规则并明确了其适用范围、构成要件和法律效果，为法院处理相关纠纷提供了切实可行的裁判规范，但是自甘风险规则依然存在两种排除适用的特殊情形。

（一）造成损害者具有故意或者重大过失

此项例外规定实际上涉及自甘风险的定性问题。① 在英国普通法体系中自甘风险抗辩是完全抗辩事由，②即侵权人能够证明受害人对损害及风险事先同意，侵权人就可免责。但是由于适用自甘风险规则会使受害人完全不能请求赔偿，在实践中常常导致裁判结果不公平而饱受批评。从德国和美国司法实践的发展历程看，在体育运动伤害案件中，自甘风险规则也逐步被过失相抵规则所替代。③ 从这个角度来说，《中华人民共和国民法典》立法摒弃了那种认为自甘风险“非免责即有责”的传统观念，顺应了自甘风险理论与过失相抵规则的融合趋势，承认在文体活动中自甘风险抗辩也能形成从免除责任到减轻责任，再到承担主要责任，甚至承担全部责任的效果曲线，以适应千差万别的个案。④ 当前司法实践中，比较困难的是对

① 参见程啸：《论侵权行为法中的受害人同意》，载《中国人民大学学报》2004年第4期。

② 参见王胜明主编：《〈中华人民共和国侵权责任法〉解读》，中国法制出版社2010年版，第120页。

③ 参见邱聪智：《从侵权行为归责原理之变动论危险责任之构成》，中国人民大学出版社2006年版，第31页。

④ 参见陈聪富：《侵权行为法上因果关系》，载《台大法学论丛》第29卷第2期。

“故意或重大过失”的判断。由于自甘风险规则的适用领域独特，因此对于“故意或重大过失”的判断与一般侵权行为的主观过错状态是存在区别的。对此问题，德国把运动区分为“高危激烈运动”和“低危运动”，美国的“故意或鲁莽行为理论”以及“固有风险理论”等都可以给我们提供借鉴。[①] 按照域外法的经验和我国之前的司法实践分析，[②]自甘风险规则中文体活动的性质、规则、惯例、固有风险、对运动规则的了解程度等因素，都是确定侵权人是否存在“故意或重大过失”的考量因素。[③]

（二）安全保障义务人不因自甘风险而免责

自甘风险规则并不是完全将参加者置于危险的境地不理，在任何时候生命权益都是法律在平衡各种利益时应当首先考虑的价值。因此，如果有相对方与自甘风险行为人存在某种基础法律关系时，为了保证行为人的生命健康，仍然要求相对方履行合理的安全保障义务。

本案中，法官判定应由受害人自负其责，就是认为永定河管理处对受害人不负有相应的安全保障义务。《中华人民共和国侵权责任法》（已废止）第三十七条中规定的违反安全保障义务的侵权行为，是安全保障义务人由于没有履行合理限度范围内的安全保障义务而实施的侵权行为，受害人请求义务人承担的应是符合社会一般价值判断所认同的安全保障义务。[④] 合理的安全保障义务是一个理智、善良、谨慎的人按照合理注意所应采取的安全保障措施。[⑤] 管理者负有的安全保障义务是有程度划分的，判

---

① 参见［德］克雷斯蒂安·冯·巴尔：《欧洲比较侵权行为法》（下卷），焦美华译，法律出版社2004年版，第480页。

② 参见王毓莹、向国慧：《论公平分担损失规则原则的限制适用——公平分担损失规则原则的公平危机及其防范》，载《法律适用》2004年第9期。

③ 参见汪水伟：《侵权行为法中公平分担损失规则的适用范围》，载《甘肃政法学院学报》2006年第1期。

④ 参见杨基燕、潘银瓶：《论侵权责任法中的安全保障义务》，载《云南财经大学学报（社会科学版）》2012年第1期。

⑤ 参见王皓：《安全保障义务责任分配调查研究——以相关司法裁判为分析样本》，载《法制与经济》2018年第12期。

断公共场所管理者是否采取了有效合理的谨慎态度和预防措施，需要界定安全保障义务的合理边界：一是预见可能性原则，义务人采取的安全保障措施应当取决于义务人的预见可能性，不具备预见可能性的义务人不承担安全保障义务，因为其行为并不具有可责性。二是有限责任原则，公共场所的管理者并不可能防止所有危险的发生，因为绝对的安全是不存在的，因此公共场所的管理者所防范的危险一定是可以预见的，必须具有可控制性和可予消除性，意外事件与不可抗力均不包含在内。三是相当性原则，在考量管理者作为安全保障义务人时，应当考虑防范危险的投入应当与该经营场所所获的利益相当，即危险发生的可能性和损害的严重程度与消除该危险所需的投入相当。① 本案中，支某3溺亡于永定河拦河闸附近的消力池内，该事发地点消力池虽已结冰，但仍系永定河拦河闸的一部分，属于水利设施的范畴，并非对外开放的冰场。消力池位于拦河闸下方的永定河河道中间处，从抵达的正常路径来看，需要从永定河的沿河河堤下楼梯到达河道，再从永定河河道步行至拦河闸下方，其并非正常的活动、通行场所，因此本案中的水利设施并不属于《中华人民共和国侵权责任法》(已废止)第三十七条规定的公共场所。虽然河道的管理者负责河道、堤防、护堤地及水利设施的日常管理、运行和维护，但其对于擅自进入河道冰面的人不具有安全保障义务，其不应承担侵权责任法中规定的相关侵权责任。

三、公平分担损失规则的合理界定与严格适用

本案中，法官在考量责任分担问题时并未采用公平分担损失规则，②而是以支某3系自甘风险且永定河管理处不负有安全保障义务为依据，判定

---

① 参见黄立嵘：《论美国侵权法“行为人自担风险”规则——兼论我国侵权责任原则的完善》，载《中国社会科学院研究生院学报》2014年第6期。

② 公平分担损失，是指在当事人双方对损害的发生都没有过错且法律又没有规定适用无过错责任的情况下，依据公平观念，综合考虑加害人和受害人的经济状况、受害人的损害程度等因素，由加害人与受害人双方对损害进行分担的一种规则。

永定河管理处不应承担侵权赔偿责任。此种观点契合了《中华人民共和国民法典》对于公平分担损失规则的限定与完善。《中华人民共和国民法典》第一千一百八十六条规定“受害人和行为人对损害的发生都没有过错的,依照法律的规定由双方分担损失”。相较于《中华人民共和国侵权责任法》(已废止)第二十四条的规定,把原来的“根据实际情况由双方分担损失”修改为“依照法律的规定由双方分担损失”,将适用范围限定在了法律明确规定的情形。

(一)侵权责任认定的司法实践样态

在《中华人民共和国民法典》出台前,对于当事人对损害的发生都没有过错且法律又没有规定适用无过错责任的情形,司法实践中对相关侵权责任的判定标准较为混乱,即使是在认定为自甘风险的案件中,其侵权责任划分标准也极为不统一(见表1)。①

表1 司法实践中自甘风险规则适用及相关侵权责任认定情况

案件情况	责任认定	法院裁判情况
(2014)嘉南风民初字第19号,洪某磊诉许某青生命权、健康权、身体权纠纷案	肯定自甘风险,被告依公平原则分担责任	原告因与被告篮球比赛而造成牙齿脱落,法院认为篮球比赛是一项竞技体育运动,参与者是自愿承担可能带来的风险,只要没有证据证明加害人有过错,就不能要求加害人承担责任。但是考虑到原告受伤,不能独自承担损失,因此判决被告按照公平原则分担一定损失

① 参见孙维飞:《通说与语词之争——以有关公平责任的争论为个案》,载《北大法律评论》2011年第2期。

续表

案件情况	责任认定	法院裁判情况
(2014)科民初字第16号,魏某龙诉邬某健康权纠纷案	肯定自甘风险,被告依公平原则分担责任	原告与被告篮球比赛造成鼻子受伤,法院认为自发性的体育比赛具有对抗性和危险性,参与者既可能制造危险也可能遭遇危险,原告明知有风险而参与,被告不应承担责任,但是考虑原告是未成年人且没有经济来源,判决被告给予原告适当经济补偿
(2013)南中法民终字第1295号,吕某莲等因生命权纠纷上诉案	肯定自甘风险,被告依公平原则分担责任	案情涉及的是参加自发性活动造成损害,法院尽管认为普通体育比赛中双方都自甘风险,并且被告确实没有重大过错,但是还是依据公平原则判决被告承担责任
(2013)深中法民终字第2949号,林某利诉史某珍侵权纠纷案	肯定自甘风险,被告依过错原则减轻责任	原告乘坐被告驾驶的人货混装电动三轮车不幸发生交通事故,法院认为原告明知人货混装电动三轮车存在危险仍自甘风险,对损害的发生也有过错,可能减轻侵权人的责任,判决被告承担40%的责任
(2013)通中民终字和1821号,南通百臻建设工程有限公司与田某涛生命权、身体权、健康权纠纷案	肯定自甘风险,被告依过错原则减轻责任	原告不慎撞在被告设置的路障上造成受伤,法院认为被告设置警示标志有过错,原告未检查路面本身也是一种基于自信的自甘风险,对事故的发生有过错,判决被告承担60%的责任
(2013)浙衢民终字第520号,中国人寿财产保险股份有限公司上饶市中心支公司与严某强等机动车交通事故责任纠纷案	肯定自甘风险,被告依过错原则减轻责任	叶某辉驾驶挂货车卸货后,由于道路坡度较大造成车轮打滑无法移动,叶某辉找另一辆车帮忙,结果在指挥过程中,车轮再次打滑造成严某强头部被夹伤,法院认为严某强违规施救自甘风险,应自行承担30%的责任

续表

案件情况	责任认定	法院裁判情况
(2000)宁民初字第445号,南京丁山花园酒店有限公司与刘某等人身体损害赔偿纠纷案	肯定自甘风险,被告不承担责任	丁山花园酒店职工组成的足球队邀请星汉美食城职工组成的足球队举行足球比赛,刘某担任球队守门员。刘某扑球时与郑某刚发生冲撞,致使刘某骨折,法院认为足球运动本身有危险性,本案的证据不能证明刘某的伤是由于对方的故意或过失造成,且刘某自愿主动参加到比赛中,对足球运动中可能存在的风险是明知的,当事人对损害虽均无过错,但刘某却是在共同的体育活动中受到损害,由当事人按公司原则分担民事责任。二审法院认为参赛者自愿参加比赛,属甘冒风险行为。所以在比赛中造成人身损害时,被请求承担侵权责任者可能以受害人的同意为抗辩理由,从而免除民事责任

(二)司法实践中公平分担损失规则的泛化与反思

公平分担损失规则的泛化是我国原有民事法律制度不完善的结果。20世纪80年代《中华人民共和国民法通则》(已废止)颁布后很长一段时间内,我国民事法律规范包括证据法规则没有突破性的发展。在许多侵权行为缺乏具体规定,案件受害人自身没有过错,也不能证明侵权人有过错时,法官因对证据规则的运用不够精准而错误地认为属于当事人双方都没有过错的情形,最后只能判定双方公平分担损失。①

尽管之后在制定《中华人民共和国侵权责任法》的过程中,立法者试图缩小公平分担损失规则的适用范围,但这种尝试在实践中并没有取得预想

① 参见李鹏:《论我国侵权责任法的公平责任》,载《法学杂志》2010年第11期。

的效果。[①] 期待在过错责任原则和无过错责任原则无法救济的情况下，法官能够"衡平"个案，对行为人苛以补偿责任进而发挥社会保障或补偿功能的作用时，公平分担损失规则无论怎样规定都无法避免泛化的结果。[②] 在司法实践中，公平分担损失规则对社会关系进行调整时也并没有实现公平公正，反而造成了法院"和稀泥"的局面，极大地损害了司法权威。[③] 事实上，公平分担损失规则的泛化很大程度是我国社会文化心理影响的结果，受"死者为大"传统观念影响，在受害人死亡的案件中，即使侵权人没有任何过错且不适用无过错责任，法官为了抚慰受害人家属，也会判令侵权人进行适当赔偿，认为这样更符合民众朴素的正义观念。然而随着我国法治建设水平的提升和民众法治意识的觉醒，这种传统观念也在发生着变化，典型的是在电梯劝烟猝死案中，一审判决适用了"公平分担损失规则"但被认为是对此项规则的滥用。应当说这个案例的一审、二审结果某种程度上代表了《中华人民共和国侵权责任法》（已废止）和《中华人民共和国民法典》对待"公平分担损失规则"的不同态度。

（三）公平分担损失规则的严格适用

《中华人民共和国民法典》将公平分担损失规则的适用范围限定在法律明确规定的情形中，这里的"法律"应仅限于全国人大及其常委会制定的法律，包括《中华人民共和国民法典》本身和其他单行法律。在《中华人民共和国民法典》中直接规定适用公平分担损失的情形有五种：一是因自然原因引起的危险，紧急避险人对受害人的补偿责任；二是见义勇为时受益人的补偿责任；三是完全民事行为能力人对自己的行为暂时没有意识或者失去控制造成他人损害且没有过错时，对受害人的补偿责任；四是提供劳

① 参见陈本寒、陈英：《公平责任归责原则的再探讨——兼评我国〈侵权责任法〉第24条的理解与适用》，载《法学评论》2012年第2期。

② 参见王胜明主编：《中华人民共和国侵权责任法释义》，法律出版社2010年版，第128页。

③ 参见孙维飞：《通说与语词之争——以有关公平责任的争论为个案》，载《北大法律评论》2011年第2期。

务一方因第三人的行为而遭受损害时，接受劳务一方承担的补偿责任；五是高空抛掷物或坠落物造成他人损害，经调查难以确定具体侵权人且无法证明自己不是侵权人时，可能加害的建筑物使用人的补偿责任。其他特别法如《中华人民共和国道路交通安全法》第七十六条的规定“机动车与非机动车或行人相撞，机动车一方没有过错的，承担不超过百分之十的赔偿责任等情形”。此种立法对于严格法律适用，避免法官“和稀泥”式的裁判具有积极意义。①

本案中，法官判定侵权责任承担的理念也高度契合《中华人民共和国民法典》的立法精神，认为判定永定河管理处是否承担侵权赔偿责任应由法律严格界定，而不能以情感或结果责任主义为导向，更不能简单地适用公平分担损失规则将损失交由不构成侵权的他方承担。本案中支某3作为具有完全民事行为能力的成年人，应是其自身安危的第一责任人，其不能将自身安危寄托在国家相关机构无时无刻的提醒之下，而应当自觉遵守社会行为规范，对自己的行为负责。在侵权法领域，很多情况下无过错的受害人需要保护，但在冒险相对人尽到合理注意义务时，还要将受害人的损失转归冒险相对人承担，从某种意义上说是对冒险相对人的一种侵害。对处于弱势地位的人给予必要的关注和救济是法律的一种美德，但这不是法律的基本功能。因此，在司法实践中不能够矫枉过正，即使是侵权法中公平分担损失规则的适用，也需要满足法律明确规定的适用前提，脱离此项适用条件盲目适用，忽视损失的分担比例进而随意扩大侵权赔偿范围，会造成软化既有规则体系的弊端，不利于实现个案裁判的正义。

（本案例分析荣获全国法院系统2020年度优秀案例分析评选活动二等奖）

---

① 参见曹险峰：《论公平责任的适用——以对〈侵权责任法〉第24条的解释论研读为中心》，载《法律科学(西北政法大学学报)》2012年第2期。

刘某诉北京佳安颐园物业管理有限责任公司物业服务合同纠纷案

——由居民委员会依法定程序代行业主委员会职责的认定

编写人：北京市第二中级人民法院　王　磊

【内容摘要】

业主大会和业主委员会是业主自治的组织形式。但是，并非每个住宅小区都有业主大会，也非每个小区都会选举业主委员会。恰恰相反，很多住宅小区特别是老旧小区业主大会及业主委员会缺位的现象非常普遍，导致业主集体意志不能有效形成并表达。但是，是否成立业主大会以及选举业主委员会，并不能从实质上阻碍全体业主作出集体意思表示，如果全体业主能够通过某种方式共同作出决定，效力上同样应当给予肯定。本案论证了居民委员会代行业主委员会职责的可行性，确立了居民委员会依法定程序可代行业主委员会职责的基本规则，通过创新业主自治模式，寻找替代途径，确保业主集体意志能够及时表达，进而对住宅小区进行共同管理，实现业主自治的目标。

【关键词】业主委员会　居民委员会　代行职责

【裁判要旨】

未成立业主大会或已成立业主大会但未选举业主委员会的小区,居民委员会依法定程序可代行业主委员会职责。业主仅以居民委员会无权代行业主委员会职责要求确认代行行为无效的,人民法院不予支持。

【相关法条】

《中华人民共和国物权法》第七十条[①]、第七十六条[②]

【案件索引】

一审:北京市大兴区人民法院(2019)京0115民初3063号(2019年3月22日)

二审:北京市第二中级人民法院(2019)京02民终7266号(2019年7月9日)

【基本案情】

原告(上诉人)刘某诉称:刘某于2006年10月11日与北京佳安颐园物业管理有限责任公司(以下简称佳安颐园物业公司)签订物业管理服务协议,约定由佳安颐园物业公司提供物业管理服务,物业服务费按年计算为18元/平方米,自合同签订生效后,刘某一直按照双方约定履行。但是自2014年6月开始,佳安颐园物业公司不但拒绝按照合同约定收取刘某物业服务费,反而要求刘某按照新的物业费标准交纳物业费。佳安颐园物业公司的行为构成违约,严重侵犯了刘某的合法权益,故请求法院判令佳安颐园物业公司继续履行双方物业服务协议义务,即按每年18元/平方米收取物业管理费。

被告(被上诉人)佳安颐园物业公司辩称:物业费已经依法调整,物业

---

① 现《中华人民共和国民法典》第二百七十一条。

② 现《中华人民共和国民法典》第二百七十八条。

公司已经履行了合同义务。但是刘某一直未按调整后的物业费标准向佳安颐园物业公司支付物业费用,佳安颐园物业公司保留追究刘某法律责任的权利。综上所述,刘某的起诉无事实依据,请求法院依法驳回。

法院经审理查明,2006 年 10 月 11 日,刘某(甲方,委托方)与佳安颐园物业公司(乙方,受托方)签订物业管理服务协议,约定甲方委托乙方实施物业管理,物业坐落于宣颐家园住宅小区某室;物业费按 18 元/平方米每年收取;物业服务费缴纳起止日期:2005 年 5 月 5 日至 2007 年 5 月 4 日;物业管理服务期限自本协议签订之日起至本小区业主大会成立后业主委员会所选聘的物业管理企业签订的物业服务合同生效时止。

2014 年 7 月 1 日,佳安颐园物业公司在宣颐家园住宅小区内发布公告,决定于 2014 年 7 月 15 日起对宣颐家园小区的物业服务费标准进行调整,其中住宅(带电梯)单价 2.50 元/平方米·月;住宅(不带电梯)单价 1.80 元/平方米·月,商业单价 2 元/平方米·月。

佳安颐园物业公司提交相关的报告、申请、公告、入户调查表等材料,证明其涨价行为符合国家法律及行业规定。佳安颐园物业公司提交的证据显示:(1)2013 年 12 月 17 日,佳安颐园物业公司委托国泰民生物业服务评估监理(北京)有限公司对宣颐家园小区的物业服务费用进行评估;(2)2014 年 1 月 16 日,佳安颐园物业公司向大兴区旧宫地区办事处宣颐家园社区居民委员会(以下简称宣颐居委会)出具《关于调整宣颐家园物业费的民意调查申请》,申请宣颐居委会根据住建部〔2009〕274 号文《关于印发业主大会和业主委员会指导规则的通知》第五十八条的规定代行业主委员会的职责,对宣颐家园小区业主入户调查物业费用涨价的民意,同时废止 2013 年佳安颐园物业公司与业主签订的物业管理服务协议,重新按照调价后新物业服务合同与建设单位签订前期物业服务合同;(3)宣颐居委会于 2014 年 1 月 23 日出具《关于调整宣颐家园物业费的回复》,同意代行业主委员会的职责,并全权委托佳安颐园物业公司负责入户征询业主上调物业费价格的意见;(4)2014年5月31日,佳安颐园物业公司向"大兴区建委小区办"出具《关于上调宣颐家园小区物业服务费价格的报告》,报告其拟上调物业服务费的原因及价格标准;(5)2014年6月30日,佳安颐园物业公司向宣颐居委会和"大兴区住建委小区办"分别出具"《关于调整宣颐家园小区物业服务费》入户调查情况报告",载明入户调查详细信息;(6)2014年7月1日,佳安颐园物业公司在宣颐家园小区张贴涨价公告;(7)宣颐居委会于2014年7月3日出具《关于调整宣颐家园物业费入户调查情况报告的回复》,同意上调物业费;(8)2015年2月5日,北京市大兴区旧宫镇小区管理办公室(以下简称旧宫小区办)、宣颐居委会以及佳安颐园物业公司针对《关于宣颐家园小区调整物业服务费签约缴费情况审核报告》进行了盖章确认;(9)2015年7月15日,佳安颐园物业公司向北京市大兴区居住小区管理办公室(以下简称大兴小区办)提交了北京市物业服务合同变更申请表,2015年11月25日,大兴小区办决定予以变更。

刘某对佳安颐园公司入户调查结果的真实性不予认可。

【裁判结果】

北京市大兴区人民法院于2019年3月22日作出北京市大兴区人民法院(2019)京0115民初3063号民事判决:驳回原告刘某的诉讼请求。

刘某不服原审判决,提起上诉。北京市第二中级人民法院于2019年7月9日判决如下:驳回上诉,维持原判。

【裁判理由】

法院生效裁判认为:物业服务费的调整属于物业管理区域内重大物业管理事项,根据《中华人民共和国物权法》(已废止)的规定,应当由业主共同决定,并经专有部分占建筑物总面积过半数的业主且占总人数过半数的业主同意。《业主大会和业主委员会指导规则》第五十八条规定:业主委员会产生之前,可以由物业所在地的居民委员会在街道办事处、乡镇人民政府的指导和监督下,代行业主委员会的职责。本案中,宣颐家园小区尚未成立业主大会并选举业主委员会,根据佳安颐园物业公司的申请,宣颐居委会代行业主委员会职责并全权委托佳安颐园物业公司负责入户调查并未违反相关规定。佳安颐园物业公司受托进行民意调查后,将调查结果向宣颐居委会和旧宫小区办分别进行报告,宣颐居委会认可调查结果并同意上调宣颐家园小区物业费,旧宫小区办亦在《关于宣颐家园小区调整物业服务费签约缴费情况审核报告》上盖章确认审核结果,后佳安颐园物业公司向大兴小区办申请变更物业收费标准并进行了相关备案工作。一审法院根据上述事实,确认佳安颐园物业公司的物业费涨价行为符合形式要求,并无不当,法院予以支持。刘某要求佳安颐园物业公司继续按照原物业管理服务协议约定的标准收费,无事实和法律依据,法院不予支持。刘某主张佳安颐园物业公司在调整物业费的过程中造假、本案核心证据系伪造,但未就该主张提供确实充分的证据,法院对其该项主张不予支持。

【案例注解】

一、业主自治的"僵局"与"破局"

(一)业主自治陷入"僵局"

业主自治,是指特定物业区域的业主集体,基于其所在小区物业的共有权和共同使用权,为了保护与发展业主、物业使用人的合法权益,遵照法律法规的规定,通过选举产生业主自治团体对全体业主的共有物业实行统一的公益性、自律性、民主化的管理方式和管理制度。[①] 业主自治的权利基础来自建筑物区分所有权,业主自治的组织形式表现为业主大会和业主委员会。《中华人民共和国物权法》(已废止)、《物业管理条例》从法律层面对于建筑物区分所有权以及业主大会及业主委员会的地位、权利和职责做了详细地勾勒与擘画。但是实践中,并非所有住宅小区都成立业主大

① 参见徐建明、王洪卫:《物业管理法学》,上海财经大学出版社 2001 年版,第 12 页。

会,也非每个住宅小区都选举业主委员会,恰恰相反,很多住宅小区特别是老旧小区业主大会及业主委员会缺位的现象非常普遍,导致业主不能形成集体意志,业主大会及业主委员会的权利和职责无法真正落实,“《物权法》规定的集体决策和共同管理几乎不可能常态化存在”①,业主自治陷入“僵局”。

(二)现行框架下的破局之策

《中华人民共和国民法典》的颁布,对于业主自治在实践中遇到的问题进行了回应,有助于推动业主自治真正实现。但是,《中华人民共和国民法典》对于业主自治最大的贡献在于适当降低住宅小区公共事务的表决门槛②,并未特别关注业主自治组织缺位情形下的补救措施。因此,在《中华人民共和国民法典》颁布背景下,我们仍需寻找破解业主自治“僵局”的应对之策。

业主自治的本质为共同事项由全体业主共同决定和管理。业主大会和业主委员会是业主自治的外在载体,代表全体业主共同表达意见,实现自治管理。但是,业主大会与业主委员会仅是承载业主集体意志的外在载体,即使未成立业主大会,全体业主同样有权作出集体意思表示,即使没有业主委员会,全体业主同样可以通过委托其他组织的方式执行集体意志。因此,是否成立业主大会以及选举业主委员会,并不能从实质上阻碍全体业主作出集体意思表示,没有业主大会及业主委员会绝非业主自治的“死穴”,在这样的小区,业主的集体意志同样需要也可以寻求表达的途径,如果全体业主能够通过某种方式共同作出决定,效力上同样应当给予肯定。本案即是在未成立业主大会的小区,创新业主自治模式,由居民委员会代

① 陈幽泓:《住宅小区业主组织法律地位探讨——基于建筑物区分所有权制度》,载《中国房地产》2015 年第 5 期。

② 《中华人民共和国民法典》第二百七十八条第二款规定:业主共同决定事项,应当由专有部分面积占比三分之二以上的业主且人数占比三分之二以上的业主参与表决。决定前款第六项至第八项规定的事项,应当经参与表决专有部分面积四分之三以上的业主且参与表决人数四分之三以上的业主同意。决定前款其他事项,应当经参与表决专有部分面积过半数的业主且参与表决人数过半数的业主同意。

行业主委员会职责,进而破解业主自治"僵局",实现调整物业费的典型案例。

二、居民委员会代行业主委员会职责的可行性分析

因居民委员会并非法律合法赋权主体,且居民委员会代行业主委员会职责系对现行"业主自治"模式的突破,因此,在未成立业主大会或未选举业主委员会的住宅小区,由居民委员会代行业主委员会职责,需要论证如下几个方面的问题,进而解决理论和实践共同的困惑和顾虑。

(一)居民委员会是否具有代行业主委员会职责的能力

《中华人民共和国城市居民委员会组织法》第二条第一款规定:居民委员会是居民自我管理、自我教育、自我服务的基层群众性自治组织。居民委员会在我国建成时间早,发展时间长,已经实现城镇区域的全天候、全范围覆盖,而且经过多年的发展、改革和完善,居民委员会在职责分工、人员构成、制度规范等方面亦已相对稳定和完善;此外,作为居民自治组织,经过多年"摸爬滚打",居民委员会积累了丰富的基层治理和群众工作经验;更为重要的是,居民委员会接受人民政府或派出机关的指导、支持和帮助,已经架构起比较完备的党组织体系,为党建引领业主自治物业管理提供了有力的组织保障。

综上,基于居民委员会的性质和特点,居民委员会完全有能力履行业主委员会的部分职责。

(二)居民委员会是否具有代行业主委员会职责的资格

《物业管理条例》第二十条[①]确认业主大会、业主委员会应当支持、配合居民委员会的工作,作出的决定应当告知并听取居民委员会的建议。《业

---

① 《物业管理条例》第二十条规定:业主大会、业主委员会应当配合公安机关,与居民委员会相互协作,共同做好维护物业管理区域内的社会治安等相关工作。在物业管理区域内,业主大会、业主委员会应当积极配合相关居民委员会依法履行自治管理职责,支持居民委员会开展工作,并接受其指导和监督。住宅小区的业主大会、业主委员会作出的决定,应当告知相关的居民委员会,并认真听取居民委员会的建议。

主大会和业主委员会指导规则》第五十八条[①]则明确具体地规定居民委员会在一定条件下可以代行居民委员会的职责。《中华人民共和国民法典》第二百七十七条[②]第一次通过法律的形式,明确了居民委员会应当对设立业主大会和选举业主委员会给予指导和协助。通过以上规定,可以看出居民委员会已经从法律上成为业主大会和业主委员会法定的指导和协助单位,而不仅仅是协助街道办履职的办事单位。因此,在业主大会或业主委员会缺位的情况下,由作为"指导和协助"单位的居民委员会及时补位,代为履行业主委员会的职责,不但顺理成章,而且合情合理。

综上,根据现行法律、行政法规以及相关部门规章的规定,居民委员会是最有资格代行业主委员会履行职责的主体。

(三)居民委员会能否最大限度的代表业主合法权益

在很多业主眼里,业主委员会是"自己人"。而居民委员会则具有一定的行政属性,是"政府的人",不能完全代表业主利益。只有打消业主对居民委员会的上述疑虑,才能最大限度争取业主的理解和支持。首先,从性质上来讲,居民委员会是我国宪法确定的基层群众性自治组织,而业主委员会则是随着建筑物区分所有权的发展而新出现的业主自治的组织形式,两者均属于自治组织,具有一定的相似性和兼容性。其次,从居民委员会的职责和任务[③]来看,居民委员会具有鲜明的公益性,以维护全体居民的

---

① 《业主大会和业主委员会指导规则》第五十八条规定:因客观原因未能选举产生业主委员会或者业主委员会委员人数不足总数的二分之一的,新一届业主委员会产生之前,可以由物业所在地的居民委员会在街道办事处、乡镇人民政府的指导和监督下,代行业主委员会的职责。

② 《中华人民共和国民法典》第二百七十七条第二款规定:地方人民政府有关部门、居民委员会应当对设立业主大会和选举业主委员会给予指导和协助。

③ 《中华人民共和国城市居民委员会组织法》第三条规定:居民委员会的任务:(一)宣传宪法、法律、法规和国家的政策,维护居民的合法权益,教育居民履行依法应尽的义务,爱护公共财产,开展多种形式的社会主义精神文明建设活动;(二)办理本居住地区居民的公共事务和公益事业;(三)调解民间纠纷;(四)协助维护社会治安;(五)协助人民政府或者它的派出机关做好与居民利益有关的公共卫生、计划生育、优抚救济、青少年教育等项工作;(六)向人民政府或者它的派出机关反映居民的意见、要求和提出建议。

合法权益为己任，居民的概念比业主更为广泛，因此，居民委员会的职责理应有维护业主合法权益的应有之义。最后，从组织方式和表决方式来看，虽然两者在成员的构成、选举的规则和方式上不尽相同，但是居民自治在范围上比业主自治更为广泛，在表决规则上比业主自治更体现人的价值，[①]进而更可能关注到居民或业主的整体利益。

综上，居民委员会作为群众性自治组织，与业主大会及业主委员会在性质、宗旨和目的上并不冲突，甚至有相互契合的地方，只是彼此的分工和角色不同。[②] 在业主大会和业主委员会缺位的情况下，由居民委员会代行业主委员会职责，是现行法律框架下寻找替代主体的最优选择，也可以在最大限度上保护广大业主的合法权益。

（四）居民委员会代行业主委员会是否影响业主自治

业主自治的权利基础来自建筑物区分所有权，业主自治的本质为共同事项应共同决定和管理。无论如何创新业主自治的模式，都不能违背业主自治的本质。根据我国现行法律关于业主自治的架构，业主自治的本质更多的体现为业主大会的决议规则，只要抓住共同事项由业主共同决定这个“牛鼻子”，业主自治的本质就不会改变。

业主委员会是业主大会的执行机构，由业主大会选举产生，执行业主大会的决议。[③] 本质上，业主委员会仅是形式上的执行机构，理论上，只要具备执行能力，执行机构就具备可替代性。需要明确，居民委员会代行业主委员会职责，代行的主体是业主委员会，而非业主大会。在居民委员会代行业主委员会职责的框架下，居民委员会不能代替全体业主作出决

---

① 业主自治的权利基础是建筑物区分所有权，在行使表决权时需要考虑专有部分的面积，因此业主与业主的之间的权利实质上是不平等的，而居民自治则是以自然人为单位行使权利，居民之间的权利实质平等。

② 参见金雪花主编，法律出版社专业出版编委员会编：《物业管理条例及配套规定适用与解析》，法律出版社 2013 年版，第 48 页。

③ 参见金雪花主编，法律出版社专业出版编委员会编：《物业管理条例及配套规定适用与解析》，法律出版社 2013 年版，第 34 页。

定，无论是通过组织召开临时业主大会，还是通过上门征求书面意见的方式①，最终作出决定的仍然应当而且只能是全体业主，居民委员会仅是代为执行业主大会或全体业主作出的共同决定。

综上，由居民委员会代行业主委员会职责，非但不会影响业主自治的本质，恰恰能够提高业主自治的水平和能力。如果住宅小区不能成立业主大会或者选举业主委员会，导致业主集体意志不能及时表达，这才是对业主自治的最大伤害。

三、居民委员会代行业主委员会职责的实操建议与实例解读

（一）居民委员会代行职责的实操建议

在确认居民委员会有资格、有能力代行业主委员会职责且不会损害业主整体利益的前提下，为了最大限度地确保代行行为的法律效力和实践效果，在实际操作和运行过程中，应当做好如下三个方面的保障工作。

1. 法律保障。合法合规是居民委员会代行业主委员会职责的首要前提。首先，居民委员会代行业主委员会的条件要符合法律规定，只有在未选举业主委员会或者未成立业主大会的小区，居民委员会在符合条件的情况下才能代行业主委员会职责，在已经选举业主委员会或者有其他代行机构代行业主委员会职责的小区，②居民委员会不能越权代行职责；其次，居民委员会取得代行资格后，要严格按照法律法规所确定的业主委员会的职责履职，不得越权行使职责，全体业主的最终决定要符合实质的比例原则；最后，居民委员员代行职责的结果要按照相关法律的规定及时公开或者备案。

2. 程序保障。为了确保代行结果的合法性和正当性，居民委员会代行

---

① 《物业管理条例》第十二条第一款规定：业主大会会议可以采用集体讨论的形式，也可以采用书面征求意见的形式……

② 《北京市物业管理条例》第五十六条第二款规定：未成立业主大会的，物业管理委员会组织业主行使本条例第三十四条和第四十四条规定的业主大会和业主委员会的职责。

职责的，首先应当按照规定将代行的事项及时向物业所在地的街道办事处、乡镇人民政府通知和报告，获取政府部门的指导、监督及认可；其次，代行的整个过程应当做到公开透明，所有的时间节点、工作内容以及相应的工作成果都应当做到及时公开、全面公开。只有程序公开公正，工作过程接受业主的全面监督，才能打消业主对居民委员会主体身份以及代行行为的顾虑和疑虑。

3. 人员保障。居民委员会代行业主委员会职责，最终目的是形成业主集体意志，对住宅小区内的共同事项进行共同管理，决定事项关系每个业主的切身利益，因此，必须争取小区业主的大力支持和理解。如果代行行为没有获得多数业主的支持和同意，即便居民委员会的工作做得再出色，也难以取得预期的效果，反而会激化业主矛盾，影响住宅小区的和谐和稳定。具体来说，对于成立业主大会的住宅小区，居民委员会应当组织召开临时业主大会，尽量获得业主的集体授权；没有成立业主大会的，居民委员会可以通过书面征求意见的方式，尽可能获得业主的集体授权。当然，是否有业主授权并非居民委员会代行业主委员会职责的必要条件。但是，获得业主的授权以及认可，可以让居民委员会的工作开展得更加顺利。

（二）居民委员会代行业主委员会职责的实例解读

本案中，涉案小区建成时间早，小区物业费长期得不到调整，为了维持收支平衡，物业公司只能通过各种方式控制成本，这一定程度上降低了服务质量，导致业主体验变差，物业纠纷频发。物业费长期无法调整导致小区物业纠纷进入"恶性循环"。因此，按照市场调节价格适当调整物业费，保证物业服务质量质价相符，成为解决问题的关键。

根据法律规定，物业服务费的调整属于物业管理区域内重大物业管理事项，应当由业主共同决定，并符合法定条件。但是涉案小区未成立业主大会，也未选举业主委员会，缺少法律合法赋权主体，业主集体意志缺少表达途径，调整物业费在很长一段时间内难以实现，涉案小区的物业服务质量没有明显改观。

为了打破"恶性循环"的僵局，为小区业主提供质价相符的物业服务，提高小区的居住环境，涉案小区的部分业主及物业公司积极寻求破局之策。在对涉案小区物业费进行依法评估并公示的基础上，居民委员会代行业主委员会职责，并全权委托物业公司负责入户调查，征求全体业主意见。根据调查结果，涉案小区专有部分占建筑物总面积过半数的业主且占总人数过半数的业主同意按照评估价格上调物业费。物业公司及时将调查结果向居民委员会和街道办事处分别进行报告，居民委员会及街道办事处均对调查结果予以认可并同意上调物业费，物业公司则及时向行政主管部门申请变更物业服务合同并进行了相关备案工作，行政主管部门同意变更物业合同、上调物业费。

通过该案例可以看出，在业主委员会缺位的小区，居民委员会有足够的群众基础和执行能力代为履行业主委员会的职责，涉案小区据此实现了调整物业费的目标，解开了没有业主大会或业主委员会就无法办事的"死穴"，也为小区走向物业服务"良性循环"奠定了基础。涉案小区物业费的调整过程，既符合法律规定和政策要求，又经过全体业主双过半同意，符合多数决定的业主自治基本原则，应对全体业主产生效力，全体业主应当按照新的物业费收费标准缴纳物业费。部分业主仅以居民委员会无权代行业主委员会职责为由要求确认代行行为无效的，人民法院不予支持。

《中共中央关于坚持和完善中国特色社会主义制度　推进国家治理体系和治理能力现代化若干重大问题的决定》明确提出，健全充满活力的基层群众自治制度，在城乡社区治理、基层公共事务和公益事业中广泛实行群众自我管理、自我服务、自我教育、自我监督。在推动治理体系和治理能力现代化的过程中，住宅小区的治理必不可少。而从社会公共治理的投入产出的社会效应来说，业主自治也是国家投入最少、回报社会最多的有效模式。[①] 面对业主自治面临的困境和僵局,除了积极推动有条件的住宅小区成立业主大会并选举业主委员会外,在未成立业主大会并选举业委会的小区,创新业主自治模式,寻找其他替代途径,确保业主集体意志能够及时表达,进而对住宅小区进行共同管理,实现业主自治的目标,这恰恰是社会、社区治理能力和治理水平现代化的重要体现,也是治理体系和治理能力现代化的题中之意。

(本案例分析荣获全国法院系统 2020 年度优秀案例分析评选活动二等奖)

① 参见杨玉圣:《论业主自治与小区善治》,载《清华大学学报(哲学社会科学版)》2010 年第 3 期。

张某诉北京公共交通控股(集团)有限公司第四客运分公司生命权、健康权、身体权纠纷案

——事实真伪不明的证明责任由信息成本低者承担

编写人:北京市第二中级人民法院　李俊晔　郝琪琪

【内容摘要】

乘客于公交车上摔倒受伤,车内监控设备未开,无监控视频;受伤原因仅有乘客与司机的各执一词,均认为对方行为为乘客受伤的主要原因。此时乘客受伤的原因过程事实真伪不明,不应双方“各打五十大板”、各负50%责任,而应运用证明责任理论,充分考虑信息不对称之影响,坚持“事实真伪不明的证明责任由信息成本低者承担”的规则,正确分配证明责任。对于同一要件事实,证明它的积极事实与排除它的消极事实之证据的保存、收集等成本是对不称的。对此,谁能够以最小成本避免真伪不明的结果,谁就承担证明责任,这一程序规则同时契合社会主义核心价值观,符合老百姓共同的价值判断经验法则。

【关键词】真伪不明　证明责任　信息不对称　信息成本

【裁判要旨】

1. 事实真伪不明的结果性客观证明责任,依程序性主观证明责任即举

证责任决定。主张积极事实排除其他可能的一方与主张消极事实的一方相比较，由保存、收集证据的信息成本更低者承担；因为此方能以最小成本避免真伪不明的结果，从而降低社会总成本。

2. 信息成本比较规则配套以三个公式与三组比较：依亲历性这个影响信息不对称的基本因素，展开三组公式：亲历者信息成本小于非亲历者；亲历者又细分为，参与者信息成本小于观察者；保存者信息披露成本小于信息搜寻成本。对于不考虑亲历性因素的情境，比较信息搜寻成本（谁举证），比较信息记载成本（无证据时谁负责），比较信息呈现成本（有证据时谁解释）。

【相关法条】

《中华人民共和国侵权责任法》第十六条、第三十七条①

【案件索引】

一审：北京市丰台区人民法院（2020）京0106民初19518号（2021年1月20日）

二审：北京市第二中级人民法院（2021）京02民终7003号（2021年6月28日）

【基本案情】

原告张某诉称，2019年7月21日，其乘坐531公交车，到目的站后准备下车，因当时人很少，车站外也没有人等车，司机便开关门很快。随后张某说要下车，在其站起来往后车门走的时候，司机已经将车开动；司机听到张某要下车的声音时，就一脚刹车，将张某摔倒在地。张某以前扑的姿势双手着地，右侧肩膀直接撞到椅子下方脚踏板上，两只胳膊肘全部受伤。随后，司机将其送至医院诊治。后医院确诊右锁骨骨折，张某进行了手术

① 现《中华人民共和国民法典》第一千一百七十九条、第一千一百九十八条。

和后续康复治疗。张某认为,第四客运分公司侵害了其权益,应承担相应侵权责任。故诉至法院,请求第四客运分公司支付其医疗费5185.8元、误工费14,000元、护理费2210元、交通费227元、住院伙食补助费3768.7元、营养费5717.98元、精神损害抚慰金5000元,共计36,109.48元。

北京公共交通控股(集团)有限公司(以下简称第四客运分公司)辩称,对事故发生的时间和地点没有异议,但张某称531路中途停车两次,是因张某在停车时未下车,事后发觉急忙叫住司机停车下车,此时他在车厢内猛跑,由于车内惯性,导致其受伤。事发后,第四客运分公司以积极态度带张某救治,支付了部分医疗费和护理费。第四客运分公司认为,张某作为完全民事行为能力人,在车厢内猛跑造成其受伤,应承担70%的主要责任,公司承担30%的次要责任。

法院经审理查明,2019年7月21日晚,张某欲乘坐第四客运分公司运营的531路公交车到小井润园站下车,公交车到站后,张某未及时下车,车辆再次启动后,张某要求下车,在其准备从后门下车过程中向前扑倒受伤。受伤后,张某被531路公交司机送往中国人民解放军总医院就医,经诊断为右锁骨骨折,为此支出相应医疗费用。经鉴定,鉴定机构对于张某误工期、护理期、营养期进行了认定,张某为此支付鉴定费。

关于受伤原因,张某称车辆到站后,司机第一次开关门时间较短,其未反应过来,等其发现后马上要求司机停车,因司机急刹车导致其摔倒受伤,第四客运分公司对此不予认可,称系张某个人原因在停车时未及时下车,在车厢内猛跑,由于惯性导致其受伤。经第四客运分公司申请,司机于某亮出庭作证称,涉案公交车到站后尽到了提醒到站义务;司机从后视镜看确定没有站着的乘客,才关的门;后起步正常行驶,乘务员说还有人要下车,其看一位乘客从左侧中间的位置窜起来,跑向后门方向,在后门位置摔倒;其不存在踩急刹车的情况;是张某自己看手机没有向司机喊要下车;当时张某身边有五根扶手杆可以抓。张某对该证言不予认可。

经法院询问,第四客运分公司称事发531路公交车车内录像损坏,无法提供事发时视频。

【裁判结果】

北京市丰台区人民法院于2020年1月20日作出(2020)京0106民初19518号民事判决:(1)第四客运分公司于判决生效之日起7日内赔偿张某医疗费2592.9元、误工费6000元、护理费1105元、交通费50元、住院伙食补助费2350元、营养费2250元、鉴定费1050元,以上共计15,397.9元;(2)驳回张某其他诉讼请求。

一审判决作出后,张某不服提起上诉。北京市第二中级人民法院于2021年6月28日作出(2021)京02民终7003号民事判决:(1)撤销北京市丰台区人民法院(2020)京0106民初19518号民事判决;(2)第四客运分公司于本判决生效之日起7日内赔偿张某医疗费5185.8元、误工费12,000元、护理费2210元、交通费100元、住院伙食补助费4700元、营养费4500元、鉴定费2100元,以上共计30,795.8元;(3)驳回张某其他诉讼请求。

【裁判理由】

法院生效裁判认为:《中华人民共和国合同法》(已废止)第三百零二条第一款规定:承运人应当对运输过程中旅客的伤亡承担损害赔偿责任,但伤亡是旅客自身健康原因造成的或者承运人证明伤亡是旅客故意、重大过失造成的除外。该条规定了运输过程中旅客伤亡的责任承担,在法理上属于加害给付,本质上属于侵权损害赔偿责任。由此,张某享有合同违约赔偿与侵权损害赔偿两个相互竞合的请求权基础,根据一审诉讼声明及二审询问情况确认,其选择以侵权损害赔偿请求权主张权利。根据一般侵权责任构成要件,张某的损害事实已有证据证明,需对过错、侵权行为及其与损害结果之间的因果关系加以审查。

根据本案双方诉辩主张,本案争点为导致张某受伤原因事实真伪不明状态下的证明责任问题。张某主张公交车司机再次启动车辆过快,导致张某在站立过程中无法及时找到可以抓靠之物进而摔倒,第四客运分公司应承担全部责任;第四客运分公司主张张某因个人原因在停车时未下车,后在车内猛跑导致受伤,对损失发生亦存在过错。现双方各执一词,均仅有相关人员的陈述作为证据;然张某与第四客运分公司司机均与本案存在利害关系,在无其他证据佐证情况下,其陈述均无法达到高度盖然性的证明标准,难以被采信。故本案关键事实处于真伪不明状态,对于待证事实承担证明责任的一方应承担举证不能的不利后果。

案件事实本身属于已经发生的、客观存在的自然事实,无法还原,裁判所依据的事实实际上是对客观事实的主观判断。这种事实判断,需要借助客观的自然事实发生过程中保存下来的证据,从证据上提取有关事实的信息加以分析综合。本案中,关于张某受伤过程的事实是客观存在的,由于缺乏证据,对于客观事实的判断无所依傍,进而侵权责任诸要件事实无法确定。因无证据可依傍导致对客观事实的认知陷入真伪不明,是众所不欲的结果,使以事实为准绳的判断实际上难以实现甚至不可能实现。对此,证明责任由哪一方承担的问题,就转化为哪一方可以更小成本避免这种众所不欲的事实处于真伪不明的状态,也就是哪一方能够以更小成本记录并保存损害事实发生的过程。

就本案而言,作为主观证明责任的程序性举证责任,实际上就是证据保存的责任。承运人与乘客相比,要求每位乘客都自备措施来记录在乘车过程中可能发生的伤害事实,显然强人所难;由承运人来记录乘车过程并保存可能发生的伤害事实,成本更低。这是依日常经验法则,众所认可的道理。事实上,第四客运分公司已经安装了摄像头,虽其辩称摄像头未启用,无监控录像可查,仍不能免除其记录乘车过程并保存可能发生的伤害事实的责任。其未尽到此责任,理应承担举证不能的风险。

所谓责任份额，是在事实得以确定的情况下，根据双方原因力或过错程度来确认。一审法院在尚未确定事实的情况下酌定双方各承担50%的责任，缺乏事实与法律依据，没有说服力。如前所述，第四客运分公司应当承担事实真伪不明情况下的举证不能的风险，也就是将过错和因果关系之原因力归责于第四客运分公司。张某不承担证明责任，也就无须就双方过错或者因果关系之原因力进行举证。关于各项赔偿费用的数额，一审法院根据本案情况所作认定并无不当，本院予以认可，改判由第四客运分公司全部承担。

综上，张某的上诉请求部分成立，本院予以支持。一审判决分配责任比例不当，二审法院予以纠正。

【案例注解】

民事诉讼裁判思维最常用的工具为三段论思维，即以法律法规为大前提，具体确定的事实为小前提，来推论法律法规效果是非有无的结论，此与“以事实为依据，以法律为准绳”这一诉讼法基本原则之一相契合。民事审判实际运作中，对于一些法律关系并不复杂的案件，大前提之“法律法规”不难寻找；然却会在小前提之“具体确定的事实”上遇到困难——面对当事人陈设出来的诸多证据与陈述，关联性如何判断？证据力如何比较？事实真伪不明如何作出判决？

面对上述问题，首先要明确这样一个认知前提，即诉讼固以客观真实为价值追求，然证据所能证明的只能是法律真实。这是因为，历史无法重演，客观真实亦无法完全原样复原。因此，在寻找小前提时，即事实判断上，要注重运用证明责任思维的运用；待证事实真伪不明时，亦需借助证明责任理论作出裁判。

一、依诉讼标的确定要件事实作为证明对象

证明责任被称为是民事诉讼的“脊梁”，证明责任裁判思维即以证明责任为主线，分配证明责任后举证质证，判断在案证据的关联性，进而对具有关联性的证据进行证明力的审查。

（一）证明责任裁判思维的基本路径

分配证明责任则需要首先识别诉讼标的、明确法律关系，根据法律关系寻找具体的要件事实，根据要件事实的主张情况分配证明责任。由此，证明责任裁判思维的路径为：识别诉讼标的→寻找法律规范→识别要件事实→审查证据关联性→认定证据的证明力，此后若要件事实得证真伪，则需根据“三段论”方法得出结论；若要件事实真伪不明则依据证明责任理论加以裁判。

审判实践中，诉辩双方攻防多轮后，法官面前往往摆满了各种杂乱的主张和证据，证明责任裁判思维则可以帮助法官以一条主线将这些杂乱的信息进行逻辑串联，在事实判断的基础上，结合经验法则结构化的推理模态，正确分配证明责任，得出妥当得体的裁判结果。

（二）从诉讼请求出发恰当行使诉讼标的释明权

诉讼请求是诉讼中法官首先关心到的事项，但诉讼请求不同于诉讼标的。诉讼请求是指当事人在诉讼过程中，向法院提出的具体的权益请求；诉讼标的则指当事人之间争议的、原告请求法院裁判的实体权利或者法律关系的主张或者声明。[①] 根据诉讼标的的不同，诉可以分为给付之诉、确认之诉和形成之诉。同样的诉讼请求，可能基于不同的实体请求权，如同样系返还款项，原告可以主张基于买卖关系亦可以主张票据关系。根据诉的声明说，在以同一给付目的为请求时，即使存在若干不同的事实理由，仍然只有一个诉讼标的，这个诉讼标的就是诉的请求中向法院提出的要求法院加以裁判的请求。当事人并非法律专家，要求当事人准确、唯一识别诉讼标的系强人所难，因此法官应正确行使诉讼请求及诉讼标的的释明权。不

① 参见程春华：《裁判思维与证明方法》，法律出版社 2016 年版，第 45 页。

同法律关系对应不同的要件事实,因此识别、固定诉讼标及诉讼标的后的法律关系,是裁判思维展开的前提。

(三)依"旧诉讼标的"理论确定要件事实

侵权与违约系常见的给付之诉竞合情形,本案例即为典型例证。《中华人民共和国合同法》(已废止)第三百零二条第一款规定:承运人应当对运输过程中旅客的伤亡承担损害赔偿责任,但伤亡是旅客自身健康原因造成的或者承运人证明伤亡是旅客故意、重大过失造成的除外。该条规定了运输过程中旅客伤亡的责任承担,在法理上属于加害给付,本质上属于侵权损害赔偿责任。因此,张某享有合同违约赔偿与侵权损害赔偿两个相互竞合的请求权基础。依旧诉讼标的理论或称旧实实体法说,"以实体法上之具体权利义务作为识别诉讼标的是否相同之标志""原告起诉时,在诉状必须具体表明其所主张之实体法权利或法律关系"。[①] 依此说,法官首先应当注意释明、询问当事人选择的请求权基础。本案中,从张某的一审诉讼请求及二审法院询问情况来看,张某选择以侵权损害赔偿请求权主张权利。据此审理过程应当根据侵权法律关系的构成要件及法律规定为脉络审查。一般侵权责任的构成要件包括:损害事实、侵权行为、因果关系与过错。

二、基于经验法则的确定性推理与可能性推理

具体案件中,一个个的待证事实,须汇集于要件事实,方能构成法律规范适用的前提。因此,要件事实是待证事实的最终样态。从证据到待证事实,再到要件事实,推理是一个动态的过程。

(一)事实判断链条之正向思维与逆向思维

推理方向来看,有正向与逆向两种。演绎推理为正向思维,从证据承

---

① 陈荣宗、林庆苗:《民事诉讼法》(上)(修订九版),台北,三民书局股份有限公司 2020 年版,第 310 页。

载的事实判断信息开始，通过逻辑规则向后推理其他事实判断。归纳推理为逆向推理，即从目的地——要件事实开始，通过逻辑规则向前寻找支持它的其他待证事实；这一过程并非必然是直接、单层实现的，很多情况下可能需要回溯多层方能形成完整链条。实践中，两种思维往往需要共同发挥作用。无论是正向的演绎还是逆向的归纳，每个事实判断都是一颗珠子，而串起珠子的主要是经验法则。

（二）确定性推理与可能性推理

经验法则，是社会日常经验中具有公理性质、属于公认范畴的推理定式。① 经验法则是社会生活中看不见的因果律，是审判推理中的逻辑规则。经验法则有两种形式：单一型，即有强度盖然性，仅以单一经验法则足以推定；复合型，各经验法则盖然性不高，需要综合适用提高推定可能性。经验法则结构化则形成可能性推理与确定性推理。

确定性推理中，推理结果具有唯一性。如本案中，双方均认可张某在531路公交车内摔伤的事实，诊断证明、医疗票据、鉴定报告等，由此可以直接推理得出张某确发生了损害事实；至于行为，从双方陈述来看，双方均认可司机存在刹车行为，但对于刹车是否张某受伤的原因、司机对于刹车是否存在过错存在争议，据此行为这一要件亦可通过确定性推理得以证实。

可能性推理中，推理的结果事实或原因事实有多种可能性，待证事实只是其中一种，此时无法直接得出推理成立的结论。本案中，张某摔伤的事实已确认，然而摔伤的原因有多种可能性，如张某下车过程中仍在看手机导致被绊倒，抑或被车上其他乘客推倒，因为司机踩刹车太急被晃倒仅是一种可能性。因此，从张某摔伤、司机刹车的已证事实无法得出二者之间存在因果关系、司机存在过错的结论。

---

① 参见毕玉谦：《举证责任分配体系之构建》，载《法学研究》1999年第2期。

（三）可能性推理必须最终转化为确定性推理

作为裁判的事实判断，即使案件事实判断处于真伪不明的状态，也必须是确定的，不能既"有"又"无"，既"是"又"否"，如"薛定谔的猫"既是活的又是死的。可能性推理必须最终转化为确定性推理，即使难以决断，也不能在承认多种可能性共存的基础上根据模棱两可的判断来作出裁判。本案一审判决就落入了这种不恰当的思维，在无法查清事实的情况下给双方"各打五十大板"，各承担50%的责任。这种责任分担没有法律依据，既不是根据过错要件之过错比例，也不是根据因果关系要件之原因力大小。

从可能性推理向确定性推理转化实现路径有二：一为从前提出发的增加条件，二为从结果入手的排除可能。如本案中，若存在车内其他多人可印证的乘客证言，证实张某系正常下车，无看手机与他人碰撞等情形，而司机确实存在刹车较猛的情形，那么则排除了其他可能，司机刹车与张某受伤之间存在因果关系这一待证事实基本确定。

三、证明责任裁判思维中的证据审查认定

证明能力与证明力是一对相对概念，一般指证据资料有无作为认定某一待证事实之资格，而证明力则指证据资料的证明价值，即证据资料对认定案件事实的影响力。① 证据的审查针对证据能力，认定则针对证明力。理论上来说，证据能力是判断证明力的前提，具备了证据能力，方有评价证明力的问题。对于证据能力，我国证据法主流理论为"三性说"，即证据应当具备客观性、关联性、合法性。然而，该理论站系在诉讼终点，回头看定案证据应当具有的属性，这与裁判过程相违背。因为裁判过程是不断探寻法律事实的过程，而在诉讼伊始，谁也无法检验作为构建过去片段的证据是否客观、真实及合法。因此，从裁判思维角度来看，对于证据能力判断，应当以关联性为判断标准，对于与待证事实有关联性的证据，法官应当

① 参见程春华：《裁判思维与证明方法》，法律出版社2016年版，第221页。

进一步判断其证明力,结合证明标准、优势证据原则,仔细考察、综合判断。

在关联性之上,认定证明力有两个层次:一为证据的真实性,二为关联性的强弱。证据的真实性、可靠性主要是考察证据的来源和证据内容的可信度。证据与待证事实之间的关联性呈现多样性,有因果关系、时空关系、必然性与偶然性关系、直接与间接关系、内部与外部的关系等,需结合经验法则加以判断。如一般而言,直接证据证明力大于间接证据,存在必然性的证据证明力则大于仅存在偶然性的证据。

对证据进行证据能力及证明力的评价后,需要对照证明标准确认是否能够证明待证事实。我国民事证明标准为高度盖然性标准,即待证事实存在的可能性大于不存在的可能性时,那么证明责任承担者就完成了证明责任。

本案中,对于因果关系及过错的待证事实的证据有张某的陈述以及涉案司机的证言,二人的陈述相互矛盾。从证据能力分析,双方陈述均系对于张某受伤原因的描述,对于司机是否实施了侵权行为这一待证事实具有关联性,因此均具备证据能力。从证明力来看,首先判断真实性与可靠性。本案中,张某与司机均为与案件有直接利害关系的人,故不应期待其能做客观陈述。故在无其他证据佐证情况下,无法认定其二人陈述的真伪,因此亦均无法达到高度盖然性的标准,即无法证实因果关系及过错的待证事实。

四、事实真伪不明时依主观证明责任确定客观证明责任

根据证明责任的一般理论,证明责任分为主观证明责任与客观证明责任。主观证明责任回答的是哪一方当事人应当对具体的要件事实举证,在民事诉讼开始阶段或者每一次证据调查过程中,几乎都会涉及该问题。客观证明责任的实质是,如果当诉讼中的一项事实主张最终不能被证明时,即在法官自己对该事实主张存在或者不存在始终不清楚的条件下,由何方负担不利后果的问题。[1] 在经过证据审查与认定,法官自由心证用尽后,要件事实仍真伪不明,由负担证明责任的一方承担败诉风险。

客观证明责任依规范性质而定。根据证明责任理论的主流学说"规范说",法律规范可以分为权利发生规范、权利妨碍规范、权利消灭规范、权利排除规范。与此相对应,要件事实是指与发生某一法律效果(权利的发生、妨碍、排除、消灭)所必需的法律要件之构成要素相对应的具体事实。[2] 主张要件事实的当事人,应当对该要件事实的存在承担客观证明责任。

主观证明责任依信息不对称之内心衡量。主观证明责任属于法官根据诉讼进程所形成的心证状态进行自由裁量的领域,因此不像客观证明责任一样,存在对主观证明责任分配的客观方法。虽无客观分配方法,但在诉讼中,法官根据心证分配主观证明责任需要考虑信息不对称的影响。

首先,信息占有量的不对称,这决定了提出和证明可能性的能力。如原告主张被告未经同意将夫妻共同财产出售给第三方系恶意串通,请求确认合同无效。原告在被告与第三方之外,显属劣势方,证明恶意串通的可能性并排除正常交易的可能性已经是其能力极限,不可能知道是否还有其他事由致非正常交易;被告与第三方系交易的直接参与者,当然自知并占有全部信息,故当然承担还有其他事由致使非正常交易的可能性的提出和证明责任。

其次,是信息获得、保存成本的不对称。即信息披露成本小于信息收集成本,如果能证明对方持有证据或应当知悉事实,那么主观证明责任可以卸下。

本案中,张某受损事实存在、司机存在刹车行为已得证实,其受伤过程是判断剩余侵权责任诸要件的前提。然而,由于仅存在张某与司机的陈述,这一前提事实无法探得。根据经验法则,在高度信息化的当今社会,公

① 参见[德]普维庭:《现代证明责任问题》,吴越译,法律出版社 2006 年版,第 10~11 页。
② 参见许可:《民事审判方法:要件事实引论》,法律出版社 2009 年版,第 40~41 页。

共交通设有监控设备已常态化。相较于要求每位乘客都自备措施来记录在乘车过程中可能发生的伤害事实，由承运人来记录乘车过程并保存可能发生的伤害事实，成本显然更低。本案第四客运分公司事实上已经安装了摄像头，虽其辩称摄像头未启用，无监控录像可查，仍不能免除其记录乘车过程并保存可能发生的伤害事实的责任。第四客运分公司未尽到这一责任，理应承担举证不能的风险，即应将过错和因果关系之原因力全部归责于第四客运分公司。

所谓责任份额，是在事实得以确定的情况下，根据双方原因力或过错程度来确认。本案一审法院在尚未确定事实的情况下，酌定双方各承担50%的责任，缺乏事实与法律依据，不具说服力。故二审法院在明确张某受伤原因这一事实真伪不明的情况下，运用证明责任裁判思维，考虑信息不对称的影响，认定由第四客运分公司承担败诉风险。

五、事实真伪不明之证明责任由信息成本低者承担

诉讼中信息不对称，必然且普遍，使人只能在有限理性条件下，依据不完全信息做判断。诸如本案，事实判断无所依傍的导致错判的概率不可能为零。信息不是现成的，信息成本换来的收益是减少错判。反之，未付出信息成本，就会增加错判概率。错判损失、信息成本由哪方承担？与信息成本不对称有关。主张的积极事实的存在或不存在的具体主观证明责任，可转化为对消极事实证成或排除的信息成本比较。

（一）不完全信息之有限理性制造错判概率和成本

信息是证据和事实的桥梁，也是二者的本质联系。“事实和证据的提出是当事人的责任和权利，而提出某一事实或证据的前提是当事人必须知晓该事实或证据的存在。为此，当事人必须掌握与该事实或证据的一切信息。"[①]但愿景与现实总有差距:一方面,"诉讼中信息"即事实信息在空间不对称分布;另一方面,信息量又随时间经过而递减并发生变化。此二原因造就人做决策时的有限理性。"有限理性意味着,人们会基于其掌握的信息制定理性的决策,但是由于人们掌握的信息通常是有限的、不完整的"[②],法官与当事人均不得不在不完全信息状态下认知客观事实并作出判断。那么,法律真实的判断结果就与客观事实存在或大或小偏差。

作为裁判依据的法律真实,就是认识论上的判断。"判断是知者在知的历程中能辨认出某物具有某些性质,或不具有某些性质,或是某物属于某类的,或不属于某类的。判断用口头说出或用文字写出,便是所谓'命题'。"[③]有限理性制约下,裁判文书中有关证据事实命题难以避免错误,这些命题推理而来的判决结果也必然存在错判概率。错判给当事人造成积极错误或消极错误[④]的损失,还会外化为社会成本。

(二)错判风险由信息成本最低者承担之经济理性

最大限度避免错判并实现公正,是法律最终目的。"法律的终极原因是社会的福利,未达到其目标的规则不可能永久地证明其存在是合理的。"[⑤]如何降低错判概率?最直接的办法是加大信息搜寻力度,让信息趋于完备。无限制增加信息成本,会造成公正收益的边际效用递减。[⑥]

"真实之发现与诉讼之促进系民事诉讼之两大目标,由于两者是二律背反之紧张关系,因此如何决定其优劣顺位,乃成为运作民事诉讼制度之

① [日]高桥宏志:《重点讲义民事诉讼法》,张卫平、许可译,法律出版社2007年版,第57页。

② [美]德内拉·梅多斯:《系统之美:决策者的系统思考》,邱昭良译,浙江人民出版社2012年版,第148页。

③ 张东荪:《认识论》,商务印书馆2011年版,第7页。

④ 参见黄国昌:《民事诉讼理论之新开展》,北京大学出版社2018年版,第151页。

⑤ [美]本杰明·卡多佐:《司法过程的性质》,苏力译,商务印书馆1997年版,第39页。

⑥ 参见[美]理查德·A.波斯纳:《证据法的经济分析》,徐昕、徐昀译,中国法制出版社2004年版,第35~36页。

基本课题。”[①]在公平正义与效率成本之间的平衡点,就是证明度标准。何为合理标准?简单地提升标准以追求公正,或者降低标准以节约成本,都将误入歧途。

事实认知错误导致错判的损失如何避免?波斯纳定理对偶式揭示,“能以最低成本避免事故而没有这样做的当事人要负法律责任”[②]。让信息成本低者负担举证责任,错判概率最小。有学者考虑“将错误判决发生之机率及成本最小化”作为“使原告及被告公平地承担此错误判决发生之概率及成本”,[③]亦属所见略同。若比较诉讼总成本与总收益,信息成本低者负担举证责任,也将降低诉讼总成本,增加社会福利。

(三)比较消极事实之排除成本与证成成本

信息成本低者负担举证责任的规则,在抽象证明责任意义上是正确的。进入诉讼中,要考虑具体证明责任,让信息成本低者证明什么?针对哪个具体证明对象来比较信息成本大小?

维特根斯坦揭示“原子事实”的形式是存在或不存在的可能性。当事人主张某个证据事实(原子事实),若证据无法呈现其他原子事实,就没有其他可能了,作为唯一可能的证据事实成立;证据上还可呈现其他原子事实,就存在多种可能,主张事实仅为其中之一。当事人主张的事实属于积极事实,其他可能性的原子事实可理解为否定积极事实的消极事实。消极事实即“不存在之事实”,[④]与积极事实互斥,非此即彼,符合逻辑排中律。

欲间接证明积极事实存在与否,有两条路径:一是主张者举证排除消极事实,二是辩驳者举证证成消极事实。信息成本的比较,在具体证明责任中就转化为比较排除消极事实的成本与证成消极事实的成本。如本

---

① 邱联恭:《程序制度机能》,台湾大学法学丛书 1996 年版,第 5 页。

② [美]理查德·A. 波斯纳:《法律的经济分析》(上),蒋兆康译,中国大百科全书出版社 1997 年版,中文版译者序言第 26 页。

③ 黄国昌:《民事诉讼理论之新开展》,北京大学出版社 2018 年版,第 149 页。

④ 姜世明:《举证责任与证明度》,厦门大学出版社 2017 年版,第 6 页。

案，乘客主张公交公司侵权，就伤害可能性初步举证后，对于不是由公交公司造成而是由乘客自身原因造成的消极事实，比较乘客之排除成本和公交公司之证成成本。如判决书所言，保存证据信息的成本差异显然，是老百姓清晰可辨的是非曲直。因此，法官会要求公交公司作出辩解并举证，否则乘客之主张虽未达高度盖然性，仍可判其成立（见图1）。

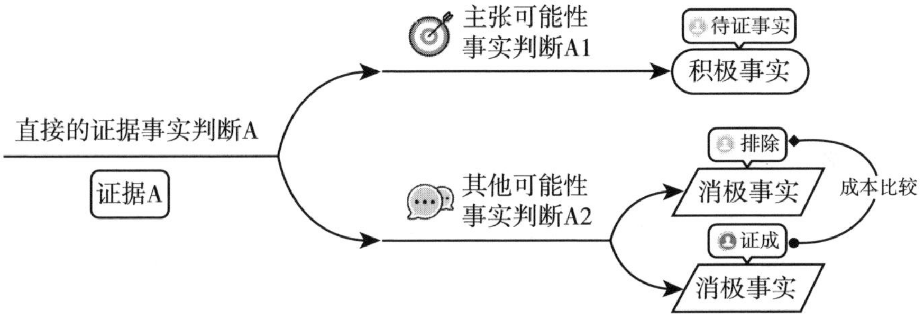

图1　证明事实路径

六、实践兵法：三个公式与三组成本比较

有必要提示，信息成本比较的场域，是证据事实（原子事实）一阶信息。证明的前提是依据请求权基础明确要件事实，即法律真实初始状态的待证事实。待证事实是二阶信息，依归纳推理执果索因，分解为具体的证据事实后才得以应用如下规则：让信息成本低者承担主观证明责任，在具体证明责任中表现为比较消极事实之排除成本与证成成本。该规则付诸庭审实战，还需细化比较信息成本，这将真正考验裁判者智慧。大道至简，笔者依信息经济学原理提炼如下规则。

（一）依亲历性展开三组成本之比较公式

亲历性是事实信息距离远近的基本影响因素，对信息成本比较起决定性作用，故其为解决信息成本问题的主要矛盾。

1. 亲历者信息成本小于非亲历者

亲历者距离事实信息较近，信息搜寻、记录、保存的成本均远低于非亲历者。如前述恶意串通案，主张者非亲历，辩驳者因亲历性而信息成本更低。拓展考虑，与法官相比，当事人亲历性更强，这就能解释以当事人主张事实、提供证据为原则，法官依职权调查作为补充。

2. 参与者信息成本小于观察者

亲历者依视角不同，可细分为参与者与观察者。参与者是信息源和事实信息生产者，相比观察者，有明显信息优势。不考虑其他因素，参与者信息成本小于观察者信息成本。为何直接证据效果大于传闻证据？其经济理性亦在此。

3. 保存者信息披露成本小于信息搜寻成本

通常情况，保存者披露已有信息，相对较容易，成本较小；信息搜寻则需要主动花费时间、金钱等资源。显然，被动、指向性披露信息成本远小于主动、盲目性搜寻信息成本。

（二）不考虑亲历性因素时三组信息成本比较

若无亲历性因素，可依次进行如下三组信息成本比较。

1. 比较信息搜寻成本（谁举证）

从客观事实开始，信息沿"U形"结构最终流转至法律真实。因信息空间分布不对称、时间流逝而递减及主体有限理性等制约因素，寻找原子事实均产生信息搜寻成本。具体的主观证明责任由谁承担即由谁举证？须比较信息搜寻成本，可参照如下因素审查：一是搜寻主体距离生产信息之信息源或保存信息之信息宿远近；二是搜寻主体接触信息源或信息宿的难度；三是搜寻主体从信息源或信息宿获取信息的难度。

2. 比较信息记载成本（无证据时谁负责）

有的原子事实自动依附于载体，有的则需要有人记载后将信息凝固于载体中从而形成证据。若特定原子事实信息已灭失，双方均无力举证，须比较信息记载成本，由信息记载成本最低者承担举证不能的客观证明责任后果。

还要注意,若信息记载成本过高或者无法记载,对任何当事人均不可苛求。在一定成本水平下,是否有责任记载,可以考虑汉德公式:损失概率 P 与损失金额 L 乘积,与信息记载成本 B 相比,若 B>PL,则未记载可免责。

3. 比较信息呈现成本(有证据时谁解释)

认知主体先从证据上提取事实信息,再以一定形式呈现为证据事实。信息能否呈现?呈现方式、程度如何?取决于认知主体经验阅历、专业知识等内在信息。信息呈现不是简单的提取,而是内外信息整合的结果。内在信息的质与量决定了信息呈现的成本。一般来说,信息记载者、保存者和专业人士的信息呈现成本更低。若其拒绝解释并呈现信息,则承担客观证明责任不利后果,或者承担委托评估、审计等信息呈现费用。

(三)依职权查明事实的信息成本比较

上述规则可有效激励当事人收集、提供证据,但有时当事人无法获取证据,或需耗费巨大成本。若成本超过争议事实成立的收益,理性当事人会选择放弃证明。此时法院不得不选择,是替代当事人收集证据查明事实还是依据已有证据材料裁决。[①] 若法院查明事实信息成本更低,则应依职权主动查明。

七、余论:社会主义核心价值观是证明责任价值判断之魂

好的理论一定是在实践中生长又能够反哺实践的。证明责任理论不应该困于法学院的象牙塔中,其实践运用的效果应该走入寻找百姓家,让人民群众感受到公平正义。二审判决书中关于保存证据成本,乘客自带设备与公交车启用摄像头对比鲜明,符合老百姓普遍接受的价值判断,是无须论证的经验法则。关于乘客人身伤害事实证据保存成本比较分析的价值判断,符合社会主流价值观之是非曲直公认标准,是解决事实判断真伪不明的思维利器。

---

① 参见冯玉军主编:《新编法经济学:原理 · 图解 · 案例》,法律出版社 2018 年版,第 461 页。

解决诉讼程序尤其是证明责任难题，社会主义核心价值观是最终的判断标准。作为社会意识中的主流价值，具有自然法的意义，描述法律实践的应然方向。西塞罗称："真正的法是与自然（本质）一致的正当理性。"① 这个自然法之自然，是社会运行的普遍规律，是社会中每个人的想法汇总、叠加后形成的人民群众共同意志决定的。法，不只是文本。实践中的法，应与法的本质一致，体现为来自人民群众当中的物质的生活关系中的正当理性，即作为主流的核心价值观。

静思本案，关于证明责任这一程序法的价值判断，在一定程度上决定了实体法在实践中的实施效果。可以说，实体法和程序法作为一个整体，决定着法律效果和社会效果相统一的法秩序伦理要求。在本案中，集中契合于社会主义核心价值观之敬业。敬业是社会主义核心价值观的重要内容，其实包含了行业的社会责任。公共交通系城市流动的血脉，是人民群众生产生活不可或缺的基础保障。作为公共交通工具的运营者，承载保护人民群众生命、健康安全的社会责任；应当时刻谨记所负安全保障义务，对从业人员规范培训，对软硬件设备定期检验、及时维修，保障乘客安全。本案提示承运人，其与乘客是一个利益共同体，保证视频监控正常使用，是对乘客的爱护，同时也是对承运人自身的保护。

（本案例分析荣获全国法院系统 2021 年度优秀案例分析评选活动二等奖）

① 参见张文郁等：《法理学》，台北，元照出版有限公司 2020 年版，第 276 页。

龙某某诉中国华融资产管理股份有限公司北京市分公司、安徽益力置业有限公司等第三人撤销之诉案

——不动产买受人以否定他人抵押权为由提起第三人撤销之诉的原告资格审视

编写人：北京市第二中级人民法院　葛　红　任永军

【内容摘要】

本案系物权期待权与抵押权在第三人撤销之诉界域冲突对抗的典型案例。《中华人民共和国民事诉讼法》（2017年）第五十六条第三款“前两款规定的第三人”内涵和外延并不确定，属于不确定的法律概念，对于不动产买受人以否定他人抵押权为由能否提起第三人撤销之诉，学界和实务界存在不同理解。本案实质上否定了不动产买受人以原裁判认定抵押权存在错误为由提起第三人撤销之诉的原告资格，一般情况下此类案件应当裁定驳回原告诉请［因原告认为其属于《全国民商事审判工作会议纪要》（以下简称《九民纪要》）第二十条规定的特殊债权人，故最终判决驳回原告诉请］。本案为同类案件确立了裁判规则，有利于完善案外人权益救济体系，具有重要的指导意义和参考价值。

【关键词】物权期待权　抵押权　第三人撤销之诉　原告资格

【裁判要旨】

向房地产开发企业购买不动产且未完成权属登记的买受人，认为原裁判认定的不动产抵押权有错误，损害其民事权益的，只能通过申请再审解决争议，不得提起第三人撤销之诉；对是否享有权利足以排除强制执行及提出确权等请求的，可以通过提起执行异议之诉的方式进行救济。

【相关法条】

《中华人民共和国民事诉讼法》(2017 年)第五十六条第三款、第二百二十七条

【案件索引】

一审：北京市第二中级人民法院(2020)京 02 民撤 6 号(2020 年 11 月 11 日)

【基本案情】

原告龙某某诉称：北京市第二中级人民法院出具(2019)京 02 民初 526 号调解书(以下简称调解书)第二项载明的中国华融资产管理股份有限公司北京市分公司(以下简称华融公司)对安徽益力置业有限公司(以下简称益力公司)提供的包含涉案房屋不动产抵押物享有优先受偿权存在错误，而且各方存在虚假诉讼，损害了不动产买受人龙某某权益，故请求法院判令撤销调解书第二项内容。

被告华融公司辩称：(1)龙某某不享有提起第三人撤销之诉的主体资格。(2)龙某某选择救济程序不当，应当通过案外人执行异议主张权利。(3)龙某某本案起诉与调解书内容无关联性，法院不应受理本案。

被告益力公司等共同辩称，同意华融公司的答辩意见，不同意龙某某的起诉请求和理由。

法院经审理查明：2016 年 9 月 20 日，益力公司作为甲方，与龙某某作为乙方，签署了认购协议书，龙某某向益力公司认购了涉案房屋和车位。当日，龙某某支付定金 5 万元，益力公司向龙某某出具了相应收据。

2017 年 4 月 12 日,无为蓝鼎房地产开发有限公司、无为天筑房地产开发有限公司作为甲方(建设单位),益力公司作为乙方(销售单位),安徽濡光电力工程有限责任公司、湖南鸿昌电力工程建设有限责任公司作为丙方(施工单位),龙某某作为丁方(房屋买受人及车位使用人),四方签署了委托支付协议,约定鉴于甲乙双方互为关联方,丙丁双方互为关联方,根据甲丙双方签订施工合同和乙丁双方签署的房屋和车位买卖合同,各方同意丁方委托丙方向乙方支付后续款项,在施工合同工程结算款中抵扣。

2017 年 6 月 6 日,益力公司向龙某某出具了收据,载明龙某某以抵账方式支付涉案房屋和车位共计 8,571,674.80 元。2017 年 8 月 21 日和 22 日,益力公司向龙某某交付涉案房屋和车位,认可龙某某已经占有使用涉案房屋和车位,但各方未办理过户手续。

2017 年 12 月 11 日,华融公司作为甲方(抵押权人),益力公司作为乙方(抵押人)签署抵押协议,约定:为确保相关债务履行,乙方愿意以名下所有不动产提供抵押担保,所担保的主债权本金为:6.8 亿元。抵押物含涉案房屋和车位,后办理了相应的抵押登记证明。

华融公司作为原告、益力公司等作为被告的(2019)京 02 民初 526 号借款合同纠纷一案,各方自愿达成调解协议,北京市第二中级人民法院于 2019 年 9 月 26 日作出调解书。该调解书主文第二项明确了华融公司对益力公司提供的抵押物享有优先受偿权。后益力公司未能按照调解书履行还款义务,经华融公司申请强制执行,北京市第二中级人民法院查封了益力公司提供的上述抵押物,包含涉案的房屋和车位。

【裁判结果】

北京市第二中级人民法院于 2020 年 11 月 11 日作出(2020)京 02 民撤 6 号判决:驳回龙某某的诉讼请求。

【裁判理由】

法院生效判决认为:原告本案的诉讼目的在于排除华融公司对于案涉

房屋和车位的执行,维护自己对案涉房屋和车位所享有的权益。第三人撤销之诉中的第三人仅局限于有独立请求权及无独立请求权的第三人,而且一般不包括债权人。但是,若债权人的债权是法律明确给予特殊保护的债权,可以提起第三人撤销之诉。原告主张涉案房屋和车位款项实为建设工程价款,原告对案涉房屋及车位享有的权利优先于华融公司的抵押权,故原告主张其享有受法律特殊保护的权利,并且质疑案涉调解书确认的抵押权内容虚假,其在程序上有权提起第三人撤销之诉。但原告目前证据无法证明其系不动产所有权人或者对不动产享有何种权益。即使原告享有能够对抗抵押权人执行的准物权或者物权期待权,亦不属于与《中华人民共和国合同法》(已废止)第二百八十六条规定的建设工程价款优先受偿权同一位阶的法律明确给予特殊保护的债权,不能达到否定华融公司依据相关协议和不动产登记证明所享有的抵押权的法律效果。否则,债权人在接受不动产抵押担保时,将不能信赖抵押物权登记的公示公信效力,将使抵押担保的制度功能受到严重影响,同时使生效裁判文书的既判力面临极大不确定性。

原告以其对部分房产和车位享有的权益试图撤销案涉调解书中对于所有抵押物的优先受偿权的确认,明显失当。相反,《中华人民共和国民事诉讼法》(2017 年)已经为案外人针对执行标的享有权益受到损害设置了执行异议和执行异议之诉的程序救济途径,在有更经济有效的相关途径可以救济其权利的情况下,不宜鼓励当事人通过这种明显违反诉讼经济原则的救济途径主张权利,否则,将违背《中华人民共和国民事诉讼法》(2017 年)设置第三人撤销之诉制度的初衷。

【案例注解】

不动产买受人的物权期待权与抵押权冲突对抗由来已久,近年来已从执行异议(之诉)延续到了第三人撤销之诉。《中华人民共和国民事诉讼法》(2017 年)第五十六条(以下简称第五十六条)明确了第三人撤销之诉适用前提系案外人属于“前两款规定的第三人”,目的就是限制原告适格范围以防止案外人滥用诉权。《九民纪要》在特定情况下将债权人纳入第三人撤销之诉的原告适格范围,但同时明确了普通债权人原则上不得提起第三人撤销之诉,以防止案外人滥用诉权,足见对第三人撤销之诉原告适格范围扩张的司法克制和谨慎。因此,如何适用第五十六条以符合立法原意,如何规制案外人救济诉权以合理保障其权益,殊值研究。

一、问题提出:第五十六条规则适用的异化现状

笔者以“第三人撤销之诉”“诉讼记录”“民事案件”为关键词,在中国裁判文书网上进行文书检索,得到2018~2020年样本案件数量(详见表1)。

表1　2018~2020年全国法院第三人撤销之诉案件数量

单位:件

年份	2018年	2019年	2020年	总计
案件数量	5804	6438	7338	19,580

在上述检索结果中以“北京市”为地域,剔除重复计算的一审、二审及再审案件,筛选出北京地区2020年此类案件数量为237件,对此部分裁判文书逐一梳理分析,结果如图1、图2所示:

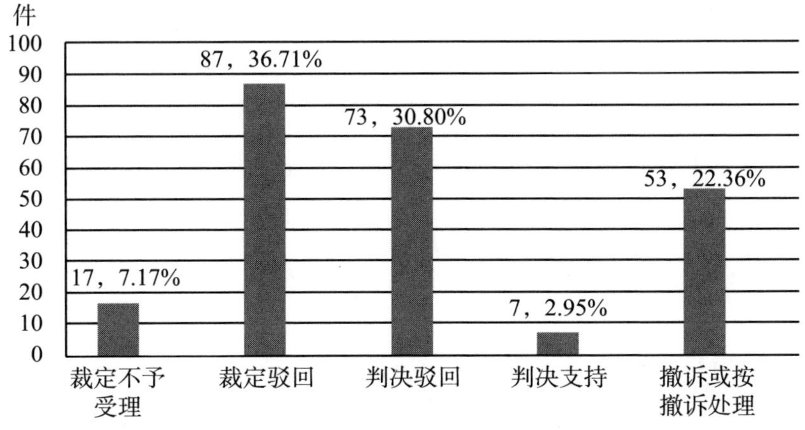

图1　北京地区第三人撤销之诉案件裁判结果

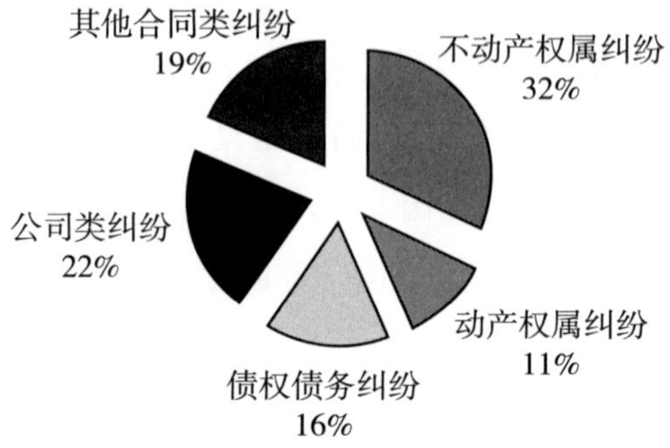

图 2　北京地区第三人撤销之诉案件类型分布

通过对上述样本案件分析得出，第三人撤销之诉案件存在四大特征：一是案件数量逐年递增。2018～2020 年此类案件年均增长率 12.44%，案件数量增长较快。二是程序启动较为容易。第三人撤销之诉是一种特殊的事后救济程序，应用不宜过繁是其应有之义，但北京地区此类案件进入实体审理占比高达 33.75%。三是获得胜诉判决概率较低。北京地区此类案件判决支持原告诉请占比仅为 2.95%，与其他类型案件相比，改判率较低。四是不动产权属纠纷占比高。北京地区三成多的此类案件为不动产权属纠纷，在经济发展进入新常态背景下，可以预测不动产权属纠纷占比仍有可能攀升。

通过对此类案件的法律适用分析，发现上述司法适用异化现状根本原因系第五十六条逻辑指引与裁判者逻辑实践存在显著差异，即部分裁判者存在放宽对案外人原告适格条件实质判断，径行对前诉生效裁判是否存在错误进行认定评价，①由此造成第三人撤销之诉存在滥用风险以及

① 全国比较典型的案例系天津市高级人民法院(2019)津民初 3 号(一审)和最高人民法院(2019)最高法民终 1808 号(二审)案件。该案中裁判者认为，银行出具了同意出售涉案房屋证明，同意房产公司向小业主出售抵押房屋，动摇了银行对涉案房屋继续享有抵押权基础，前诉裁判认定抵押权存在进而得出银行享有优先受偿权的结论存在错误，故有必要撤销前诉裁判，倒置得出小业主系第三人撤销之诉适格原告。

解决个案正义与法的安定、案外人权益与原当事人权益等价值层面失衡(见图3)。

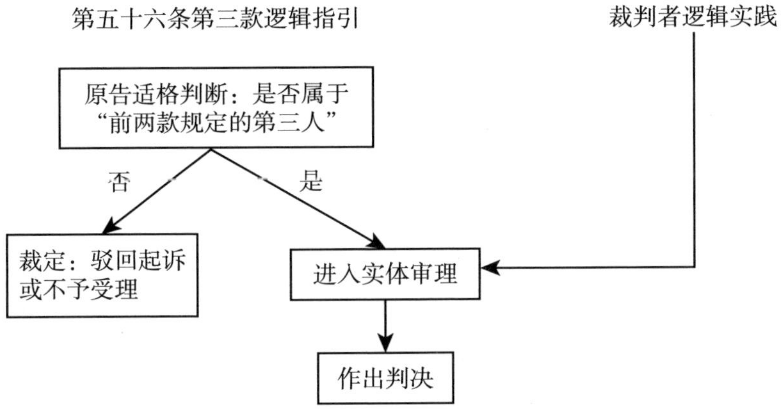

图3　第五十六条逻辑指引与裁判者逻辑实践差异

二、追本溯源:第三人撤销之诉原告适格问题透视

第五十六条立法本意系前置划定条件限制适格案外人范围,以期实现“维护生效判决的权威与安定”与“保护第三人的合法权益”二者的平衡。但对于“前两款规定的第三人”前置条件的理解和适用,尚存在模糊的法内空间。

(一)不确定概念的法内漏洞

法律概念,以内涵和外延是否确定为标准,可以分为两类:确定的法律概念和不确定的法律概念。“前两款规定的第三人”,属于何种法律概念,即其内涵和外延是否确定,是裁判者适用第五十六条应当首先关注的问题。

由于我国民事诉讼第三人制度关系结构复杂,学界对于诉讼第三人的诸多法律问题多有争论。关于有独立请求权的第三人,主流观点系该第三人的主张是一种实体上而非程序上的请求权，且该请求权独立于原被告。[①] 但关于无独立请求权的第三人，即如何界定"与案件的处理结果有法律上的利害关系"问题，争论依然没有定论：如将"法律上的利益关系"界定为单一的"义务性关系"[②]或双面的"权利义务性关系"或其他的法律关系等[③]。造成界定困境根本原因是对于第三人制度特别是无独立请求权第三人的范围和类型尚欠缺明确和清晰的理解与把握[④]，也就是"前两款规定的第三人"内涵和外延不确定，其属于不确定的法律概念。[⑤] 换言之，第五十六条存在不确定概念的法内漏洞，其前置的"前两款规定的第三人"限定条件，看似为裁判者设定了清晰的逻辑指引，但限于其概念本身的不确定导致裁判者适用的无所适从。因此，对于如何正当适用第五十六条以契合立法原意，尚需加以阐释周延。

（二）裁判者价值留白

对于第五十六条的法内漏洞，理论界依然存在争论，实务界大多价值留白，甚至一定程度上放任扩大主体适格范围。但案件法律适用不一致及第三人撤销之诉滥用现象，从另一个角度映衬出由于裁判者价值留白，显示出对"前两款规定的第三人"更多依据裁判者"个人主观的法律感情"判断，缺乏利益衡量和价值判断。具体到题设情形，部分裁判者仅考虑对小业主个体权利救济，并未充分考量对抵押权制度、司法资源供求关系的影响以及对小业主合适救济路径指引等问题（见图4）。

---

① 参见张卫平：《我国民事诉讼第三人制度的结构调整与重塑》，载《当代法学》2020年第4期。

② 参见柴发邦等：《民事诉讼法学》，法律出版社1987年版，第168页。

③ 参见陈彬：《对无独立请求权的第三人参加诉讼若干问题的探讨》，载《法律科学（西北政法大学学报）》1989年第4期。

④ 参见任重：《回归法的立场：第三人撤销之诉的体系思考》，载《中外法学》2016年第1期。

⑤ 关于不确定的法律概念，根据不确定性的程度不同，又可分为内涵不确定、外延封闭，如危险、物、违法性；内涵不确定、外延开放，如合理、公平、恶意。据此，可知"前两款规定的第三人"的法律概念属于内涵和外延均不确定。梁慧星教授认为，不确定法律概念亦属于法内漏洞。参见梁慧星：《民法解释学》（第4版），法律出版社2015年版，第293页。

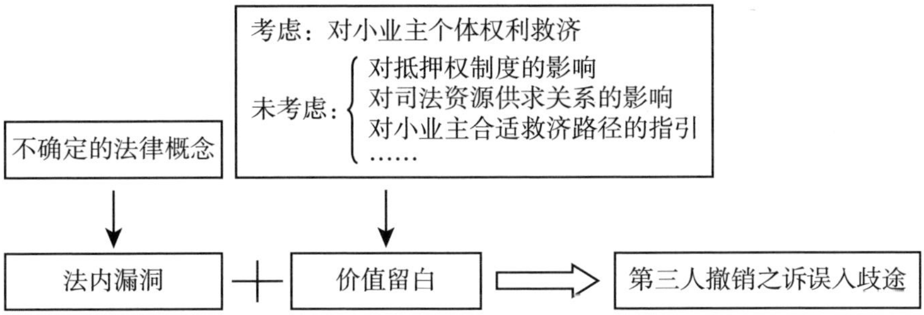

图4　第三人撤销之诉误入歧途成因

三、裁判者进路：对第五十六条不确定概念的价值补充

由于不确定法律概念抽象模糊特性，司法适用中无法作为三段论的大前提，不能将案件事实直接涵摄于不确定法律概念之下，须裁判者于个案依价值判断使其具体化，此过程谓之价值补充。[①] 对于第五十六条不确定概念的法内漏洞，裁判者需要借助价值判断，确定“前两款规定的第三人”概念内涵和外延范围。

（一）基石：第五十六条法律规范之价值指引

不确定法律概念的价值补充并非裁判者可以漫无目的找寻，立法者的价值判断要优于裁判者的价值补充，这是价值补充适用的前提。第五十六条立法目的和诉讼程序事后救济特性决定了应当对原告适格范围采取限缩法律解释。

具体到本案，前诉裁判文书确定了金融机构对房屋存在抵押权，从而与原告享有的物权期待权产生冲突，因此法理上原告可以对房产商和金融机构之间的诉讼标的主张独立的请求权。但是关于物权期待权，我国实体法上并未予以明确规定，其构成要件、法律效力均未明晰，仅在程序法上保障了相应救济途径，故原告并非实体法有独立请求权的第三人；对于无独

---

① 参见梁慧星：《民法解释学》（第4版），法律出版社2015年版，第294页。

立请求权的第三人,能否作为提起第三人撤销之诉的适格当事人需要予以更多限制。[①] 原告在房产商与金融机构的借款合同纠纷中不依附于任何一方主体存在,非前诉案件诉讼标的的权利义务主体,亦未被判令承担民事责任,故原告同前诉调解书并非存在直接法律上的利害关系,严格来说原告并非无独立请求权的第三人。但鉴于前诉调解书确实同原告存在事实上的利害关系,由此直接认定原告为无独立请求权的第三人[②]似乎未能圆满,仍然需要参考其他因素对不确定概念进行价值补充。

(二)衡量:案外人利益与社会秩序安定之价值判断

本案中,原告是大量房屋买受人的缩影,因此这是物权期待权与抵押权价值衡平问题,是重大社会课题。实践中,房产商将不动产抵押给金融机构融资后再出售房屋,系常规操作,有利于促进房地产市场发展。当前在经济下行条件下,部分房产商无力偿还债务,催生房屋权属经济链上的多方博弈。法院支持原告的第三人撤销之诉诉请,这将会使本应仅局限于原告范围的判决既判力扩张至所有抵押房屋买受人的涉众群体,不仅造成其他买受人相继提起第三人撤销之诉,还会引发类似其他的生效裁判确定的抵押物优先受偿权裁判效力受到挑战。若大量小业主均可对抵押权生效裁判发起攻击,将导致债权人在接受不动产抵押时,不能信赖抵押物权登记的公示公信效力,还要审查抵押物的交易流转或实际占有情况,将对该制度功能实现造成严重影响。从"成本—效益"角度分析,相较于原告个体权利救济,维护社会秩序安定应当更值得价值天平予以倾斜。但裁判者若作出维护社会秩序安定位阶高于小业主个体权利救济的价值判断,是否

① 参见王亚新:《第三人撤销诉讼的解释适用》,载《人民法院报》2012 年 9 月 26 日,第 7 版。

② 张卫平教授认为,无独立请求权的第三人有两种类型,辅助型第三人和被告型第三人。只有作为被告型第三人的无独立请求权第三人才有可能造成前述判决的第三人民事权益的损害,因此无独立请求权第三人中只有被告型第三人才能成为第三人撤销之诉的原告。按照该说,显然原告并非无独立请求权的第三人。参见张卫平:《中国第三人撤销之诉的制度构成与适用》,载《中外法学》2013 年第 1 期。

必然造成舍弃小业主的实质正义？二者利益冲突能否调和？此时，价值补充尚未完成，需要为实现个体实质正义明确救济路径。

（三）调和：第三人撤销之诉与案外人其他救济制度之价值选择

我国民事诉讼法设置了执行异议（之诉）、案外人申请再审和第三人撤销之诉的案外人权益救济体系，故本案原告可依法理寻求以下权利救济路径，如图5所示。

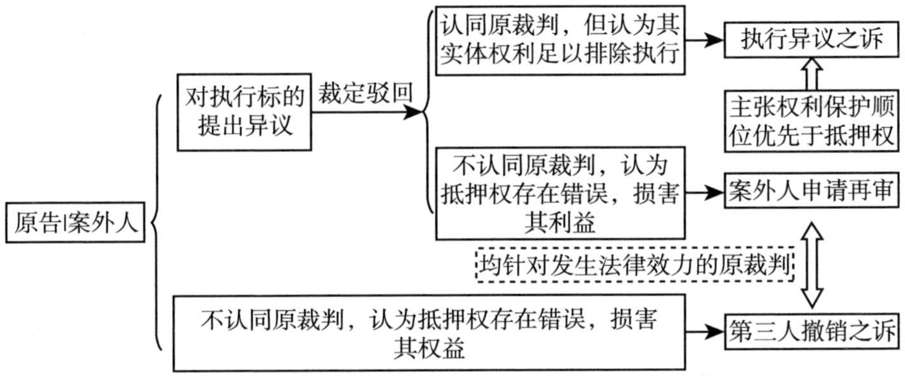

图5 原告寻求权利救济路径

在民事诉讼中，诉的利益是确定审判权行使范围的核心基础。[①] 衡量诉的利益，重要的体现就是在当事人与法院之间，对给予当事人救济的必要性与司法资源的有限性进行衡量。因此，在题设情形下，应当对上述三种权利救济路径进行价值选择，以恰当契合原告诉的利益。

1. 与案外人申请再审之界分

第三人撤销之诉与案外人申请再审均为事后特殊性的救济程序，二者功能定位上似乎殊途同归[②]，但在实现原告实质正义与维护社会秩序安定

① 参见江伟主编：《民事诉讼法专论》，中国人民大学出版社2005年版，第127页。

② 《中华人民共和国民事诉讼法》（2017年）第二百二十七条规定："执行过程中，案外人对执行标的提出书面异议的，人民法院应当自收到书面异议之日起十五天内审查，理由成立的，裁定中止对该标的执行；理由不成立的，裁定驳回。案外人、当事人对裁定不服，认为原判决、裁定错误的，依照审判监督程序办理；与原判决、裁定无关的，可以自裁定送达之日起十五日内向人民法院提起诉讼。"

之间的矛盾调和方面，案外人申请再审优于第三人撤销之诉。

其一，二者在立法目的上，案外人申请再审负有“纠正错案”与“法律监督”功能，是司法正义的最后一道防线；第三人撤销之诉有维护第三人实体权益和程序利益保障之目的，直接立法目的系规制日益严重的虚假诉讼。本案中，将金融机构对涉案房屋享有抵押权的诉讼穿透认定为虚假诉讼尚存在距离；原告可以在执行异议之诉中解决争议，法院通常不会主动追加或不允许原告进入前诉中来，因此前诉没有“遗漏”案外人，原告在诉讼程序利益上并非必须保护，案外人申请再审更符合原告诉请。

其二，二者在程序启动难易程度上，案外人申请再审须以前诉裁判出现“重大瑕疵”为前提，重新作出裁判以代替原裁判；第三人撤销之诉仅否定前诉裁判既判力向第三人扩张，达到“止错”即可，无须在“止错”之余再行“纠错”。而从第三人撤销之诉较高受理率，对原裁判认定抵押权存在错误较低改判率来看，可以得出案外人申请再审“难以发起”，更为匹配原告的诉讼程序保障。

其三，案外人申请再审可以一次性、终局性纠正错误，而第三人撤销之诉通常会引发后续大量诉讼。若判决支持原告诉请，显然前诉裁判需要彻底“纠错”，从司法经济性考虑，案外人申请再审优于第三人撤销之诉。

其四，案外人申请再审能够中止原裁判的执行这一优势是第三人撤销之诉不可媲美的。[①]

综上，若原告主张前诉调解书存在错误，案外人申请再审更为匹配其诉请，可以一次性、终局性解决纠纷，同时能够中止执行，与第三人撤销之诉相比，具备明显优势。

2. 与执行异议之诉之衔接

执行异议之诉并不否定作为执行依据的生效裁判，仅仅是针对执行标

① 参见张丽丽：《第三人撤销之诉研究》，知识产权出版社2016年版，第35页。

的所提异议，目的在于排除强制执行，即原告认可不动产抵押权存在，仅认为其享有的权利在顺位上应当优先于抵押权。

基于我国现行房地产开发以及登记制度不完善，不动产买受人取得法律意义上的所有权通常会滞后于债权合意较长一段时间，这段间隙中，如果仅仅将不动产买受人作为一般债权人，将面临其他金钱债权人就不动产请求实现优先受偿的不测风险，对不动产买受人在执行程序中予以优先保护，对于增强普通民众对法律公平正义的信心无疑具有特殊的意义。[①] 为此，在执行程序中，立法者已经近乎赋予了原告享有足以排除强制执行的实体权利，[②]物权期待权优先于抵押权实现，原告可以通过提起执行异议之诉达到排除强制执行目的。同时，在执行异议之诉中，原告可以进一步提出确认房屋权属的诉请，法院可以一并作出裁判，完成争议最终解决。

综上，即使原告未能成功提起案外人申请再审，未能针对执行依据的生效裁判成功发起挑战，但亦可在后续的执行异议之诉中实现个体权益救济。因此，再赋予原告第三人撤销之诉的诉的利益，必要性不能证成（见图 6）。

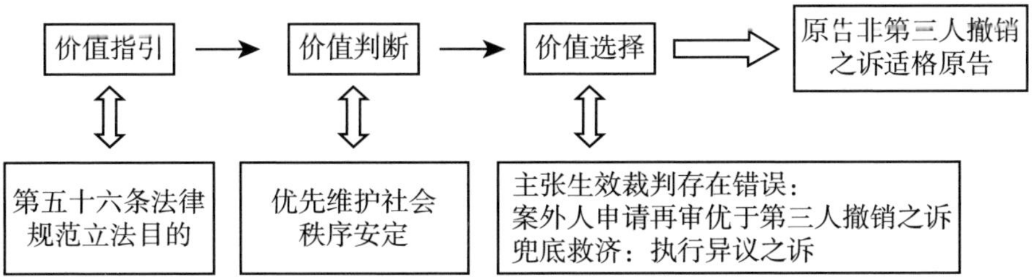

图 6　价值补充过程演绎

① 参见江必新、刘贵祥主编，最高人民法院执行局编著：《最高人民法院关于人民法院办理执行异议和复议案件若干问题规定理解与适用》，人民法院出版社 2015 年版，第 422 页。

② 《最高人民法院关于人民法院办理执行异议和复议案件若干问题的规定》第二十七条、第二十八条、第二十九条，《九民纪要》第一百二十六条。

四、漏洞填补:对第五十六条进行司法解释条文设想

根据前文论述,针对题设情形,若能够使裁判者达成普遍共识,将裁判者共识抽象化形成规范共识,填补法内漏洞,完善案外人权利救济体系,系当前司法实践的迫切需求和法律发展之必然,故笔者拟对第五十六条法内漏洞提出如下司法解释条文设想:

向房地产开发企业购买不动产且未完成权属登记的买受人,认为原裁判认定的不动产抵押权确有错误,损害其民事权益的,只能通过申请再审解决争议,不得提起第三人撤销之诉;对是否享有权利足以排除强制执行及提出确权等请求的,可以通过提起执行异议之诉的方式进行救济。

(本案例分析荣获全国法院系统2021年度优秀案例分析评选活动二等奖)

郭某诉中信富通融资租赁有限公司等案外人执行异议之诉案

——不动产“连环买卖”次买受人请求排除执行的要件审查

编写人：北京市第二中级人民法院　王继玉

【内容摘要】

《最高人民法院关于人民法院办理执行异议和复议案件若干问题的规定》第二十八条“无过错不动产买受人物权期待权”条款适用的典型情形为不动产买受人对登记在出卖人名下的不动产提出执行异议。对于“连环买卖”情形下次买受人提出执行异议是否适用以及如何适用该条款，法律并未明确规定。从规范目的、价值和逻辑层面推论，本规则应适用于次买受人请求排除执行情形。在要件审查上，不能割裂“连环买卖”两手合同之间的密切联系，而应当对前后手买卖合同履行情况进行“整体性”审查。

【关键词】连环买卖　次买受人　物权期待权　排除执行　整体性审查

【裁判要旨】

方案一：金钱债权执行中，买受人将尚未办理所有权转移登记的不动产转售，次买受人对登记在被执行出卖人名下的不动产提出异议，符合下列情形且其权利能够排除执行的，人民法院应予支持：

1. 买受人与被执行出卖人在人民法院查封之前已签订合法有效的书面买卖合同，且次买受人与买受人签订的买卖合同合法有效；

2. 买受人或者次买受人在人民法院查封之前已合法占有该不动产；

3. 买受人已向被执行出卖人支付全部价款，或者已按照合同约定支付部分价款且将剩余价款按照人民法院的要求交付执行，由次买受人代为履行的可以视为买受人支付价款；

4. 非因买受人或者次买受人自身原因未办理过户登记。

方案二：金钱债权执行中，买受人将尚未办理所有权转移登记的不动产转售，次买受人对登记在被执行出卖人名下的不动产提出异议，可以参照适用《最高人民法院关于人民法院办理执行异议和复议案件若干问题的规定》第二十八条的规定，符合下列情形且其权利能够排除执行的，人民法院应予支持：

1. 买受人符合《最高人民法院关于人民法院办理执行异议和复议案件若干问题的规定》第二十八条规定的要件；

2. 买受人未直接占有房屋或支付价款，但是次买受人在人民法院查封之前已合法占有该不动产，或者代买受人履行付款义务的，可以视为买受人满足《最高人民法院关于人民法院办理执行异议和复议案件若干问题的规定》第二十八条规定的对应要件；

3. 非因买受人或者次买受人自身原因未办理过户登记。

【相关法条】

《最高人民法院关于人民法院办理执行异议和复议案件若干问题的规定》第二十八条

【案件索引】

一审：北京市第二中级人民法院（2020）京02民初487号（2020年12月30日）

【基本案情】

郭某诉称:2013 年 4 月,洋洲房地产公司将涉案房屋抵给古县农商行,洋洲房地产公司代为保管。2018 年 6 月,北京市第二中级人民法院保全预查封了涉案房屋。2017 年 11 月,郭某与古县农商行达成买卖协议,支付大部分房款,并办理交房手续装修入住,对涉案房屋享有足以排除强制执行的民事权益,故请求停止执行。

中信富通公司辩称:古县农商行与洋洲房地产公司签订还款协议书、认购协议书的目的是通过以房抵债消灭金钱债务,故一直未实际占有房屋。郭某系于查封后与古县农商行签订房屋买卖合同,未在查封前合法占有涉案房屋,支付房款时间全部在查封后,且不是从洋洲房地产公司处购买房屋,故不符合《最高人民法院关于人民法院办理执行异议和复议若干问题的规定》第二十八条或第二十九条的规定。

洋洲房地产公司述称,涉案房屋已经以抵偿贷款的形式出售给古县农商行,并交付占有;之前因房地产管理局向不动产管理中心移交业务停办相关业务,以及未竣工验收等原因,导致未能办理产权登记。

古县农商行述称,其与洋洲房地产公司房屋买卖事宜远早于涉案房屋的被查封,亦早于中信富通公司债权形成之日。

法院经审理查明:

1. 涉案房屋执行及执行异议相关情况

北京市第二中级人民法院在审理中信富通公司与吕某某等融资租赁合同纠纷一案中,于 2018 年 6 月 21 日保全预查封了洋洲房地产公司包括涉案房屋在内的 64 套房屋,后判决洋洲房地产公司等承担相应法律责任。该案上诉结果“驳回上诉,维持原判”。2020 年 6 月 17 日,法院对涉案房屋进行续封。2020 年 8 月,中信富通公司申请强制执行。郭某提出执行异议被法院裁定驳回,后提起本案执行异议之诉。

2. 郭某主张其享有足以排除强制执行权益的情况

（1）关于古县农商行主张其取得涉案房屋的事实

古县农商行举证显示，该行于2009~2011年分别向赵某等多位借款人发放贷款。2013年4月20日，洋洲房地产公司出具声明书写“我单位愿将××小区住宅楼共计26套，交由吕某某先生，用于偿还授权于吕某某先生签署与古县农商行还款协议的单位与个人之借款”等内容。同日，赵某等签署授权委托书委托吕某某与古县农商行签署还款协议书。

2013年4月23日，古县农商行专题会议纪要载明：“洋洲房地产公司法定代表人吕某某所控制企业及个人合计贷款金额1918万元，现已逾期……为清收不良贷款，经协商收取其位于××小区住宅楼26套，用于抵顶上述不良贷款本息。”同日，吕某某与古县农商行签订还款协议书载明其同意将控制的26套房屋用于抵还贷款。

2013年4月27日，洋洲房地产公司与古县农商行就涉案房屋签订认购协议书，付款方式约定“认购方已于2013年4月27日付清房款965,633元”。2013年8月3日，双方签订保管协议约定：古县农商行抵顶的抵债资产由洋洲房地产公司代为保管。

（2）涉案房屋买卖合同签订情况

郭某举证显示：2018年10月16日，郭某与古县农商行就涉案房屋签订房屋买卖协议。2020年10月12日，古县农商行出具情况说明，载明：“2017年11月13日，古县农商行与郭某达成抵债资产处置协议，将××号抵债资产转让给郭某。由于当时正值我行人事调整导致未签订书面的买卖协议。2018年10月16日补签书面买卖合同。”郭某主张实际签约日期为2017年11月13日。

2019年4月1日，古县农商行向洋洲房地产公司出具房产出售证明及委托书，证明其于2018年6月1日将涉案房屋出售给郭某，委托洋洲房地产公司将房屋产权办理至郭某名下。

(3)支付购房款情况

郭某提交洋洲房地产公司出具的收据,载明入账日期 2013 年 5 月 10 日,交款单位古县农商行,金额 965,633 元,收款事由为涉案房屋。洋洲房地产公司认可涉案房屋购房款抵顶了债务。郭某主张向古县农商行以现金方式支付房款 45 万元,但并未提交收据。古县农商行庭审中认可收到郭某房款 10 万元。

(4)涉案房屋占有使用情况

郭某提交其于 2017 年 11 月 13 日交纳物业管理费等费用的收据 5 张,转账凭证一张,以及房屋室内照片 4 张。

(5)未办理过户登记原因

涉案楼盘的预售许可证有效期限为 2010 年 11 月 29 日至 2012 年 5 月 31 日。洋洲房地产公司、郭某均未办理涉案房屋的物权登记手续。经法院调查,涉案楼盘至今未提交竣工验收申请;涉案楼盘当时可以办理网签,不存在长时间未能办理网签的情况。

【裁判结果】

北京市第二中级人民法院于 2020 年 12 月 30 日作出(2020)京 02 民初 487 号民事判决:驳回原告郭某的诉讼请求。

【裁判理由】

法院生效裁判认为:古县农商行与洋洲房地产公司签订的认购协议书,内容包含了商品房买卖合同的基本内容,可以认定双方签订了商品房买卖合同。双方均认可,古县农商行并未实际交付购房款,而是抵顶了洋洲房地产公司对其所负债务。同时,双方另行签订保管协议,约定将涉案房屋交由洋洲房地产公司代为保管,保管期间房门钥匙由洋洲房地产公司持有,但古县农商行未举证证明洋洲房地产公司向其交付房屋的具体时间,亦未证明其就涉案房屋办理了入住手续,交纳了因实际使用房屋而发生的物业费等费用。此外，古县农商行作为专业金融机构，在清收不良贷款的过程中收取抵债资产，应当就涉案房屋是否具备办理过户登记条件尽到更加审慎注意义务。综合上述事实，古县农商行提供的证据不足以证明其对涉案房屋享有足以排除强制执行的民事权益。郭某基于其与古县农商行签订房屋买卖协议、向古县农商行交付购房款以及实际入住涉案房屋的相关事实，主张其对涉案房屋享有足以排除强制执行的民事权益亦不能成立。

【案例注解】

一、问题的提出

由于《中华人民共和国物权法》（已废止）不动产物权变动采取登记生效原则，致使不动产买受人登记取得房屋所有权的时间必然滞后于债权。在办理过户登记前，买受人出于各种原因可能会将未登记不动产（或者买卖合同项下权利）转让给他人（以下简称次买受人），即发生“连环买卖”。由于所有权仍登记在出卖人名下尚未转移，不动产时刻面临着被作为出卖人的责任财产被法院强制执行的风险。一旦发生强制执行，次买受人往往援引《最高人民法院关于人民法院办理执行异议和复议案件若干问题的规定》第二十八条“无过错不动产买受人物权期待权”条款请求排除执行。然而该规则适用的典型情形为“金钱债权执行中，买受人对登记在被执行人名下的不动产提出异议”，该“买受人”是否包含连环买卖中的次买受人？次买受人适用该规则时如何进行要件审查？实践中不无疑问，值得分析。

二、次买受人适用“无过错不动产买受人物权期待权”的可行性分析

有观点从权利继受的角度分析，认为即使在买受人的权利符合排除强制执行要件时，也无法得出次买受人的权利也可以排除强制执行的结论。[①]

---

① 买受人与次买受人搭配使用时，前者具体指代先手买受人。

其理由为:第一,执行异议之诉本质上是案外人和申请执行人权利的比对,对案外人是否享有足以排除执行的民事权益的评判,是建立在“相对性原则”之上的,无论案外人的权益是否达到足以排除强制执行的程度,都不具有如物权一般的绝对性或对世效力,对于此评价框架之外的其他第三人也不具有普遍适用效力,更不能推断得出在效力上可以继承的结论。因此,在审理执行异议之诉时应当严格以个案事实为基础,对基于不同法律行为而形成的案外人的权益与强制执行债权进行比对分析。第二,买受人基于《最高人民法院关于人民法院办理执行异议和复议案件若干问题的规定》第二十八条所享有的权利不依赖于所谓的物权期待权,性质上仍是一种债权。“该债权因为特定当事人所具有的特定因素而被赋予与强制执行的金钱债权相比更为优先的地位”“而这种与特定当事人相关联的特定因素具有明显的身份属性,不能被后者(次买受人)通过合同权利的转让所承继”。第三,即使认为《最高人民法院关于人民法院办理执行异议和复议案件若干问题的规定》第二十八条的权利基础系物权期待权,也不意味着该权利必然会被合同权利义务的受让方不受减损地承继。① 不过,该观点虽然不赞成次买受人当然可以承继买受人享有的物权期待权以排除强制执行,但却并未否定次买受人基于自身情况对法律规范的符合性从而享有足以排斥强制执行的权益。此外,实践中也有相关案例对房屋次买受人主张排除强制执行的请求判决予以支持。

对该问题,笔者主张次买受人具有适用《最高人民法院关于人民法院办理执行异议和复议案件若干问题的规定》第二十八条,从而基于物权期待权请求排除执行的可行性。理由是:

(一)符合立法目的

最高人民法院借由若干司法解释设立“无过错不动产买受人物权期待

---

① 参见司伟:《房屋次买受人权益排除出卖人的债权人强制执行的审查规则》,载《人民法院报》2021 年 2 月 4 日,第 7 版。

权”的现实基础，是由于“不动产物权登记生效原则”与“社会上仍然存在大量因非买受人原因而未登记的不动产”的社会环境尚不完全适应，“如果不加分别一律准许强制执行，将危及社会稳定”①。登记生效原则意味着购房人取得法律意义上的房屋所有权必然滞后于债权。而社会上存在的未登记不动产，大量是由于登记行政配套制度尚不完善、《中华人民共和国物权法》（已废止）贯彻落实需要时间过渡等非买受人原因。因此，房屋未登记所引发的执行风险，相当程度上来自不可归咎于买受人的制度和社会环境等客观外部因素，难以通过买受人的谨慎交易完全消弥。如果将风险完全分配给买受人，不加区分地对非因自身原因未登记的不动产买受人按照普通债权对待，一则有违实质公平，二则不利于交易，三则会引发现有社会秩序与利益格局的动荡。此外，赋予买受人“准物权”保护的合理性还体现在，尽管法律上的物权变动发生于登记的一瞬间，但是物权的取得实际上须经历客观发展过程。随着购房人不断履行付款义务，到居住使用房屋，购房人对房屋所有权的期待利益在逐渐增强，实际享有的所有权权能在不断增加，权利公示性也在不断彰显，已经不断逼近取得完全所有权。这一认识符合人们的朴素理性和情感直觉。综上，《最高人民法院关于人民法院办理执行异议和复议案件若干问题的规定》第二十八条的实践目的，是缓和登记生效主义物权公示制度与社会现实之间的不适应。而次买受人基于支付房款、占有房产同样可能享有物权期待权益，其合法权益遭受的执行风险同样可能源自不可归咎于自身的制度和社会环境因素。基于“相同情形相同对待”的原则，对“连环买卖”次买受人的保护应处于《最高人民法院关于人民法院办理执行异议和复议案件若干问题的规定》第二十八条立法目的射程之内。

---

① 参见江必新、刘贵祥主编，最高人民法院执行局编著：《最高人民法院关于人民法院办理执行异议和复议案件若干问题规定理解与适用》，人民法院出版社 2015 年版，第 422 页。

（二）避免逻辑悖论

如果从根本上排除次买受人援引《最高人民法院关于人民法院办理执行异议和复议案件若干问题的规定》第二十八条寻求救济的之余地，则必然面临以下情形：假设买受人本身符合《最高人民法院关于人民法院办理执行异议和复议案件若干问题的规定》第二十八条的保护要件，享有物权期待权。如其未转售房屋或者不披露转售情况，以自身名义请求排除强制执行，无疑能够实现救济。如其转售房屋，次买受人以自身名义请求排除强制执行，却无法获得支持。那么，次买受人必然以无法实现合同目的为由，转而请求解除转售合同，并向买受人主张违约责任。此时，原买受人之权益只是因为转售行为而无端受损。进一步推演，转售合同解除后，原买受人又回归"物权期待权人"地位，此时其再以自身名义请求排除强制执行，是否应当获得支持？显然，此时法律陷入了一个逻辑悖论，笔者无法找到充分合理的解释（除非连环买卖行为本身构成"因买受人自身原因未办理过户登记"）。易言之，在买受人已符合《最高人民法院关于人民法院办理执行异议和复议案件若干问题的规定》第二十八条保护要件的情况下，法律应否仅因买受人与第三人之间存在一个只约束双方的债权合同，而拒绝再为其利益提供同等保护？

（三）避免歧视评价

前述相关观点认为，即使《最高人民法院关于人民法院办理执行异议和复议案件若干问题的规定》第二十八条的权利基础系物权期待权，也不意味着该权利必然会被合同权利义务的受让方不受减损地承继。但是对于权利承继过程中发生的减损，是否应当给出充分的理由？笔者认为，权利承继应当以完整承继为原则，除非有导致权利损耗的充分理由，否则应当推定权利不受减损地转移。从前述假设的逻辑悖论看，如果从根本上排除不动产次买受人援引《最高人民法院关于人民法院办理执行异议和复议案件若干问题的规定》第二十八条寻求救济的余地，则必然导致权利在流转中无端遭受减损。法律仅仅因为买受人与第三人签订了一个转售合同,就剥夺其原有的权益优待地位。这无异于使未登记不动产连环买卖行为负担不利后果,蕴含了法律的否定性评价。然而这种否定性评价无疑缺乏充分法理依据,不当限制了买受人对自身权利的处分自由,有违民法鼓励交易原则。因此,除非转售行为本身构成不动产未及时办理过户登记的原因,导致执行风险可归咎于买受人自身行为,否则法律不应当对未登记不动产转售行为进行歧视评价。

三、次买受人基于物权期待权请求排除执行的要件审查

(一)物权期待权的构成要件

所谓物权期待权,是指已经签订了不动产买卖合同的买受人,在已经履行合同部分义务的情况下,虽然尚未取得合同标的物的所有权,但赋予其类似所有权人的地位,其享有的物权期待权具有排除执行等物权效力。[①]从定义及《最高人民法院关于人民法院办理执行异议和复议案件若干问题的规定》第二十八条的规定来看,物权期待权作为债权向物权过渡转化的中间权益形态,有四个构成要件:一是合法有效的不动产买卖合同,这是债权前提;二是买受人已履行部分付款义务,履行程度越深则越值得保护;三是合法占有房屋,权利公示性越强,与所有权权能结合越紧密,则债权向物权的进化越明显;四是未办理登记并非系买受人自身原因,因为"风险制造者"和"权利上的睡眠者"不值得法律的特别优待。此外,物权期待权一般应当最晚到查封之时已经形成,即签订合同、占有房屋等应于"在人民法院查封之前"完成,因为被执行人就已经查封的财产所作的移转、设定权利负担或者其他有碍执行的行为,不得对抗申请执行人。[②]

---

① 江必新、刘贵祥主编,最高人民法院执行局编著:《最高人民法院关于人民法院办理执行异议和复议案件若干问题规定理解与适用》,人民法院出版社 2015 年版,第 422 页。

② 参见《最高人民法院关于人民法院民事执行中查封、扣押、冻结财产的规定》第二十六条。

(二)"连环买卖"情形下物权期待权的构成类型分析

从构成要件来看,影响物权期待权成立的事件要素有:签约、占有、付款以及查封,此外另需考察未办理登记的原因要素。实践中,房屋"连环买卖"的交易结构异常复杂多元,根据要素事件是否发生以及发生时序,可以分为以下类型(见图1):

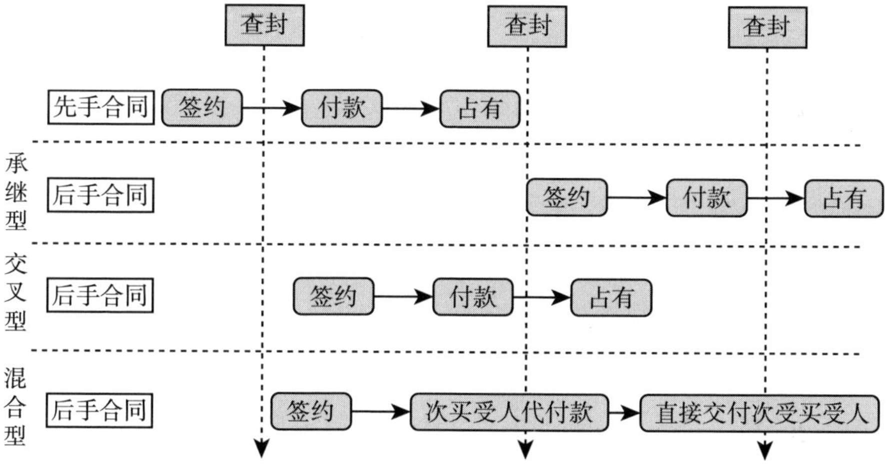

图1 "连环买卖"交易结构类型

1. 承继型(前后手买卖合同履行不重叠)

(1)买受人在查封前完成了签约、付款、占有,且未办理登记并非买受人自身原因(亦非系转售原因)。此情形下,次买受人可直接承继买受人之物权期待权,并据以排除执行。理由已述。

(2)买受人未在查封前完成签约、付款、占有,即不符合《最高人民法院关于人民法院办理执行异议和复议案件若干问题的规定》第二十八条要件。承继型情况下,次买受人自然也未在查封前完成签约、付款、占有。二者均不享有物权期待权。

2. 交叉型(前后手买卖合同履行存在重叠)

(1)买受人在查封前已经完成了签约、付款、占有,且未办理登记并非买受人自身原因(亦非系转售原因)。此情况结论同前(1)。

(2)买受人由于未在查封前完成签约、付款、占有,或未办理登记系买受人自身原因,因此不符合《最高人民法院关于人民法院办理执行异议和复议案件若干问题的规定》第二十八条要件。此时即便次买受人在查封前完成了签约、付款(向次买受人)、占有,也不享有物权期待权。道理在于,权利在转移中既不应无故减损,也不应无故增益。次买受人一般不应继受取得比原权利人更大的权利。

3. 混合型(前后手买卖合同履行发生混合)

所谓合同履行发生混合,譬如:次买受人直接代替买受人向出卖人付款,或者买受人指示出卖人直接将不动产交付次买受人,此时先买卖合同的付款、占有事件与后买卖合同发生“混合”。在履行混合情况下,根据第三人履行原理,次买受人直接代替买受人向出卖人付款的,应当视为买受人履行了付款义务;出卖人按照买受人指示直接将不动产交付次买受人的,也应当视为完成了转移占有。笔者认为,此时应当将前后手买卖合同履行情况进行整体考察,如买受人签约、次买受人代为付款、出卖人直接交付次买受人均完成于查封之前,且未办理登记并非买受人或者次买受人自身原因(亦非系转售原因),此时应视为买受人符合《最高人民法院关于人民法院办理执行异议和复议案件若干问题的规定》第二十八条要件,则次买受人享有物权期待权。反之,若不满足上述要件,则结果相反。

4. 合并否定型

在“连环买卖”情形下,对于“非因买受人自身原因未办理过户登记”要件必须合并做整体考察,只要未办理过户登记系因买受人、次买受人任一者自身原因,或者因二者共同原因(如连环买卖导致登记迟延),则二者均不享有排除执行之权益,不应优先于申请执行债权人获得保护。

综上,不动产“连环买卖”次买受人执行异议的审查规则可归纳为:第一,买受人自身符合《最高人民法院关于人民法院办理执行异议和复议案件若干问题的规定》第二十八条规定的，次买受人也可以承继同等权益，除非不动产未及时办理过户登记系因买受人或者次买受人自身原因；反之，买受人不符合《最高人民法院关于人民法院办理执行异议和复议案件若干问题的规定》第二十八条规定的，次买受人亦不存在排除执行的权利基础（承继型、交叉型、合并否定型）。第二，买受人虽未直接占有房屋或支付价款，但是出卖人按照买受人指示已将不动产直接交付次买受人，或者次买受人代买受人履行付款义务的，应视为买受人满足《最高人民法院关于人民法院办理执行异议和复议案件若干问题的规定》第二十八条规定的相应要件（混合型），次买受人亦可承继同等权益。

（三）次买受人物权期待权"整体性"要件审查原则

综上分析，执行异议之诉固然要遵循"相对性原则"，以个案事实为基础对权利对抗结果进行分析、对比和评判。但在"连环买卖"次买受人请求排除执行的场合，不可割裂前后手交易之间的关联，而应当进行"整体性"审查。详言之：

1. 合同要件。首先，买受人、次买受人所签订的前后手买卖合同均须合法有效。其次，在时限要求上，仅需限定买受人与被执行出卖人签订先手买卖合同时间在查封之前即可，次买受人签订后买卖合同时间不必限制。

2. 占有要件。买受人或者次买受人二者有其一在法院查封之前已合法占有不动产，即满足本要件。

3. 付款要件。买受人已支付全部价款，或者已按照合同约定支付部分价款且将剩余价款按照人民法院的要求交付执行的，满足该要件。需注意，本要件的审查对象应为买受人是否向被执行出卖人支付房款，而非审查次买受人是否向买受人付款。如仅是次买受人已经支付买受人房款，但是买受人尚未或拒绝支付出卖人房款，则不满足要件。此外，如次买受人直接代替买受人向出卖人付款的，应当视为买受人履行付款义务。

4. 归责要件。非因买受人或次买受人自身原因未办理过户登记。如不动产未办理登记的原因可归咎于买受人或次买受人中任意一人,则二者均应失去获得法律破格优待之资格。

(本案例分析荣获全国法院系统2021年度优秀案例分析评选活动二等奖)

陈某某、金某某诉北京同城必应科技有限公司等生命权、健康权、身体权纠纷案

——新业态下共享经营平台用人者责任的裁判路径与价值衡量

编写人：北京市第二中级人民法院　刘　洋　石　婕

北京市高级人民法院　刘靖靖

【内容摘要】

本案是新业态下共享经营平台用人者责任司法认定的典型案例。随着共享经济的发展，涉平台侵权责任纠纷案件逐渐涌入法院，但因平台多元发展模式所形成的法律关系与传统经济有别，造成侵权责任认定困难。笔者通过大数据检索，通过对2226个网约配送员致第三人损害的样本案例进行分析，发现目前司法实践中，由于平台用工模式的特殊性和归责责任不明，造成大量案件裁判尺度不统一。笔者通过分析用人者责任的理论基础，并尝试采用“要素式三阶解构法”，在实践基础上对共享经营平台用工类型进行重塑，并对实践中争议最大的“众包模式”进行具体分析，归纳出用人者责任中对于平台“控制力”的人身依附性和财产从属性两大考量因素。进而，通过法的发现—演绎推理—价值判断三个步骤，得出共享经营

平台用人者责任认定的司法审查路径。本案为通过司法手段协调创新与秩序，助推共享经济稳定有序发展提供了实践样本，对同类案件具有较高的指导意义和参考价值。

【关键词】新业态　共享经济　侵权责任　网约配送员　用人者责任

【裁判要旨】

1. 对共享经营平台侵权责任的认定需要根据其在具体交易关系中的地位的不同进行具体分析，根据共享经营平台对劳务提供者的控制力程度不同，相应侵权责任的承担也应有所区别。

2. 本案综合考量平台经营者对劳务提供者的人身依附性和财产从属性等因素，认定平台经营者对劳务提供者存在较强的控制力，双方之间成立劳务合同关系。劳务提供者在执行工作任务过程中侵害第三人权利的，平台经营者应当承担用人者责任。

【相关法条】

《中华人民共和国侵权责任法》第三十四条第一款①

【案件索引】

一审：北京市西城区人民法院（2020）京0102民初698号（2020年12月27日）

二审：北京市第二中级人民法院（2021）京02民终3703号（2021年3月31日）

【基本案情】

陈某某②诉称：2019年5月13日，金某某驾驶电动自行车在由北向南超越同方向骑行自行车的陈某某时，双方车辆发生接触，造成陈某某倒地、

---

① 现《中华人民共和国民法典》第一千一百九十一条。

② 本案中陈某某系未成年人，为保护其个人隐私，全文隐去其真实姓名等个人信息。

受伤。经交管部门认定，金某某负事故全部责任、陈某某无责任。事发后，陈某某前往医院进行治疗，诊断伤情为：胫骨近端骺损伤、腓骨骨折（左），经鉴定已构成伤残。故陈某某请求法院判令金某某、北京同城必应科技有限公司（以下简称同城公司）赔偿医疗费、营养费、护理费、交通费、精神损害抚慰金等共计 180,262.14 元。

金某某辩称，事发时我正在完成闪送任务，是职务行为，因此赔偿责任应由同城公司承担。

同城公司辩称，其与我方之间不具有劳动关系，双方之间应适用居间合同规定，事发时金某某选择的交通工具、线路等均为其自主行为，我方对交通事故的发生不存在过错，不构成侵权责任。

法院经审理查明：2019 年 5 月 13 日，在西城区白云路，金某某驾驶电动自行车由北向南超越同方向行驶的陈某某驾驶的自行车时，两车接触，造成陈某某受伤。经交管部门认定：金某某驾驶电动自行车超速行驶且超越前车时妨碍被超越车辆行驶，是事故发生的全部原因，确定金某某承担事故全部责任、陈某某无责任。事发后，陈某某被送往医院急诊。诉讼中，经陈某某申请，鉴定中心出具意见书，认定：陈某某左胫骨近端骺损伤构成十级伤残，护理期为 90 日、营养期为 90 日。

陈某某系本市非农业户籍。金某某事发时为同城公司闪送应用平台注册闪送员；闪送应用平台系由同城公司开发，在手机客户端上下载闪送应用程序后，可以申请成为闪送员；闪送员可以在应用平台上查看快递业务信息并自主选择承接快递业务；闪送员承接的每笔快递业务完成后，同城公司收取用户支付快递服务费的 20%作为信息费，其余部分打入闪送员在闪送应用平台设立的个人系统账户，闪送员可定期自主提现；同城公司对闪送员的工作时间、时长不作要求，结合派送距离所要求完成每单快递任务的时限亦相对合理，不向闪送员提供完成快递业务所需的交通工具。

另查，订单信息截图中载明的闪送员信息包括金某某之姓名、电话、编号等,其中,金某某的闪送完成次数为4601次,服务分为30;在金某某收支情况的招商银行账户历史交易明细表中显示,同城公司多次向金某某支付相应款项,发放时限不固定。且“交易摘要”记载的均系“代发劳务费”。

【裁判结果】

北京市西城区人民法院于2020年12月27日作出(2020)京0102民初698号民事判决:(1)同城公司向陈某某赔偿医疗费、营养费、护理费、残疾赔偿金、精神损害抚慰金、补课费及考试费、辅助器具费、鉴定费等共计180,262.14元;(2)驳回陈某某的其他诉讼请求。

同城公司不服,提起上诉。北京市第二中级人民法院于2021年3月31日作出(2021)京02民终3703号民事判决:驳回上诉,维持原判。

【裁判理由】

法院生效判决认为:本案的争议焦点问题为同城公司与金某某之间的关系性质及同城公司是否应承担赔偿责任,对此,法院考量如下:

第一,同城公司在其提供的格式合同中对收取费用的权利和标准、服务的要求、调配人员的依据、缴税方式甚至处罚措施、竞业禁止、产品推广等方面均作出较为系统的规定,可见,二者之间关于权利义务的约定体现了约束、管理与控制等从属性方面的特点。

第二,从金某某派单、接单等程序和过程来看,皆体现出一定的区域性特点,在工作时间的要求方面,同城公司也予以了较为明确的限定。

第三,从给付劳动报酬或服务费用的方式和期限来看,在金某某个人账户明细体现出同城公司并非固定地按单即时结算或按日、按周、按月计酬,但给付款项的账户系来自同城公司委托的银行,比例亦是由该公司扣除后发放,表明同城公司在发放薪酬方面具有一定的控制力和主动性。

第四,从工作过程来看,金某某一方所提供的劳动是其按照该公司派单要求而作出的相对独立的劳务活动,闪送员本身并无独立的经营资质，在客户方来看，其行为系对客户与同城公司之间合同的履行。

第五，从接单后完成工作的成果来看，金某某系长时间、继续性地提供劳务，而非一次性地向同城公司提供某一具体工作成果。

综上，同城公司作为提供网络平台一方，对金某某有一定的管理、控制和监督甚至奖励、处罚之等权利，亦在金某某长期以来如约完成的若干订单中收取了一定的费用，获得了收益，双方应构成劳务关系。用人单位的工作人员因执行工作任务造成他人损害的，由用人单位承担侵权责任。因此，同城公司应依法承担陈某某一方所主张的合理损失的赔偿责任。

【案例注解】

习近平总书记 2021 年 4 月在广西考察时指出[①]，要完善多渠道灵活就业的社会保障制度，维护好卡车司机、快递小哥、外卖配送员等的合法权益。周强院长在 2021 年最高人民法院工作报告[②]中指出，要合理确定平台责任和行为边界，促进平台经济、共享经济依法规范发展。[③] 近年来，互联网经济的繁荣推动了传统用工方式的转变，“网约”“派单”等共享平台交易因其便捷性与灵活性而逐步成为消费者的“新宠”。[④] 依托互联网平台就业的网约配送员、网约车驾驶员、互联网营销师等新就业形态劳动者数量大幅增加，与此同时，在算法主导、多劳多得、准时配送、按单结算等机制的共同作用下，新就业形态人员在从事劳务过程中因交通事故等因素引发职业

① 新华社：《习近平在广西考察：解放思想深化改革凝心聚力担当实干 建设新时代中国特色社会主义壮美广西》，载中央人民政府网，http://www.gov.cn/xinwen/2021-04/27/content_5603266.htm。

② 最高人民法院：《最高人民法院工作报告》，载最高人民法院网 2021 年 3 月 15 日，http://www.court.gov.cn/zixun-xiangqing-290831.html。

③ 2021 年 3 月 8 日下午，在最高人民法院举办的 2021 年全国两会《最高人民法院工作报告》解读系列直播访谈第一场中进一步指出，据不完全统计，目前全国外卖骑手达到了 600 万人（美团、饿了么、闪送等），快递人员从业人员约 350 万人，滴滴驾驶员约 270 万人。

④ 据国家信息中心发布的《中国共享经济发展报告（2021）》显示，2020 年，我国共享经济市场交易规模约为 33,773 亿元，同比增长约 2.9%。

伤害或致第三人伤害事件亦逐年增加,由此引发大量诉讼。我国现阶段尚未在上述领域完全建立起具有普遍适用性的侵权责任机制,经常存在不知是否可以向平台追责以及如何追责等难题,因此,如何准确认定共享经营平台的用人者责任,实现保护受害者利益、维护劳动者权益和维护平台经济长远发展的价值平衡,是人民法院需要深入研究的问题。

一、问题提出:共享经营平台用人者责任司法认定的实践样态和审查困境

笔者以"生命权、身体权、健康权纠纷"+"配送"为关键词在威科先行法律信息库上进行检索,得到涉网约配送员致第三人损害民事责任纠纷的样本案件2226件。[①] 从案件的年份及地域分布来看,可发现相关纠纷呈明显逐年增长趋势(见图1),且大多集中在网络经济发达地区(见图2)。

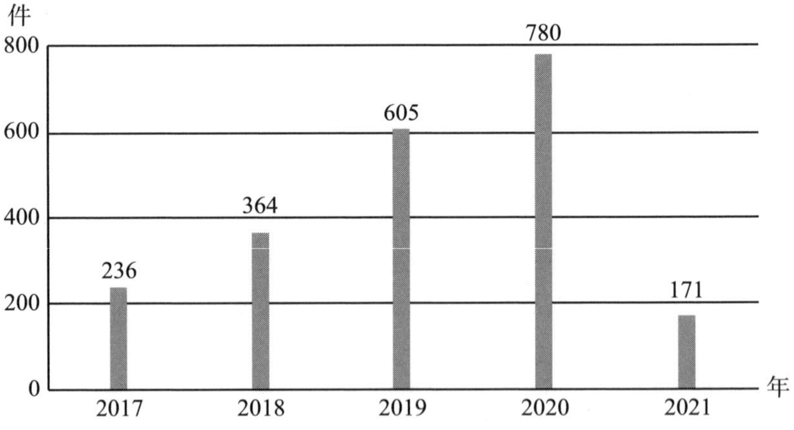

图1　2017年以来涉网约配送员生命权、身体权、健康权纠纷案件年份分布

① 由于网约配送员在新就业形态劳动者中占较大比例,具有一定典型性,故笔者将涉网约配送员致第三人损害民事责任纠纷相关案例作为共享经营平台用人者责任的分析样本。

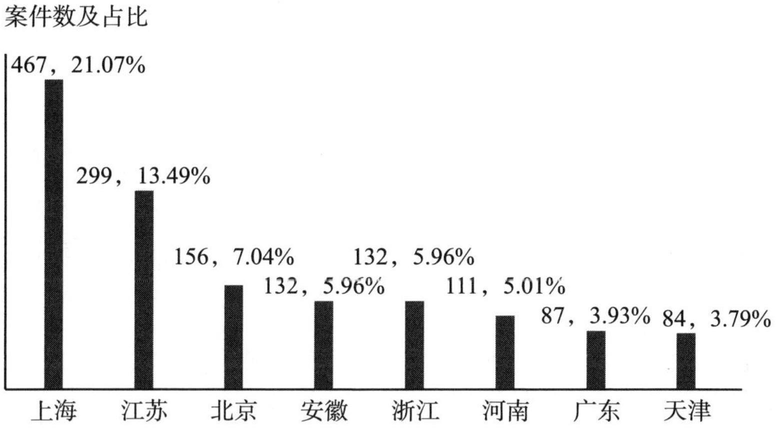

图 2　2017 年以来涉网约配送员生命权、身体权、健康权纠纷案件地域分布

在上述 2226 件案件中，一审案件 1729 件，二审案件 458 件，上诉率 26.48%，二审案件中改判及发回重审的案件数为 122 件，占比 26.64%。上述数据表明当前司法裁判对于该类问题存在认识分歧，造成了较大程度上的裁判尺度不一。鉴于此，笔者对样本案件的起诉请求、抗辩事由及司法认定进行了深入研究，发现当前司法实践主要呈现以下特征：

（一）平台用工模式特殊性大大增加认定难度

当前，我国在共享经济领域尚未建立起完善的侵权责任体系，故在样本案例中，大部分法院均将互联网平台用工形态置于传统用工形态的框架内进行对比判断，以此确认双方是否属于用人者责任下的特定关系。然而，与传统的用工模式相比，共享经济下平台用工模式有其特殊性，一方面呈现出极度的灵活性，如时间安排的宽松性，工作任务的自主性，工作场所的灵活性以及报酬发放的计件属性、不稳定性和即时性等；另一方面又存在较强的创新性，其权利义务安排显著不同于典型合同类型，劳务提供者对于平台表现出一定程度的从属性，但又与劳动关系下的强从属性存在一定区别，这种独立性与从属性交织的状态，大大增加了法院认定法律关系的难度，进而也影响到侵权责任的承担。

（二）平台归责原则不明确导致裁判规则不统一

传统侵权责任认定原则中，除少数明确适用推定过错或无过错责任原则外，一般根据因果关系进行过错责任承担，但共享经济中因参与方的多元化使法律关系变得复杂。当前，我国存在多种劳雇关系，虽因特征近似而难以区分，却分别有着不同的侵权责任承担方式。在样本案例中，各地法院在认定平台和劳务提供者的法律关系时存在承揽①、劳务②、劳动③关系或不存在法律关系④等多种认定，多种合同定性的分歧显示出平台用工性质在法律视野中的碎片化特征⑤，进而也造成了各地法院对于共享平台是否作为用人者责任的认识分歧（见图3）。

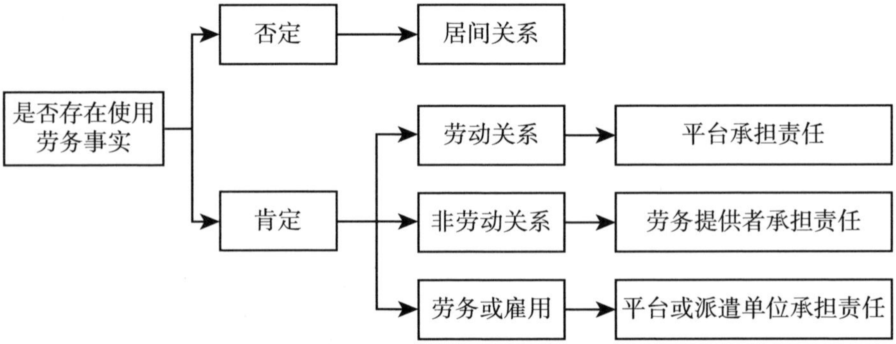

图3　样本案例裁判逻辑示意

① 山东省淄博市中级人民法院民事判决书，（2020）鲁03民终2895号。

② 北京市海淀区人民法院民事判决书，（2019）京0108民初41146号。

③ 江苏省淮安市中级人民法院民事判决书，（2018）苏08民终3182号。

④ 江苏省南京市鼓楼区人民法院民事判决书，（2017）苏0106民初1322号。

⑤ 从样本案例中，笔者还发现，各地法院在共享经营平台侵权责任司法认定时呈逐年加重趋势，以网约配送员行业为例，行业发展之初，法院对平台与配送员之间的法律关系认定存在承揽、劳务、劳动关系或不存在法律关系等，但认定平台与劳务提供者之间存在劳务/劳动关系，进而判定平台承担用人者责任的案例少之又少，但近两年该类案例数量有所上升，表明司法裁判者在用人者责任承担的价值取舍和衡量方面思路的转变。

二、困境之思:共享经营平台用人者责任司法认定的考量因素

鉴于共享经营平台主导下的权益侵害风险和责任鸿沟,笔者认为,应从用人者责任的理论基础入手,通过"要素式三阶解构法"构建类型化平台责任,探索兼顾权益保护和创新激励的价值平衡,从而形成类型化的侵权责任认定体系。

(一)用人者责任分析的理论基础

用人者责任,也称"雇主责任""替代责任"①,是基于雇用、劳务等法律关系而使用他人并对之享有管理控制力的民事主体(用人者)就被使用的民事主体(被使用者)在从事雇用活动或者提供劳务活动中给他人造成的损害或自身遭受的损害所承担的侵权责任②,采取的归责原则是无过错责任③。其理论基础主要有"控制力理论说"④、"报偿理论说"⑤、"更深口袋理论说"⑥三种学说。

---

① 在民法中,自己责任、按份责任是原则,而替代责任、连带责任以及补充责任都是例外。可供参考的是,《中华人民共和国电子商务法》立法过程中,对电子商务平台经营者违反安全保障义务时承担何种民事责任,经历了从"连带责任"到"相应的补充责任",最后到"相应的责任"的变化。《中华人民共和国民法典》第一百七十八条第三款规定,连带责任,由法律规定或者当事人约定。

② 参见程啸:《侵权责任法》(第3版),法律出版社2021年版,第443页。

③ 《中华人民共和国民法典》颁行前,《最高人民法院关于审理人身损害赔偿案件适用法律若干问题的解释》(2003年)采取的就是无过错责任,该解释第九条第一款明确规定"雇员在从事雇佣活动中致人损害的,雇主应当承担赔偿责任",此后,《中华人民共和国侵权责任法》(已废止)第三十四条、第三十五条第1句继续采用了无过错责任的规定,《中华人民共和国民法典》第一千一百九十一条和第一千一百九十二条也都分别明确了用人单位对工作人员因执行工作任务造成他人损害承担无过错责任,接受劳务一方对提供劳务一方因劳务造成他人损害承担无过错责任。

④ "控制力理论说"认为,被使用者要听从用人者之指令,受用人者之管理与控制,被纳入用人者的组织体内,用人者对员工的侵权行为承担责任可以形成有效的激励机制,促使用人者更好地履行管理、监督职责。

⑤ "报偿理论说"认为,用人者使用他人为自己服务,得以扩展活动空间、扩展业务领域,增加获利机会,享受了社会分工带来的好处,风险与收益相伴相生,既然用人者通过使用他人而享受了利益,自然也应当承担由此带来的风险。

⑥ "更深口袋理论说"认为,大部分情况下,用人单位的赔偿能力都强于员工个人,为防止出现员工赔偿能力不足使第三人权利难以救济的情况,有必要令用人单位承担责任。况且,就公司、企业等经济组织而言,即便他们需要就工作人员的加害行为承担赔偿责任,由此产生的成本也完全可以通过提高产品与服务的定价,投保责任保险等措施加以分散。

笔者认为，尽管上述四种理论均有一定的解释力，但是，共享经营平台作为一种创新驱动下的全新经济组织形态，应当围绕其自身特点和功能而展开特有的价值考量。在这个“风险与收益并存”的时代，一味要求平台企业承担责任可能导致责任过轻者的“破窗效应”，引发市场秩序混乱与社会危机。尽管共享经营平台公司是经济上的强者，但经济上的强弱并非考虑侵权责任时的必要因素，当事人的过错、危险的控制可能、防范危险费用的高低、受害人自我保护可能、社会适当性①、产业发展需要等都是确定侵权责任时需要考虑的重要因素。

因此，笔者认为，“控制力理论说”应当作为用人者责任主导性理论基础，主要理由是，在使用人关系中，个人意志自由不同程度地受到他人限制，不能完全按照自己的意愿从事活动，其因此作出的行为导致损害后果，应当由对行为人享有控制力的主体承担。② 不仅如此，控制力大小还决定使用人关系的类型化，具体表现在使用人是否有权对被使用人发出指示，使用人是否有权对被使用人进行奖惩，工作的时间、方式是否由被使用人来决定等。

（二）以“要素式三阶解构法”③构建类型化平台责任

对于共享经营平台的用人者责任的认定，应根据上文中“控制力理论说”来进行判断，但相关评判标准不宜单一化，而应基于三重标准，进行层次化、类型化处理（见图4）。

① Vgl. Deutsch/Ahrens, *Deliktsrecht: Unerlaubte Handlungen*, Schadensersatz, Schmerzensgeld, 4. Aufl., CarlHeymanns Verlag, 2002, S. 51.

② 参见尹飞：《为他人行为侵权责任之归责基础》，载《法学研究》2009年第5期。

③ “要素式三阶解构法”是笔者根据“控制力理论说”，探索归纳的针对共享经营平台用人者责任类型化的一种分析方法。

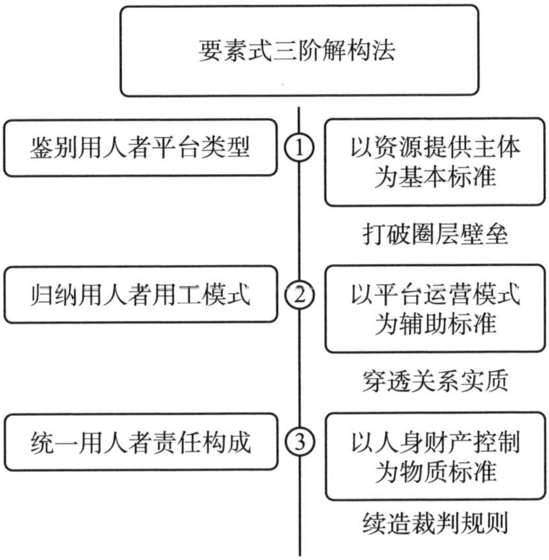

图 4 “要素式三阶解构法”构建类型化平台责任逻辑示意

第一层次，打破圈层壁垒，以资源提供主体为基本标准鉴别用人者平台类型。以资源是否由平台自身提供为标准，将共享经营平台分为“自治型平台”和“组织型平台”。[①] 自治型平台提供虚拟交易场所和交易规则，供需双方通过自行注册平台，完成“要约—承诺”的交易过程。[②] 此时，平台仅提供中间型的网络空间、平台等服务，对劳务提供者的控制能力很低，故整体上不能赋予过高的责任义务，司法实践对此亦少有争议，一般将法律关系认定为居间合同，相关侵权责任由劳务提供者自行承担。组织型平台则提供的不是虚拟交易场所，而是网络交易路径[③]，劳务供需双方分

① 参见张新宝：《顺风车网络平台的安全保障义务与侵权责任》，载《网络信息法学研究》2018 年第 2 期。

② 参见王天玉：《互联网平台用工的合同定性及法律适用》，载《法学》2019 年第 10 期。

③ “更深口袋理论说”认为，大部分情况下，用人单位的赔偿能力都强于员工个人，为防止出现员工赔偿能力不足使第三人权利难以救济的情况，有必要令用人单位承担责任。况且，就公司、企业等经济组织而言，即便他们需要就工作人员的加害行为承担赔偿责任，由此产生的成本也完全可以通过提高产品与服务的定价，投保责任保险等措施加以分散。

别与平台进行缔约，双方无直接缔约行为。显然，组织型交易平台的控制力大于自治型交易平台，但高至何种程度，尚需进行第二层次的判断。

第二层次，穿透关系实质，以平台运营模式为辅助标准归纳用人者用工模式。当前，基于不同劳动力配置的能力、成本和风险，组织型平台基本分化成了三种运营模式：自营模式、代理商模式和众包模式。在自营模式下，平台与劳务提供者直接签订劳动合同，除了平台通过线上发布指令的形式有所变化外，与常规劳动关系无异，在此模式下，平台对劳务提供者具有较强的监管控制力，应当承担用人者责任；在代理商模式下，平台将工作整体外包给代理商，由代理商组织劳动力完成工作任务，代理商与劳务提供者签订劳动合同，在该种模式下，代理商对劳务提供者具有较强的控制力，应当承担用人者责任，平台在有过错的情况下承担侵权责任；在众包模式下，由劳务提供者在平台上注册并接单，可自主决定是否提供劳务、何时以及何地提供劳务，享有一定的自主权，该模式是真正共享经济意义上的互联网平台用工，平台对劳务提供者控制力通常难以被认定，成为当前司法分歧与学术争论的焦点，需要进行第三层次的认定。

第三层次，续造裁判规则，以人身财产控制力为特质标准统一用人者责任构成。由于众包模式下，劳务提供者对于提供劳务的时间等具有一定的自主权，因此，对平台控制力应从双方之间的人身依附性和财产从属性进行综合评判。首先，从人身依附性来看，应当考量的因素包括：劳务提供者是否需受平台规章制度的约束、是否需按平台经营者指示（内容、方式、报酬）工作，平台对劳务提供者是否有奖励惩戒措施，劳务提供者是全职还是兼职、工作时间长短等；其次，从财产从属性来看，应当考量的因素包括：劳务提供者的经济收入是否主要来自平台经营者，相关的生产工具是否为平台经营者提供等。通过上述因素综合判断，若平台对劳务提供者具有较强的控制力，则平台需对劳务提供者承担用人者责任，反之，则不适用用人者责任，而适用过错责任原则分担责任。

综上,我们可将不同类型下共享经营平台对劳务提供者的控制力及应当承担的侵权责任做如下逻辑展示(见图5):

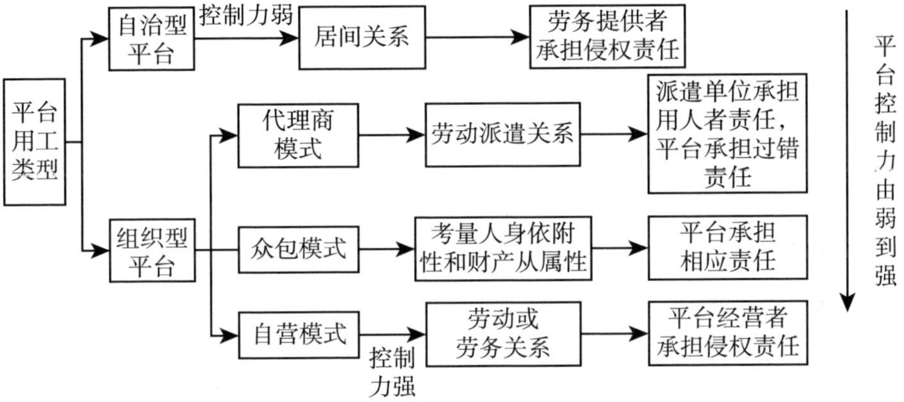

图5　不同类型平台对劳务提供者的控制力分析

三、困境突围:共享经营平台用人者责任司法认定的具体路径

(一)通过法的发现定位裁判依据

法的发现与识别是司法裁判过程中法律推理的首要方法与步骤。本案中,金某某主张,发生交通事故致第三人损害时其正在完成闪送任务,是职务行为,应当由同城公司承担赔偿责任。因裁判作出时《中华人民共和国民法典》尚未生效,因此,本案的请求权基础规范为《中华人民共和国侵权责任法》(已废止)第三十四条第一款规定的用人者责任。

(二)根据案件事实进行演绎推理

根据《中华人民共和国侵权责任法》(已废止)的相关规定,用人单位承担用人者责任的构成要件为:(1)劳务提供者的行为构成侵权行为;(2)用人单位与劳务提供者之间存在特定关系;(3)劳务提供者致害行为发生在执行工作任务过程中。下面,笔者就上述三个构成要件进行逐一分析。

1. 判断劳务提供者的行为是否构成侵权行为

本案中,根据事发时监控录像、相关询问笔录、交通事故责任认定书等证据材料所证事实,可以认定未成年人陈某某摔倒受伤与金某某驾车超越存在一定的因果关联。金某某二审中虽就交通事故责任认定持有异议,但未提供充分有效证据予以证明,亦能提供相反证据反驳或通过其他程序推翻公安交通管理部门所作认定结论,因此,金某某对涉案交通事故负全部责任,其应就此给陈某某造成的合理损失承担赔偿责任。

2. 判断用人单位与劳务提供者之间是否存在特定关系

第一步,依据合同要素识别意思表示。合同要素是指合同必备条款[①],合同条款是否齐备,决定了合同能否成立、生效和顺利履行。本案中,金某某与同城公司签订的合作协议中约定,金某某系接受同城公司委托,为平台用户提供收件、派送服务,其可以在平台上接收、查看业务需求和订单信息并自主选择承接订单,对于每笔业务,同城公司收取服务费用的 20%,其余由金某某收取。上述合同约定文本带有一定模糊性,审理中,同城公司曾就其与金某某之间的法律关系先后陈述为居间合同关系、承揽关系及合作关系,因此,仅从合同要素分析尚无法得出结论,还需进一步考量其他因素。

第二步,通过法律解释推演法律关系。当法律条文因文字理解上的歧义性和模糊性而可能产生不同意义,甚至存在空缺结构时,则需要通过法律解释弥补形式逻辑的不足。[②] 本案中,金某某通过同城公司 APP 注册成为闪送员,与该公司签订合作协议,下单客户与公司之间成立服务合同关系,同城公司的该种运营模式为组织型平台的"众包模式"。双方签订的合同虽称作合作协议,但涉及的内容已超出一般公众所理解的"信息服务"的范围——因此,可以从上文分析的"控制力"因素来对双方的法律关系进行

① 《中华人民共和国合同法》(已废止)第十二条规定:"合同的内容由当事人约定,一般包括以下条款:(一)当事人的名称或者姓名和住所;(二)标的;(三)数量;(四)质量;(五)价款或者报酬;(六)履行期限、地点和方式;(七)违约责任;(八)解决争议的方法。当事人可以参照各类合同的示范文本订立合同。"

② 参见陈金钊:《司法过程中的法律方法论》,载《法制与社会发展》2002 年第 4 期。

进一步推演。

从人身依附性方面来看,首先,同城公司在其提供的格式合同中对收取费用的权利和标准、服务的要求、调配人员的依据、缴税方式甚至处罚措施、竞业禁止、产品推广等方面均作出较为系统的规定,对金某某有较强的约束控制力,也有相应奖惩激励措施;其次,从派单、接单的程序来看,金某某的配送区域并非可以任意选择,而是呈现一定的区域性特点,表明金某某在工作地点及服务范围方面需按照同城公司的指示工作;最后,从金某某从事闪送的次数来看,虽金某某可自由选择工作时间,但确系长时间、继续性地提供劳务。因此,金某某与该公司之间存在一定的人身依附性。

从财产从属性方面来看,首先,从同城公司给付劳动报酬或服务费用的方式和期限来审查,其是委托银行扣除相应比例费用后统一发放;其次,从劳动工具来看,金某某取送物品的必备劳动工具为同城公司所统一配备。因此,双方存在一定的财产从属性。

综上,同城公司作为平台方,所处的法律地位显非提供居间信息合作方,亦非提供承揽业务的定作方。双方之间的权利义务的约定体现了一定的人身依附性和财产从属性,在较强的"控制力"因素考量下,应认定双方之间存在特定关系——二审法官将双方法律关系定性为劳务合同关系是妥当的。

3. 判断劳务提供者致害行为是否发生在执行工作任务过程中

本案中,金某某发生交通事故时正处于接单取送件路途中,非为处理个人事项,系执行工作任务过程中。因此,同城公司应依据侵权责任法相关规定对金某某之过错行为所致侵权后果承担替代赔偿责任,即用人者责任。而在承担一定责任后,公司亦可向重大过错的提供劳务者主张追偿。篇幅所限,该问题笔者不再探讨。

(三)结合价值判断论证裁判结果

本案中,同城公司抗辩的立足点在于,应给共享经营平台的创新留下试错空间，而不是用严格的追责思维去扼杀创新，一味苛求平台承担责任。若单独就侵权责任具体构成要件这一个维度来看，上述抗辩理由并非完全缺乏合理性——由此，未成年人陈某某所主张的"受害人权益保障"与同城公司主张的"包容性追责"之间便产生逻辑与价值的双重碰撞，需法官通过逻辑求证与价值判断的综合考量审慎处之。笔者认为，金某某作为闪送员，也是新业态下的普通从业者之一，在配送中产生交通事故，无论是行业运行客观情况还是现实生活与司法实践中的经验体察，确系不可完全避免之风险。则，对于该风险的分配，平台企业具有更强的赔偿能力，也是其应当承担的企业社会责任，但是，在当前新业态发展的时代背景下，经济上的强弱并非考虑侵权责任时的唯一因素，当事人的过错、危险的控制可能、防范危险费用的高低、受害人自我保护可能、社会适当性、产业发展需要等亦是确定侵权责任时需要考虑的重要因素。本案中，法官在判断平台是否应当承担用人者责任时，并非"一刀切"，而是从"控制力"因素的角度进行综合衡量，既体现了对于受害人权益的保护，亦充分考量了平台企业创新发展的现实需要，加之用人者可以通过增加资本投入或加入保险体系等方法减少、规避和分散工作人员侵害他人的潜在、现实风险及损失等，故本案裁判更体现了民法的谦抑与比例的衡平，①有助于最大限度协调各方利益诉求，助力平台经济健康有序发展。

四、结语

当前，新业态下的共享经济已经成为引领全球经济增长的新引擎，未来将深刻影响着人们的消费习惯，引发就业和社会组织的变革，也将改变着传统法律规则的适用。面对共享经营平台侵权责任的难点，需在事实和规范之间寻求答案。在事实层面，应基于类型思维，以共享经营平台的用

---

① 《中华人民共和国侵权责任法》（已废止）第三十四条和第三十五条均未规定用人者的追偿权。而在《中华人民共和国民法典》第一千一百九十一条和第一千一百九十二条中分别规定了用人者和接受劳务一方的追偿权。

工模式为核心,分析不同用工模式下平台对劳务提供者的控制力,并在此基础上进行科学分类,从而准确认定适用于请求权基础规范的案件事实。在规范层面,应基于法律逻辑思维,从法的发现—演绎推理—价值判断三个层面,对具体法律问题进行体系化审视,从而最大限度地实现法律逻辑与社会认知、裁判结果与社会效果的统一。而本质上,案例所呈现的新业态下共享经营平台用人者责任的裁判路径与价值衡量,不啻于社会新发展阶段的一个重要法律问题之解决,所涉及的风险控制与网络治理更是社会治理现代化的重要组成部分,政府、市场、社群和个体之间的关系如何构造,决定了整体机制的完善方案与改革路径,如何在更深远的维度里解决好此类问题,将为进一步保障人民合法权益、优化营商环境秩序和促进共享经济发展提供更充分的法律激励路径。

(本案例分析荣获全国法院系统2021年度优秀案例分析评选活动二等奖)

【商事案例】

殷某某诉中水集团远洋股份有限公司证券虚假陈述责任纠纷案

——证券虚假陈述揭露日的认定

编写人:北京市第二中级人民法院　葛　红　石　婕　马　巍

【内容摘要】

本案是证券虚假陈述责任纠纷中的典型案例。案件争议焦点在于对虚假陈述揭露日的认定。本案未将实施虚假陈述行为的上市公司自行公告其被立案调查、接受行政处罚等信息日期确认为揭露日,而通过对比分析将在上述日期之前的整改公告日作为揭露日,是探寻立法原意、发掘揭露日认定标准的典型案例。

证券虚假陈述责任赔偿案件关系众多中小投资者的切身利益,通常会形成一系列诉讼。笔者通过大数据分析,在上千份生效裁判文书中,通过排除重复,筛选出28份样本案例,发现实践中因各地法院对揭露日认定的标准解读不同,揭露日认定存在多种可能性。进而,笔者回归立法原意,将"警示市场"作为核心识别标准,以股价变动作为可视化标准,以首次、全面、实质公开等形式要件作为辅助判断标准。

审理好证券虚假陈述责任赔偿案件事关维护金融市场稳定、规范证券市场行为、保护投资者利益等内容,揭露日认定关系投资者是否具有诉讼主体责任、可得赔偿数额等，几乎成为该类案件必争的焦点问题。本案裁判规则按照严格的法律逻辑推理，通过类比排除等方式逐渐缩小选择范围、找到客观准确的揭露日，对同类案件具有指导意义和参考价值。

【关键词】证券虚假陈述　揭露日　股票价格

【裁判要旨】

1. 虚假陈述揭露日是相关信息披露足以警示市场之日。股票价格下跌是市场受到警示判断的核心标准。股票价格是否因虚假陈述行为被揭露而下跌，须剔除其他干扰因素。

2. 虚假陈述揭露日以行政处罚公告日为兜底日期，以处罚内容为检验标准。对主张该日之前信息披露为揭露日的，应当首先检视股票价格是否下跌；其次比对信息是否完整。如果市场有明显反应，则并不要求信息达到全面、完整、准确的程度。

3. 一个虚假陈述行为只有一个揭露日，跨揭露日买卖股票损失可得赔偿，虚假陈述影响期内买卖股票造成的损失不受赔付。多个虚假陈述行为成立多个揭露日，在虚假陈述影响期内买入，在任意揭露日之后卖出，如果存在损失，投资人应当得到赔付，但多次交易形成买卖习惯的除外。

【相关法条】

《最高人民法院关于审理证券市场因虚假陈述引发的民事赔偿案件的若干规定》(2003 年)第二十条[①]

【案件索引】

一审：北京市第二中级人民法院(2018)京 02 民初 262 号(2018 年 12 月 27 日)

---

① 现《最高人民法院关于审理证券市场因虚假陈述引发的民事赔偿案件的若干规定》第七条。

【基本案情】

殷某某诉称：中水集团远洋股份有限公司（以下简称中水渔业公司）存在信息披露违法违规行为，其作为二级市场的普通投资者，在该公司虚假陈述实施日以后，揭露日之前买入股票，造成损失，故诉至法院请求判令中水渔业公司赔付投资差额及利息损失。

中水渔业公司辩称：第一，其虚假陈述不具有重大性。第二，案涉证券虚假陈述的揭露日应为发布《中水集团远洋股份有限公司关于责令整改措施决定的整改公告》（以下简称《整改公告》）之日。第三，殷某某用于计算投资差额损失的计算方法错误。第四，殷某某的投资决定与中水渔业公司虚假陈述行为不存在因果关系。综上，请求驳回殷某某的诉讼请求。

法院经审理查明：2014 年年底，中水渔业公司以 2.2 亿元收购张某某持有的厦门新阳洲水产品工贸有限公司（以下简称新阳洲公司）55%股权，完成重大资产重组。2015 年年初，中水渔业公司在对新阳洲公司财务报表进行审计时，逐步发现账实不符；2015 年 8 月 28 日，中水渔业公司披露 2015 年半年度报告，在财务报表中仅将新阳洲公司账实不符金额调整到其他应收款–其他。

2016 年 3 月 29 日，中水渔业公司在巨潮资讯网和中国证券报上发布的《整改公告》载明，中水渔业公司于 2016 年 3 月 18 日收到中国证监会北京监管局行政监管措施决定书《关于对中水集团远洋股份有限公司采取责令改正措施的决定》。

2016 年 6 月 3 日，中水渔业公司发布立案调查公告，载明中水渔业公司接到中国证券监督管理委员会调查通知书，决定对其进行立案调查。中水渔业股票在此后的交易日收盘价持续走低。

2017 年 11 月 17 日，中水渔业公司发布行政处罚公告载明：中水渔业公司收到中国证监会北京监管局行政处罚决定书，认定中水渔业 2015 年半年度报告存在《中华人民共和国证券法》规定的虚假记载、重大遗漏的行为,并给予处罚。

双方当事人均认可涉案证券虚假陈述行为的实施日为2015年8月28日。殷某某主张涉案证券虚假陈述行为的揭露日为2016年6月3日,即中水渔业公司发布立案调查公告之日。中水渔业公司则主张其于2016年3月29日,应中国证监会北京监管局责令其采取改正措施的行政监管措施要求,通过公布整改公告首次在巨潮资讯网和《中国证券报》上披露了“收购标的资金资产涉嫌被占用的基本情况”“张某某涉嫌占用新阳洲资金资产的具体情况”“公司解决新阳洲问题所采取的措施”三部分内容,涵盖了后续行政处罚决定书认定的所有虚假陈述内容,该日构成虚假陈述揭露日。中水渔业股票在2016年3月29日收盘价为10.610元,当日跌幅最大值为5.21%,当日上证指数跌幅最大值为1.73%,深证成指最大跌幅为2.44%。

【裁判结果】

北京市第二中级人民法院于2018年12月27日作出(2018)京02民初262号民事判决:驳回殷某某的诉讼请求。宣判后,殷某某未上诉。

【裁判理由】

法院生效判决认为:公司发生重大亏损或者重大损失属于上市公司应立即报告和公告的“重大事件”。本案中,中水渔业公司收购新阳洲公司55%的股权后,逐步发现张某某存在占用公司资金情况,2015年8月28日中水渔业公司编制2015年半年度报告之前,应当知悉新阳洲公司对张某某存在较大数额应收款数,上述情况可能使中水渔业公司收购新阳洲公司股权项目实现重大资产重组的目标无法实现,并对中水渔业公司产生重大损失,属于上市公司应立即报告和公告的重大事件。

中水渔业公司于2016年3月29日在巨潮资讯网和《中国证券报》上发布的《整改公告》完整披露了新阳洲公司对张某某的其他应收款余额及

构成明细,新阳洲公司因张某某占用巨额资金导致资金困难、生产经营几乎陷入停滞状态等内容,与相关行政处罚决定书认定的虚假陈述行为具有对应性。同时,该公告内容属于在全国范围内首次被公开揭露。故2016年3月29日为本案虚假陈述揭露日。

殷某某涉案证券账户的买入卖出记录显示其具有频繁买卖股票的操作规律,已形成交易习惯。该交易习惯和相应的交易规模保持了持续性和稳定性,不足以体现涉案虚假陈述的侵权行为对于殷某某作为投资者的交易决定产生重大影响。结合本案中殷某某存在频繁买进卖出且多次沽空的情形,故本案确定买入证券平均价格应为自最后一次沽空,即2016年2月3日至揭露日2016年3月29日,殷某某买入股票的总金额除以此期间殷某某买入股票的总数量之商。经核算,买入证券平均价格为10.617元。殷某某在揭露日持有的5000股股票于2016年4月14日以11.515元的成交价实际卖出,故实际卖出证券平均价格为11.515元。殷某某卖出证券平均价格大于买入证券平均价格,故殷某某不存在投资额损失。综上,本案证据不足以证明中水渔业公司实施的涉案虚假陈述行为与殷某某主张的损害结果之间具有因果关系。

【案例注解】

根据《最高人民法院关于审理证券市场因虚假陈述引发的民事赔偿案件的若干规定》的规定,在虚假陈述证券赔偿案件中,虚假陈述实施日、揭露日或更正日、基准日是审理此类案件的重要时间节点。其中,揭示日是认定投资者损害与虚假陈述行为之间存在因果时间的关键时点,[①]直接关系投资者是否具有诉讼资格、具体赔偿数额等重要问题。由于我国证券民事诉讼中行政处罚前置程序的制度设计,诉讼各方对虚假陈述实施日的确

① 参见杨祥:《证券虚假陈述揭示日认定规则再考察——围绕多次部分揭示情形展开》,载《证券法律评论》2018年第00期。该篇文章将揭露日和更正日统称为揭示日。笔者仅考察揭露日相关认定内容。

认基本没有争议，基准日在揭露日确定后亦随之明确，但对于如何认定揭露日在实践中确颇具争议。

一、问题缘起：司法实践对“揭露日”认定的现实困境

（一）各地法院认定揭露日概况

笔者以“证券虚假陈述责任纠纷”“揭露日”为关键词在中国裁判文书网上进行检索，得到5731个搜索结果，将由同一虚假陈述引发的众多投资者以相同事实起诉相同被告的案件及一审、二审认定一致的案件进行重复性排除后，得到28个样本，具体情况见表1：

表 1　证券虚假陈述责任纠纷样本案例法院认定的揭露日统计

序号	案例	案号	地区	法院认定的揭露日	类别
1	金亚科技股份有限公司与周某华证券虚假陈述责任纠纷案	(2018)川民终1057号	四川	金亚科技公司发布中国证监会立案调查通知公告	上市公司发布被立案调查公告日
2	山东墨龙石油机械股份有限公司与陈某强证券虚假陈述责任纠纷案	(2019)鲁民终355号	山东	山东墨龙公司发布《关于收到中国证券监督管理委员会调查通知书的公告》	
3	协鑫集成科技股份有限公司证券与张某虚假陈述责任纠纷案	(2018)苏民终266号	江苏	协鑫公司发布《关于收到中国证券监督管理委员会调查通知书的公告》	
4	金亚科技股份有限公司与戎某林证券虚假陈述责任纠纷案	(2018)川民终1329号	四川	金亚公司发布被立案调查公告	
5	海润光伏科技股份有限公司与李某华证券虚假陈述责任纠纷案	(2017)苏民终2082号	江苏	海润光伏公司发布《关于收到中国证券监督管理委员会调查通知书的公告》	
6	北京无线天利移动信息技术股份有限公司与潘某斌证券虚假陈述责任纠纷案	(2017)京民终677号	北京	北京天利公司发布《关于收到中国证券监督管理委员会调查通知书的公告》	
7	河北宝硕股份有限公司与楼某证券虚假陈述责任纠纷案	(2017)冀民终712号	河北	河北宝硕公司发布《河北宝硕股份有限公司重大事项公告》	
8	上海顺灏新材料科技股份有限公司与汤某美证券虚假陈述责任纠纷案	(2017)沪民终452号	上海	上海顺灏公司发布被立案调查公告	
9	东旭蓝天新能源集团股份有限公司与李某鹏证券虚假陈述责任纠纷案	(2016)粤民终1071号	广东	东旭蓝天公司发布被立案调查公告	

续表

序号	案例	案号	地区	法院认定的揭露日	类别
10	上海物资贸易股份有限公司与王某宏证券虚假陈述责任纠纷案	(2016)沪民终496号	上海	上海物贸公司发布被立案调查公告	上市公司发布被立案调查公告日
11	云南云投生态环境科技股份有限公司与周某航证券虚假陈述责任纠纷案	(2015)云高民二终字第196号	云南	云南云投公司发布被立案调查公告	
12	宝安鸿基地产集团股份有限公司与王某英证券虚假陈述责任纠纷案	(2015)粤高法民二终字第1033号	广东	宝安鸿公司发布被立案调查公告	
13	潍坊亚星化学股份有限公司与杨某申证券虚假陈述责任纠纷案	(2015)鲁商终字第313号	山东	潍坊亚星公司发布《关于收到中国证券监督管理委员会山东证监局调查通知书的公告》	
14	上海康达化工新材料股份有限公司与徐某川证券虚假陈述责任纠纷案	(2015)沪高民五(商)终字第35号	上海	上海康达化工公司发布被立案调查公告	
15	河北金牛化工股份有限公司与秦某泽证券虚假陈述责任纠纷案	(2014)冀民二终字第56号	河北	河北金牛化工公司发布被立案调查公告	
16	宋都基业投资股份有限公司与尹某平证券虚假陈述责任纠纷案	(2019)辽民终409号	辽宁	《京华时报》刊登题为《国能公司四高管被罚市场禁入》的报道，并对国能公司2005~2008年年度报告存在隐瞒重大关联交易及虚假记载等多项违法违规事项进行披露	媒体揭露报道发布日

续表

序号	案例	案号	地区	法院认定的揭露日	类别
17	吉林紫鑫药业股份有限公司与肖某芳证券虚假陈述责任纠纷案	（2017）吉民终 432 号	吉林	《中国证券报》刊登题为《自导自演上下游客户，紫鑫药业炮制惊天骗局》的报道，对紫鑫药业违法违规行为进行披露	媒体揭露报道发布日
18	丹东欣泰电气股份有限公司与张某证券虚假陈述责任纠纷案	（2018）辽民终 784 号	辽宁	欣泰电气公司发布《关于对以前年度重大会计差错更正与追溯调整的公告》以及《关于 2015 年半年度财务报告会计差错更正的公告》	上市公司自我揭露日
19	大连大福控股股份有限公司与俞某胜证券虚假陈述责任纠纷案	（2018）辽民终 1022 号	辽宁	大连大福控股公司发布上海交易所问询函回复公告，对外公开披露质押担保事宜	
20	东莞勤上光电股份有限公司与江某证券虚假陈述责任纠纷案	（2017）粤民终 459 号	广东	东莞勤上光电公司发布公告，对关联交易虚假陈述行为进行更正	
21	海南亚太实业发展股份有限公司与刘某证券虚假陈述责任纠纷案	（2017）琼民终 12 号	海南	海南亚太实业公司发布《对公司具有重大影响事项的提示性公告》	
22	深圳市彩虹精细化工股份有限公司与王某证券虚假陈述责任纠纷案	（2015）粤高法民二终字第 1057 号	广东	深圳彩虹精细化工公司发布《重大意向性合同公告》	

续表

序号	案例	案号	地区	法院认定的揭露日	类别
23	海南海药股份有限公司与刘某承证券虚假陈述责任纠纷案	（2019）琼民终142号	海南	海南海药公司发布《关于收到海南证监局行政监管措施决定书的公告》	收到行政监管措施决定书公告日
24	佛山电气照明股份有限公司与汪某华证券虚假陈述责任纠纷案	（2015）粤高法民二终字第13-967号	广东	佛山电气公司发布《关于收到广东证监局行政监管措施决定书的公告》	
25	安徽新力金融股份有限公司与林某证券虚假陈述责任纠纷案	（2019）皖民终704号	安徽	安徽新力公司发布《行政处罚事先告知书公告日》	收到行政处罚事先告知书公告日
26	上海大智慧股份有限公司、立信会计师事务所与郭某涛证券虚假陈述责任纠纷案	（2018）沪民终字第128号	上海	上海大智慧公司发布《行政处罚及市场禁入事先告知书》	收到行政处罚决定书公告日
27	山西安泰集团股份有限公司与胡某辉证券虚假陈述责任纠纷案	（2018）晋民终446号	山西	山西安泰集团公司发布2014年年度报告，对行政处罚决定书认定的虚假陈述行为予以公告更正	
28	上海创兴资源开发有限公司与徐某禄证券虚假陈述责任纠纷案	（2016）沪民终字第109号	上海	上海创兴公司发布收到行政处罚决定书公告	

（二）司法实践中面临的问题

1. 虚假陈述揭露的复杂性导致揭露日认定难度较大

根据《最高人民法院关于审理证券市场因虚假陈述引发的民事赔偿案件的若干规定》（2003年）第十七条的规定，证券市场虚假陈述是指信息披露义务人违反《中华人民共和国证券法》规定，在证券发行或者交易过程中，对重大事件作出违背事实真相的虚假记载、误导性陈述，或者在披露信息时发生重大遗漏，不正当披露信息的行为。在证券市场，虚假陈述揭露并非一次性完全解释的理想模型，而是一个比较长的过程，期间可能会经历多种信息来源各异、披露程度不同的公示公告或者新闻报道。在外部监督力量和内部逃避责任动力的博弈之下，事实真相会被切割成碎片，分作多次逐渐向市场释放，由此会出现多个时间节点。

通过上述28个样本案例进行分析，笔者发现，各地法院认定的揭露日至少包括上市公司被立案调查公告日、处罚事先告知书公告日、媒体揭露报道发布日、上市公司自我揭露日、收到监管措施决定公告日、行政处罚决定公告日等，其中认定最多的是上市公司立案调查公告日，占比超过一半（见图1）。

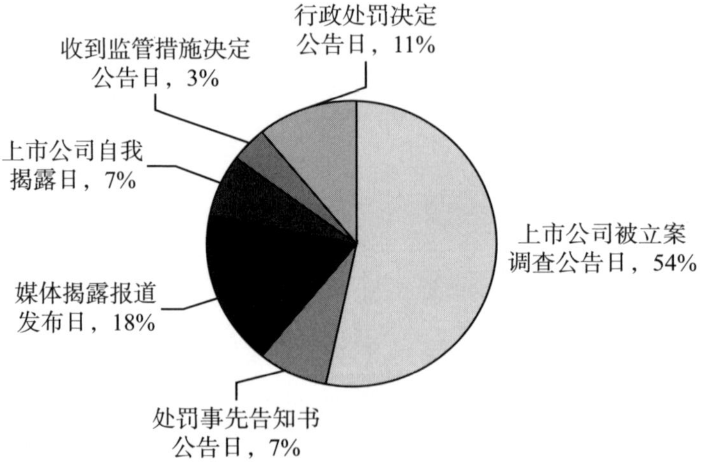

图1　揭露日司法认定结果统计

从样本案例法律分析来看，前述日期因作为诉讼主体计算损失的出发原点，通常被作为揭露日备选项，在法庭辩论中成为争议焦点。从时间上看，与行政处罚相关的信息作为上司公司的披露义务，应当随时公告，其他自我揭露、媒体揭露可能随时发生在行政处罚公告日前。潜在的揭露日排列情况如下（见图2）：

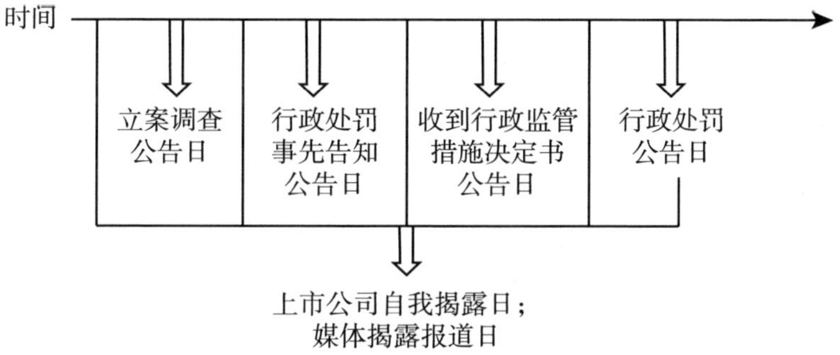

图2　潜在揭露日发生日期

2. 法律规定的模糊性导致裁判标准难以统一

《最高人民法院关于审理证券市场因虚假陈述引发的民事赔偿案件的若干规定》（2003年）第二十条对揭露日的发布范围、发布主体和是否首次发布等要素进行了规定，但在司法实践中，原被告争议最多的，是揭露内容的明确性、揭露真相的程度、真相被揭露后的市场反应等。由于司法解释的模糊不清，导致司法实践中无法确定一个客观、明确、具有可操作性的标准，各地法院也因此形成了不同的判断方法和标准。

（1）披露形式认定不一。《最高人民法院关于审理证券市场因虚假陈述引发的民事赔偿案件的若干规定》（2003年）第二十条规定披示主体应当是全国性媒体，但网络的无边界性使中小网站、自媒体等媒介发布的信息瞬间传播变成现实，也给法院认定造成了难度。从司法实践来看，部分法院认为不具权威性的互联网媒体并非全国性媒体，[①]而部分法院认为在网络上对信息揭露可以认定具有全国性。[②]

(2)披露内容认定不一。对于披露何种内容才属于足以警示投资者，法院在裁判中所持的观点亦有分歧。部分法院采用严格标准，认为揭露信息必须完整、明确、具体、全面描述上市公司存在的虚假陈述行为，并应当足以引起市场内一般理性投资者的警示，[③]方可认定为揭露日；而部分法院则采用宽松标准，认为揭露信息并不需要全面披露虚假陈述的细节，只要符合在全国性媒体上揭露及足以警示投资者这两个标准，即可认定。[④]

二、理论溯源：揭露日确认规则探析

(一)立法原意之解读

1. 证券虚假陈述赔偿保护的法益。《最高人民法院关于审理证券市场因虚假陈述引发的民事赔偿案件的若干规定》出台之时，我国证券市场正处于规范和转轨时期，司法揭露对于证券虚假陈述赔偿持审慎态度，设置了严格的赔付条件(见图3)：即对经行政处罚确认的虚假陈述行为，投资人在虚假陈述实施日至揭露日期间(虚假陈述影响期 A-B 点之间)内买入股票(I)，并因在揭露日之后卖出(O)或持有(K)而造成的损失，可得赔偿。

---

① 如在(2016)琼民终69号案中，21世纪网曾专访一涉案人员并报道了案涉虚假陈述情况，但法院认为，21世纪网不是《最高人民法院关于审理证券市场因虚假陈述引发的民事赔偿案件的若干规定》要求的全国性媒体，不具权威性，其报道同行政机关认定的事实也不同，因而该报道不构成揭露日。

② 如在李某容与东盛科技股份有限公司证券虚假陈述责任纠纷案中，法院认为，通过新浪财经发表在网络上符合《最高人民法院关于审理证券市场因虚假陈述引发的民事赔偿案件的若干规定》要求的在全国性媒体上公开的标准。

③ 如在徐某禄、周某娴与上海创兴资源开发股份有限公司等证券虚假陈述责任纠纷案中，法院认为，徐某禄、周某娴主张的立案调查公告日未披露虚假陈述行为的实质内容，未引起市场内一般理性投资者的警示，不应确定为揭示日，最终自行认定行政处罚公告日为揭示日。

④ 如在秦某泽与河北金牛化工股份有限公司证券虚假陈述责任纠纷案中，尽管金牛化工公司发布被证监会立案调查公告中并未披露虚假陈述的细节，但法院认定金牛化工公司发布的媒介新浪网为全国性媒体，进而认定立案调查公告日为揭示日。

该制度保护的法益是,投资人因信赖虚假陈述而购买股票(股价虚高或者应跌未跌),在真相被揭露后,虚增泡沫价值被挤压,市场对释放的信息有剧烈反应,致使股价回归原值甚至恐慌跌售而产生的财产性损失(I-O/K之间)为可赔付区间。对于实施日之前买入(A点之前)以及影响期内买卖(AB之间)、揭露日之后(B)买卖股票造成的损失,因与虚假陈述行为不具有直接因果关系,不受保护。

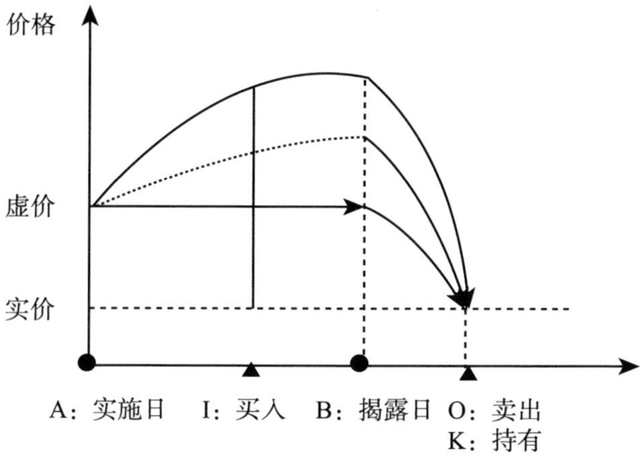

图3　虚假陈述赔付区间示意

2. 证券虚假陈述揭露日设定的意义。结合我国证券市场发展实际,借鉴证券市场欺诈理论和信赖推定原则,《最高人民法院关于审理证券市场因虚假陈述引发的民事赔偿案件的若干规定》对诱多型虚假陈述行为导致的损害予以支持,其成就条件包括:(1)虚假陈述行为被行政处罚;(2)投资人因股票价格下跌产生损失;(3)损失与虚假陈述行为具备因果关系。即在理想模型下(剔除系统风险、其他人为因素等干扰),仅因虚假陈述行为被披露,市场迅速作出剧烈反应,股价骤然下跌产生损失,因果关系成立。该信息披露日即为揭露日,其意义在于其对证券市场发出警示信号,提醒理性投资者注意和警惕,仅就该虚假陈述行为应当作出抛售的判断,进而造成应然股价下跌。

3. 证券虚假陈述揭露日的预设。根据《最高人民法院关于审理证券市场因虚假陈述引发的民事赔偿案件的若干规定》,虚假陈述行为被处罚是前提,该行为终究会被行政处罚书所揭露,潜在的最终揭露日即为处罚公告日。在此日之前,由于证券市场有义务不断释放各类信息,涉及虚假陈述相关内容可能多次部分披露,也可能存在一次完全披露,故揭露日可能发生在行政处罚公告之前的任何时间节点。囿于《最高人民法院关于审理证券市场因虚假陈述引发的民事赔偿案件的若干规定》将“首次”披露作为要件之一,因此一个虚假陈述行为只能有一个揭露日。而对于多个虚假陈述行为,因处罚对象不同、行为相互独立,则可以成立多个揭露日。

(二)揭露日认定之标准

基于前述分析,揭露日的意义在于向市场发出警示信号,在理想的模型下股价应然下跌。但是现实情况中,股票价格受多重因素影响,一个信息或连续多个信息发布,市场可能表现出反应,也可能被其他因素所抵销。因此在认定揭露日的时候,必须透过现象看本质。

1. 可视化实质要件——股票价格标准。有虚假陈述揭露,必有市场的陡峭反应和剧烈波动,市场反应是确立揭露日的首要判断标准。[①] 这类价格波动,应是在排除系统、行业、内幕交易、操纵市场等行为之后,表现为绝对下跌。即信息披露后,在大盘高涨的时候,横盘甚至下跌;在大盘下跌的时候,跌幅远远大于大盘。在技术指标上,无论是从日“K 线”图、价格跌幅,还是成交量等参照系数都能出现基本面趋同的剧烈市场反应。一旦有股票因信息披露而价格急剧下跌,则说明市场收到警示信号,此时对揭露日的形式要件是否满足完整、全面、全国范围等可以不做严格把握。在连续多次股票价格大幅下跌的情形下,以信息公开首次造成股票价格下跌日

① 参见陶雨生、武峰、刘磊:《投资人索赔的分水岭——关于“虚假陈述揭露日”的确定》,载《中国律师》2009 年第 7 期。

为揭露日。

2. 可弹性形式要件——诚信披露标准。《最高人民法院关于审理证券市场因虚假陈述引发的民事赔偿案件的若干规定》有关揭露日的规定均为描述性限定,因词语的内涵丰富,无法实现逻辑上的周延。但其核心要素是披露人本着忠实履行披露或监督义务,发出警示信号,股票价格跌幅不明显的情况下辅助识别揭露日。在一次披露中,只有信息与行政处罚内容高度一致(核心要点基本相同),成就诚信的确定性揭露,才得将在行政处罚公告日之前的日期作为揭露日。在连续多次信息披露中,由于信息的不完整(非确定性揭露)且未引起市场足够反应(股价下跌),则以行政处罚公告日为揭露日。

(三)揭露日认定之法律推理

综上,揭露日的认定是审理证券虚假陈述赔偿案件的关键。就单个案件而言,投资者期望其买卖交易行为发生在赔付区间,因此主张揭露日在买卖行为之间。证券虚假陈述行为人期望揭露日在投资人买卖行为之前或之后,以排除赔偿可能性。然而,揭露日是一个客观的日期,法院应当通过法律推理进行识别确定。具体展开如下:首先,投资人发现自己买卖股票交易发生损失。其次,确认是否存在相关虚假陈述行为,由于我国是行政程序前置,所以通过查阅处罚决定可以得知是否存在实施日;一旦确定存在虚假陈述行为,进而明确实施日,则要确认自己买卖股票时间节点是否在可赔付区间。最后,进一步识别揭露日:对于股票价格剧降的,信息披露已经达到警示市场效果,信息公开日即可以认定为揭露日;如果价格波动表现得不明显,在一次信息披露的情况下,与行政处罚内容一致的自行公告日、媒体报道,则可以认定为揭露日,否则认定行政处罚公告日为揭露日;在多次信息披露导致价格缓慢下降的情况下,同样以行政处罚公告日为揭露日(见图4)。

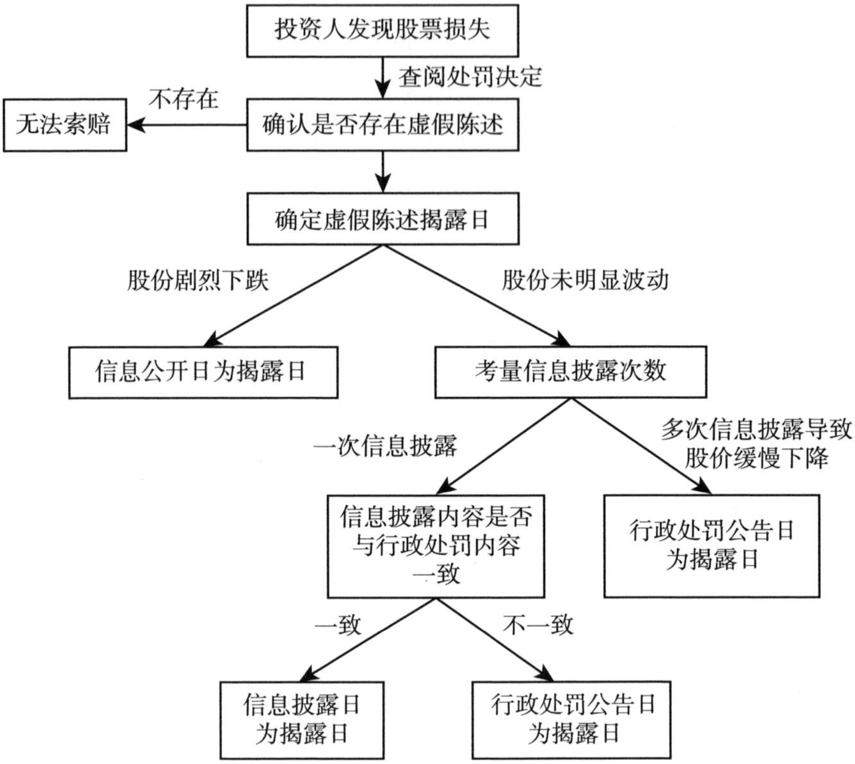

图 4　虚假陈述揭露日识别

三、司法适用:揭露日确认规则的具体路径

(一)回归:单一虚假陈述行为中揭露日的认定

以本案为例,由于证监会立案调查公告日之前,北京证监局已经对中水渔业公司作出责令整改的处罚,中水渔业公司针对整改的要求,已经于2016年3月29日在巨潮资讯网和《中国证券报》上发布了《整改公告》,完整披露了虚假陈述行为的内容,与事后相关行政处罚决定书认定的虚假陈述行为具有对应性,成立确定性揭露。并且,从《整改公告》发布后造成股票价格下跌的情形来看,《整改公告》起到了警示投资者的客观效果。故本案以《整改公告》日作为揭露日。

（二）延伸：多个虚假陈述行为中揭露日的认定

从各虚假陈述行为的性质和重大性程度的维度考察，有的虚假陈述行为相对于其他行为而言，对投资者的影响程度更大，重大性程度更高。从各虚假陈述行为时间先后的维度考察，有的案件中多个虚假陈述行为的实施日、揭露日之间时间差距较大，有的案件中多个虚假陈述行为的实施日、揭露日之间的时间差距不大，或者互有交叠。在多个虚假陈述行为的实施日、揭露日之间时间差距较大且互不重叠的情形下，应当就相应的虚假陈述行为分别确定揭露日。在多个虚假陈述行为的实施日、揭露日之间时间差距较小或者相互交叠的情况下，应当从保护法益一致性上出发，类比单个虚假陈述行为揭露日的认定规则。即保护因信赖虚假陈述行为公告的信息而买入股票，在价格泡沫被挤压后而产生的损失。从可赔付区间视角来看，只要在第一个虚假陈述行为实施日之后购买，任意虚假陈述揭露日卖出，产生的损失都可得赔偿。但同单个虚假陈述行为影响期内，股票买卖差价不赔原则一样，对于在任意单个虚假陈述行为揭露周期内发生连续交易形成习惯的，即便有损失亦无须赔偿。

（本案例分析荣获全国法院系统2019年度优秀案例分析评选活动一等奖）

何某诉北汽蓝谷新能源科技股份有限公司证券虚假陈述责任纠纷案

——多个虚假陈述行为的法律适用

编写人:北京金融法院　余周祺
北京市第二中级人民法院　葛　红

【内容摘要】

本案为两个虚假陈述行为并存的典型案例。司法实践对于此类情况有叠加和区分的两种处理方式,前者存在非上市公司的其他民事责任主体和不同种类虚假陈述行为的适用困境,后者存在因果关系难以判断和赔偿金额难以计算的问题。笔者认为,在同时受两个虚假陈述行为影响的情形时,首先应当从行为内容、行为时间、行为性质三个方面判断是否存在两个独立的、诱多型虚假陈述行为同时影响证券的情况。其次,通过考虑两项虚假陈述行为对于投资者市场决策的影响和证券价格敏感性,判断两个虚假陈述行为与投资人损失之间的因果关系。对于部分竞合的因果关系,可以采用叠加的处理方式。对于竞合的因果关系和共同的因果关系,可以采用区分的处理方式。本案裁判结果对同类案件的处理具有指导意义和参考价值。

【关键词】多因一果　部分竞合　叠加　区分

【裁判要旨】

1. 多个虚假陈述行为并存时,应当先从行为内容、行为时间、行为性质综合判断,是否属于多个独立的诱多型虚假陈述行为同时影响证券的情形。

2. 符合上述情形的,应当先判断多个虚假陈述行为与投资人损失的因果关系,进而明确多个虚假陈述行为对应的责任范围,再确定每个虚假陈述行为下各个行为主体所需要承担的民事责任。

3. 对于部分竞合的因果关系,选取一个虚假陈述行为叠加其他,前者对应的民事责任范围为 100%,后者如果为同一主体,责任被吸收、责任范围为 0;不为同一主体,责任范围则应当予以相应扣减。对于竞合的因果关系,多个虚假陈述行为对应的民事责任范围均为 100%。对于共同的因果关系,多个虚假陈述行为对应的民事责任应当从过错程度和原因力大小两个维度考虑因果关系大小,进而判断其对应的民事责任范围,范围合计为 100%。

【相关法条】

《中华人民共和国证券法》(2014 年)第六十三条、第六十九条[①]

《最高人民法院关于审理证券市场因虚假陈述引发的民事赔偿案件的若干规定》(2003 年)第十七条、第十八条、第十九条、第二十条、第二十一条、第三十条、第三十一条、第三十二条、第三十三条[②]

【案件索引】

一审:北京市第二中级人民法院(2019)京 02 民初 46 号(2019 年 12 月 30 日)

二审:北京市高级人民法院(2020)京民终 156 号(2020 年 9 月 30 日)

---

① 现《中华人民共和国证券法》第七十八条、第八十五条。

② 现《最高人民法院关于审理证券市场虚假陈述侵权民事赔偿案件的若干规定》第四条、第七条、第八条、第十一条、第十二条、第二十五条、第二十六条、第二十七条。

【基本案情】

何某诉称：北汽蓝谷新能源科技股份有限公司（以下简称北汽蓝谷公司）存在严重的虚假陈述行为，其基于对北汽蓝谷公司虚假陈述的信任投资涉案股票，其遭受的损失依法应由北汽蓝谷公司赔偿，故请求法院判令，北汽蓝谷公司赔偿其投资损失。

北汽蓝谷公司辩称：不同意何某的诉讼请求和理由。（1）应当认定何某据以提起诉讼请求的虚假陈述行为是重大担保，并以此计算何某的损失。（2）何某的损失是由系统性风险造成的，与虚假陈述行为没有直接关系。

法院经审理查明，2015 年 7 月 16 日晚，北汽蓝谷公司发布公告称，其控股子公司下属的标准前锋成都分公司未按规定履行相关决策程序，以存单质押方式为他人提供担保。被质押存单总金额合计为 4600 万元，占公司 2014 年年底净资产的 14.90%。

2015 年 7 月 23 日，北汽蓝谷公司发布公告称，其收到中国证券监督管理委员会调查通知书，该会决定对其立案调查。

2015 年 7 月 27 日晚，北汽蓝谷公司发布公告称，其于 2015 年 7 月 20 日收到执行裁定书，涉案金额 17,400 万元，占 2014 年年底净资产的 56.40%。

2016 年 9 月 6 日，中国证券监督管理委员会四川监管局作出行政处罚决定书，认定北汽蓝谷公司存在以下违法事实：（1）未依法披露的重大诉讼事件。（2）未依法披露的重大担保事件。

何某提交的股票明细对账单显示，其于 2015 年 6 月 24 日分别购入 4500 股和 1600 股；于翌日购入 100 股；于 2015 年 7 月 16 日卖出 1200 股；于 2015 年 9 月 7 日仍持有 5000 股。

【裁判结果】

北京市第二中级人民法院于 2019 年 12 月 30 日作出（2019）京 02 民初

46号民事判决：何某的诉讼请求部分成立，予以支持。

宣判后，北汽蓝谷公司提起上诉。北京市高级人民法院于2020年9月30日作出（2020）京民终156号民事判决：驳回上诉，维持原判。

【裁判理由】

法院的生效判决认为，争议焦点如下：

第一，关于虚假陈述实施日和揭露日的认定。根据北汽蓝谷公司自行披露的信息和行政处罚决定书认定的事实，北汽蓝谷公司存在未依法披露重大诉讼事件和未依法披露重大担保事件两个虚假陈述行为，应当分别确定相应的虚假陈述实施日和揭露日。北汽蓝谷公司未依法披露重大担保事件的实施日为2011年3月17日，揭露日为2015年7月17日。北汽蓝谷公司自认未依法披露重大诉讼事件的实施日为2011年1月15日，揭露日为2015年7月28日。

第二，关于虚假陈述行为与何某主张的损害结果之间是否具有因果关系。由于股票停牌等原因，上述两个虚假陈述行为揭露日之间仅存在两个交易日，即2015年7月17日和20日。根据投资者买卖股票情况，存在以下六种不同情形：一是投资者在2015年7月17日之前已经卖出股票的，因两个虚假陈述行为均未被披露，故投资者损失与虚假陈述行为不存在因果关系；二是投资者在2015年7月17日之前买入股票，2015年7月17日、20日卖出股票的，因重大诉讼事件尚未披露，投资者的损失与北汽蓝谷公司未依法披露重大诉讼事件的虚假陈述行为不存在因果关系，仅与未依法披露重大担保事件的虚假陈述行为有关；三是投资者在2015年7月17日、20日买入股票、该期间内未卖出、7月20日后卖出或者继续持有的，因重大担保事件已经揭示，投资者的损失与北汽蓝谷公司未依法披露重大担保事件的虚假陈述行为不存在因果关系，仅与北汽蓝谷公司未依法披露重大诉讼事件的虚假陈述行为有关；四是投资者在2015年7月17日、20日买入又卖出股票的，其损失与虚假陈述行为均无因果关系；五是投资者在2015年

7月17日之前买入股票,在2015年7月17日、20日未卖出,在2015年7月20日之后卖出或者继续持有的,投资者的损失同时受到了以上两个虚假陈述行为的共同影响;六是投资者在2015年7月20日以后买入股票的,投资者的损失与涉案两项虚假陈述行为均无因果关系。

根据何某提交的股票明细对账单,何某属于上述第五种情形。此时,应考虑两项虚假陈述行为对于投资者市场决策的影响和市场反应程度等因素综合认定。本案中,两项虚假陈述行为揭露日相距较近,中间仅隔两个交易日,市场对于前一项虚假陈述行为的反应还来不及充分释放,后一项虚假陈述行为的揭示进一步叠加影响,对投资者的决策综合发生作用,使后一个虚假陈述行为揭示后的市场反应能够完整体现出两个虚假陈述行为共同作用的结果。从本案的具体情况来看,2015年7月16日晚,北汽蓝谷公司公告重大担保事件信息后,其股价在2015年7月17日、20日两个交易日涨停,上证指数在这两个交易日也分别上涨3.51%、0.88%。2015年7月21日至27日,北汽蓝谷公司停牌,期间上证指数下跌7.27%。2015年7月27日晚,北汽蓝谷公司公告重大诉讼事件。2015年7月28日至8月6日,北汽蓝谷公司股票复牌交易,股价在八个交易日下跌20.07%,而同期上证指数仅微跌0.04%。北汽蓝谷公司股价在公告重大诉讼事件后,立即大幅度下跌,既受到复牌后随大盘补跌的因素影响,也受到了重大诉讼事件这一利空信息的显著影响,更体现出市场在综合评价两项虚假陈述行为影响后作出的充分反应。故综合上述情况,确认以在后的重大诉讼事件揭露日为依据计算投资者投资差额损失为宜。

综上,北汽蓝谷公司存在虚假陈述行为,原告何某的诉讼请求部分成立,法院予以支持。

【案例注解】

《最高人民法院关于审理证券市场因虚假陈述引发的民事赔偿案件的

若干规定》为证券虚假陈述责任纠纷案件设立以实施日、揭示日[①]和基准日为重要时间节点的经典模型，并以此计算投资人损失。经典模型在审理单个虚假陈述行为案件时发挥了重要作用，但是，在多个虚假陈述行为并存的案件中，如何认定多个虚假陈述行为与投资人损失之间的因果关系，并计算信息披露义务人及其辅助人应当赔偿投资人损失的金额却颇有争议。

一、问题提出：多个虚假陈述行为下责任的认定困境

（一）实证考察

在前期样本搜集中，笔者以“证券虚假陈述责任纠纷”为案由，以“两个虚假陈述行为”“三个虚假陈述行为”“四个虚假陈述行为”“多个虚假陈述行为”分别为关键词在裁判文书网，不区分时间、地域进行检索，共得到510个样本，在将由相同虚假陈述行为引发的裁判结果基本一致的裁判文书合并同类项后，共计得到9个样本，具体如表1所示：

表1　司法实践中虚开增值税专用发票行为的认定标准差异

序号	案例	案号	地区	法院认定虚假陈述行为个数及理由
1	珠海神洲贸易有限公司与云南云投生态环境科技股份有限公司案（原云南绿大地生物科技股份有限公司）	（2017）最高法民申1883号、（2016）云01民初1562号	云南	一个，一系列的虚假陈述行为内容均为虚增资产和虚增收，实施时间具有连续性和一贯性

① 参见李国光主编，最高人民法院民事审判第二庭编著：《最高人民法院关于审理证券市场虚假陈述案件司法解释的理解与适用》，人民法院出版社2015年版，第253~260页。该书将揭露日和更正日统称为揭示日，笔者采此观点，且仅讨论股票型证券虚假陈述责任纠纷。

续表

序号	案例	案号	地区	法院认定虚假陈述行为个数及理由
2	黄某宾与银基烯碳新材料集团股份有限公司案	(2019)辽民终455号	辽宁	三个,三个不同性质的虚假陈述行为,其中两个的实施日与揭露日均在股票停牌期间,无因果关系,另外一个未及时披露重大投资事项的虚假陈述行为属于中性
3	余某与协鑫集成科技股份有限公司案	(2017)苏民终481号、(2016)苏01民初174号	江苏	一个,虚假陈述行为在内容上、实施的时间上具有连续性,实施的方式具有一贯性,在客观效果上均隐匿了经营风险因素,故投资者主张的两项系列虚假陈述行为具有相互牵连性
4	金某英与山东墨龙石油机械股份有限公司案	(2019)鲁民终373号	山东	一个,以山东墨龙公司披露的2015年、2016年部分定期报告存在虚假记载覆盖其未及时披露重大投资事项
5	周某与国信证券股份有限公司、瑞华会计师事务所(特殊普通合伙)及成都华泽钴镍材料股份有限公司案	(2020)川民终293号	四川	一个,将多个存在连续性、关联性的虚假陈述行为视为一个整体

续表

序号	案例	案号	地区	法院认定虚假陈述行为个数及理由
6	董金梅与成都天翔环境股份有限公司、邓某华、邓某、杨某、王某、娄某雷、东北证券股份有限公司、成都亲华科技有限公司案	(2019)川01民初2501号	四川	一个,多个虚假陈述行为时间上存在重叠,性质上均为未及时披露相关重大信息,应将上述虚假陈述行为视为一个整体
7	沈机集团昆明机床股份有限公司、西藏紫光卓远股权投资有限公司因与徐某娴、沈阳机床(集团)限责任公司、中德证券有限责任公司案	(2020)云民终280号、(2017)云01民初508号	云南	一个,有被告提出还有其他不同性质的虚假陈述行为,法院认为,两者间隔时间过长,不予考虑
8	姚某忠与怀集登云汽配股份有限公司、新时代证券股份有限公司案	(2018)粤民终1341号	广东	一个,多个不同性质的虚假陈述行为,法院将其视为一个,并以第一个虚假陈述行为的实施日为实施日
9	童某鸣与北汽蓝谷新能源科技股份有限公司案	(2019)川民终387号	四川	一个,区分再叠加,未同时受影响的情形单独核算;对于同时受影响的,因未依法披露重大诉讼事件相较于未依法披露重大担保事件的涉及信息更重大,且前者的区间可以将后者的区间完全覆盖,故以前者覆盖后者

表1显示,各地法院存在两种处理多个虚假陈述行为并存案件的审理思路:一是叠加的处理方式。将多个虚假陈述行为视为一个整体,将首次

虚假陈述行为的时间点认定为实施日，首次全面在全国范围内被揭示之时为揭示日。[①] 二是区分的处理方式。将多个虚假陈述行为区分，分别认定实施日、揭示日和基准日，分别确定对应的责任。[②] 从司法实践来看，绝大多数法院在遇到多个虚假陈述行为并存情形时选择叠加的处理方式。

（二）叠加的处理方式及其问题

各地法院在法律未有明确规定的情况下，创造了叠加的处理方式，此种处理方式化繁为简，大大降低了多个虚假陈述行为并存案件的审理难度，不过此种审理思路有其适用困境。

1. 非上市公司的其他民事责任主体的适用困境。现代侵权法遵循理性原则，侵权人的责任承担与其理性预期应当一致。从样本案例分析来看，八个采用叠加的处理方式的案例中，行为主体不一致的原因集中在证券公司、会计师事务所等中介服务机构的参与程度上（见图 1）。例如，某案例中的被告之一证券公司提出即使投资人主张的虚假陈述行为成立，上市公司还存在巨额的虚增利润或减少亏损等业经查实的财务造假行为，故投资人的损失系多个虚假陈述行为共同导致，其不应为投资人的损失承担赔偿责任。[③]

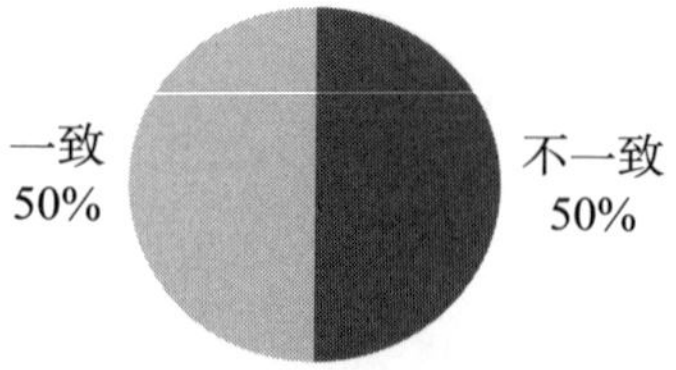

图 1　叠加的多个虚假陈述行为主体是否一致

故，当其他信息披露义务人及辅助人只参与其中一项或部分虚假陈述

① 参见四川省高级人民法院民事判决书，(2020)川民终 293 号。
② 参见辽宁省高级人民法院民事判决书，(2019)辽民终 455 号。
③ 参见云南省高级人民法院民事判决书，(2020)云民终 280 号。

行为,因其对其他项虚假陈述行为没有参与亦无法预见,其民事责任理应只限于其参与的虚假陈述行为之上。此种情形下,如果要实现侵权人的责任承担与其理性预期一致,必然又涉及如何区分多个虚假陈述行为对应的责任。

2. 不同种类虚假陈述行为的适用困境。《最高人民法院关于审理证券市场因虚假陈述引发的民事赔偿案件的若干规定》根据虚假陈述行为对证券市场及投资人投资行为的作用和影响不同,将其划分为诱多型虚假陈述行为和诱空型虚假陈述行为,再加上逻辑上可推导出的、且有实例验证的非诱多、非诱空的中性虚假陈述行为,合计三种性质的虚假陈述行为。笔者将此划分称为虚假陈述行为的性质之分,相同性质的虚假陈述行为对证券市场及投资人投资行为的作用和影响相同,在此前提下方可考虑叠加。

证券虚假陈述责任纠纷案件中的高发、易发的行为集中在财务报告虚假记载、虚增利润、关联方和关联交易未披露、重大担保和损失未披露、重大遗漏、定期报告等方面。[①] 如何确定虚假陈述行为的性质,目前尚无共识。可以确定的是,相同行为内容的虚假陈述行为性质必然一致。

从样本案情看,上述八个叠加案例中,多个虚假陈述行为的行为内容不一致的有五个(见图 2)。五份判决对不同行为内容的虚假陈述行为的行为性质,均未分析。

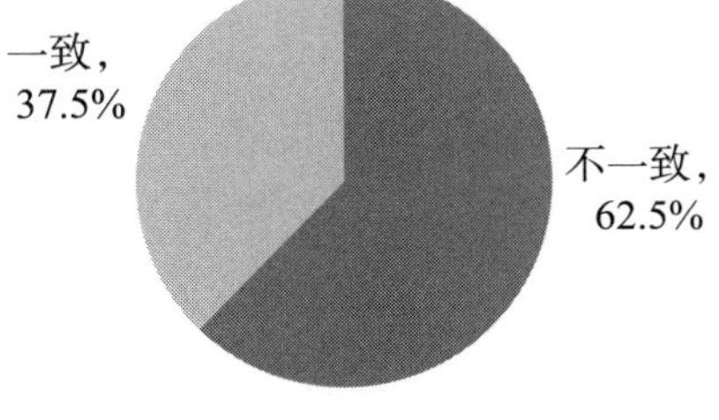

图 2　叠加的多个虚假陈述行为性质是否一致

① 参见杨旭、何积华:《证券虚假陈述民事案件裁判规则研究》,北京大学出版社 2018 年版,第 48 页。

(三)区分的处理方式及其问题

区分的处理方式在司法实践中的样本数量少,但管中窥豹,依然可以看出此种审理思路的路径及其问题。某案中①,某上市公司在不同的时间段分别实施了三个虚假陈述行为。从行为时间看,三个虚假陈述行为的实施日和揭示日的间隔时间较长。从行为内容看,三个虚假陈述行为各不相关,分别为:年度报告的财务数据不实,未按规定披露重大对外投资事项,以及未按规定披露控股子公司重大对外借款事项。从行为性质看,三个虚假陈述行为亦不相同,第一个系积极的虚假陈述行为,财务数据不实当属诱多型;第二个系消极的虚假陈述行为,因涉案投资款项已收回并在股票停牌期间揭示,被认定为非诱多、非诱空的中性虚假陈述行为;第三个亦为消极的虚假陈述行为,法院未明确其性质。该案因两个虚假陈述行为的实施日和揭示日均在股票停牌期间,不可能导致投资人损失,因此未对各个虚假陈述行为与投资人损失之间的因果关系进一步分析。此种审理思路的重点与难点,在于司法机关如何通过事后的分析判断确定过去的虚假陈述行为与投资人损失之间的因果关系,以及如何计算具体的赔偿金额。

(四)问题提炼:多因一果下侵权人责任的认定

1. 区分:与一个虚假陈述行为的多次呈现。在研究样本中,某上市公司在其招股说明书和其后三年的半年报和年报财务数据造假。② 虽然该案的外在表现形式为多个虚假陈述行为,但是,该公司在招股说明书中的虚增资产和虚增收入行为必在后续的半年报、年报中予以体现。因此,此处的多个虚假陈述行为存在以后续行为遮掩前列行为的逻辑关联性。换言之,此种多个虚假陈述行为实为一系列有逻辑连贯性的虚假陈述行为,看似多个、实则一个。对此,笔者认为,此种情形可称为,一个虚假陈述行为

① 参见辽宁省高级人民法院民事判决书,(2019)辽民终455号。
② 参见最高人民法院民事裁定书,(2017)最高法民申1883号。

的多次呈现,与多个虚假陈述行为有本质区别。

2. 非典型的多因一果情形。笔者讨论的问题为证券虚假陈述责任纠纷案件中多数人侵权的责任承担问题。首先,司法实务将多数人侵权分为共同侵权、准共同侵权和多因一果①。本案讨论情形下,侵权人之间无意思联络、能够确定具体侵权人,显然非属前两种,而属于多因一果的讨论范畴(见图3、图4)。

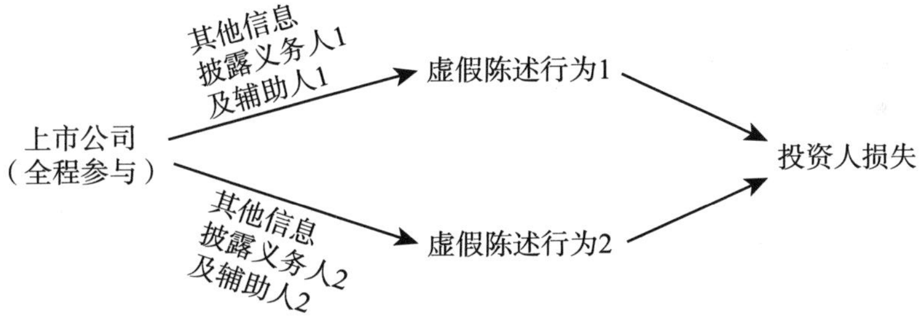

图3　多个虚假陈述行为作用示意

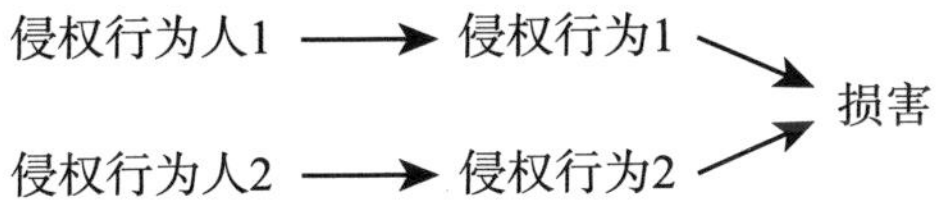

图4　多个传统侵权行为作用示意

不过,笔者涉及的情形并非典型的多因一果,上市公司参与到多个虚假陈述行为中,其他信息披露义务人及辅助人分别参与到多个虚假陈述行为中。因此,上市公司需要承担全部的赔偿责任,但是如何划分其他信息披露义务人及辅助人的责任,需要进一步讨论。

① 最高人民法院民法典贯彻实施工作领导小组主编:《中华人民共和国民法典侵权责任编理解与适用》,人民法院出版社2020年版,第78页。

二、理论溯源：两个虚假陈述行为[①]并存下的处理规则

（一）立法原意解读及扩展

1. 两个虚假陈述行为影响股票价格的模型及原理（见图5）。《最高人民法院关于审理证券市场因虚假陈述引发的民事赔偿案件的若干规定》将虚假陈述行为影响股票价格的时间段分为三个，[②]而两个虚假陈述行为在出现时间重叠时，可以将三个阶段进一步细化：第一阶段为虚假陈述行为的两次作用阶段，两个虚假陈述行为分两次引发股票价格上涨、偏离其真实价值；第二阶段为虚假陈述行为的两次消化阶段，两个虚假陈述行为的分别揭示，两次引发股票价格大幅下降而向其真实价值回归；第三阶段为虚假陈述行为消除后的正常阶段，股票价格波动趋向平稳，股票价格与其价值正相关。

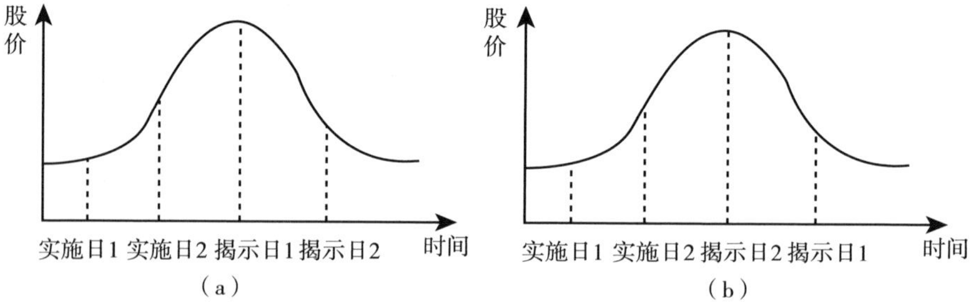

图5　两个虚假陈述行为影响股价示意

表2　第一个虚假陈述行为揭示在前的情况下虚假陈述行为影响

买入时间	卖出时间	
	揭示日1至揭示日2	揭示日2之后
实施日1至实施日2	1	1
实施日2至揭示日1	1	2

① 下文以本案涉及的两个虚假陈述行为并存的情形为蓝本进行探讨。

② 参见李国光主编，最高人民法院民事审判第二庭编著：《最高人民法院关于审理证券市场虚假陈述案件司法解释的理解与适用》，人民法院出版社2015年版，第253～254页。

表 3　第一个虚假陈述行为揭示在后的情况后虚假陈述行为影响

买入时间	卖出时间	
	揭示日 2 至揭示日 1	揭示日 1 之后
实施日 1 至实施日 2	0	1
实施日 2 至揭示日 2	1	2

2. 识别重叠时间：买入、卖出股票时间的进一步区分。《最高人民法院关于审理证券市场因虚假陈述引发的民事赔偿案件的若干规定》(2003年)第十八条和第十九条从正反两方面确立了因果关系的推定规则。如果投资人系实施日之后买入、揭示日之后卖出或持有，即会推定其损失与虚假陈述行为之间存在因果关系。笔者认为，此种原理在两个虚假陈述行为并存时依旧成立。可以按两个虚假陈述行为的揭示日先后顺序进行区分，找出其中同时受两个虚假陈述行为影响的情形，此时需要进一步考虑两个虚假陈述行为的性质是否一致。

3. 行为性质的判断。上文提及的虚假陈述行为内容包括：财务报告虚假记载、虚增利润、关联方和关联交易未披露、重大担保和损失未披露、重大遗漏、定期报告等方面。这其中的财务报告虚假记载、虚增利润通常被视为诱多型虚假陈述行为，其他内容的行为虽不一定直接导致上市公司财务状况发生重大变化，但亦可以反映出该公司治理方面存在混乱，法院可以根据个案情形，对其行为性质进行认定。同为诱多型虚假陈述行为才有必要考虑是适用叠加还是适用区分。

(二)法理基础：因果关系判断下的叠加与区分

1. 因果关系的区分。现代侵权法理论中，多因一果可分为竞合的因果关系(叠加的共同侵权行为)和共同的因果关系。前者，是指多个侵权人分别实施了侵权行为，给受害者造成同一损害，且任何一个侵权行为均足以造成该损害；后者，是指多个侵权人分别实施了侵权行为，给受害者造成同一损害，但是任何一个侵权行为不足以造成该损害。① 现行实体法规范分别对应于《中华人民共和国民法典》第一千一百七十一条和第一千一百七十二条。

按照上述理论和法律，在多个虚假陈述行为并存的案件中，如果其构成竞合的因果关系，即符合《中华人民共和国民法典》第一千一百七十一条的规定，任一虚假陈述行为对投资人的损失均负全部责任，此时无须将多个虚假陈述行为进行叠加处理；若其中有一个虚假陈述行为影响力大、足以造成投资人的损失，其他的影响力较小、不足以造成该损失，以该虚假陈述行为叠加其他，并无不妥，笔者将此称为部分竞合的因果关系；如果构成共同的因果关系，即符合《中华人民共和国民法典》第一千一百七十二条的规定，多个虚假陈述行为共同造成投资人损失、但任何一个虚假陈述行为不足以造成该损失，此时将多个虚假陈述行为视为一个整体叠加处理，则会导致侵权人的责任承担与其理性预期不一致，有违现代侵权法的基本法理。

2. 叠加的判断标准：信息重大性标准的借鉴。法律没有具体规定多个虚假陈述行为与投资人损失之间的因果关系。“他山之石，可以攻玉。”《全国法院民商事审判工作会议纪要》第八十五条暂时搁置了在股票型虚假陈述责任纠纷案件中违法行为信息重大性标准的探讨，但其背后的信息重大性标准对于考虑多个虚假陈述行为与投资人损失之间的因果关系以及是否可以叠加却有很大的借鉴意义。

信息重大性标准的意义在于，就满足投资人对于信息的需求与信息披露义务人披露成本问题、信息泛滥问题之间寻求一个平衡点，它可以明确信息披露义务人需要披露何种信息以满足投资人作出投资决策；它亦可以明确信息披露义务人仅需披露哪些信息，减轻其披露成本，避免信息泛滥。

① 参见程啸：《侵权责任法》（第2版），法律出版社2015年版，第238～245页。

世界各国的证券法律制度在构建过程中都遇到如何确立信息重大性标准这一问题，并逐步形成：(1)投资者决策影响标准，即理性投资者在决定进行证券交易时认为涉案错误陈述的事实是重要的；[①](2)证券价格敏感性标准，即如果某种信息可以影响证券价格，那么该信息属于重大信息。[②]

借鉴该理论，通过判断两个虚假陈述行为对于投资者投资决策的影响程度，若其中一个虚假陈述行为的影响明显大于另一个，再通过证券价格敏感性的情况进行检验亦是如此，即可认为前者所涉信息的重大性远大于后者，此时可以考虑以前者叠加后者。若两个虚假陈述行为对证券市场及投资人投资行为的作用和影响大致相当，难以用其中一个虚假陈述行为叠加另外一个，亦应当采用区分原则。此种情况下，有两种可能，一是属于竞合的因果关系，二是属于共同的因果关系。

3. 区分的判断标准：过错和原因力。如果无法叠加处理，则应当进行区分。现代侵权法中，多因一果等复数因果关系下损害赔偿责任的确定规则与一因一果或一因多果关系下差异较大。通说认为，复数因果关系下的损害赔偿责任的确定原则上以过错程度比较为主、原因力比较为辅，理由有三：其一，侵权法的目的和功能中包括损害的预防和损害的补偿，前者高于后者，而前者主要依靠过错责任原则来实现；其二，过错的类型化和客观化便于统一司法裁判尺度；其三，某些情况下，原因力的判断标准较为模糊，过错程度却比较明确，需要用过错程度的比较来确定责任范围。[③] 证券虚假陈述责任纠纷案件属于侵权类案件，过错和原因力两个维度亦可以适用于此类案件。

---

① 参见［美］托马斯·李·哈森：《证券法》，张学安等译，中国政法大学出版社 2003 年版，第 676~677 页。

② 参见郭锋：《虚假陈述侵权的认定及赔偿》，载《中国法学》2003 年第 2 期。

③ 参见最高人民法院民法典贯彻实施工作领导小组主编：《中华人民共和国民法典侵权责任编理解与适用》，人民法院出版社 2020 年版，第 87~88 页。

（三）法律推理总结

综上，当案件存在两个虚假陈述行为之时，首先需要对两个虚假陈述行为进行分析，排除一个虚假陈述行为的两次呈现的情形。如果两个独立的虚假陈述行为影响时间存在重叠，行为性质均为诱多型，此时需要对虚假陈述行为与投资人损失的因果关系进行区分。

通过对虚假陈述行为所涉信息重大性的分析来判断因果关系类型。对于竞合的因果关系，多个虚假陈述行为对应的民事责任范围均为100%，在这一前提下，进一步考虑每个虚假陈述行为涉及的行为主体的责任。对于部分竞合的因果关系，可以考虑进行叠加。叠加时，如果其中一个虚假陈述行为的信息重大性明显大于另一个，可以将前者叠加后者。叠加情况下，若行为主体完全一致，以前者对应的责任完全覆盖后者即可；若行为主体并不一致，前者对应的责任为100%，后者根据过错程度和原因力大小，在一定的范围内承担责任。对于共同的因果关系，每个虚假陈述行为均无法导致投资人损失，此时亦可以根据两个虚假陈述行为中的过错程度大小和原因力大小分配其二者对应的责任，两个责任范围合计100%（见图6）。

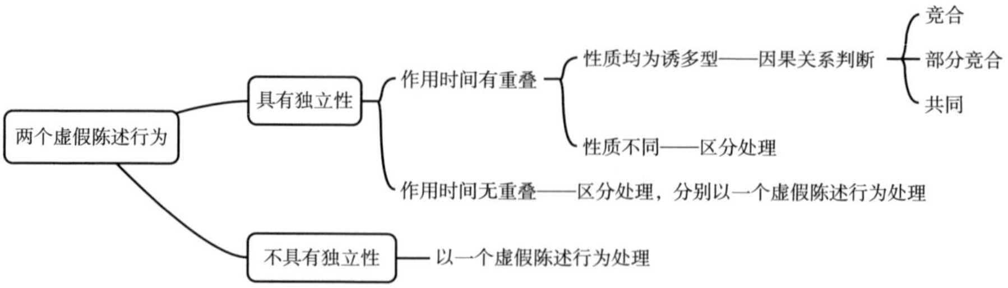

图6　逻辑推导

三、具体适用：回归本案与延展探讨

（一）回归本案：两个虚假陈述行为下的责任认定

以本案为例，两个虚假陈述行为中的信息披露义务人均为北汽蓝谷公司。两个虚假陈述行为分别为未及时披露重大担保事件和未及时披露重大诉讼事件。两个虚假陈述行为之间并无关联,当属独立的两个诱多型虚假陈述行为。实施时间上,两个虚假陈述行为影响时间上存在重叠,属于第一个虚假陈述行为揭示在后的情形。此种情形下,若投资人购买涉案股票于第二个虚假陈述行为实施日之后、揭示日之前,并于第一个虚假陈述行为揭示日之后卖出或持有,即同时受到两个虚假陈述行为影响。

考虑因果关系时,应综合考虑两项虚假陈述行为对于投资者市场决策的影响和证券价格敏感性等因素。从虚假陈述行为涉及的信息来看,第一个虚假陈述行为涉及的信息为,某法院判决北汽蓝谷公司向某公司支付8700万元和相应利息,截至其揭示日已经高达17,400万元,占2014年年底公司净资产的56.40%。第二个涉及的信息为,北汽蓝谷公司的下属子公司以定期存单对关联公司提供质押担保,担保金额合计4600万元,占2014年年底公司净资产的14.90%。该担保金额远小于第一个虚假陈述行为中的涉诉金额,且担保行为事后未必实际使上市公司承担责任,因此从影响投资者市场决策来看,第一个虚假陈述行为的影响力应当更大。

再从证券价格敏感性来看。北汽蓝谷公司公告重大担保事件信息后,其股价在其后的两个交易日涨停,该涨停既受到大盘大幅上涨的影响,也因为该信息重大性相对不大,难以让投资者看空涉案股票。2015年7月21日至27日,北汽蓝谷公司停牌,期间上证指数大跌。2015年7月27日晚,北汽蓝谷公司公告重大诉讼事件信息。次日,北汽蓝谷公司股票复牌交易,其后的八个交易日,股价大跌,而同期上证指数仅微跌。重大诉讼事件揭示后,股价大幅度下跌,既受到复牌后随大盘补跌的因素影响,也无疑受到了重大诉讼事件这一利空信息的显著影响,更体现出市场在综合评价两项虚假陈述行为影响后作出的充分的反应。

综上,从投资者市场决策来看,重大诉讼事件涉及的信息重大性明显大于重大担保事件;从证券价格敏感性来看,重大诉讼事件亦明显大于重大担保事件。故重大诉讼事件相较于重大担保事件对于投资人损失的影响因素明显更大,本案属于部分竞合的因果关系,应当以重大诉讼事件覆盖重大担保事件。

(二)延展探讨:多个虚假陈述行为以及区分时的量化考虑

上文的研究限定于两个虚假陈述行为,但从现有的司法实践来看,已经出现三个虚假陈述行为并存,乃至更多的情形。可以确定,虚假陈述行为的数量越多,其与投资人损失的因果关系越复杂。不过究其本质,仍可以通过判断因果关系类型,选择叠加或区分的处理方式,将能够叠加的虚假陈述行为进行叠加,合并处理。

对于不宜进行叠加的多个虚假陈述行为应当进行区分考虑,区分考虑的维度主要基于过错程度和原因力大小。关于过错程度,可以通过过错类型化和客观化的方法,将过错划分为故意、重大过失、一般过失和轻微过失。关于原因力大小,可以根据当事人的主张和具体案情,结合涉案证券所处的交易场所,选取某些板块指数、同类型证券作为对比参考,按照相对比例法计算原因力比例,以最终实现量化裁判。

(本案例分析荣获全国法院系统 2021 年度优秀案例分析评选活动一等奖)

耿某诉李某1等股东损害公司债权人利益责任案

——认缴制下公司减资违反通知义务时的股东赔偿责任

编写人：北京市大兴区人民法院　张洁云
北京市第二中级人民法院　孙　盈

【内容摘要】

《中华人民共和国公司法》修改已被列入全国人大常委会近期立法规划，公司资本制度是将来《中华人民共和国公司法》修改中的重要内容之一。减资是公司资本制度的重要方面。《中华人民共和国公司法》对公司违法减资的民事责任未作规定。最高人民法院刊登的两则典型案例虽明确了公司对实缴资本违法减资时的股东责任，但未涉及认缴资本减资。2013年《中华人民共和国公司法》修订后我国施行全面认缴资本制，债权人请求认缴出资的股东对公司未尽通知义务的违法减资行为承担赔偿责任的案件不断增多。在此类案件中如何妥善平衡股东的出资期限利益和债权人的合法权益，成为司法实践的难点问题。本案旨在解决认缴制下公司违反通知义务减资时，股东是否承担责任以及具体的责任划分，具有典型性与创新性，对完善我国公司资本制度具有理论和实践研究价值。

【关键词】认缴制　公司减资　通知义务　加速到期　补充赔偿责任

【裁判要旨】

1. 公司对认缴资本减资时,应依据《中华人民共和国公司法》第一百七十七条对债权人履行通知义务。对公司已知或应知的债权人,不得以登报公告形式替代直接通知义务。

2. 公司在未通知债权人的情况下对认缴资本进行减资,在确定股东赔偿责任时应妥善平衡股东的出资期限利益和债权人的合法权益。

3. 公司未经债权人同意对未届出资期限的认缴资本进行减资,在公司不具有《全国法院民商事审判工作会议纪要》第六条规定的认缴出资加速到期情形的情况下,债权人请求未届出资期限的股东在减资范围内对公司不能清偿的债务承担补充赔偿责任的,人民法院不予支持。

4. 公司未经债权人同意对未届出资期限的认缴资本进行减资,且公司同时具有《全国法院民商事审判工作会议纪要》第六条规定的认缴出资加速到期情形时,如果股东不能证明减资的合理理由和未损害债权人的利益,债权人请求减资股东在减资范围内对公司不能清偿的债务承担补充赔偿责任、协助减资的其他股东对此承担连带责任的,人民法院应予支持。

【相关法条】

《中华人民共和国公司法》第一百七十七条

《最高人民法院关于适用〈中华人民共和国公司法〉若干问题的规定(三)》第十二条、第十四条第二款

【案件索引】

一审:北京市房山区人民法院(2019)京0111民初8884号(2019年9月19日)

二审:北京市第二中级人民法院(2020)京02民终148号(2020年1月20日)

【基本案情】

原告(被上诉人)耿某诉称:根据生效的仲裁调解书,北京九唐文化股份有限公司(以下简称九唐公司)应向耿某支付调解款38,510元,但该公司未实际支付,且无财产可供执行。在执行期间,九唐公司在未通知耿某的情况下,将注册资本由4800万元变更为1000万元,并办理了工商变更登记。耿某请求法院判令该公司股东李某1、李某2对上述公司债务承担补充赔偿责任,包括支付调解款38,510元及迟延履行期间的债务利息。

被告(上诉人)李某1辩称:第一,九唐公司的股东系认缴出资,公司减资仅是向社会公示股东对外承担公司债务的责任以变更登记后的资本金额为限,李某1未从公司实际领取任何款项,因此减资行为并未减少公司对外清偿债务的财产,未损害耿某的利益。第二,本次减资仅减少认缴出资金额,并未延长认缴期限,认缴期限尚未届满,且认缴金额远超耿某的债权金额,未影响其债权实现。

被告(原审被告)李某2未到庭答辩。

法院经审理查明:2018年,耿某因与九唐公司劳动争议申请仲裁。2018年4月16日,仲裁机构出具调解书,确认九唐公司应于2018年4月19日、5月31日前分两期共向耿某支付工资等调解款38,510元。之后,九唐公司未付款,耿某向法院申请强制执行。在执行程序中,因九唐公司无可供执行的财产,执行法院于2018年7月26日、11月19日先后作出执行裁定书,裁定终结本次执行程序。耿某的债权未得到任何清偿。

九唐公司成立于2017年,注册资本原为4800万元,股东李某1、李某2分别认缴出资2448万元、2352万元,出资时间均为2045年12月30日。李某1原为董事长、法定代表人,李某2原为董事。2018年6月,该公司股东会作出决议,将注册资本变更为1000万元,李某1、李某2分别认缴510万元、490万元,出资时间不变。同年6月26日,九唐公司在报纸上刊登减资公告。同年7月,李某1、李某2退出公司董事会,法定代表人变更为曹某。

九唐公司向登记机关出具情况说明,承诺公司对外无债权债务,亦无任何担保,李某1、李某2在该说明上签字。2018年11月9日,九唐公司办理了减资变更登记。在减资过程中,九唐公司未通知债权人耿某。

【裁判结果】

北京市房山区人民法院于2019年9月19日作出(2019)京0111民初8884号民事判决:李某1、李某2在九唐公司减资的3800万元范围内对仲裁调解书确认的该公司对耿某所负的债务向耿某承担补充赔偿责任(包括调解款38,510元及迟延履行期间的债务利息)。

宣判后,李某1不服原审判决,提起上诉。北京市第二中级人民法院于2020年1月20日作出(2020)京02民终148号民事判决:驳回上诉,维持原判。

【裁判理由】

法院生效判决认为:公司以其全部财产对公司的债务承担责任,有限责任公司的股东以其认缴的出资额为限对公司承担责任。我国公司法在明确股东有限责任的同时,也明确应依法保护公司债权人的合法权益。公司注册资本既是公司股东承担有限责任的基础,也是公司的交易相对方判断公司的财产责任能力的重要依据,公司股东负有诚信出资以保障公司债权人交易安全的责任,因此公司减资时对其债权人负有根据债权人的要求进行清偿或提供担保的义务。本案中,仲裁调解书已于2018年4月16日确认九唐公司对耿某所负的债务,此后九唐公司于2018年11月9日减资。根据《中华人民共和国公司法》第一百七十七条的规定,九唐公司在减资过程中负有依法通知已知债权人耿某的义务,且耿某依法享有要求九唐公司清偿债务或提供相应担保的权利。上述义务、权利不因九唐公司的股东系认缴出资而受影响。九唐公司在减资时既未依法通知耿某,亦未向耿某清偿债务或提供担保,股东李某1、李某2在明知该公司对耿某负有债务的情况下，向登记机关出具情况说明承诺公司对外无债权债务，其行为违反公司法规定，损害了债权人的合法权益。故耿某因九唐公司未能对其清偿债务，要求李某1、李某2在减资范围内承担相应的补充赔偿责任，法律依据充分，应予支持。

【案例注解】

本案是关于公司在未通知已知债权人的情况下对认缴资本进行减资，股东是否应向债权人承担赔偿责任的典型案例。《中华人民共和国公司法》第一百七十七条仅规定了减资程序，但未规定违反程序的民事法律后果。最高人民法院刊登的两则典型案例虽明确了实缴资本违法减资时股东责任的裁判规则，但未涉及认缴资本减资。[①] 特别是当公司对尚未到期的认缴出资进行减资时，如何妥善平衡股东的期限利益和债权人的合法权益，目前实践中尚缺乏清晰的裁判标准。《中华人民共和国公司法》修改已被列入全国人大常委会立法规划，公司资本制度是此次《中华人民共和国公司法》修改中的重要内容之一。当前，针对认缴制下公司减资的典型案例进行研究，不仅对提炼裁判规则、统一司法标准具有实践意义，亦对推动公司立法的完善具有积极的理论价值。

一、公司减资违反通知义务时股东承担责任的理论基础

我国现行公司减资规则以实缴资本制为原型，对现行一般规则的立法精神和规范内容进行梳理，是本案研究的逻辑起点。

（一）公司减资程序中的债权人保护

公司减资是公司减少注册资本的行为。[②] 我国公司法对减资规定了严格的控制程序，旨在维持公司资本、保护债权人合法权益。

1. 资本维持原则是公司减资程序的正当性基础。在狭义上，公司资本

---

① 上海市第二中级人民法院民事判决书，（2016）沪02民终10330号。参见贺小荣主编：《最高人民法院第二巡回法庭法官会议纪要》（第2辑），人民法院出版社2021年版，第21~32页。

② 参见施天涛：《公司法论》（第4版），法律出版社2018年版，第563页。

指注册资本,即公司注册成立时所申报的股权资本。[1] 公司资本具有构筑公司独立人格与保护债权人的双重功能,既是公司从事经营活动的物质基础,也是对债权人的信誉担保。[2] 资本维持原则是公司资本制度的基本原则,指在公司存续中应当维持与公司资本额相当的现实财产,以具体财产充实抽象资本。[3] 其旨在通过构造股东与公司之间资本性交易的规则体系,保护公司债权人免受股东有限责任引发的外部风险损害。[4] 公司法针对减资规定了严格的法定程序,非依法定程序公司不得减资。

2. 公司减资程序中的债权人保护规则。《中华人民共和国公司法》第一百七十七条规定了公司减资的两项通知义务:一是直接通知义务,即对已知债权人,公司应自作出减资决议之日起 10 日内直接通知;二是公告通知义务,即对未知的潜在债权人,公司应自作出减资决议之日起 30 日内在报纸上公告。二者是并列关系,公司不得以登报公告替代对已知债权人的直接通知义务。[5] 同时,该条还规定了债权人的救济权,即债权人自接到通知书之日起 30 日内或自公告之日起 45 日内,有权要求公司清偿债务或者提供担保。可见,公司在减资时依法履行通知义务,是保证债权人行使救济权的前提。

(二)公司减资违反通知义务时关于股东责任的裁判规则

公司减资时未履行对债权人的通知义务,《中华人民共和国公司法》第二百零四条仅规定对公司处以罚款的行政责任,但未规定民事责任。

2017 年,最高人民法院刊登公报案例,在裁判要旨中提出:“公司减资

---

① 参见施天涛:《公司法论》(第 4 版),法律出版社 2018 年版,第 166~167 页。

② 参见朱慈蕴:《中国公司资本制度体系化再造之思考》,载《法律科学(西北政法大学学报)》2021 年第 3 期。

③ 参见施天涛:《公司法论》(第 4 版),法律出版社 2018 年版,第 168~169 页。

④ 参见刘燕:《重构“禁止抽逃出资”规则的公司法理基础》,载《中国法学》2015 年第 4 期。

⑤ 薛波:《公司减资违反通知义务时股东的赔偿责任——〈最高人民法院公报〉载“德力西案”评释》,载《北方法学》2019 年第 3 期。

时未依法履行通知已知或应知的债权人的义务，公司股东不能证明其在减资过程中对怠于通知的行为无过错的，当公司减资后不能偿付减资前的债务时，公司股东应就该债务对债权人承担补充赔偿责任。”①该案适用《最高人民法院关于适用〈中华人民共和国公司法〉若干问题的规定（三）》第十四条第二款，即股东抽逃出资的规定。因此，此后多数法院认为上述情形股东行为的性质是抽逃出资。但是，该案系公司针对实缴资本减资，并未涉及认缴资本减资的问题。

此后，最高人民法院第二巡回法庭在2019年法官会议纪要中进一步提出，公司减资应区分实质减资与形式减资。如果公司未按法定程序进行实质减资，而股东已通过违法减资程序抽回出资，此时构成公司违法减资与股东抽逃出资的竞合，可依据《最高人民法院关于适用〈中华人民共和国公司法〉若干问题的规定（三）》第十四条第二款，判决股东对公司债务承担补充赔偿责任。如果公司仅为形式减资，并不造成公司净资产的减少，此时不构成抽逃出资，不能仅以减资程序不合法而认定股东承担抽逃出资责任。② 在该会议纪要载明的案例中，公司亦系针对实缴资本减资，同样未涉及认缴出资。

（三）公司减资违反通知义务时关于股东责任的法理分析

在上述典型案例的基础上，有必要对公司违法减资时股东承担责任的理据进一步剖析。

1. 实质减资与形式减资的区分。以是否造成净资产减少为标准，公司减资分为实质减资与形式减资。前者指公司减少资本的同时，将相应金额的财产返还给股东，从而减少净资产，典型情形是返还股东已缴资本。后者指只减少资本额，不涉及净资产流出公司，典型情形是公司注销部分股

① 上海市第二中级人民法院民事判决书，（2016）沪02民终10330号。

② 贺小荣主编：《最高人民法院第二巡回法庭法官会议纪要》（第2辑），人民法院出版社2021年版，第21～32页。

份以弥补亏损，从而使注册资本降低至与实有资本一致。①

2. 公司违法减资时实质减资与形式减资的不同法律后果。公司在减资过程中存在程序违法情形与股东利用公司减资抽逃出资是两个不同的问题。抽逃出资是在公司成立后，股东未经法定程序从公司抽回相当于已缴纳出资数额的财产，同时继续持有公司股份的变相违反出资义务的行为。② 其与减资虽都表现为资本减少，但二者在主体、目的、条件、程序和后果等方面存在差异。③

当公司违反法定程序实质减资时，股东从公司实际抽回了出资，既构成公司违法减资，同时还属于《最高人民法院关于适用〈中华人民共和国公司法〉若干问题的规定（三）》第十二条规定的“其他未经法定程序将出资抽回的行为”，构成公司违法减资与股东抽逃出资的规范竞合。债权人可依据该司法解释第十四条第二款要求股东承担补充赔偿责任。

当公司违反法定程序形式减资时，公司仅在形式上减少注册资本额，股东未实际抽回出资，不存在抽逃出资行为，因此股东不承担相应责任。此时仅产生公司违法减资的法律后果。《中华人民共和国公司法》明文规定的是对公司进行罚款的行政责任。在理论上，还有观点认为未经债权人同意的减资无效，资本应恢复到资本减少以前的状态。④ 比较法上，日本公司法和韩国商法均规定公司违法减资时，异议债权人可请求确认公司减资行为无效。⑤

---

① ［韩］李哲松：《韩国公司法》，吴日焕译，中国政法大学出版社2000年版，第585~586页。

② 最高人民法院民二庭编著：《最高人民法院关于公司法解释（三）、清算纪要理解与适用》，人民法院出版社2011年版，第188页。

③ 贺小荣主编：《最高人民法院第二巡回法庭法官会议纪要》（第2辑），人民法院出版社2021年版，第30页。

④ 参见余斌：《公司未通知债权人减资效力研究——基于50个案例的实证分析》，载《政治与法律》2018年第3期。

⑤ 参见［日］近藤光男：《最新日本公司法》（第7版），梁爽译，法律出版社2016年版，第353页；［韩］李哲松：《韩国公司法》，吴日焕译，中国政法大学出版社2000年版，第593页。

二、认缴制下公司减资违反通知义务时股东责任的司法认定

按照一般到特殊的逻辑，需要根据认缴制的特殊性，对认缴制下公司违法减资的股东责任进一步展开讨论。

（一）认缴资本减资时股东期限利益与债权人保护的平衡

认缴制下探讨股东因公司违法减资的责任问题，核心是对公司减资的债权人保护规则与股东认缴出资的期限利益规则进行协调适用。

1. 认缴资本减资仍适用债权人保护规则。《中华人民共和国公司法》自 2013 年修改以来采取全面认缴资本制，由股东根据章程确定的出资总额和出资期限进行认缴。全面认缴制只是对股东出资方式的改变，是股东出资方式由资产形式向信用形式的变迁，但公司资本对债权人的担保属性并未发生变化，股东对公司的出资承诺仍是债权得以清偿的信誉担保。因此，认缴制下的公司减资行为仍应受到资本维持原则的制约，《中华人民共和国公司法》第一百七十七条规定的公司减资时的债权人保护规则在认缴制下仍然适用。①

本案中，虽然九唐公司是对认缴资本减资，但仍应遵守法律规定直接通知已知债权人耿某。而九唐公司仅在报纸上刊登公告，未尽法定通知义务，变相剥夺了耿某要求清偿、担保的救济权利。

2. 认缴制下股东的期限利益及其边界。在认缴制下，股东与公司通过章程约定出资期限，并通过公司登记向社会公示。债权人在与公司交易时可审查股东出资时间等信用信息，并受股东出资时间的约束。因此，在出资时间未到期前，股东享有期限利益，有权拒绝公司或债权人的提前出资要求。据此，2019 年《全国法院民商事审判工作会议纪要》第六条规定，债权人不能以公司不能清偿到期债务为由，要求未届出资期限的股东在未出资范围内承担补充赔偿责任。

---

① 参见刘玉姝：《认缴资本制视野下公司减资制度的构建》，载《法律适用》2016 年第 7 期。

然而,股东的期限利益不是无限制的。出资义务属于股东的法定义务,股东对出资义务具有不可免除的责任。[①] 由于有限责任和认缴制容易引发股东将交易风险转嫁给债权人的道德风险,股东的期限利益应受到必要限制。[②] 因此,上述纪要第六条规定了两种股东出资加速到期情形:一是公司已具备破产原因,即公司作为被执行人的案件,法院穷尽执行措施无财产可供执行,已具备破产原因,但不申请破产的情形。此时,债权人有权要求股东在未出资范围内对公司不能清偿的债务承担补充责任。二是公司延长出资期限、逃避股东出资义务,即在公司债务产生后,公司通过股东会决议或其他方式延长股东出资期限的情形。此时债权人享有撤销权,可要求撤销该延长的期限,请求股东按原来约定的出资期限履行出资义务。[③]

本案中,经法院穷尽执行措施,九唐公司不能清偿到期债务且公司资产不足以清偿全部债务,已具备破产原因而未申请破产。因此,股东李某1、李某2对公司的未到期认缴出资具备加速到期情形,负有出资补足义务。

3. 认缴资本减资时债权人保护规则与股东期限利益规则的协调适用。认缴资本减资属于实质减资。认缴制下如果股东出资期限尚未届满,股东无论是以货币或是以非货币出资,财产权都未移转给公司,股东以认缴出资额为限的责任表现为以货币计量的价值形态的出资额为限对公司承担责任。[④] 此时,股东尚未缴纳的注册资本应视为股东对公司的负债,根据企业会计准则应属于公司应收资本项目,计入公司净资产。[⑤] 因此,对股东承

---

① 参见蒋大兴:《论股东出资义务之"加速到期"——认可"非破产加速"之功能价值》,载《社会科学》2019年第2期。

② 参见张一琛:《认缴制下股东出资责任加速到期制度研究》,载《北方金融》2021年第4期。

③ 参见最高人民法院民事审判第二庭编著:《〈全国法院民商事审判工作会议纪要〉理解与适用》,人民法院出版社2019年版,第125页。

④ 参见钱玉林:《股东出资加速到期的理论证成》,载《法学研究》2020年第6期。

⑤ 参见彭真明:《论资本认缴制下的股东出资责任——兼评"上海香通公司诉昊跃公司等股权转让纠纷案"》,载《法商研究》2018年第6期。

诺的认缴出资进行减资,本质上是免除公司对股东的未到期债权,从而产生减少净资产的结果,根据实质减资与形式减资的区分标准,应属于实质减资。

在认缴制下,公司违法减资行为受到债权人保护规则与股东期限利益规则的双重制约。一方面,公司对认缴资本减资属于实质减资,应加强对债权人的保护。公司应履行对债权人的通知义务,且异议债权人享有要求清偿或担保的救济权。另一方面,在公司未尽通知义务的情况下,对于未届出资期限的认缴出资,依据前述纪要第六条的规定,原则上债权人不能要求股东承担补充赔偿责任,除非具有加速到期的法定情形。

(二)认缴制背景下公司减资违反通知义务时股东承担责任的类型化分析

在认缴制背景下,公司违反通知义务的违法减资行为应当区分为实缴资本减资和认缴资本减资两大类。当公司针对实缴资本减资时,如前所述,应根据实质减资和形式减资区分股东的责任,此处不再赘述。当公司针对认缴资本减资时,因认缴资本减资属实质减资,此时股东责任的区分标准不再是实质减资与否,而是认缴出资是否存在加速到期情形,因此又具体分为以下两种情形:

1. 公司违反通知义务对认缴资本减资,且不存在加速到期情形。股东认缴出资不存在加速到期情形时,公司尚有财产可供执行,股东对未缴出资依法享有期限利益。此时公司减资即便存在未依法通知债权人等程序瑕疵,也不影响债权的实际清偿,不构成对债权人利益的实质损害。因此,债权人可直接向公司主张权利,不产生股东的补充赔偿责任。

2. 公司违反通知义务对认缴资本减资,且股东因此规避加速到期责任。在传统公司法理论中,抽逃出资是实缴资本语境下的违法行为,股东未经法定程序取回实缴资本才属于公司法及司法解释规定的抽逃出资。[①]但是,对于已出现加速到期情形的认缴资本违法减资,仍应考虑驱动减资行为的主观目的因素。当公司的总负债大于净资产,公司已处于资不抵债状态时,公司有进入破产清算的可能,此时公司减资会不当减少破产中的责任财产。若股东仍通过股东会决议减少认缴出资,本质上是对公司出资的抽减。[②] 经比较,股东为规避出资加速到期责任决议减资与抽逃出资在责任主体、主观故意、责任基础和案件类型等四方面具有相似性(详见表1)。

表1　股东为规避出资加速到期责任决议减资与抽逃资对比

比较	股东为规避出资加速到期责任决议减资	抽逃出资
二者具有责任主体的一致性	认缴出资加速到期下违法减资虽是公司行为,但具体减资决议由股东作出,减资实际是减少股东对公司认缴的出资,并且其他股东也可成为协助减资的主体	抽逃出资的主体是公司股东,此外其他股东、董事、高管、实际控制人等也可以协助抽逃出资的股东
二者均具有主观故意	股东在认缴出资加速到期下通过股东会决议违法减资,存在规避出资责任的主观故意	股东抽逃出资具有欺诈的故意,实践中还存在股东和公司恶意串通抽回出资损害债权人利益的情形
二者均具有责任基础的统一性	认缴出资加速到期时股东通过违法减资免除出资义务,削弱了公司的责任财产和责任能力	抽逃出资导致公司资产回流给股东,导致公司净资产减少
二者在案件类型上存在交叉	实践中,部分名为减资的案件是股东通过减资形式进行抽逃出资。在难以判断是否存在抽逃出资行为的情况下,将其归之于公司减资纠纷案件,类推适用抽逃出资的相关规定可达到相同的规制效果	

---

① 参见赵旭东:《认缴资本制下的股东有限责任——兼论虚报资本、虚假出资和抽逃出资行为的认定》,载《法律适用》2014年第11期。

② 参见彭真明:《论资本认缴制下的股东出资责任——兼评"上海香通公司诉吴跃公司等股权转让纠纷案"》,载《法商研究》2018年第6期。

因此,在公司违反通知义务对认缴出资进行减资且存在加速到期情形的情况下,若股东不能证明减资的合理理由和无损于债权人利益,可参照适用《最高人民法院关于适用〈中华人民共和国公司法〉若干问题的规定(三)》第十二条规定的"其他未经法定程序将出资抽回的行为",并参照第十四条第二款关于抽逃出资的规定,要求股东在减资范围内对公司债权人承担补充赔偿责任。[①]

本案属于上述第2种情形。在九唐公司股东会作出减资决议时,李某1系董事长,李某2系董事,二人作为参与公司管理的股东,对公司欠耿某到期债务未偿还以及公司因无执行财产而具有破产原因是明知的。但二人仍通过股东会决议减少认缴出资,未通知耿某并向登记机关承诺公司无债务。李某1、李某2未就上述减资行为的合理性以及未损害债权人利益进行举证。因此,应当认定该二人的行为本质上系为规避认缴出资加速到期责任,造成公司责任财产的实际减少,实质损害了耿某的利益,在此过程中二人的主观故意明显。据此,耿某有权参照股东抽逃出资的规定,向李某1、李某2提出补充赔偿请求。李某1以其未从公司实际取回资产为由主张未损害耿某利益,理由不能成立。

(三)认缴出资加速到期下公司减资违反通知义务时股东责任的具体认定

基于上述讨论,对上述第2种情形下股东赔偿责任的责任范围、责任性质以及股东内部的责任划分进行具体分析。

1. 股东在减资范围内承担责任。《最高人民法院关于适用〈中华人民共和国公司法〉若干问题的规定(三)》第十四条第二款规定,股东抽逃出资的责任范围是抽逃出资的本息范围内。与实缴出资的抽逃出资不同,股东

---

① 参见樊云慧:《从"抽逃出资"到"侵占公司财产":一个概念的厘清——以公司注册资本登记制度改革为切入点》,载《法商研究》2014年第1期。

认缴的出资并未实际流入公司，仅形成股东对公司的未到期负债。因而，对于加速到期情形下的违法减资，尚未发生资本利息，股东仅在减资范围内承担补充赔偿责任。

本案中，九唐公司注册资本由4800万元变更为1000万元。李某1、李某2系因认缴出资加速到期而对九唐公司违反通知义务的减资行为承担责任，因此未缴纳的出资尚不发生利息，其二人应在注册资本减资范围即3800万元范围内，对耿某的债权承担责任。

2. 减资股东承担补充赔偿责任。针对认缴制加速到期情形下的违法减资，股东对减资的合理理由和无损于债权人利益承担举证责任。在股东不能证明的情况下，减资股东对公司不能清偿的债务在减资范围内承担补充赔偿责任。

依据《最高人民法院关于适用〈中华人民共和国公司法〉若干问题的规定(三)》第十四条第二款，股东的补充赔偿责任具有以下特征：一是补充性，即债权人只有在公司不能清偿债权时，才能要求股东承担补充责任。二是有限性，即股东的赔偿范围以减少的注册资本金额为限。三是一次性，即股东已赔偿的总额达到责任限额时，其他债权人不得重复索赔。

从本案看，九唐公司虽未对实缴资本减资，但李某1、李某2通过公司违法减资规避认缴出资加速到期责任，该行为类似于股东抽逃出资，可参照适用《最高人民法院关于适用〈中华人民共和国公司法〉若干问题的规定(三)》第十四条第二款规定的股东对债权人的补充赔偿责任，即在九唐公司不能清偿的情况下，对耿某债权承担补充责任。

3. 协助减资股东与减资股东承担连带责任。公司减资必须经股东会特别决议。对于出现加速到期情形时公司违反通知义务的减资行为，承担责任的股东除减资股东外，还包括同意减资决议、对减资予以协助的其他股东。参照《最高人民法院关于适用〈中华人民共和国公司法〉若干问题的规定(三)》第十四条第二款的规定，协助抽逃出资的其他股东与减资股东构成侵害公司财产权的共同侵权行为，对此承担连带责任。

回到本案，李某1减少认缴出资1938万元，李某2减少认缴出资1862万元。二人在公司减资过程中相互协助，共同作出股东会决议，并共同向登记机关出具说明，隐瞒公司债务情况。二人属共同侵权行为，参照《最高人民法院关于适用〈中华人民共和国公司法〉若干问题的规定(三)》第十四条第二款，相互之间承担连带责任，因此应在减资总金额3800万元范围内连带向耿某承担补充赔偿责任。

三、小结

综上，本案判决李某1、李某2在减资3800万元范围内，对九唐公司不能清偿的对耿某所负债务，向耿某承担补充赔偿责任。本案通过针对认缴制下公司减资违反对债权人通知义务时股东责任问题的理论分析，提炼裁判规则，对完善我国公司资本制度具有理论和实践研究价值。

(本案例分析荣获全国法院系统2021年度优秀案例分析评选活动一等奖)

长城国兴金融租赁有限公司诉贵州鑫悦煤炭有限公司等企业借贷合同纠纷案

——穿透式审判思维在融资租赁合同纠纷中的应用

编写人：北京市第二中级人民法院　葛　红　马　巍　石　婕

【内容摘要】

本案是融资租赁案件中名实不符法律认定的典型案例。通过大数据分析，在2627份生效裁判文书中筛选出对融资租赁合同性质提出抗辩的案件119件，发现近三年来人民法院对合同性质的认定出现了由“外观主义”到“实质重于形式”穿透式审判思维的转变，进而归纳出“行为定性难”“效力认定难”“案件处理难”三大审查难点。通过辨析强监管背景下商事审判的功能定位，得出在穿透式审判思维主导下应当合理运用价值判断、法益衡量、诚实信用原则，进行法律关系识别、合同效力认定、权利义务处理，从而确定司法审判中对金融行政监管有所呼应又彼此分明的边界，对同类案件具有指导意义和参考价值。

【关键词】融资租赁　企业间借贷　诚实信用　穿透式审判思维

【裁判要旨】

1. 当事人虽然约定融资租赁法律关系，但因租赁物不存在、无价值或无法转移所有权等原因使其丧失了物权担保功能、不具备融物属性，以至于超出传统经营风险范畴、架空金融监管的,法院应当通过价值判断否定名义上的法律关系,并予以重新认定。

2. 名为融资租赁实为企业间借贷的,人民法院应当基于诚实信用原则,综合双方签订合同时的意思表示、合同目的、实际履行情况等因素,确定双方在合同性质穿透认定后的权利义务。

【相关法条】

《中华人民共和国合同法》第二百三十七条①

《最高人民法院关于审理融资租赁合同纠纷案件适用法律问题的解释》(2014 年)第一条

【案件索引】

一审:北京市第二中级人民法院(2018)京 02 民初 81 号(2018 年 12 月 27 日)

二审:北京市高级人民法院(2019)京民终 170 号(2020 年 4 月 16 日)

【基本案情】

原告(上诉人)长城国兴金融租赁有限公司(以下简称长城公司)诉称,其作为出租人与承租人贵州鑫悦煤炭有限公司(以下简称鑫悦公司)签订回租租赁合同,成立融资租赁关系,并向鑫悦公司转账 3 亿元。中国能源建设集团广西水电工程局有限公司(以下简称广西水电公司)是保证人。因鑫悦公司未按时缴纳租金构成违约,请求法院判令其偿还剩余租金并支付违约金,广西水电公司承担连带清偿责任。

被告(被上诉人)鑫悦公司辩称,本案的租赁物所有权没有发生转移,无法进行融资租赁,双方的真实关系是借贷纠纷,手续费 1200 万元应从本金中扣除。

---

① 现《中华人民共和国民法典》第七百三十五条。

被告(上诉人)广西水电公司辩称,虽然其与鑫悦公司签订承包合同,但至今未履行。长城公司与鑫悦公司相互串通、设计交易结构,骗取其提供担保,故其不承担连带保证责任。

法院经审理查明,2015年11月27日,评估公司出具评估报告,对鑫悦公司拟融资租赁六家煤矿的井巷工程及其他构筑物在2015年11月20日的市场价值进行了评估,确认委托评估的资产在公开市场条件下评估基准日的公允市场价值为352,120,662元。

2016年3月28日,长城公司作为出租人与承租人鑫悦公司签订长金租回租字(2016)第0023号回租租赁合同和长金租回租字(2016)第0023-1号回租买卖合同,约定鑫悦公司以租回使用为目的,向长城公司出售六家煤矿的相关固定资产;长城公司应鑫悦公司的要求,向鑫悦公司出资购买租赁物并租回给鑫悦公司使用。租金支付清单由长城公司和鑫悦公司共同盖章确认,载明:承租人为鑫悦公司;合同编号为长金租回租字(2016)第0023号;租赁物为其他构筑物;租赁物数量为365;租赁保证金为1500万元;租赁期限为36个月;租赁物留购费为100元;租赁手续费为1200万元;租赁形式为回租;租赁费率为6.175;支付时间为2016年6月15日至2019年3月15日,每三个月一次,共分12期;应付租金为第一期3,962,291.67元、第二期为4,734,166.67元等。

2015年11月12日,鑫悦公司与广西水电公司签订承包合同,约定由广西水电公司对鑫悦公司煤矿进行技改工程施工,合同参考价款为64,596.7万元。同年11月28日,广西水电公司与金伍岳公司、鑫悦公司签订补充协议,约定根据技改工程需要,鑫悦公司拟向金融机构进行技改工程投资融资工作,广西水电公司为鑫悦公司融资提供连带责任担保,金某岳公司作为鑫悦公司融资共同还款人,并对相关担保事项进行约定。

鑫悦公司和广西水电局公司均认可涉案租赁物属于不动产,长城公司则主张涉案租赁物既包括不动产又包括动产，三方均认可应当对租赁物进行物权登记，但是目前对此种租赁物应当如何办理物权登记尚缺乏明确规定，实践中亦没有物权登记机构能够对涉案租赁物进行物权登记。

2016年3月28日，鑫悦公司向长城公司出具租赁物接收确认书，确认现已收到长城公司依据编号为长金租回租字（2016）第0023号的回租租赁合同，并向鑫悦公司交付使用的租赁物，且所有租赁物能够完全满足鑫悦公司承租使用的合同目的。同日，广西水电公司作为保证人与长城公司签订长金租连保字（2016）第0023-2号保证合同，广西水电公司愿意为鑫悦公司在鑫悦公司与长城公司签订的长金租回租字（2016）第0023号的回租租赁合同中对长城公司形成的债务提供保证担保。

2016年4月6日、14日，长城公司分别向鑫悦公司转账2亿元和1亿元，合计3亿元。4月14日，鑫悦公司向长城公司转账支付1200万元手续费和1500万元保证金。4月18日，长城公司向鑫悦公司发送租金调整通知书，载明合计应付租金338,424,048.53元，本金3亿元，租赁费38,424,048.53元。备注：手续费分一次收取，已收手续费1200万元。鑫悦公司盖章确认收到。

另查明，鑫悦公司仅取得六家煤矿土地的临时使用权，并未办理相关土地使用权的权属手续。2016年4月13日，鑫悦公司代案外人黔西南州久丰矿业（集团）有限公司向长城公司还款2660万元；2016年4月14日，鑫悦公司向金某岳公司转账合计9000万元；2016年4月20日，鑫悦公司向金某岳公司转账合计5000万元，上述款项的相关财务凭证中注明系“借款”。

【裁判结果】

北京市第二中级人民法院于2018年12月27日作出（2018）京02民初81号民事判决：鑫悦公司向长城公司偿还剩余全部应付融资本金和收益231,887,510.6元，并支付违约金（第六期违约金以9,939,496.26元为基数，第七期违约金以36,939,496.26元为基数，分别自2017年10月6日、2018年1月6日起算，均按照年利率9.2625%的标准计算至实际付清之日止，具体计算公式为以上各期基数×9.2625%/360×实际逾期天数）及诉讼保全责任保险保费246,092.59元。广西水电公司承担连带清偿责任。驳回长城公司的其他诉讼请求。

长城公司、广西水电公司不服，提起上诉。北京市高级人民法院2020年4月16日作出（2019）京民终170号：驳回上诉，维持原判。

【裁判理由】

法院生效判决认为：根据《中华人民共和国合同法》（已废止）第二百三十七条及《最高人民法院关于审理融资租赁合同纠纷案件适用法律问题的解释》第一条的规定，在融资租赁法律关系中，应包括融资和融物的两种属性。本案中，鑫悦公司提供的租赁物既包括六家煤矿的固定资产、地上构筑物，也包括租赁物所附属的农村集体土地。鑫悦公司对于农村集体土地仅具有临时使用的权利，并未取得土地使用权权属证明，并不享有完整的土地使用权，涉案土地及其地上地下构筑物并不具备转让的条件，且各方当事人均认可对于租赁物并未进行物权登记，亦未进行产权变更登记。虽然在租赁物中部分固定资产及地上构筑物可以作为融资租赁的租赁物，但长城公司对此并未进行单独的登记变更，故长城公司对于租赁物完全不能实现物权担保功能，不具有融物的属性。回租租赁合同仅具有提供形式上的租赁物，进行融资的属性，故该合同并不是融资租赁合同性质，应认定为企业间借贷合同性质。需要说明的是，虽然回租租赁合同的性质被认定为企业间借贷合同，但长城公司与鑫悦公司利用长城公司提供的融资款项进行生产经营，是双方的真实意思表示，并不违反我国法律法规的规定，并不符合《中华人民共和国合同法》（已废止）规定的无效情形，应为有效。广西水电公司作为担保人，以及与鑫悦公司签订承包合同和补充协议的当事人，对于回租租赁合同及回租买卖合同的性质应是明知的，不存在主合同无效导致从合同无效的情况，其请求认定回租租赁合同及保证合同无效的上诉请求不成立。

【案例注解】

融资租赁产业是金融创新和扩大开放的重点领域，随着行业规模不断壮大，一些市场主体迂回适用市场交易模式和法律规则，在融资租赁业务中掩盖其真实交易目的，该类问题逐渐显现在审判实务中，带来了法律适用的难题和争议。为防范化解金融风险，金融监管部门加强监管力度，密集出台了一系列部门规章、监管政策，对金融环境产生了巨大影响。在司法领域，《全国法院民商事审判工作会议纪要》明确提出，要“注意处理好民商事审判与行政监管的关系，通过穿透式审判思维，查明当事人的真实意思，探求真实法律关系”。那么，司法审判如何做到既与金融监管形成联动，又维护裁判尺度的稳定性，是人民法院需要深入研究探讨的问题。

一、问题提出：融资租赁合同性质认定的实践样态和审查困境

笔者以“融资租赁合同纠纷”“北京市”“民初”为关键词在无讼案例网上进行检索，得到2017年至2019年样本案件2627件（见表1）。

表1　2017年至2019年北京法院融资租赁纠纷案件数

单位：件

年份	2017年	2018年	2019年	总计
案件数	767	1051	809	2627

在上述搜索结果中以“名为”“实为”关键词对样本案件进行限缩，筛选出对合同性质提出抗辩案件119件；对该119件案件认定结果进行逐一筛选，得到穿透认定为其他法律关系案件64件（见图1）。

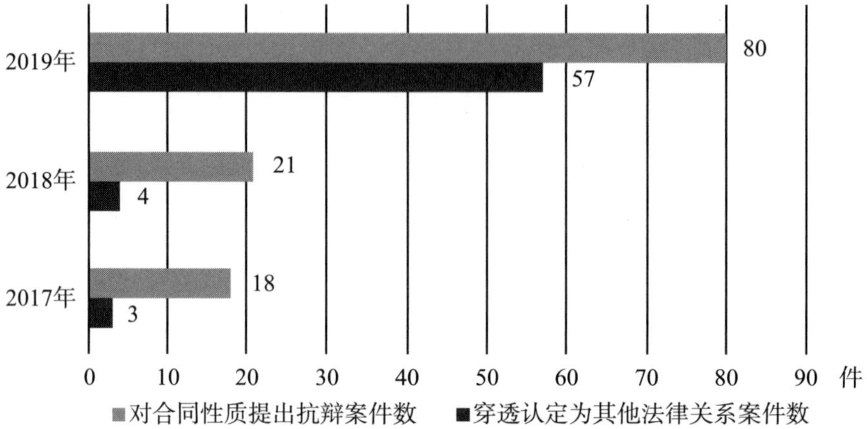

图 1　2017 年至 2019 年北京法院融资租赁纠纷合同性质穿透认定统计

通过对上述样本案件进行分析,笔者发现,北京地区融资租赁合同纠纷存在三大趋势:一是我国融资租赁行业呈高速发展态势,融资租赁业务数量和纠纷数量都呈增长态势;二是随着融资租赁交易模式的不断创新,行业发展不规范,融资租赁公司内部风控薄弱等问题凸显;三是融资租赁合同性质被穿透认定数量呈爆发性增长,反映出人民法院由“外观主义”到“实质重于形式”穿透式审判思维的转变。

通过对 119 件样本案件抗辩事由梳理分析、对事实认定和法律适用深入研究,笔者发现司法实践中存在三大审查难点:

一是行为定性难。在融资租赁合同关系中,当事人往往会采取多层嵌套、循环交易等复杂的交易模式逃避监管,而承租人则常以租赁物系虚构、租赁物未交付、租赁物所有权瑕疵、租赁物值低估高(见表 2)等为理由,抗辩双方之间名为融资租赁实为其他法律关系。法官面临的最大难点在于如何在繁多且相互交织的合同条款中识别真实权利义务、合同关系以及交易目的。[①]

表2　2017年至2019年北京法院融资租赁案件名实不符法律认定统计

序号	抗辩理由	提出抗辩案件数(件)	穿透认定案件数(件)	认定比例(%)
1	虚构租赁物	76	58	76
2	租赁物未交付	13	—	—
3	租赁物所有权瑕疵	10	5	50
4	租赁物价值与租金差异较大	6	—	—
5	不存在真实买卖关系	4	—	—
6	超越经营范围	3	—	—
7	租赁物未特定化	3	1	33
8	损害公共利益	2	—	—
9	租赁物灭失	2	—	—
总计		119	64	54

二是效力认定难。金融监管的变动性与司法裁判尺度的稳定性之间的博弈,使司法裁判与金融监管相互独立的局面被打破,两者对金融交易的评价标准出现趋同,金融审判呈现监管化趋势。[②] 虽然目前样本案例中尚未有认定合同无效的情形,但违反金融监管规定是否导致合同无效成为司法裁判中无法回避的争点。

三是案件处理难。由于经济下行的趋势和按期兑付的压力,加之金融资本的流动性、传导性,金融领域个案往往会引发行业的系列案件、共同诉讼[③],引发社会各界关注,处理难度很大。在64件被穿透认定法律关系的

① 如为规避禁止企业间借贷的政策,企业之间就通过名为买卖、实为借贷的融资性贸易形式实现资金拆借的目的,为了掩饰借贷双方之间直接以同一标的物进行逆向虚假买卖的行为,当事人往往会再引入一个关联公司或合作单位,开展三方甚至更多当事人之间的托盘交易。

② 参见胡赟頔:《金融监管规章影响商事合同效力的路径辨析》,载《海南金融》2020年第3期。

③ 参见关丽:《强监管背景下的金融商事审判》,载微信公众号“法盏”2018年10月17日,https://mp.weixin.qq.com/S/QFkOjjbWMzfBUEKNgOue1g。

样本案例中，全部被穿透认定成民间借贷关系或者借款合同关系，但是对于穿透后当事人权利义务的处理，法院的司法实践不一。关于利率的处理，所有案件都比照民间借贷规则中不超过24%进行调整（现为一年期贷款市场报价利率4倍），但对于“砍头息”的处理，有58件按照民间借贷规则处理，有6件按照原融资租赁合同约定处理。

二、溯本求源：强监管背景下商事审判的功能定位

防范化解金融风险是“三大攻坚战”之首。2016年10月，国务院办公厅发布《互联网金融风险专项工作实施方案》，首次提及要“透过表面判定业务本质属性、监管职责和应遵循的行为规则与监管要求”，一时间“穿透式”监管频繁现身各个监管机构的规章和规范性文件中。[①] 以“穿透式”监管为代表，金融“强监管”时代应势而来，对资本逐利的“灰色地带”予以规制。在此背景下，本处于模糊地带的交易行为可能被认定为违规行为，甚至原本合法的金融产品，也可能被认定为违规产品。

中央金融政策导向和金融监管态度的转变，直接影响人民法院司法办案。作为处理社会各类矛盾纠纷的集中场所，法院在防范和化解金融风险具有天然优势。为此，最高人民法院提出要紧紧围绕服务实体经济、防控金融风险、深化金融改革三项任务，妥善审理各类金融案件。实践中，由于监管与反监管博弈，催生了更为复杂的交易模式，给事实认定和法律适用进一步增加难度。要充分发挥金融司法的功能，需要对商事审判功能作出准确定位，才能进行有效的路径选择。

具体而言，金融商事审判应当注重与监管部门协同配合，共同防范化解重大金融风险。一是要引导规范商事行为，压缩违规行为空间。司法机关要通过审理商事纠纷，形成个案正义、金融正义、社会正义之间的均衡状态，弥合金融监管和金融实践中的空隙，发挥保护商事主体正当权益、稳定

① 参见常健：《论“穿透式”监管与我国金融监管的制度变革》，载《华中科技大学学报（社会科学版）》2019年第1期。

市场预期和指引规则形成等作用。二是要维持金融秩序,降低系统性风险①。司法机关要将服务实体经济作为金融审判的出发点和落脚点,正确认定金融行为的性质和效力,引导和规范金融行为回归本源,规制金融行为,避免风险传递、风险积累。三是维护公平正义,促进金融良性发展。金融行业是我国经济的命脉,但我国金融市场还比较"年轻",要通过强化金融机构的风险防范主体责任,审慎对待经济主体之间的金融创新,助力我国金融行业可持续发展。

三、困境突围:穿透式审判思维在融资租赁合同纠纷中的路径探寻

(一)将价值判断融入合同解释识别法律关系

穿透式审判思维的最终目的是要查明当事人的真实意思,探求真实的法律关系,具体而言,可分为三步。

第一步,依据合同要素初步识别意思表示。

合同要素是指合同必备条款,②合同条款是否齐备,决定了合同能否成立、生效和顺利履行。《最高人民法院关于审理融资租赁合同纠纷案件适用法律问题的解释》第一条③确立了租赁物性质、租赁物价值、租赁物价值与租金之间的匹配关系等在内的合同要素。在本案中,回租租赁合同和回租买卖合同约定了售后回租的融资模式,租赁物清单亦记载的租赁物为相关煤矿区域内的资产,符合租赁物确定性的要求,因此,涉案法律关系具备

---

① 系统性风险,属于全局性金融风险,是相对个别金融风险或局部性金融风险而言的,可能危及整个金融市场。

② 《中华人民共和国合同法》(已废止)第十二条规定:"合同的内容由当事人约定,一般包括以下条款:(一)当事人的名称或者姓名和住所;(二)标的;(三)数量;(四)质量;(五)价款或者报酬;(六)履行期限、地点和方式;(七)违约责任;(八)解决争议的方法。当事人可以参照各类合同的示范文本订立合同。"

③ 《最高人民法院关于审理融资租赁合同纠纷案件适用法律问题的解释》第一条第一款规定:"人民法院应当根据合同法第二百三十七条的规定,结合标的物的性质、价值、租金的构成以及当事人的合同权利和义务,对是否构成融资租赁法律关系作出认定。"

了融资租赁合同的基本特征。①

第二步,依据合同目的矫正识别意思表示。

合同目的,是当事人在合同订立时所期望实现的目标或结果,②但由于商事交易结构中错综复杂,合同目的更接近当事人通过交易结构所追求的法律效果。从融资租赁法律关系的实质来看,其功能在于以"融物"实现"融资"。在此基础上,适格租赁物应满足以下三项基本条件:(1)确定、客观存在且能够特定化;(2)租赁物价值与租赁物转让价款即融资金额相当,差异不能过大;(3)租赁物所有权还要能够发生移转之可能性。

本案中,租赁物为附着于矿区范围内土地上的地下矿井开采作业设施和地上附属矿区设施,其特点在于:(1)附着于土地,具有不可拆卸性;(2)使用目的为开采矿产资源,而采矿权的取得具有资质要求;(3)租赁物附属于农村集体土地,各方均不享有完整的土地使用权;(4)既没有办理登记权属的机构,也没有实际进行单独的登记变更。以上特点中,前两项不足以否定融资租赁合同关系,主要原因在于《最高人民法院关于审理融资租赁合同纠纷案件适用法律问题的解释》③与《中华人民共和国民法典》均突出了融资租赁合同租赁物所有权与使用权的分离,并不强调出租人对租赁物的使用是否存在限制;后两项特征引发了分歧,并就此形成了两种观点:一种观点是本案中的租赁物仅具有形式意义,实质上完全无法实现物权担保的功能,不具有融物的属性;另一种观点是虽然存在租赁物担保功能较弱的问题,但此属于融资租赁公司的经营风险问题,不属于融资租赁合同的性质认定问题。由此,合同目的解释到此处产生不同结果,尚无法得出结论,还需要进一步考量其他因素。

① 应当指出的是,在司法实践中,即使合同具备了这些要素,也不能完全排除继续寻找的可能性,如合同约定不明之情形,需借助其他合同之意思表示予以明确。

② 参见章杰超:《合同目的含义之解析》,载《政法论坛》2018年第3期。

③ 《最高人民法院关于审理融资租赁合同纠纷案件适用法律问题的解释》第三条规定:"根据法律、行政法规规定,承租人对于租赁物的经营使用应当取得行政许可的,人民法院不应仅以出租人未取得行政许可为由认定融资租赁合同无效。"

第三步，依据价值判断推演法律关系属性。

在狭义的法律解释方法和法律漏洞补充方法的选择上，当适用不同的方法会有不同的结果时，应进行价值判断。[①] 从经济角度来看，经济政策的变化使金融行业中出现了非均衡状态，使制度创新有利可图，当前立法对不同合同类型的利益获取上限及途径的规定各有不同，在经济利益驱动下，当事人对合同"改头换面"抑或"阳奉阴违"类避法行为在所难免，[②]因此关于"租赁物担保功能较弱，仅构成经营风险问题"的观点并非缺乏合理性。此时，商事意思自治原则和架空金融监管突破传统经营风险的后果发生碰撞，对"融物"含义的界定需判断利益并审慎处之。在中央提出防范化解重大金融风险的社会背景之下，若放任融资租赁合同突破土地管理制度、金融监管制度，造成大量租赁物无法进行转让、产权变更登记等，将使风险累积在融资租赁领域，从而引发系统性风险。因此，在本案中，法官以租赁物根本性无法转让并进行产权登记，将动摇金融监管秩序，从而作出了防范系统性风险高于商事意思自治原则的价值判断，最终通过穿透式审判思维否认了本案融资租赁合同性质，重新认定为民间借贷法律关系。

（二）通过法益衡量原则确定合同效力

从《最高人民法院关于适用〈中华人民共和国合同法〉若干问题的解释（二）》第十四条对效力性强制性规定的建立和明确，到《中华人民共和国民法总则》（已废止）及《中华人民共和国民法典》第一百五十三条的除外性规定，立法不断限缩可能影响合同效力的强制规范的范围。但以2018年最高人民法院判例为标志，越来越多的合同因违反金融监管规章被认定为否定名义上的法律关系，但最终是否影响合同效力仍需具体判断。

1. 虚构租赁物——不必然导致融资租赁合同无效。《中华人民共和国民法典》第七百三十七条第一款规定：当事人以虚构租赁物方式订立的融

---

① 参见韩登池：《司法三段论——形式理性与价值理性的统一》，载《法学评论》2010年第3期。

② 参见盛洪主编：《现代制度经济学》（上卷），北京大学出版社2003年版，第292页。

资租赁合同无效。此规定进一步突出了“融物”属性是区分融资租赁合同关系与其他类似法律关系的核心特征。当融资租赁合同中的租赁物不但完全无法实现物的担保价值，甚至在客观上不存在，且当事人主观上也是知晓或应当知晓的，说明当事人的真实意思表示并非建立融资租赁法律关系，司法应作出否定性评价。但“虚构租赁物”不应简单等同于租赁物不存在，需要结合当事人的主观认识。① 如果租赁物在缔约或履约过程中存在，但因为被盗、损毁或使用消耗而灭失，或客观存在但因约定模糊而无法特定化，都不足以构成“虚构租赁物”。此外，“虚构租赁物”还应要求双方当事人都具有虚构的主观意愿，如果只有一方当事人虚构租赁物，则应当适用关于民事欺诈的规定，允许被欺诈方通过选择是否撤销合同的方式实现救济，而不应否定已签署合同的法律效力。

2. 通谋虚伪表示——名义融资租赁合同无效，实际借贷合同有效。《中华人民共和国民法总则》(已废止)第一百四十六条规定：“行为人与相对人以虚假的意思表示实施的民事法律行为无效。以虚假的意思表示隐藏的民事法律行为的效力，依照有关法律规定处理。”与虚构租赁物的认定类似，通谋虚伪表示的核心要求是双方当事人均具有虚假的意思表示，且应达到知晓或应当知晓的程度，但其特殊性在于其仅要求对当事人的真实交易目的进行穿透，但隐藏的民事法律行为的效力仍需另行作出判断。具体到本案中，合同虽然被穿透认定为企业间借贷，但因未违反法律法规的强制性规定，仍应认定有效。

3. 违背公序良俗——必然导致合同无效。《中华人民共和国民法总则》(已废止)第一百五十三条第二款规定：违背公序良俗的民事法律行为无效。《全国民商事审判工作会议纪要》第三十一条则进一步明确了上述裁判规则，规定：违反规章一般情况下不影响合同效力，但该规章的内容涉

① 如在(2018)最高法民再373号案中，虽然法院认定当事人的证据不足以证明租赁物客观存在，且也同样认定没有充分的证据证明出租方与承租方存在恶意串通的故意，并据此认定双方隐藏的民间借贷法律行为并不当然无效。

及金融安全、市场秩序、国家宏观政策等公序良俗的，应当认定合同无效。人民法院在认定规章是否涉及公序良俗时，要在考察规范对象基础上，兼顾监管强度、交易安全保护以及社会影响等方面进行慎重考量，并在裁判文书中进行充分说理。规章的性质可以作出如下区分：其一，行政监管规则中一般性经营要求，如监管对经营行为提出的关于资产比重、业务集中度规范、余额管理制度等要求，目的在于通过规范经营行为控制融资租赁主体的运营风险，并不触及公序良俗；其二，对行为主体提出的金融租赁公司准入条件等要求，目的在于通过对行为主体的把控来实现对整体市场秩序的维护，违背这类规定将动摇金融秩序根本；其三，关于特定业务规范，如监管机构提出的不得非法集资、吸收或变相吸收存款，不得发放或受托发放贷款，不得通过网络借贷信息中介机构、私募投资基金融资或转让资产等要求，此类规范反映的是金融分业经营、控制金融泡沫等更上位的监管机制，违反上述规范，对于单个市场主体而言可能有利，但却可能损害整个金融市场的秩序及稳定，可审慎适用公序良俗原则。

（三）运用诚实信用原则处理穿透认定合同性质后的权利义务

穿透认定合同性质的情形下，对合同权利义务的处理，既要坚持按照穿透后法律关系的处理规则，又要兼顾当事人的合同约定，综合诚实信用、保护交易安全及公平原则，适当确定各方当事人的权利义务关系。

具体到本案中，穿透认定合同性质为企业间借贷后，承办法官没有机械套用原融资租赁合同项下的约定对各方权利义务进行处理，也未简单按照企业间借贷中的“砍头息”规则对保证金、手续费等进行扣除后再分期计算，而是采取了折中方式：一方面考虑到适用企业间借贷规则会导致所支付款项的期限利益全部由承租人一方单独享有，在双方对合同穿透均具有过错的情况下，这种分配方式与公平原则不符，因而对于利息进行了酌减；另一方面考虑将企业间借贷中的“砍头息”规则运用到本案中会造成还本付息计算方式异常复杂，不但背离了当事人的交易预期，也增加了司法资源的无谓消耗，因此未将手续费、保证金在借款本金中扣除，从而在形式规范与实质公平之间取得了平衡。

综上,本案判决以尊重和回应金融监管要求为出发点将穿透性审判思维的立足点建立在识别融资租赁合同关系的"融物"属性,并通过辨识不同金融行政监管要求所体现的监管目的及保护法益,为合同效力认定建立了更为精细化的区分标准,并充分运用诚实信用原则处理穿透认定合同性质后的权利义务(见图2),本案裁判思路对同类案件具有指导意义和参考价值。

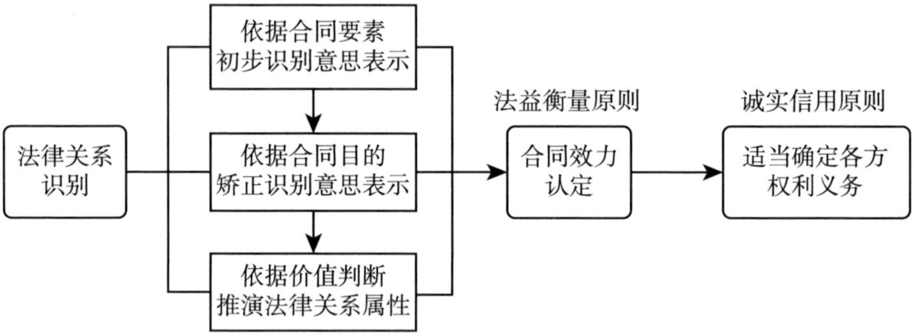

图2　穿透式审判思维运用的具体路径

(本案例分析荣获全国法院系统2020年度优秀案例分析评选活动二等奖)

中国平安财产保险股份有限公司诉王某某保险人代位求偿权案

——融资性保证保险合同中违约金条款的限缩与规范

编写人：北京市第二中级人民法院　马　巍　刘　镜

【内容摘要】

本案系典型的保证保险合同中违约金认定案件，现行法律对其认定标准没有明确规定，全国各地审判实践差异较大。本案通过对保证保险的法律性质及特殊性进行剖析和辨识，从法益衡量和制度价值实现等维度构建了融资性保证保险案件违约金裁判规则，对审理同类案件具有指导意义和参考价值。

【关键词】保证保险　担保　违约金调整

【裁判要旨】

1. 当事人因保证保险发生的纠纷应当适用《中华人民共和国保险法》的规定。

2. 在基础的借贷法律关系中，贷款人（被保险人）可以向借款人（投保人）收取违约金，依据《中华人民共和国保险法》第五十九条、第六十条，保险人可以向借款人主张违约金。

3. 保险人依据保证保险合同主张违约金的，人民法院予以支持，但以一年期贷款市场报价利率为限。

【相关法条】

《中华人民共和国保险法》第五十九条、第六十条

《最高人民法院关于审理民间借贷案件适用法律若干问题的规定》第二十八条

【案件索引】

一审:北京市东城区人民法院(2018)京0101民初20539号(2019年6月28日)

二审:北京市第二中级人民法院(2019)京02民终12499号(2019年12月20日)

【基本案情】

原告(上诉人)中国平安财产保险股份有限公司(以下简称平安财险)诉称:2014年2月20日,出借人中国农业银行股份有限公司北京成府路支行(以下简称农业银行)与被告(被上诉人)王某某签订个人担保借款合同,合同约定王某某向该行贷款9万元,期限36个月,2014年2月20日至2017年2月19日。还款方式为等额本息。同时,王某某向平安财险投保信用保证保险,平安财险出具了保险单,双方约定每月保费费率为借款金额的1.9%,即1710元。如王某某拖欠任何一期贷款达到80天的,平安财险应向出借人理赔。投保人王某某需以尚欠全部款项为基数,从保险人理赔当日开始计算,按日千分之一,向保险人缴纳违约金。

上述合同签订后,农业银行向王某某发放贷款9万元,王某某自2016年3月20日起不再履行还款义务。2016年6月8日,平安财险履行了保险责任,代王某某偿还33,185.93元,并取得了农业银行的全部权益。截至理赔时,王某某还欠平安财险保险费6102.66元。故起诉王某某要求:(1)返还理赔款33,185.93元(其中代偿本金32,492.70元、利息

578.15 元、罚息 115.08 元);(2)支付逾期保险费 6102.66 元;(3)支付违约金(自 2016 年 6 月 8 日起至实际给付之日止,以理赔金额 33,185.93 元为基数,按日千分之一计算)。

被告(被上诉人)王某某经合法传唤未到庭应诉。

法院经审理查明,平安财险为支持其诉讼请求,提交了个人担保借款合同、借款凭证、平安个人消费信贷保证保险保险单及保险条款、代偿债务确认书、追偿金额明细、还款情况系统截屏等证据,法院组织双方对证据进行质证。王某某经传唤未到庭,视为其放弃举证质证的权利,对平安财险提交的上述证据及其可证明的事实均予以确认并附卷佐证。

【裁判结果】

北京市东城区人民法院于 2019 年 6 月 20 日作出(2018)京 0101 民初 20539 号民事判决:(1)王某某支付平安财险理赔款 33,185.93 元;(2)王某某支付平安财险逾期保险费 6102.66 元;(3)王某某支付平安财险违约金(以 33,185.93 元为基数,自 2016 年 6 月 8 日起至实际给付之日止,按年 6%计算);(4)驳回平安财险的其他诉讼请求。

平安财险不服,提起上诉。北京市第二中级人民法院于 2019 年 12 月 12 日作出(2019)京 02 民终 12499 号民事判决:驳回上诉,维持原判。

【裁判理由】

法院生效判决认为:本案的争议焦点为一审法院调整的违约金计算标准是否妥当。涉案保险合同中约定保险人自理赔当日开始计算,以理赔金额为基数,按每日千分之一,向投保人收取违约金。该合同中约定的违约金计算标准明显过高,显失公平,在此情形下,一审法院有权调整该违约金的计算标准。关于具体的违约金计算标准,因平安财险公司每月向王某某已经收取借款金额 1.9%的保费,且未提供证据证明其实际损失高于一审法院酌定的违约金,故其主张按照年利率 24%的标准计算违约金,缺乏依据,本院不予支持。综上,平安财险公司的上诉请求不能成立,应予驳回;一审判决认定事实清楚,判决结果并无不当,应予维持。

【案例注解】

融资性保证保险具有增信和保障的双重功能,作为信贷风险损失的最终承担方,其面对的借款人基本属于信贷"金字塔"的底层人群,这类借款人虽然具有较强信贷需求,但因资信等原因,唯有通过保证保险才能从银行获取贷款。保险公司出于安全考虑,借优势谈判地位,往往与借款人约定较高的费率,同时附加高额违约金,存"高利放贷"之嫌。但倘若降低"门槛",则将加大保险风险敞口。为防范化解金融风险,有必要对融资性保证保险纠纷中涉高额违约金调整法律问题予以检视和规范。

一、以违约审查透视融资性保证保险纠纷的司法现状

(一)融资性保证保险的营运模式

根据银保监会发布的《信用保险和保证保险业务监管办法》第一条的规定①,我国保证保险采狭义概念,指确实保证保险②,包括为融资合同履行提供风险保障的融资性保证保险、为其他合同(如施工合同)的履约提供风险保障的履约性保证保险等③。本案所涉的金融消费贷款保证保险即属于融资性保证保险。

此类案件中,放贷机构与保险公司的经营模式通常为(见图1):借款人向放贷机构申请信用消费贷款;贷款人要求借款人向其合作的保险公司购买保证保险;借款人偿还本息的同时,须向保险公司支付保费等。当借款人无力还贷时,由保险公司先向贷款人赔付欠款本息,再向法院起诉,要求借款人支付所有理赔费用及欠付的保费、违约金、利息损失等。

---

① 本办法所称信用保险和保证保险,是指以履约信用风险为保险标的的保险。

② 确实保证保险是指债务人不履行义务而使权利人遭受损失时,保险人承担赔偿责任的保险。参见李利、许崇苗:《对保证保险内涵的探析》,载《保险理论与实践》2020年第8期。

③ 实践中,还存在诉讼财产保全保证保险、关税保证保险等向公权力部门提供风险保障的保证保险,也可视为广义的履约类保证保险。

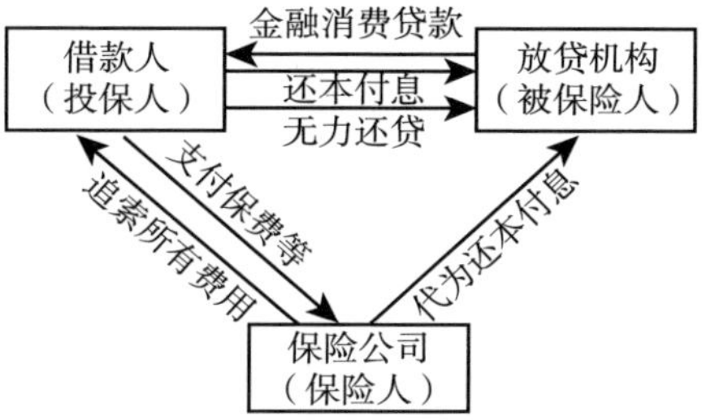

图1　金融消费贷款保证保险经营模式

（二）融资性保证保险纠纷的审判实践

笔者以“保证保险”“贷款”“违约金”“银行”为关键词，在威科先行法律信息库中检索了2018年至2021年6月30日生效的民事判决书，得到2177件案例。经调研，发现金融消费贷款保证保险纠纷中，违约金裁判尺度差异较大（见图2）：

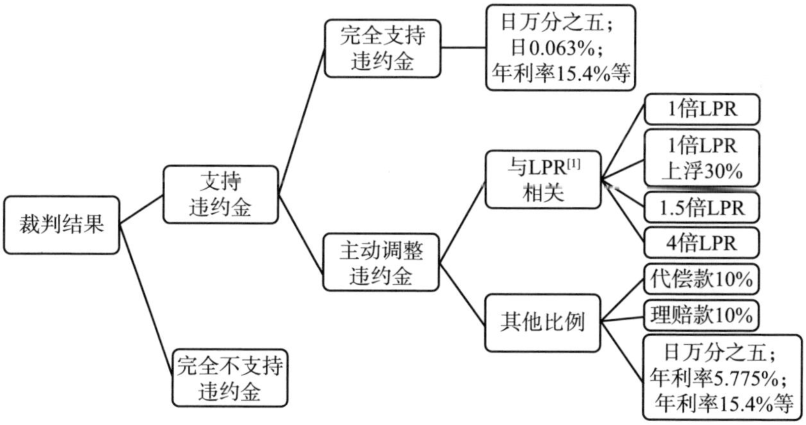

图2　司法实践中对违约金的认定标准

[1]一年期贷款市场利率。

鉴于该类纠纷违约事实基本一致，各地套案较多，无法通过分析案件数量、比例得出主流裁判结果，但足见裁判尺度不一的情况较为严重，各类裁判结果的主要例证如表1所示：

表 1　各地金融消费贷纠纷审理情况

序号	地域	案由	裁判结果	支持比率	裁判说理	案例
1	河南武陟	保证保险合同纠纷	完全支持违约金	年利率 15.4%	诉请违约金按照年利率 15.4%计算,未超过合同约定,亦未违反法律规定	中国人民财产保险股份有限公司焦作市分公司与刘某某保证保险合同纠纷案
2	辽宁沈阳	保险纠纷		日万分之五	按照保单中载明双方存在违约金的约定	阳光财产保险股份有限公司沈阳中心支公司与马某某保险纠纷案
3	湖南株洲	追偿权纠纷		日千分之一	“按每日千分之一,向保险人缴纳违约金”的规定不违反法律、法规规定	中国人民财产保险股份有限公司株洲市分公司与陈某追偿权纠纷案
4	河南南阳	保证保险合同纠纷	主动调整违约金	1 倍 LPR	违约金具有的惩罚性和补偿性,依据公平原则,对违约金予以适当调整	阳光财产保险股份有限公司南阳中心支公司系列保证保险合同纠纷案
5	河南郑州	信用保险合同纠纷		1 倍 LPR	原告主张按照每月百分之二计算过高,按 1 倍 LPR 予以支持	中国人民财产保险股份有限公司郑州市分公司与贺某某信用保险合同纠纷案
6	陕西西安	委托合同纠纷		1 倍 LPR	约定日千分之一,原告自愿将违约金变更为资金占用损失,按 1 倍 LPR 予以确认	中国大地财产保险股份有限公司陕西分公司与李某委托合同纠纷案
7	广东中山	保证保险合同纠纷		1.5LPR	根据公平原则,权衡当事人预期利益等综合因素,酌情调整	中国人民财产保险股份有限公司中山市分公司与殷某某保证保险合同纠纷案

续表

序号	地域	案由	裁判结果	支持比率	裁判说理	案例
8	广西北流	保证保险合同纠纷	主动调整违约金	4倍LPR	合同中约定的日万分之六违约金过高,调整按照4倍LPR计算	中国人民财产保险股份有限公司玉林市分公司与陈某、林某某保证保险合同纠纷案
9	河南郑州	保证保险合同纠纷		理赔款10%	主张违约金并无不妥,但违约金约定计算标准过高,以实际损失为基础,兼顾合同的履行情况、被告的过错程度等综合因素,根据公平原则,认为违约金以理赔款的10%计算为宜	阳光财产保险股份有限公司郑州中心支公司与刘某某保证保险合同纠纷案
10	四川成都	保险人代位求偿权纠纷	完全不支持违约金	—	代位求偿的范围是保险人赔偿的范围,保险费和违约金不属于代偿求偿的范围。经释明,人保成都公司坚持以保险人代位求偿起诉,违约金不予支持	中国人民财产保险股份有限公司成都市分公司系列代位求偿权纠纷案

由上,各地法院在案由识别、裁判说理、裁判结果等方面存在较大差异,对保证保险的法律性质也有"保证说""保险说""二元说"等争论,对违约金的认定大致持三种观点:一是完全支持,尊重当事人意思自治;二是虽然支持,但认为约定过高,参照民间借贷主动予以调整,但有的法院与LPR之间挂钩上浮一定比例,如1倍、1.5倍,甚至4倍,有的法院确定其他参照基准,如代偿款10%、理赔款10%等;三是完全不支持,保险人仅在理赔额内受偿。本案认定的按年利率6%计算,参照了《最高人民法院关于审理民间借贷案件适用法律若干问题的规定》关于资金占用损失规定,该司法解释修改后统一为LPR,是前述众多裁判标准之一。

(三)融资性保证保险纠纷的裁判难题

裁判尺度不一仅是问题的表象,在背后影响法官的争议焦点是:保证保险合同的法律性质是保险抑或保证?如果是保险合同,借款人作为投保人可以控制保险事故是否发生,似有悖保险理论;保险人追偿若仅限于理赔款,保险公司从事该项业务风险徒增。如果是保证合同,根据担保合同的附属性,追偿的数额不得突破法定利率红线,且违反"保险机构不得为他人债务向第三方提供担保"的监管规定。由此,保证保险的法律性质决定了该类纠纷的法律适用,并需以此为基透析违约金的正当性、合法性、统一性。

二、以性质认定透析融资性保证保险纠纷的法益权衡

保证保险的法律性质一度在法学界讨论不休,不同时期倾向性观点不同①。笔者认为,保证保险虽能够发挥"担保"和"增信"的功能,但本质上

① 如在学术界,2006年宋刚的《保证保险是保险,不是担保——与梁慧星先生商榷》与梁慧星的《保证保险合同纠纷案件的法律适用》形成呼应。关于保证保险学说之争可以参见廖世昌:《解析保证保险》,载《月旦法学杂志》2004年第4期;孙宏涛、张津豪:《保证保险代位求偿权行使对象的范围界定研究》,载《保险理论与实践》2020年第10期等。而在司法实践中,2000年8月最高人民法院曾在〔1999〕经监字第266号复函中指出:"保证保险虽是保险人开办的一个险种,其实质是保险人对债权的一种担保行为。"但2003年最高人民法院又曾在保险纠纷司法解释的征求意见稿中规定:法院在审理保证保险合同纠纷确定当事人权利义务时,应适用保险法;保险法未作规定的,才适用担保法。

仍是保险,应当在《中华人民共和国保险法》和金融法的领域内加以规范。

(一)保证保险的法律性质分析

1. 从法律文义解释上看

在保证保险法律性质之争中,否定其保险性质的代表性观点认为,“在现实中的保证保险合同中,投保人自己对于保险标的并不具有保险利益,不是真正意义上的保险合同”①。然而,2009 年《中华人民共和国保险法》修订时,明确将保证保险作为财产保险业务之一,并删除了“投保人对保险标的应当具有保险利益”的条款,以此顺理成章地将保证保险纳入《中华人民共和国保险法》项下,只要“被保险人对保险标的具有保险利益”,即可认定为保险,无须再考虑投保人是否具有保险利益。

2. 从保险基本特征上看

保险的特性在于兼具风险转移和分担的功能。保险公司作为金融机构,以承保方式运用汇集的保费对实际发生的风险进行理赔,通过大数法则实现风险分担。这是作为金融工具的保险制度与通过“一对一”方式进行增信的担保制度的本质区别。《中华人民共和国保险法》只要求被保险人对保险标的享有保险利益,关注的是可能损害被保险人保险利益的风险转移,在被保险人间实现风险共担。因此,即便借款人(投保人)能控制保险事故是否发生以及保险人追偿权导致借款人不能实现风险转移,但保险合同保障的是被保险人(贷款人),不影响保证保险的保险属性。

3. 从法益保护上看

保证保险具有金融属性和公共属性,将其作为保险而非一般商事案件进行规制更有利于保护金融消费者和小微企业。首先,该类保险业务的数

① 梁慧星:《保证保险合同纠纷案件的法律适用》,载《人民法院报》2006 年 3 月 1 日,B01 版。

量和金额主要集中于融资性保证保险①，特别是针对个人消费贷、小微企业经营贷等体量庞大的金融信贷，已实际成为此领域的配套制度。其次，保险公司作为金融机构，需要广泛汇集社会公众资金才能实现制度价值。即便是受金融监管的融资担保公司，其业务规模和市场地位也无法与保险公司相提并论。因此，虽然保证保险与保证担保的法律效果类似，但考虑其涉及范围广、公共属性强，是国家金融监管政策的组成部分，将其视为保险而非一般民商事担保进行规制，更有利于维护金融秩序、降低系统性风险、服务实体经济。

（二）融资性保证保险的特别之处

1. 借款人地位弱势

保证保险并不转移借款人的风险（责任），因此其更多是应贷款人的要求而购买保证保险。就保险公司而言，借款人投保的优势在于，其可以通过保险合同直接将其锁定，不但在合同中精确掌握借款人的身份信息、送达地址，还可以直接约定案件管辖、违约标准、追偿规则等具体权利义务，甚至还可以要求借款人为履行保险合同提供反担保。保险公司利用合同条款可以强化对己方的保护，但谈判能力弱的借款人则处于权利失衡的处境中。

2. 风险共担效果弱

在融资性保证保险中，贷款人往往集中在少数金融机构，且这些机构往往只和特定保险公司合作，由此少数被保险人将大量融资合同风险汇集给单一保险公司，但后者难以找到更多的同类保险业务实现风险共担。鉴

① 根据中再产险 IDEA 行业数据分析中心的数据估计，目前融资性保证险业务在整个保证险业务中的保费收入占比超过九成。参见《保证险“扭盈为亏”》，载新浪网 2020 年 4 月 10 日，https://cj.sina.com.cn/articles/view/6363707782/17b4e798601900nxyl。

于承保规模与贷款规模在数量级上基本相当，不足以对冲风险，[①]保险的大数法则存在落空的风险，反而形成了银行与保险公司一对一对赌的局面。如果放任保险公司扩张己方权利，非但无法实现风险分担的目的，反而可能刺激信贷泡沫产生，并将金融风险从银行系统扩散到保险系统。[②]

3. 保费费率更高

虽然保险公司有权追偿，但往往已是在贷款人穷尽手段之后，其权利实现难度较大。同时，由于保险公司难以找到足够多的被保险人实现大数法则，为了平衡自身风险，必然会调高保费费率。横向上看，融资性保证保险的基准费率（每月 1.4%），高于履约性保证保险（每月 1%）、信用保险（每月 0.15%～1.31%）和其他财产保险；纵向上看，高于借款人利息标准，客观上推高了借款人的综合融资成本（如本案中被告仅承担的保费就高达每年 22.8%），增大了履约难度。

4. 保险免责事由受限

融资性保证保险中免责范围比履约性保证保险和财产保险更窄，特别是不会对投保人故意和具有严重过错的情况免责。[③] 保证保险的保险标的是借款人自身的履约信用风险，即使借款人已出现逾期或履约能力明显恶化时，保险人也不能以投保人未对保险标的安全尽责或保险标的危险程度显著增加为由要求解除保证保险合同。这使保险人更多只能利用事后追索而非事前限定风险范围的方式把控风险，进一步推动保险公司在合同中设置尽可能有利的追偿规则及违约条款。

---

① 以本案涉及的贷款机构与保险机构为例，根据其上市公司年报显示，农业银行 2020 年度发放个人消费贷款金额为 1785.59 亿元，而平安保险 2020 年度保证保险的保险金额为 4126.45 亿元，考虑针对个人消费贷款的保证保险仅占全部保证保险的一部分，可以认定两者体量基本相当。

② 比如，中国人保和中国平安在 2020 年度上市公司年报中，均提及保证保险收入大幅下降，索赔金额大幅上升并导致业务亏损的情况。

③ 可以参见《平安个人借款保证保险条款》（2015 年 9 月 25 日备案）、《平安建设工程施工合同履约保证保险（B 款）保险条款》（2016 年 6 月 14 日备案）、《中保协机动车综合商业保险示范条款（2014 版）》的比较。

（三）小结

综上，明确保证保险法律属性只是确定该类纠纷裁判规则的起点，在锁定其保险本质的同时，也应正视融资性保证保险不同于一般保险的特殊之处：一是融资性保证保险风险转移和增信的属性更强，风险分担和风险管控的属性则更弱，在法律效果上更接近担保制度。二是融资性保证保险的保险人具有签约前谈判优势明显而签约后救济受限的特点，倾向于通过保险合同尽量扩张己方权利、加重借款人负担。此种做法导致当事人权利义务的严重失衡，在整体上较易诱发逆向选择，使经济实力较弱但更需融资的借款人无力承担融资成本，驱使其将信贷资金投向投机领域。上述问题亟须法院以法益衡量和制度价值实现为导向，慎重审查融资性保证保险纠纷。

三、以统一标准构建融资性保证保险违约金裁判规则

既然确定了融资性保证保险的保险本质，这决定了在纠纷处理中，不应采保证合同的观点，保险人不是保证人，故无从谈起保证范围，更无法就违约金在1~4倍LPR范围内进行调整。既然保险合同明确约定了违约金，则应当予以支持。但考虑融资性保证保险的特殊之处，在保险人向出借人支付的保险赔偿金中已包含了借款本金和利息的情况下，若再支持高额的违约金，则相当于支持变相“高利放贷”，应当予以必要的调整。具体考量因素包括以下三个方面。

（一）穿透审查保险利益即基础借贷关系

以本案为例，典型的融资性保证保险纠纷同时涉及借款合同、保证保险合同和保险人代位求偿权三个法律关系。即使保险人主动履行保险责任，基础借贷关系并未进入司法程序，法院仍应对其进行有限度地审查。穿透审查的法律依据是《中华人民共和国保险法》关于“财产保险的被保险人在保险事故发生时，应当对保险标的具有法律上承认的利益”的规定。融资性保证保险的保险标的是基础借贷关系的履约信用风险。如果作为被保险人的出借人在基础借贷关系中享有的债权因存在非法集资、利率过高等法定情形而未得到法律上的承认，被保险人对保险人享有的赔偿权以及保险人理赔后的追偿权，不应得到司法的支持。

（二）保险人可依法取得对投保人的追偿权

《中华人民共和国保险法》第六十条有关追偿权的规定本意在于避免被保险人从保险公司和损害赔偿责任人处就同一保险事故获得双重赔付，故该条所指的第三人系指被保险人和保险人以外的第三人。而融资性保证保险的借款人在保证保险合同项下是投保人，在保险代位权中是第三人，因此保险人有权向作为投保人的借款人请求赔偿。

融资性保证保险的保险人享有追偿权的范围并不仅局限于保险赔偿金。这是因为保险人在理赔后，还可以依据《中华人民共和国保险法》第五十九条的规定取得“受损保险标的的全部权利”。综合融资性保证保险的制度本意，为实现同案同判的效果，可以对上述规定进行扩张解释，认定保险人此时可以视同取得出借人在基础借贷关系中所享有的合法债权，其追偿的范围既包括已赔付的本金、利息，也包括依据欠付款项计算的违约金或罚息；而保险人追偿的对象，既包括借款人，也包括为出借人提供担保的其他担保人。

（三）不得利用格式合同加重投保人责任

由于保险合同的公共属性，《中华人民共和国保险法》第十九条明确禁止保险人通过格式条款加重投保人责任。在本案中，保险人依据保险合同的约定，要求借款人按照每日千分之一的标准支付违约金。但该类案件中，借款人虽然既是保证保险合同的投保人，又是借款合同的借款人，还兼为保险人代被保险人之位请求赔偿的第三人，但是其在不同法律关系中的义务不同，不能混为一谈。在逻辑上，保险人对借款人的追偿权来自法律规定而非合同约定，也不允许当事人自行约定。同时，保险事故的发生属于保险保障的事项，而不是投保人的违约行为，保险人据此收取投保人的违约金缺乏合理依据。

因此,融资性保证合同纠纷中,保险人向借款人收取违约金的依据,仅仅来自基础借贷关系中从出借人处取得的权利。倘若保险合同约定明显重于基础借贷关系约定的罚则,应认定属于《中华人民共和国保险法》第十九条禁止的“加重投保人责任”。具体而言,从统一金融监管尺度、避免监管套利、遏制保险公司变相从事贷款业务的角度出发,不宜支持过高违约金。《最高人民法院关于审理民间借贷案件适用法律若干问题的规定》在2015年刚出台时曾提出“既未约定借期内利率,也未约定逾期利率”的资金占用期间的利息标准,即年利率6%(1倍LPR),后在2020年修正后取消了“资金占用”的提法,转而支持无约定下“违约金”。据此,法院在调整融资性保证保险违约金过高时,仍可沿用1倍LPR标准。

综上,裁判思路可以整理如下(见图3):

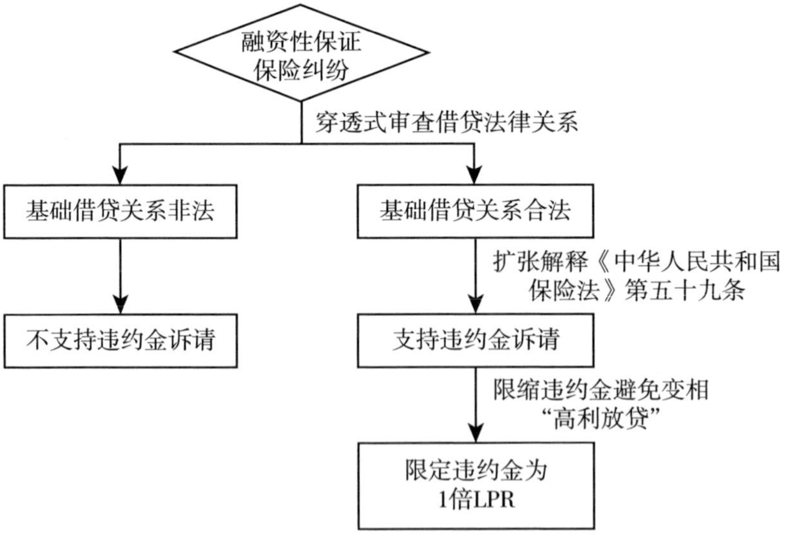

图3 融资性保证保险纠纷违约金认定裁判思路

(本案例分析荣获全国法院系统2021年度优秀案例分析评选活动二等奖)

【行政案例】

上海海基业高科技有限公司与安徽省工商局、国家市场监督管理总局行政处罚及复议案

——协同行为的证明路径与规则

编写人:北京市第二中级人民法院　李　丹

【内容摘要】

本案是全国法院判决的首例以协同行为认定垄断存在的行政处罚诉讼案件。随着各主要国家和地区反垄断规制实践的不断完善,明示的垄断协议渐渐销声匿迹,经营者转而采取更为隐蔽的方式,协同行为作为垄断协议的一种高级形式,在实施中往往不会遗留直接证据,协同行为的认定成为审判领域以及执法领域的重大疑难问题。本案中,法院通过客观、全面分析在案证据的内容及证明力,严格依据《中华人民共和国反垄断法》及其配套规章等相关规定,最终确立了协同垄断行为司法认定的五大要素,并在裁判文书中对以协同行为方式达成垄断协议的认定标准和考虑因素、反垄断豁免条款是否适用于本案以及行政性垄断因素的存在是否影响行为定性等焦点问题进行了详细阐述,最终判决认定上海海基业高科技有限公司的涉案行为构成协同垄断行为,对安徽工商局所作行政处罚决定及国家市场监管总局所作行政复议决定予以维持。

【关键词】协同行为　反垄断　行政处罚

【裁判要旨】

以协同行为方式达成垄断协议的认定标准和考虑因素主要有以下五点:(1)是否符合达成垄断协议行为的主体要件;(2)客观上经营者之间是否存在一致性市场行为;(3)主观上经营者之间是否进行过意思联络或者信息交流;(4)经营者能否对一致性行为作出合理解释;(5)相关市场的结构情况、竞争状况、市场变化情况、行业情况等因素。

【相关法条】

《中华人民共和国反垄断法》(2007年)第十二条、第十三条①

《工商行政管理机关禁止垄断协议行为的规定》(已废止)第二条、第三条

【案件索引】

一审:北京市西城区人民法院(2017)京0102行初432号(2017年10月30日)

二审:北京市第二中级人民法院(2018)京02行终82号(2018年5月17日)

【基本案情】

原告:上海海基业高科技有限公司(以下简称海基业公司)

被告:安徽省工商行政管理局(以下简称安徽工商局)

被告:中华人民共和国国家市场监督管理总局(以下简称国家市场监管总局)

第三人:北京兆日科技有限责任公司(以下简称兆日公司)

第三人:信雅达系统工程股份有限公司(以下简称信雅达公司)

---

① 现《中华人民共和国反垄断法》第十五条、第十七条。

2016年9月18日,安徽工商局对海基业公司作出被诉行政处罚,主要内容为:“海基业公司和兆日公司、信雅达公司均在安徽市场销售支付密码器,经营同种业务,是具有横向竞争关系的独立法人,本应依据法律规定和市场经济规则开展充分有序的市场竞争,但却以中国人民银行合肥中心支行(以下简称人行合肥支行)行政限定为由,积极组织实施划分销售对象来分割支付密码器销售市场……海基业公司与其他两家公司采取协调一致的行为在安徽省分割支付密码器销售市场,违反了《中华人民共和国反垄断法》(2007年)第十三条第一款‘禁止具有竞争关系的经营者达成下列垄断协议’第(三)项‘分割销售市场或者原材料采购市场’及《工商行政管理机关制止滥用行政权力排除、限制竞争行为的规定》第五条‘经营者不得从事下列行为’第(一)项‘以行政机关和法律、法规授权的具有管理公共事务职能的组织的行政限定为由,达成、实施垄断协议和滥用市场支配地位’之规定,构成达成并实施垄断协议行为……根据《中华人民共和国反垄断法》(2007年)第四十六条第一款……之规定,责令海基业公司停止违法行为,并对海基业公司处罚如下:(1)没收违法所得19,854,770.81元;(2)处以2014年度销售额百分之八的罚款75,913.85元。合计:19,930,684.66元。”2017年1月13日,原国家工商总局作出被诉复议决定,维持了被诉行政处罚。

海基业公司不服上述行政行为,诉至一审法院,请求撤销被诉行政处罚及被诉复议决定,本案诉讼费由安徽工商局、国家市场监管总局共同承担。

法院经审理查明:2014年7月25日,安徽工商局制作案件来源登记表。2015年1月13日,安徽工商局向原国家工商总局作出《关于授权我局查处兆日公司等三家企业涉嫌垄断行为的请示》。2015年1月26日,原国家工商总局向安徽工商局出具《关于授权安徽工商局立案查处兆日公司等三家企业涉嫌垄断行为的决定》。2015年2月5日,安徽工商局制作立案审批表,建议对涉案三家企业予以立案调查。2015 年 3 月 25 日,安徽工商局制作行政处罚案件有关事项审批表。

2016 年 4 月 5 日,安徽工商局制作案件调查终结报告、行政处罚案件有关事项审批表。2016 年 4 月 13 日,安徽工商局向兆日公司、海基业公司、信雅达公司分别出具行政处罚听证告知书。5 月 11 日至 20 日,安徽工商局组织召开案件听证会,形成听证笔录及听证报告。2016 年 6 月 1 日,安徽工商局向原国家工商总局作出《关于对兆日科技公司等三家企业涉嫌达成并实施垄断协议行为行政处罚的报告》。2016 年 8 月 9 日,安徽工商局制作行政处罚案件有关事项审批表,记载审批事项为关于调整计算信雅达公司违法所得的建议。2016 年 8 月 12 日,安徽工商局向原国家工商总局作出《关于调整计算信雅达公司违法所得情况的报告》。2016 年 8 月 31 日,原国家工商总局反垄断与反不正当竞争执法局向安徽工商局作出复函([2016]160 号),同意案件处理意见。

2016 年 9 月 18 日,安徽工商局作出行政处罚决定审批表。同日,安徽工商局作出包括被诉行政处罚在内的三份行政处罚决定书(皖工商公处字[2016]1、2、3 号),并向海基业公司、兆日公司、信雅达公司出具行政处罚信息公示告知单。海基业公司不服被诉行政处罚,向原国家工商总局申请行政复议。2017 年 1 月 13 日,原国家工商总局作出被诉复议决定,并向各方当事人送达。

【裁判结果】

北京市西城区人民法院于 2017 年 10 月 30 日作出(2017)京 0102 行初 432 号行政判决:驳回海基业公司的诉讼请求。宣判后,海基业公司向北京市第二中级人民法院提起上诉。北京市第二中级人民法院于 2018 年 5 月 17 日作出(2018)京 02 行终 82 号行政判决:驳回上诉,维持原判。

【裁判理由】

法院生效裁判认为：经审查，安徽工商局结合海基业公司的行为性质、违法情节等因素，对其涉案分割销售市场的垄断行为作出被诉行政处罚，认定事实清楚，证据确凿。该局适用《中华人民共和国反垄断法》(2007年)第十三条第一款第(三)项、第二款及《工商行政管理机关禁止垄断协议行为的规定》第二条第四款、《工商行政管理机关制止滥用行政权力排除、限制竞争行为的规定》第五条第(一)项的规定予以定性，并根据《中华人民共和国反垄断法》(2007年)第四十六条第一款的规定进行处罚，适用法律正确。

本案中，安徽工商局于2015年2月5日立案，2016年4月15日向上诉人海基业公司送达安徽省工商行政管理局行政处罚听证告知书，5月11日举行听证会，9月18日作出被诉行政处罚，上述执法程序不与《中华人民共和国行政处罚法》、《工商行政管理机关行政处罚程序规定》(已废止)、《工商行政管理机关行政处罚案件听证规则》(已废止)、《工商行政管理机关查处垄断协议、滥用市场支配地位案件程序规定》(已废止)等规定相悖，本院认可被诉行政处罚执法程序的合法性。原国家工商总局收到上诉人海基业公司所提行政复议申请后，于2016年11月17日向安徽工商局作出行政复议答复通知书，安徽工商局于2016年12月5日作出行政复议答复书，2017年1月13日，原国家工商总局根据《中华人民共和国行政复议法》第二十八条第一款第(一)项的规定作出被诉复议决定，亦符合法律规定，复议程序合法。一审判决认定事实清楚，适用法律正确，审理程序合法，应予维持。海基业公司的上诉请求，缺乏事实根据及法律依据，不予支持。依照《中华人民共和国行政诉讼法》第八十九条第一款第(一)项的规定，判决驳回上诉，维持一审判决。

【案例注解】

本案争议焦点即协同行为的认定。协同行为作为垄断协议的一种“高级形式”，在实施中往往不会遗留直接证据，造成了证明过程的困难性与复杂性，如何利用间接证据来证明涉案三家企业之间存在协同行为成为难题。二审法院对相关问题进行了较为深入的论述，确立了协同垄断行为司法认定的证明方法与标准，对同类案件的裁判具有较高的参考价值。

一、以协同行为方式达成垄断协议的认定标准和考虑因素

《中华人民共和国反垄断法》（2007 年）第十三条规定：“禁止具有竞争关系的经营者达成下列垄断协议：（一）固定或者变更商品价格；（二）限制商品的生产数量或者销售数量；（三）分割销售市场或者原材料采购市场；（四）限制购买新技术、新设备或者限制开发新技术、新产品；（五）联合抵制交易；（六）国务院反垄断执法机构认定的其他垄断协议。本法所称垄断协议，是指排除、限制竞争的协议、决定或者其他协同行为。”《工商行政管理机关禁止垄断协议行为的规定》（已废止）第二条第四款规定：“其他协同行为是指经营者虽未明确订立书面或者口头形式的协议或者决定，但实质上存在协调一致的行为。”第三条规定：“认定其他协同行为，应当考虑下列因素：（一）经营者的市场行为是否具有一致性；（二）经营者之间是否进行过意思联络或者信息交流；（三）经营者能否对一致行为作出合理的解释。认定其他协同行为，还应当考虑相关市场的结构情况、竞争状况、市场变化情况、行业情况等。”

《中华人民共和国反垄断法》是市场经济重要的基础性法律。《工商行政管理机关禁止垄断协议行为的规定》系其配套实体规章，在法律框架内对垄断协议行为、滥用市场支配地位行为和滥用行政权力排除、限制竞争的行为进行了细化和明确。结合《中华人民共和国反垄断法》（2007 年）及《工商行政管理机关禁止垄断协议行为的规定》前述规定，本院认为，以协同行为方式达成垄断协议的认定标准和考虑因素主要有以下五点：

第一，是否符合达成垄断协议行为的主体要件。根据《中华人民共和国反垄断法》（2007 年）第十三条关于禁止具有竞争关系的经营者达成垄断协议的规定,垄断协议系在两个或者两个以上有竞争关系的经营者之间达成。根据本案已查明的事实,上诉人海基业公司及一审第三人兆日公司、信雅达公司均系从事支付密码器销售业务的独立企业法人,属于《中华人民共和国反垄断法》(2007 年)第十二条所规定的经营者,且上述公司均在安徽省从事相同或相似产品的销售,彼此之间具有横向竞争关系,属于《中华人民共和国反垄断法》(2007 年)第十三条所规定的具有竞争关系的经营者,符合达成垄断协议行为的主体要件。

第二,客观上经营者之间是否存在一致性市场行为。相互竞争的市场主体同时或者相继作出相同的市场行为,是协同行为的基本外在特征。经营者之间的外在市场行为表现出相同性,是发现协同行为的基本前提和初步证据。认定一致性市场行为,应当注意两个基本条件:一是行为的同时性,二是行为的相同性。其中,“相同”应当做广义理解,既包括完全相同,也包括基本相同或者相似。

第三,主观上经营者之间是否进行过意思联络或者信息交流。协同行为与排除、限制竞争的协议、决定一样,属于一种垄断协议。协同行为与协议、决定的区别之一在于行为人之间合意形成的过程及形式不同,而任何合意的形成,必然依赖一定形式的意思联络,因此,经营者之间存在意思联络或者信息交流是协同行为的必备要件。

第四,经营者能否对一致性行为作出合理解释。协同行为的相同性或相似性以及同时性等问题,实际涉及协同行为与平行行为、跟随行为的区别问题。所谓平行行为,是指市场主体之间在没有任何沟通的前提下作出的相同或相似的市场行为,这种相同的市场行为通常被称为平行行为,不受《中华人民共和国反垄断法》(2007 年)等法律法规关于垄断协议的规制。而跟随行为,是指市场主体根据竞争对手的市场行为,在特定竞争条件下为适应竞争环境的变化,后续采取的相同或者相似的策略性应对措施。在一个相对稳定的市场环境中,占主导地位的市场主体往往会应经营环境的变化率先采取主动性市场行为，而其他市场主体基于稳定竞争环境的需要以及自身利益最大化考量，也随之采取相同或者相似的市场行为，这种表面看似相同或相似的行为实际上属于跟随行为，是正常市场竞争过程的自然反映，亦不宜将其纳入《中华人民共和国反垄断法》(2007年)范畴进行规制。

第五，相关市场的结构情况、竞争状况、市场变化情况、行业情况等因素。《中华人民共和国反垄断法》(2007年)第十二条第二款规定，本法所称相关市场，是指经营者在一定时期内就特定商品或者服务进行竞争的商品范围和地域范围。本案中，相关市场即指安徽省支付密码器销售市场。上诉人海基业公司及一审第三人兆日公司、信雅达公司协议分割安徽省支付密码器销售市场，导致相关市场长期以来只存在三个经营者，其他经营者基本难以进入，竞争状况恶化，且涉案三家企业相互之间不交叉供货，扰乱了市场竞争秩序，影响经济运行效率，既剥夺了消费者自主选择权，又加重了消费者负担，对消费者的合法权益造成损害。

其中第一项要件，即是否符合达成垄断协议行为的主体要件，法院在判断的时候相对独立，不在此赘述。如何将后四项要件结合起来判断协同行为是否存在，是下文的重点部分。

二、协同行为的推断困境及推断路径选择

垄断协议作为经营者之间采取的一种典型的限制竞争行为，为各主要国家和地区的反垄断法明确禁止。随着反垄断规制实践的不断完善，明示的垄断协议渐渐销声匿迹，经营者转而采取更为隐蔽的方式，通过“心照不宣”“心领神会”的默契配合达成一致意见，由此出现了非口头、非书面的垄断协议形式——协同行为。作为经营者“智力升级”结果的协同行为，其实施过程中往往不会遗留直接证据，反垄断执法机构难以获取相关证据对之进行惩治，因此，如何依据间接证据证明经营者之间存在协同行为成为各国反垄断执法机构面临的一个十分棘手的课题。

协同行为的推断困境由其特质所决定,发生在"心照不宣"的默契至"合意形成"阶段,即在不存在协议证据的情况下如何证明经营者之间形成了合意。于此情形下,执法机构与司法机关只能依靠间接证据,通过经验法则推断协同行为存在与否。因而,熟悉对协同行为存在起到证明作用的间接证据的典型样态,明晰典型样态的间接证据的证明力大小,并依据典型样态的间接证据构造具有一定普适性的推断规则与路径,无疑具有重要意义。

协同行为的推断是一项纷繁复杂的思维工程,主要包括以下几个阶段:(1)选取推断路径。(2)对间接证据进行分类、细化。(3)构造使各间接证据片段得以最优组合并发挥最大证明效力的推断规则。(4)将间接证据片段导入推断规则。

协同行为推断路径的铺就方式是正向推断与反向排除相结合。由于反垄断执法机构往往需要收集各间接证据片段用以勾勒、拼凑协同行为的"影像",基于此形成内心确信以推断协同行为是否存在。因而,通过收集间接证据推断出间接事实,并以经验法则运用于间接事实的集合进而推断协同行为存在与否是一条十分重要的路径,正向推断路径的逻辑过程如图1所示:

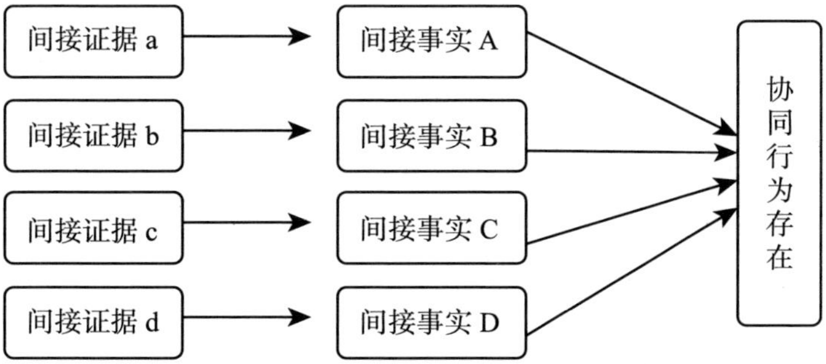

图1　推断路径的逻辑过程

反向排除推断路径的合理性在于实施协同行为的经营者是理性的市场主体,其实施协同行为旨在追求垄断利润,从长远看,经营者不会实施"损人不利己"的协同行为。依此逻辑,若通过对产品需求弹性、市场结构等经济因素的分析能够推断出经营者实施的行为具有经济合理性,则可排除经营者之间存在协同行为,此即对应《工商行政管理机关禁止垄断协议行为的规定》(已废止)第三条规定的经营者能否对一致行为作出合理解释之条款,相关条款还包括《中华人民共和国反垄断法》(2007 年)第十五条关于反垄断豁免之规定。反向排除推断路径的逻辑过程如图 2 所示:

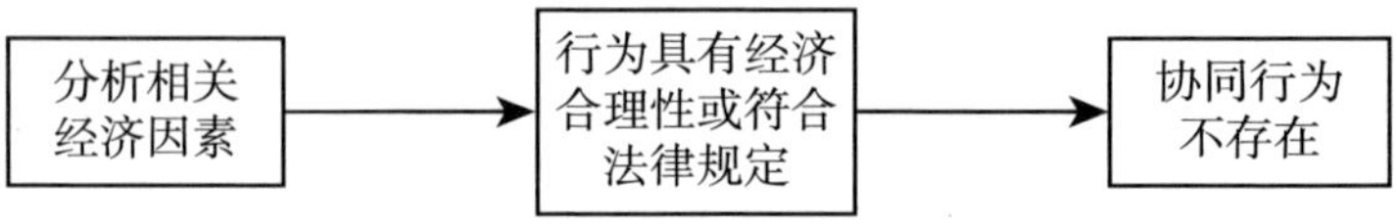

图 2　反向排除推断路径的逻辑过程

无论在行政执法程序亦或是司法实践中,在进行推断路径的选择时,均应将正向推断与反向排除相结合,对协同行为进行认定。

下文将对间接证据进行类型化区分并评判各类间接证据证明力的强弱,在此基础上完成对推断规则的构造。

三、间接证据的类型化区分和证明力评判

(一)间接证据的类型化区分

这里的间接证据,是指不能直接确定或不能完全表明经营者及其活动的内容属于垄断形式的信息,如提高价格的声明、交流的信息、共谋者的内部文件、来往文件和会见大事记、和合作伙伴的谈话、和客户的谈话、和竞争者的谈话、行业协会的备忘录、开支记录等。

间接证据的证明作用是从事实与事实的互相联系中确定不同性质的事实,或者说,间接证据联系哪一方面的事实,它就倾向于证明哪一方面的事实。事实与事实的关联关系只是说明间接证据的条件,而具有关联关系的间接证据,只有进一步加工和细化才可能作为定案的依据。加工和细化的基本方法就是对证据进行分类。

协同行为的垄断属性决定了除了考查争议的客观行为外,还需把握主观状态,甚至有时候还要揭示行为实施时的相关经济背景。由此,用以证明该种行为的间接证据的分类也不同于传统证据法对间接证据的分类。既然这里的证据要求(包括法律法规的相关规定)从主观、客观和经济背景方面进行考查,那么,也就可将证明协同行为的间接证据分为沟通证据、行为证据和经济证据。

行为证据,表明客观上经营者之间存在一致性市场行为。相互竞争的市场主体同时或者相继作出相同的市场行为,是协同行为的基本外在特征。

沟通证据,即经营者之间的会见或任何形式的交流证据。具体包括:电话交谈或存在会面的事实,如参加同一会议;各方交流某一特定主题,如讨论价格、需求或者产能的备忘录或会面记录;竞争者定价策略或解释性的内部文件等。

经济证据包括市场结构证据和促进协作的证据。市场结构证据是用来说明涉案协同行为所在竞争市场状况的证据。尽管市场结构因素并不能直接证明存在协同行为,但它在一定条件下可以协助分析行为的合理性或不合理性。市场结构证据包括高集中度,高进入壁垒,高度纵向一体化、统一的标准或产品同质等。促进协作的证据是有利于实施协同行为的客观情况,如异常高的回报、稳定的市场份额、产品标准的限制、地域限制、产量的减少等。一般情况下,垄断行为的认定既需要客观行为表现,也需要主观上有统一的认识,所以促进协作的证据不能单独发挥认定作用。但是,一些促进协作的证据能够揭示企业行为的异常性并由此深化对可能存在垄断行为的认识。

要在杂乱无章的间接证据中找出有价值的线索是准确认定案件的前

提,而证据的类型化是能够找出有价值线索的一种方法,当然,它也仅是服务于认定前提的一种方法,就案件认定而言,更为重要的是间接证据的证明力问题和推断规则的形成。

(二)间接证据的证明力评判

对间接证据进行类型化研究的意义在于明确不同种类的间接证据的区别,辨明不同种类间接证据的推断作用,为评判各类间接证据的证明力搭建平台。在明晰不同种类间接证据差异性的基础上以一个较为公允的标准进行度量,是评判各类间接证据证明力强弱的一个可行方法。

依协同行为的特性可知,经营者基于"心领神会"的默契实施协调一致的行动。每个经营者都从其他经营者那里获取足够的信心并形成协调行动的合理预期。合理预期作为经营者信息沟通的结果以及合意的产生前提,对于推断协同行为的存在也至关重要。"只要证明企业间有协同行为的预期并受到了邀请,就足够证明该企业参加了垄断协议的实施。只要每一个企业都知道其他企业受到了邀请,并相信其他企业会遵守该协议。"① 以合理预期为标准评判各类间接证据证明力的强弱,即以各类间接证据对促成经营者形成合理预期的"贡献"大小为标准进行证明力评判具有可行性,并可由此得出以下结论:

1. 主观促成证据的证明力强于客观促成证据。市场结构、产品特性等证据只能推断出经营者存在实施协同行为的客观有利条件。由于这类间接证据中没有经营者主体因素的渗入,其对帮助经营者形成合理预期"贡献"较小。特定的市场结构、产品特性是企业能够实施协同行为的必要条件,但不是充分条件。欧盟委员会在"香蕉案"中,即鲜明地表达了对客观促成证据的态度:"经销商之间协同行为本身具有反竞争的目的,为欧共体条约所禁止,因此,无须再关注市场结构等因素,也无须去评估协同行为所

---

① 王晓晔:《欧共体竞争法》,中国法制出版社 2001 年版。

产生的影响。”[①]

2. 交流敏感信息这类间接证据的证明力强。经营者交流敏感信息，尤其是通过频繁的会议、秘密的方式对未来经营信息进行交流，易于彼此间形成一致行动的合理预期，有利于反垄断执法机构推断协同行为的存在。在美国“硬木案”中，信息交流仅发生在协会成员内部，协会每月召开一次会议讨论将来的生产和价格趋势，在这项计划实施后，相关产品的价格显著提高。这些间接证据的片段清晰地拼凑出了协同行为的影像。[②] 而在“香蕉案”中，欧盟委员会调查发现：香蕉业务的商业运行以周为周期进行，涉案经销商在每周四上午宣布下一周的香蕉参考行情价格。他们通常在行情价格确定前一天进行电话沟通，向竞争对手披露行情价格设置意向。[③] 这一间接证据成为欧盟委员会推断经销商之间存在协同行为的重要依据。

四、依间接证据认定协同行为的推断规则

协同行为的隐蔽性和多样性为反垄断机构查处这类垄断行为带来了前所未有的困难。现代经济理论和规制实践也已确定：寡头市场不必然导致提高价格的合作或价格集体行动；表面上价格同一的现象也不必然就存在垄断行为。

利用间接证据推定协同行为的存在不仅要考察主观状态和客观行为的特殊性，而且要重点描述主观状态和客观行为的关系。在推断过程中因某些证据类型信息量的薄弱可能还需要进行辅助论证（如经济证据的加入），由证明力强弱关系不同的各间接证据的有机组合形成不同的推断规则。

---

① http://www.lawtime.cn/info/wto/WTOanli/20100602677.html。

② 参见《环球竞争法评论》，载原创力文档网，https://max.book118.com/html/2017/0730/125243835.shtm。

③ http://www.lawtime.cn/info/wto/WTOanli/20100602677.html。

（一）两种推断规则的形成

因协同行为的隐蔽性和多样性，执法和司法实践中个案的处理通常存在两种模式：

第一种模式是，主体间的行为证据与沟通证据充分。

这里首先需要利用间接证据确定两个事实，一是是否存在行为一致；二是各方是否有沟通或最小程度上有可能进行沟通。前者考察经营者行为的客观联系，后者是从主观上确定经营者之间是否具有集体意识，进而能够推定行为一致是主体间沟通的结果。

如果市场中存在协同行为，该行为在市场中必然会存在具有竞争性意义的事实，也就提供了可证明为协同行为的证据。在没有直接证据的情况下，根据间接证据的可得性以及所取得证据的证明力不同，会产生不同证据之间的关联与组合，这种关联与组合纷繁多样。但是，在抽象为证明路径时，全部证据的堆砌是低效，甚至是不现实的。因此，较为有效的做法是以证明力高的证据为主轴，再以其他证据为辅助，形成证据链。只有在缺乏高证明力的证据时，才退而尽量收集多项指向性证据，整体形成证据链。那么，第一种模式下的证据链主轴即是：行为证据与交流证据。这一路径的特点和主要前提是交流证据十分充分，以至于可以推定除了一致性行为外，经营者之间还存在合意。

单纯行为外观相同，但欠缺主体间的沟通，不构成协同行为。例如，法律并不禁止类似商品和服务采取相同的价格，即使市场上的经营者都按照各自的标准确定价格，确定下来的价格也有可能都是一样的。为了适应竞争，经营者有追随他人定价的充足理由。经营者根据自己的判断制定的价格，不构成对竞争的抑制。出于市场主体间行为的偶然与巧合、市场整体供需情况的非变动性，以及基于交易习惯等欠缺合意的行为，都不能认定为协同行为。因此，在判断是否存在协同行为时，应证明行为主体之间有沟通（意思联络），并且因沟通才出现平行行为。

根据有关国家或地区反垄断执法机关的经验，如果经营者之间外观上有相同或类似的协同行为，且存在有紧密的意思联络，如经常交换与竞争相关的敏感的市场资讯，或者互相传达经营策略、交换商业情报等，基本可推断为形成垄断，即强调意思联络对行为迹象有基础性指导作用。而其他间接证据，包括行为诱因、经济利益、涨价时间和数量、竞争企业之间的会议、倾向性市场结果、价格跟随发生次数、持续时间、行为集中度及其一致性等，只有在不能形成“沟通→行为的一致性”这种主轴关系时才发挥主导作用。这区别于下文所述的第二种模式。应注意的是，这两种模式均赋予当事人抗辩权，即能否提供“合理解释”这一要件，贯穿于两种推断规则始终（见图3）。

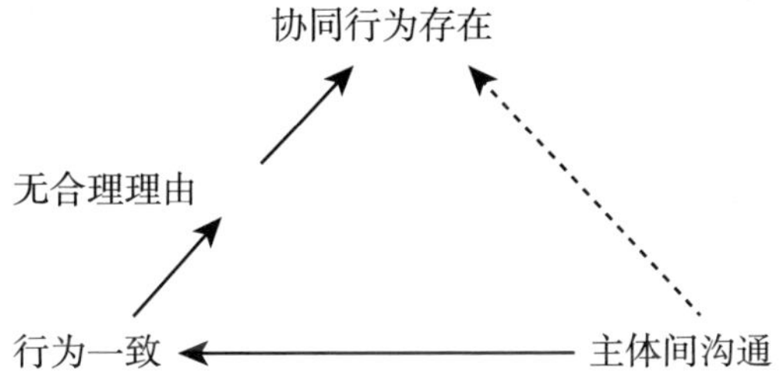

图3　认定协同行为的第一种模式

本案中，上诉人海基业公司、一审第三人兆日公司、信雅达公司的行为证据与沟通证据均充分，适用于第一种模式的推断规则。

第二种模式是，行为证据或沟通证据不能作为行为一致性的基础，用已有的不充分证据结合相对充分的经济证据，如市场结构证据和促进协作证据，从整体上推定协同行为的存在。

作为主轴的“沟通行为”一致性的联系不够坚实，如证据显示有关企业只是偶尔一起聚餐或打个电话（不知道谈话内容），很难形成“沟通行为”一致性的证明结构。但是，如在经济证据的辅助下可以证明一致性行为是有意识的集体策略，推断只有当存在协同行为时，企业的一致性行为才具有经济合理性,则可推定该行为构成协同行为。本路径的证据链主轴是:行为证据与经济证据。

在缺乏单个具有决定性证明力的证据时,应尽量收集多项指向性证据,使证据链足够清晰,力求无误推定。需要注意的是:在本路径中,行为证据和交流证据并不是完全没有,只是不够充分。一般而言,行为证据的充分是指企业行为具有较高的一致性。比如,本案中三家企业通过讨论协商,确定支付密码器统一销售价格,对安徽省二十家银行业金融机构支付密码器销售市场进行分配,形成"六、六、八"市场划分格局。然而,假设该案的行为证明证据并不充分,三家企业并不是同时把支付密码器提升至相同价格,而是在三周之内,各自分别把价格提高6%、7%和7.5%,亦没有完成划分市场的格局,此时认定涉案三家企业之间存在协同行为恐怕尚有难度。但是,如果还能收集到其他证据,情况则可能不同。例如,有证据表明三家企业的负责人曾有过一次短暂会面。又如,三家企业中最大的一家在涨价前囤积了大量产品且未使用。此时如果再结合一些市场环境证据,如在涨价后的较长一段时期内没有新的市场进入。在这种情况下,如果没有协同行为,上述两项非经济合理证据以及其他证据反映的事实很难同时发生的,据此从整体上不难推断出协同行为的存在。

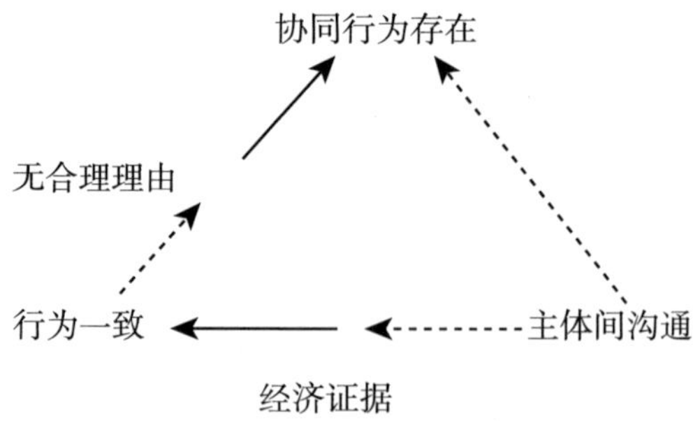

图4　认定协同行为的第二种模式

(二)合理性解释的认定

在接受反垄断调查或者司法审查过程中,经营者基本均会对其涉案行为作出相应抗辩,判断是否属于合理性解释时主要考虑该行为是否存在经济合理性或具有法定情形。法定情形主要指《中华人民共和国反垄断法》(2007年)第十五条规定的反垄断豁免情形。前述法律规定,经营者能够证明所达成的协议属于为改进技术、研究开发新产品的和为提高产品质量、降低成本、增进效率,统一产品规格、标准或者实行专业化分工的,不适用本法第十三条、第十四条的规定。

在判断一种行为是否具有经济合理性的时候,一是考虑该行为是否独立,如为了独立追求经济利益,采取的行为与其他公司具有相同性或相似性以及同时性等问题。实际涉及协同行为与平行行为、跟随行为的区别问题,后两者是正常市场竞争过程的自然反映,亦不宜将其纳入《中华人民共和国反垄断法》范畴进行规制。二是考虑该行为是否违背经营者自身的利益。有时需要结合涉案产品特点进行分析,需求弹性较高的产品保持高价相当于出让市场,而需求弹性较低的产品保持高价,如果不是独占市场的话必须依靠联合的力量。三是考虑该行为是否有经济基础。可借助成本的辅助作用来分析行为是否具有"合理性",亦可利用产能是否过剩进行评判。

本案中,上诉人海基业公司、一审第三人兆日公司、信雅达公司主要以参与的是招标投标活动、且存在行政性垄断因素作为其一致行为具备合理性的理由,同时也援引了《中华人民共和国反垄断法》(2007年)第十五条作为抗辩。经审理,法院认为,涉案支付密码器产品具有通用性,符合要求的支付密码器产品在达到国家或者行业相应标准,可以满足金融技术安全与稳定需要的情况下,均可以进入市场参与竞争。《中华人民共和国反垄断法》(2007年)第十五条规定的情形不适用于本案。

此外,人行合肥支行组织开展的并非招标投标项目,即使涉案三家企业参与的是招标投标项目,根据《中华人民共和国招标投标法》的规定,招标投标活动亦应遵循公开、公平、公正和诚实信用的原则。无论是行政机关和法律、法规授权的具有管理公共事务职能的组织,抑或是具有横向、纵向竞争关系的经营者,均不得在经营活动中从事垄断行为。一旦实施垄断行为,应令其各自承担相应的法律责任。本案中,上诉人海基业公司及一审第三人兆日公司、信雅达公司均是独立企业法人,在市场经营活动中具有民事权利能力和民事行为能力,依法独立享有民事权利和承担民事义务,安徽工商局针对涉案三家企业的违法行为,结合其各自发挥的影响力、作用力,令其各自承担相应法律责任的做法,并无不当。综上,行政性垄断因素是否存在并不影响对涉案三家企业前述行为的定性。同时,需指出,作为经营者,可依法通过公平竞争、自愿联合等方式扩大经营规模,以提高市场竞争能力,同时完善内控合规,将自身反垄断法律风险降到最低,即使行政性垄断因素确实存在,亦不应参与其中谋取垄断利益。

(本案例分析荣获全国法院系统2018年度优秀案例分析评选活动一等奖)

沈某诉国家税务总局北京市西城区税务局、国家税务总局北京市税务局不予退税通知、行政复议案

——纳税法律原因嗣后消失情形下的退税规则

编写人：北京市第二中级人民法院　朱彬彬

【内容摘要】

《中华人民共和国税收征收管理法》第五十一条中的"纳税人超过应纳税额缴纳的税款"含义并不清晰，对于纳税时存在法律原因，法律原因嗣后消失情形下的款项退还是否应当适用该条规定，存在不同理解。本案的审理明确对《中华人民共和国税收征收管理法》第五十一条的规制范围应作适当限制，上述情形即不应适用该条规定，申请退还相关款项不受退税时限限制。

本案系因法律原因嗣后消失申请退税的全国首例案件。在本案的行政程序中，税务机关曾向国家税务总局请示并组织多次专家论证会，均没有得出明确的结论。本案的审理为此类案件确立了规则，有利于最大限度保护行政相对人的合法权益，有利于明确税务执法标准，对全国法院审理此类案件亦具有重要的参考价值。

【关键词】行政　公法上不当得利　纳税义务　多缴税款

【裁判要旨】

依法负有纳税义务的纳税人多缴税款后,应适用《中华人民共和国税收征收管理法》第五十一条之规定,对多缴纳的税款予以退还。在税收征缴过程中,当事人缴纳了相关款项,但经查明实际上不负有纳税义务的,其以实际缴纳的款项不属于《中华人民共和国税收征收管理法》第五十一条规定的"超过应纳税额缴纳的税款",对该款项的退还,亦不应适用《中华人民共和国税收征收管理法》第五十一条的规定。

【相关法条】

《中华人民共和国税收征收管理法》第五十一条

【案件索引】

一审:北京市西城区人民法院(2017)京 0102 行初 812 号(2018 年 12 月 26 日)

二审:北京市第二中级人民法院(2019)京 02 行终 963 号(2020 年 4 月 28 日)

【基本案情】

原告(被上诉人)沈某诉称:2011 年,刘甲欲将涉案房屋通过出售的方式过户给沈某。2011 年 9 月 5 日,沈某向国家税务总局北京市西城区税务局(以下简称西城区税务局)缴纳契税 25,500 元。在涉案房屋交易过程中,刘甲前夫刘乙发现其对涉案房屋的权利受到侵害,与刘甲之间产生系列诉讼,最终法院判决认定涉案房屋归刘乙所有,导致沈某与刘甲之间的房屋交易失败。契税应在房屋交易成功的情况下由税务机关收取,现沈某与刘甲之间的房屋交易失败,西城税务局应予退税。沈某向西城区税务局申请退税,西城区税务局予以拒绝。沈某向国家税务总局北京市税务局(以下简称北京市税务局)申请复议,北京市税务局复议维持不予退税通知。故请求一审法院:(1)撤销西城区税务局不予退税通知及北京市税务局复议决定;(2)判令西城区税务局向沈某退契税 25,500 元。

被告(上诉人)西城区税务局辩称:其一,西城区税务局作出的不予退税通知认定事实清楚。沈某于 2011 年 9 月 5 日缴纳契税,于 2016 年 12 月 13 日提出退税申请,已超过《中华人民共和国税收征收管理法》第五十一条规定的三年退税申请期限。其二,沈某的主张没有法律依据。《中华人民共和国税收征收管理法》第五十一条规定的"超过应纳税额缴纳的税款"产生原因有多种,包括因法律原因、技术原因以及其他原因导致的多缴税款。根据该条规定,纳税人自己发现多缴税款,无论是什么原因造成的,都应当在结算缴纳税款之日起三年内申请退还,纳税人超过三年申请退税的,税务机关不能为其办理退还手续。故请求一审法院驳回沈某的诉讼请求。

被告(一审被告)北京市税务局辩称:北京市税务局所作复议决定认定事实清楚、证据确实充分、适用法律正确,程序合法。故请求一审法院驳回沈某的诉讼请求。

法院经审理查明:2009 年 3 月 3 日,刘甲与某公司签订商品房预售合同,购买涉案房屋。2009 年 3 月 6 日,刘甲与刘乙登记结婚。2010 年 1 月 26 日,刘甲与刘乙协议离婚,离婚协议中约定涉案房屋归刘乙所有,所欠贷款由刘乙偿还。后因刘甲与范某民间借贷纠纷,海淀区人民法院作出强制执行裁定书,将涉案房屋过户给范某指定的第三人沈某。2011 年 9 月 5 日,刘甲到西城区税务局第七税务所代理沈某申报缴纳了契税 25,500 元。2012 年,刘乙将刘甲诉至西城区人民法院,要求法院判令将涉案房屋过户到刘乙名下,生效判决责令刘甲协助刘乙办理将涉案房屋所有权证登记于刘乙名下的手续。现涉案房屋已登记于刘乙名下。2016 年 12 月 13 日,刘甲代沈某向西城区税务局第二税务所提出退税申请,请求退还 25,500 元。西城区税务局于 2016 年 12 月 19 日作出京地税西税通〔2016〕31385 号税务事项通知书,以退税申请不符合《中华人民共和国税收征收管理法》第五十一条规定为由,决定不予审批。沈某不服,向北京市税务局申请复议。

北京市税务局于2017年7月31日作出京地税复字〔2017〕4号税务行政复议决定书,决定维持上述税务事项通知书。

【裁判结果】

北京市西城区人民法院于2018年12月26日作出(2017)京0102行初812号行政判决:(1)撤销西城区税务局于2016年12月19日作出的京地税西税通〔2016〕31385号税务事项通知书;(2)撤销北京市税务局于2017年7月31日作出的京地税复字〔2017〕4号税务行政复议决定书;(3)西城区税务局于本判决生效后,对沈某2016年12月13日提出退契税的申请重新进行处理。

宣判后,西城区税务局不服,提出上诉。北京市第二中级人民法院于2020年4月28日作出(2019)京02行终963号行政判决:驳回上诉,维持一审判决。

【裁判理由】

法院生效判决认为:《中华人民共和国税收征收管理法》第四条第一款规定,"法律、行政法规规定负有纳税义务的单位和个人为纳税人"。第五十一条规定,"纳税人超过应纳税额缴纳的税款,税务机关发现后应当立即退还;纳税人自结算缴纳税款之日起三年内发现的,可以向税务机关要求退还多缴的税款并加算银行同期存款利息,税务机关及时查实后应当立即退还;涉及从国库中退库的,依照法律、行政法规有关国库管理的规定退还"。依法负有纳税义务的纳税人多缴税款后,应适用《中华人民共和国税收征收管理法》第五十一条之规定,对多缴纳的税款予以退还。在税收征缴过程中,当事人缴纳了相关款项,但经查明实际上不负有纳税义务的,该种情形不属于第五十一条规定的"超过应纳税额缴纳"问题。

本案中,沈某2011年9月5日缴纳契税的基础法律原因已被法院生效判决予以否定,其已不负有纳税义务,其实际缴纳的款项,不属于《中华人民共和国税收征收管理法》第五十一条规定的"超过应纳税额缴纳"情形。西城区税务局作出的不予退税通知及北京市税务局作出的复议决定适用法律错误,依法应予撤销。对沈某请求判令西城区税务局退还契税 25,500元的主张,应由西城区税务局根据法律法规的规定,结合本案具体情况,对其申请重新予以处理。一审判决认定事实清楚,程序合法,适用法律正确,二审法院予以维持。

【案例注解】

《中华人民共和国税收征收管理法》第五十一条作为退税的程序性规则①,设置了申请退税的时限要求,即对于"纳税人超过应纳税额缴纳的税款",纳税人自结算缴纳税款之日起三年内发现的,可以向税务机关要求退还多缴的税款。质言之,纳税人超过三年期限申请退税的,税务机关不予退还。那么,是否所有的退税均需要适用该条的规定?纳税时存在法律原因、法律原因嗣后消失的,退税是否也受该条规制?② 上述问题争议极大,殊值研究。

一、解释困境:《中华人民共和国税收征收管理法》第五十一条的适用范围

《中华人民共和国税收征收管理法》第五十一条规定的不明确,直接造成了该条适用范围的模糊和解释的困境。问题的关键在于如何理解该条中的"纳税人超过应纳税额缴纳的税款",而不同的解释方法能够得出截然不同的结论。

(一)文义解释

从法条文义解释角度来看,予以退还的是"超过"应纳税额缴纳的税

---

① 现行法律法规中,《中华人民共和国税收征收管理法》第五十一条、《中华人民共和国税收征收管理法实施细则》第七十八条及《中华人民共和国海关法》第六十三条共同构成了退税的程序规则体系。

② 此亦为本案的争议焦点。

款,即狭义的“多缴”税款。《国家税务总局关于纳税人权利与义务的公告》(2009 年第 1 号)同样表述为“退还多缴税款权”。换言之,只有“多缴”税款的情形才适用《中华人民共和国税收征收管理法》第五十一条。此时,申请人仍有纳税义务,具有纳税人的身份,只是溢缴了税款而已。而“多缴”税款情形下的退税需符合《中华人民共和国税收征收管理法》第五十一条的申请期限要求也已得到司法判决的肯认。例如,在西安大鹏生物科技股份有限公司与西安市高陵区地方税务局、西安市地方税务局不予退税通知、行政复议案中,西安大鹏生物科技股份有限公司在房产交易时,以合同价 7780 万元为基数计税,后民事生效判决将合同价从 7780 万元下调为 3377 万元,故大鹏生物科技股份有限公司申请退税 418.85 万元。该案生效判决认定其退税申请已超过三年的期限,不符合《中华人民共和国税收征收管理法》第五十一条的规定,税务机关不予退税并无不当。[①]

(二)体系解释

从体系解释角度来看,问题要复杂很多,似乎并不能得出清晰的结论,详述如下:

其一,关于“纳税人”的解释。《中华人民共和国税收征收管理法》第五十一条规定的主语为“纳税人”,而根据该法第四条第一款的规定,法律、行政法规规定负有纳税义务的单位和个人为纳税人。以本案为例,沈某是否具有纳税人身份?这一问题涉及契税的性质。《中华人民共和国契税暂行条例》(已废止)第一条规定的契税课税对象为“权属转移”,而承受的单位和个人为契税的纳税人。《中华人民共和国契税暂行条例细则》(已废止)第三条将“承受”解释为受让、购买、受赠、交换等方式取得土地、房屋权属的行为。此外,《国家税务总局关于抵押贷款购买商品房征收契税的批复》

---

① 参见西安铁路运输中级法院行政判决书,(2018)陕 71 行终 475 号。

（国税函〔1999〕613号，已废止）[①]和《财政部、国家税务总局关于购房人办理退房有关契税问题的通知》（财税〔2011〕32号，已废止）[②]采取的是“取得房屋权属，才能确定是否需要缴纳契税”的立场。由此可见，契税应属于流转税中的“不动产取得税”，即未取得不动产所有权的则不具有纳税义务，依此解释路径，沈某并未实际取得涉案房屋所有权，故并非纳税人。然而，《中华人民共和国契税暂行条例》（已废止）第八条的规定呈现截然不同的立场。该条规定，契税的纳税义务发生时间，为纳税人签订土地、房屋权属转移合同的当天，或者纳税人取得其他具有土地、房屋权属转移合同性质凭证的当天。据此，契税似乎又变成了“行为税”。[③] 依此解释路径，沈某具有纳税义务，故属于纳税人。

其二，关于“超过应纳税额缴纳的税款”的解释。国家税务总局对《中华人民共和国税收征收管理法》第五十一条的解释较为宽泛，“从纳税人多缴税款产生的原因分析，主要有以下几种原因：一是因法律的原因导致的多缴税款，既包括纳税人依法预缴税款形成的结算退税、出口退税、各种减免退税，也包括纳税人因错用税收的有关法律、法规导致的多缴税款；二是技术原因造成的多缴税款，如纳税人因计算错误导致的多缴税款，销货退回导致的多缴税款；三是其他原因导致的多缴税款”。[④] 换言之，《中华人民共和国税收征收管理法》第五十一条“超过应纳税额缴纳的税款”只是一种事实状态的表述，并不涉及具体原因，法律原因嗣后消失情形也可以囊括在内。《全国税务机关纳税服务规范》中“退（抵）税办理”也将“多缴”视为

① 该批复明确，购房人以按揭、抵押贷款方式购买房屋，当其从银行取得抵押凭证时，购房人与原产权人之间的房屋产权转移已经完成，契税纳税义务已经发生，必须依法缴纳契税。

② 该通知明确，对已缴纳契税的购房单位和个人，在未办理房屋权属变更登记前退房的，退还已纳契税；在办理房屋权属变更登记后退房的，不予退还已纳契税。

③ 参见刘勇：《契税征收与返还的解释论》，载《法学》2018年第2期。

④ 参见国家税务总局征收管理司编：《新税收征收管理法及其实施细则释义》，中国税务出版社2003年版，第187页。

广义概念,不仅包括单纯的缴纳金额超过了应纳税额,还包括误缴税款等情形。由是观之,本案情形可以被"超过应纳税额缴纳的税款"涵盖,应当适用《中华人民共和国税收征收管理法》第五十一条。另一方面,《国家税务总局关于无效产权转移征收契税的批复》(国税函〔2008〕438 号,已废止)[①]和《财政部、国家税务总局关于购房人办理退房有关契税问题的通知》(财税〔2011〕32 号,已废止)对于契税的退还事宜并没有提及申请期限的要求,故契税的退还似不应适用《中华人民共和国税收征收管理法》第五十一条。

(三)学理解释

从学理解释角度来看,不同学者对于《中华人民共和国税收征收管理法》第五十一条的规制范围亦有不同见解:一种观点认为,征税主体退还义务限于超纳款与误(错)纳款,前者指的是纳税人超过其应履行的纳税义务的部分税款;后者指的是在没有法律根据的情况下,基于一方或双方错误而缴纳的税款。[②] 另一种观点则认为,纳税人溢缴税款包括纳税人缴纳的全部或部分没有法律依据的税款。[③] 法律原因嗣后消失的情形,不属于超纳款,亦不属于误纳款(双方均不存在错误),故不能被第一种见解涵盖,却满足第二种见解之条件。因此,依第一种见解,本案不适用《中华人民共和国税收征收管理法》第五十一条;依第二种见解,本案则应当适用。

综上所述,文义解释、体系解释、学理解释对于"纳税人""超过应纳税额缴纳的税款"存在不同理解,甚至在同一种解释方法中也存在抵牾之处,解释困境可见一斑。

---

① 该批复明确,按照现行契税政策规定,对经法院判决的无效产权转移行为不征收契税。法院判决撤销房屋所有权证后,已纳契税款应予退还。

② 参见王肃元:《论我国纳税人税收退还请求权》,载《兰州大学学报(社会科学版)》2010 年第 5 期。

③ 参见翟帅:《论纳税人溢缴税款退还制度之完善》,载《财会月刊》2020 年第 1 期。

二、漏洞弥补：公法上的不当得利与税收退还请求权

（一）“纳税人”“超过应纳税额缴纳的税款”的应然解释

在多种解释方法存在不同结论的情况下，应当综合文义解释、体系解释，做有利于行政相对人的理解：

首先，《中华人民共和国税收征收管理法》第五十一条规定的“纳税人”因税的性质而异。如属于“行为税”，则作为纳税基础的民事行为成立之时，纳税人即可以确定，申请退税场景下，申请人一般仍具有纳税人身份；如属于“取得税”，则应根据财产权属取得时间确定纳税人。以契税为例，在解释论上应保持与《中华人民共和国民法典》立场一致，即恪守不动产物权变动“登记生效”的原则，未实际取得不动产所有权的当事人，实际上并不负有纳税义务，不属于《中华人民共和国税收征收管理法》规定的纳税人范畴，也就当然不符合该法第五十一条的规范前提。

其次，对于“超过应纳税额缴纳的税款”应作狭义解释，即局限于纳税人多缴税款（超纳款）的情形。如果当事人根本不存在纳税义务，也就不存在“超过应纳税额缴纳”的问题，在先缴纳的款项也当然不具有“税款”性质。

因循上述解释径路得出的结论，在契税的退还上与《国家税务总局关于无效产权转移征收契税的批复》（国税函〔2008〕438 号）①和《财政部、国家税务总局关于购房人办理退房有关契税问题的通知》（财税〔2011〕32 号）的精神是一致的，可以互为佐证。

具体到本案中，可以得出这样的结论：沈某不存在契税的纳税义务，不属于纳税人，其以税款名义缴纳的款项不属于“税款”，本案不存在“超过应纳税额缴纳的税款”的情形，进而不存在《中华人民共和国税收征收管理法》第五十一条的适用空间。换言之，在法律原因嗣后消失的情况下，目前

① 根据《国家税务总局规范性文件制定管理办法》，“国税函”并非具有普遍适用意义的规范性文件，但从该文件中可以管窥国家税务总局的倾向性意见。

的规则体系存在明显的漏洞。

(二)公法上的不当得利与税收退还请求权

在民法学中,不当得利之债与无因管理之债、侵权之债、合同之债等一样,属于债的种类之一,早已得到理论、司法、立法的肯认。《中华人民共和国民法典》第一百二十二条即规定,因他人没有法律根据,取得不当利益,受损失的人有权请求其返还不当利益。在公法学中,对于不当得利是否具有独立的法律地位和存在价值,理论上一直存有争议。一般认为,公法上的不当得利,指的是在公法范畴内,欠缺法律上原因而发生财产变动,致一方受有利益,他方受有损害。公法上的不当得利请求权同样是国家公法责任的请求权基础之一。[①] 近年来,对公法上不当得利的研究日趋成熟,司法实践中也偶有涉及。如最高人民法院曾在(2017)最高法行申7252号行政裁定书中指出,行政相对人参与国有土地使用权拍卖并交纳土地出让金预付款后,国土资源管理部门未经缴款人同意,将预付款转作其他竞买人的土地使用权出让金,且未向该行政相对人出让相关土地,这种转用行为致使国土资源管理部门没有合法依据取得利益,行政相对人没有法律依据而利益受损,构成公法上的不当得利,应予返还。

通说认为,公法上不当得利的构成要件包括三个方面:一是财产发生变动致一方获益,而他方受损;二是欠缺法律原因,即财产变动没有法律原因,或者以前有法律原因,但是在财产变动后,法律原因消失;三是基于公法关系而产生。[②] 本案中,沈某向西城区税务局缴纳契税的行为系基于公法关系,纳税后己方受损,西城区税务局获益,且这种财产变动在纳税申报时具有法律原因(房产交易过户),而在生效民事判决责令刘甲协助刘乙办理将涉案房屋所有权证登记于刘乙名下的手续,且涉案房屋实际登记于刘乙名下时法律原因消失(房产交易过户丧失可能性)。可见,本案情形完全

① 参见王锴:《我国国家公法责任体系的构建》,载《清华法学》2015年第3期。

② 参见熊勇先:《公法不当得利及其救济》,载《法学杂志》2012年第6期。

契合公法上的不当得利构成要件，沈某具有公法上的不当得利返还请求权，此种请求权在税收征管领域即表现为税收退还请求权。在不适用《中华人民共和国税收征收管理法》第五十一条的情况下，因符合公法上不当得利的构成要件，本案可以直接按照公法上不当得利的法理对相关款项予以退还，不受三年退税时限限制。

如前所述，《中华人民共和国税收征收管理法》第五十一条通常被视为公法上的不当得利的范例，然而该条的适用空间有限，就目前的规定而言，该条无法规制税收领域所有的公法上的不当得利之情形。

三、解决之道：《中华人民共和国税收征收管理法》第五十一条的修改

在现行法律规定框架下，本案情形只能逸出《中华人民共和国税收征收管理法》第五十一条的规定而寻求公法上的不当得利理论加以解决，已如前述。但是，笔者更支持通过修改《中华人民共和国税收征收管理法》第五十一条的规定，将此种情形涵摄进去，以此保证所有退税情形的一体化解决，这才是彻底的解决之道。

（一）细化规定退税的原因

《中华人民共和国税收征收管理法》第五十一条确有必要细化规定退税的原因，明确误缴、多缴及其他原因的具体情形。细化退税的原因也为其他国家的立法实践所佐证，例如，《韩国国税基本法》第五十一条第一款规定的“国税还给金”包括：一是“错误缴纳”的误纳额，即作为缴纳或征收基础的申报或征收处分不存在或者当然无效时已经缴纳或被征收的税款[①]；二是“超过缴纳”的超过缴纳额（溢纳额）；三是依单行税法应予返还的还给税额。[②] 通过对退税原因的细化，能够为不同情形下的区别处理提供直接的法律依据。

---

① 在此种定义下，本案情形也可以归入“错误缴纳”范畴。

② 参见张月霞：《〈税收征收管理法〉第51条的再构建——基于韩国国税还给金制度及其实施的比较研究》，载《天津法学》2020年第2期。

(二)明确不同情形下的退税申请时限

一般而言,对税收退还程序设置时间限制,主要考虑国家行政秩序意义重大,国家财政关系社会治理成效,若不限制申请时限,势必增加税务机关保存资料的成本,以及复议机关、司法机关复核查验的举证压力,不利于行政权力之行使[①]及法律关系之稳定,故德国、美国、日本、韩国等国及我国台湾地区均设有申请时限要求。以德国为例,《德国租税通则》第三十七条第二款规定,"无法律原因而缴纳或返还租税、租税退给、担保责任金额或租税附带给付时,为其计算而为给付之人,得向受领给付之人请求退还所缴纳或返还之金额。缴纳或返还之法律原因嗣后不存在者,亦同"。可见,德国将法律原因嗣后不存在与无法律原因做一体处理,法律效果并无区别[②],均受申请时限限制。

此外,对特定情形也可不设申请时限,如我国台湾地区"税捐稽征法"(2009年)第二十八条第二款规定,纳税义务人因税捐稽征机关适用法令错误、计算错误或其他可归责于政府机关之错误,致已缴税款者,税捐稽征机关应自知有错误原因之日起二年内查明退还,其退还之税款不以五年内溢缴者为限。[③] 也就是说,对于纳税人责任,需要设置申请时限;对于行政机关责任,则不设置申请时限。那么,对于法律原因嗣后消失,而征纳双方都难有责任可言的,为最大限度保护退税申请人的权益,也同样可以不设置申请时限,当然,这有赖于立法的决断。

笔者注意到,2015年《中华人民共和国税收征收管理法修订草案(征求意见稿)》将第五十一条修改为"纳税人超过应纳税人缴纳的税款,自结算缴纳税款之日起五年内可以向税务机关要求退还多缴的税款并加算银行

① 参见翟帅:《论纳税人溢缴税款退还制度之完善》,载《财会月刊》2020年第1期。

② 参见葛昱:《论我国溢缴税款退税制度的完善》,中国政法大学2009年硕士学位论文,第21页。

③ 参见谢如兰、蔡孟彦:《退税请求权之行使、要件与界限——以已确定核课处分为核心》,载《东海大学法学研究》2014年第44期。

同期存款利息，税务机关及时查实后应当立即退还。涉及从国库中退库的，依据法律、行政法规有关国库管理的规定退还。”[①]这一规定将申请时限延展至五年，但仍然存在不少疏漏：首先是没有细化退税的原因，其次是没有明确加算利息的起算点、退税请求权的诉讼时效期间和起算点等，这些问题都有待《中华人民共和国税收征收管理法》修改时予以解决。

（本案例分析荣获全国法院系统 2020 年度优秀案例分析评选活动一等奖）

① 李万甫、孙红梅主编：《〈税收征收管理法〉修订若干制度研究》，法律出版社 2017 年版，第 175 页。